pfeiffer
bei Klett-Cotta

Zu diesem Buch

Zu den grundlegenden sozialen Strukturen jeder größeren und kleineren Gruppe gehört die Ausbildung von Machtbeziehungen. Wer nimmt wie Einfluß? Wie wird Führung wahrgenommem? Wie wird Autorität hergestellt? Welche Normen setzen sich durch? Wer kooperiert oder konkurriert mit wem worüber? Fragen nach der Macht unterliegen in realen Gruppen des Arbeitslebens meist einem starken Tabu. Was hier nicht thematisiert werden darf, kann im Rahmen einer gruppendynamischen Trainingsgruppe bewußt erfahren und zugänglich werden.
Das Buch zeigt, wie ein gruppendynamisches Training zum Lernort für die Spiele der Macht werden kann. Machtphänomene werden in ihrer Komplexität sichtbar gemacht und zugleich entmystifiziert. Der einzelne kann Versändnis dafür entwickeln, in welche sozialen Prozesse er eingebunden ist. Daraus lassen sich erweiterte Handlungsmöglichkeiten gewinnen. Übungsbeispiele konkretisieren die Interventionsmöglichkeiten des Trainers. Ein Orientierungs- und Praxisbuch für Leiter und Teilnehmer von gruppendynamischen Trainingsgruppen und Firmentrainings.

Dr. phil. Oliver König M.A. (Köln), Studium der Soziologie, Psychologie und Pädagogik; Trainer für Gruppendynamik im Deutschen Arbeitskreis für Gruppenpsychotherapie und Gruppendynamik (DAGG), Psychotherapeut, Supervisor. Veröffentlichung zum Thema: »Gruppendynamik« (hrsg. v. O. König), München 1995.

Oliver König

Macht in Gruppen

Gruppendynamische Prozesse und Interventionen

Pfeiffer bei Klett-Cotta

Leben lernen 106

Pfeiffer bei Klett-Cotta

Printed in Germany
Umschlag: Michael Berwanger, München
Titelbild: Oskar Schlemmer: Vier Figuren und Kubus

Satz: PC-Print München
Auf holz- und säurefreiem Werkdruckpapier gedruckt
und gebunden von Ludwig Auer GmbH, Donauwörth
ISBN 3-608-89658-9

Dritte, durchgesehene Auflage, 2002

Die Deutsche Bibliothek – CIP-Einheitsaufnahme
Ein Titeldatensatz für diese Publikation ist bei Der Deutschen Bibliothek
erhältlich.

Inhalt

Danksagung

Die Entstehung dieses Buches ist verschiedenen Einflußfaktoren zu verdanken. Den Anstoß gab 1991 Karlheinz Geissler mit der Anfrage, für einen Sammelband einen längeren Aufsatz zu verfassen zu einem gruppendynamischen Thema meiner Wahl. Die Entscheidung für das Machtthema war eine spontane, die Umsetzung etwas langwieriger.

Erste Diskussionspartner waren in einem Seminar zu diesem Thema die StudentInnen des Studienganges Supervision an der Gesamthochschule Kassel, wo ich im SS 1992 und WS 1992/93 als Gastprofessor eine gute Zeit verbrachte. Mit der Zeit wuchs sich der geplante Aufsatz zu einem Projekt eigener Art aus, das nicht mehr zu dem ursprünglichen Rahmen paßte. Mich davon zu lösen und erst einmal unabhängig von den Vorstellungen eines Verlages oder eines Herausgebers zu schreiben, war eine Befreiung. Daß dann die Herausgeber der Reihe »Leben lernen« und der Pfeiffer Verlag, der auf meiner Wunschliste obenauf stand, das Manuskript akzeptierten, hat mich gefreut.

Das Fertigstellen eines solchen Textes bedeutet zumeist auch einen Abschied, in diesem Fall von der »Unschuld« der Lehr- und Entdeckungszeit. Meine persönlichen und professionellen Entwicklungen in dieser Zeit sind ohne die Unterstützung von Freunden und KollegInnen überhaupt nicht denkbar. Danken möchte ich vor allem der Generation von Trainern und Trainerinnen der Sektion Gruppendynamik im Deutschen Arbeitskreis für Gruppenpsychotherapie und Gruppendynamik (DAGG), bei denen ich gelernt habe und die mich vielfältig gefördert haben, insbesondere Günter Büchner, Klaus Doppler, Brigitte Dorst, Cornelia Edding, Jörg Fengler, Lothar Nellessen und Mechthild Nellessen. Mein Dank gilt aber auch meinen AusbildungskollegInnen, mit denen in diesen Jahren die Grundlage für ein kooperatives Verständnis der Trainerrolle gelegt wurde und mit denen ich seitdem in vielen verschiedenen Kontexten zusammengearbeitet habe. Genannt seien hier vor allem Heinz Briefs, Hella Gephart, Cornelia Hartmann-Jansen, Ludwig Pott, Karl Schattenhofer, Carl-Otto Velmerig und Ute Volmerg. Dank gilt vor allem den TeilnehmerInnen meiner Gruppen. Sie haben mein Lernen und meine Veränderung sicherlich genauso beeinflußt, wie ich hoffe, sie beeinflußt zu haben.

Verschiedene Kapitel und Versionen des Textes gelesen und zum Teil herb kritisiert haben Klaus Antons-Volmerg, Karlheinz Geißler, Michael Klein, Karl Schattenhofer, Wolf Schönleiter, Annette Treibel und Lisa Westermann. Die Kritik war nicht immer angenehm, hat mich aber immer wieder gezwungen, zwischen der Flucht in die Abgehobenheit der Theorie und der scheinbaren Plausibilität des Praktischen einen gangbaren Weg zu finden. Auch ihnen gebührt mein Dank, ohne daß ich mir sicher wäre, ob ihnen das Ergebnis gefällt. Gedankt sei auch Christine Treml für ihre sorgfältige Lektorierung des Textes.
Hannes Keller hat mir in vielen guten Gesprächen die Gedankenwelt der Individualpsychologie Alfred Adlers nahegebracht. Persönlich wie professionell habe ich viel über Skriptanalyse und Familienkonstellationen sowie über die Arbeit mit Gruppen gelernt bei Heinrich Breuer, auch wenn seine Arbeitsweise mit einer Gruppendynamik, wie sie hier beschrieben wird, nicht viel zu tun hat. Den Schreibprozeß fruchtbar aus dem Hintergrund begleitet hat eine systemische Weiterbildung in Heidelberg, zuerst bei Arnold Retzer, dann bei Fritz Simon. Dem systemisch-konstruktivistischen Virus hat sich allerdings immer wieder eine soziologisch-gruppendynamisch bedingte Teilimmunität entgegengestellt.

Widmen möchte ich den Text dem Angedenken meines Vater,
René König, 5. 7. 1906 – 21. 3. 1992

1. Einführung

1.1 Die Gruppe als Lernfeld

Dieses Buch handelt von einer bestimmten Form der Gruppe – der gruppendynamischen Trainingsgruppe (T-Gruppe) bzw. der Gruppendynamik als einer bestimmten Gruppenmethode und Sichtweise. Die Gruppen, mit denen ich mich hauptsächlich beschäftigen werde, kommen zu Zwecken der Fortbildung, der Selbsterfahrung, der Supervision oder auch der Therapie für einen beschränkten Zeitraum zusammen. Ziel dieser Gruppen ist die Eröffnung von erfahrungsorientierten Lern- und Veränderungsprozessen ihrer Mitglieder. Diese Prozesse sind dreifacher Art: der einzelne[1] lernt etwas über sich, über andere und über das soziale System Gruppe, und zwar anhand der speziellen Gruppe, in der diese Lernprozesse stattfinden.

Lernprozesse dieser Art erfordern einen Rahmen, der den Blick auf Neues öffnet bzw. Altes mit neuen Augen sehen läßt. Die Trainingsgruppe bietet ein solches experimentelles Lernfeld. In ihr kann erfahren werden, wie sich unter bestimmten Rahmenbedingungen das soziale System Gruppe in der Interaktion ihrer Mitglieder selbst hervorbringt. Dabei werden einige *fundamentale soziale Strukturen und Prozesse* sichtbar, die als *Machtphänomene* begriffen werden sollen. Folgende Fragen tauchen auf: Wer nimmt wie Einfluß? Wie wird Führung wahrgenommen? Wie wird Autorität hergestellt und an Personen festgemacht? Welche Normen setzen sich durch? Wer setzt sie durch? Wer kooperiert und konkurriert mit wem und worüber? Wie gestaltet sich das Verhältnis von Majorität zu Minorität? Wie wird in dieser Gruppe mit Macht umgegangen?

Werden diese Fragen gestellt, so rufen sie bei Gruppenteilnehmern gespannte Aufmerksamkeit hervor und die Erwartung, durch ihre Beantwortung zu etwas Zentralem vorzudringen. Die Vorstellun-

[1] Um der leichteren Lesbarkeit willen verwende ich durchgehend die männliche Form, außer wenn es explizit um den Unterschied zwischen Männern und Frauen geht.

gen darüber, was dies denn sein könne, sind häufig zwischen zwei Polen angesiedelt, in denen ein weit verbreitetes Verständnis von Macht zum Ausdruck kommt. Zum einen erscheint Macht als eine Substanz, derer man habhaft werden könnte, um sie dann auszuüben, zu genießen, sich von ihr zu befreien, sie abzuschaffen und dergleichen mehr. Macht wird personalisiert. Zum anderen wird Macht zu einer Metapher verwandelt, der nichts Konkretes oder Handhabbares mehr anhaftet. Macht wird zu einer anonymen Struktur, in der man sich zurechtzufinden versucht oder der man sich ausgeliefert fühlt.

Die Aufgabe der Gruppendynamik als professioneller Methode, so wie ich sie verstehe und anwende, ist hier eine doppelte. Machtphänomene in Gruppen sollen in ihrer Komplexität sichtbar und zugleich entmystifiziert werden. Der einzelne soll ein Verständnis dafür entwickeln, in welche soziale Prozesse er eingebunden ist, und daraus erweiterte Handlungsmöglichkeiten entwickeln können.

Zugleich soll dies nicht Selbstzweck sein, sondern mit dem privaten und beruflichen Alltag der Teilnehmer, mit denen ich arbeite, in Verbindung stehen. So will ich auch in diesem Buch nicht nur über gruppendynamische Trainingserfahrungen und Arbeitsformen berichten, sondern Aussagen machen zu Machtphänomenen, die für eben diesen Alltag relevant sind. Ich wende mich also nicht nur an jene, die an Gruppendynamik interessiert sind, sondern an alle, die in und mit Gruppen arbeiten, sei es in der Fortbildung oder in der Psychotherapie, in Teams oder betrieblichen Arbeitsgruppen. Die Möglichkeiten der Gruppendynamik als professioneller Methode erwachsen vor allem daraus, daß sich in der Trainingsarbeit der Alltag von Teilnehmern abbilden läßt, dies aber paradoxerweise voraussetzt, daß sich die Welt des Trainings von der des beruflichen und privaten Alltags unterscheidet.

Machtphänomene haben in diesem Alltag wenig spielerischen oder experimentellen Charakter. Im gesellschaftlichen Leben spielt Macht eine zentrale Rolle bei der Zuweisung von Chancen und damit bei der Produktion von sozialer Ungleichheit. In der beruflichen und privaten Realität werden Machtfragen zwar gehandhabt. Sie zu reflektieren und zu verändern, stößt aber auf ganz andere Widerstände als in einer Trainingsgruppe.

Trainings- und Fortbildungsteilnehmer sind in ihrem Alltag Mitglieder vielfältiger Gruppen und Arbeitnehmer von großen und kleinen Organisationen. Sie sind in ein Netzwerk von institutionellen Rahmenbedingungen eingebunden, die Veränderungsmöglichkeiten in starkem Maße beschränken, weil es sich hierbei um organisierte und institutionalisierte Ergebnisse von schon abgelaufenen Prozessen der Aushandlung von Macht handelt. Innerhalb wie außerhalb dieser Organisationen sind sie einer Vielzahl von institutionellen Regelungen in Form von Gesetzen und Richtlinien, Arbeitsaufgaben, Rollen- und Verhaltensanforderungen unterworfen. Sie sind Kollegen und Mitarbeiter, Untergebene und Führende. Machtkämpfe zwischen hierarchischen Ebenen in Organisationen können ganze Abteilungen lahmlegen. Und auch in formal gleichberechtigten Teams, wie sie im sozialen Bereich häufig zu finden sind, existieren Unterschiede in bezug auf Machtmöglichkeiten auf dem Hintergrund der jeweiligen beruflichen Abschlüsse, der Berufserfahrung und anderer individueller Voraussetzungen bzw. dem Gefüge der Gruppe als Ganzes. Darüber hinaus müssen individuelle Lebensentwürfe mit beruflichen und familiären Ansprüchen und Wünschen zusammengebracht werden. Die traditionellen Zuweisungen der Geschlechterrollen wandeln sich. Die Arbeit in Beruf und Familie muß zwischen den Partnern ausgehandelt werden. Auch dies sind Fragen, in denen Macht eine Rolle spielt.

Diese Kluft zwischen Alltagserfahrung und Gruppenerfahrung läßt sich nicht schließen, ohne die spezifischen Lernmöglichkeiten der Gruppe zu gefährden. Denn in einer Gruppe kann nach meinem Verständnis das Lernpotential vor allem dann entfaltet werden, wenn es gelingt, eine Reihe der Machtmechanismen, über die etwas gelernt werden soll, vorübergehend außer Kraft zu setzen. Für das Problem der Macht gilt dies in besonderem Maße schon alleine deswegen, weil Personen, die innerhalb von Machtstrukturen obere Positionen einnehmen, im gesellschaftlichen Leben in der Regel nicht freiwillig dazu neigen, ihre Macht zur Disposition zu stellen, und sei es auch nur zur kommunikativen Disposition. Den Mitgliedern einer sich selbst untersuchenden Gruppe stellt sich also das schwierige Problem, nicht das Phänomen der Macht als solches zum Verschwinden zu bringen, indem z. B. Gleichheitsideologien verkündet oder die Machtfrage durch die Delegation an den Leiter als Experten zu lösen versucht wird. Ersteres hat den Charakter einer Flucht in die Utopie, letzteres den eines vorschnellen Unterwerfens unter ein vermeintlich unumgängliches Realitätsprinzip. Die Gruppenmitglieder müssen in ihrer Auseinandersetzung mit der Frage der Macht verhindern, daß sich ein System von Macht herausbildet, das die Auseinandersetzung darüber verhindert. Und Sie müssen versuchen, ihre Ambivalenz in der Machtfrage, ihr Schwanken zwischen der Utopie der Machtfreiheit und der Unterwerfung unter einen wie auch immer gearteten Führer bzw. Leiter oder einen strikten Normenkatalog, zu einer Verbreiterung ihrer Sichtweise und ihrer Handlungsmöglichkeiten zu nutzen.

Die Frage der Macht wird in einer solchen Gruppe zwar ebenfalls ausgehandelt, und die Mitglieder bringen unterschiedliche Voraussetzungen mit, die ihre Chancen auf Einflußnahme vorbestimmen. Hier spielen so fundamentale Dinge eine Rolle wie Geschlecht, Alter, berufliche Stellung, aber auch individuelle Voraussetzungen wie Aussehen, (Vor-)Erfahrung, Verhaltensstil. Insofern reproduzieren Trainingsgruppen die gesellschaftliche Realität, über die sie etwas lernen wollen. Zugleich werden diese Prozesse kontinuierlich dem Verstehen und der Beeinflussung zugänglich gemacht, und damit wird sowohl der Personalisierung als auch der Anonymisierung von Macht entgegengewirkt.

Der Person des *gruppendynamischen Trainers* kommen hierbei *zwei zentrale Aufgaben* zu. Er sorgt dafür, daß dieser Verstehensprozeß in Gang kommt und bleibt. Zugleich ist er selber ein wichtiger Teil des Machtproblems, nimmt er doch eine Führungsrolle ein bzw. bekommt sie zugewiesen, ganz gleich wie er sich benimmt. Die Auseinandersetzung zwischen Leitung und Teilnehmern ist daher eines der zentralen Lernfelder bezüglich des Umgangs mit Macht. Dabei weicht der Trainer in zwei grundlegenden Aspekten vom Alltagsverhalten ab, wie wir sie von Führungsrollen gewohnt sind. Er erfüllt nicht im gewohnten Maße die Erwartungen in bezug auf klare Weisungen und Strukturierungen und nutzt gleichzeitig seine Führungsrolle, um die dadurch ausgelösten Prozesse, Stimmungen und Affekte der Reflexion, dem Verstehen und der Beeinflussung zugänglich zu machen. Darin verbirgt sich ein grundlegendes Paradox jeglicher Arbeit mit Menschen, die auf Entwicklung in Richtung größerer Autonomie ausgerichtet ist, d. h. die in die Selbständigkeit führen will.

Die Gestaltung einer solchen professionellen Arbeit mit Menschen ist eine Gratwanderung, die sich diversen Gefahren ausgesetzt sieht. Sie lassen sich in der Geschichte der Gruppenmethoden und der Praxis ihrer Vertreter gut studieren. Die Gruppe wird zu einem Gegenmodell zur Gesellschaft stilisiert. Machtphänomene werden übersehen, dämonisiert oder in Psychologie aufgelöst. Es werden Schulen gegründet mit charismatischen Führern, die zu Verkündern kulturkritischer Klagen werden und sich als Sinnstifter anbieten. Die Gruppenarbeit wird zu einer moralisch-normativen Veranstaltung.

Dem möchte ich einen nicht-normativen Umgang mit Gruppen und Machtphänomenen entgegensetzen. Das Verstehen von sozialen und psychischen Strukturen und Prozessen soll nicht einem normativen Verständnis untergeordnet werden, wie diese Strukturen und Prozesse auszusehen haben. Die Pluralität der möglichen Wege und Lösungen soll anerkannt bleiben. Der Trainer bietet Auseinandersetzung und Wissen an, wird aber weder zum reinen Experten noch zum Verkünder irgendwelcher Wahrheiten. Auch seine Beobachtungen, Handlungen und Sichtweisen sind standortgebunden.

Allerdings ist dieser Versuch von vorneherein beschränkt (U. Beck 1974). Bewertungen sind ein wesentlicher Teil unseres Lebens, ohne sie können z. B. Entscheidungen kaum getroffen werden. Auch die Arbeitsmethode der Gruppendynamik und meine Herangehensweise sind auf einer Wertepalette plaziert. Der Versuch, Fragen der Macht dem Erleben und Verstehen und damit der Auseinandersetzung und Verhandlung zugänglich zu machen, ist selber Resultat eines wertbehafteten Standpunktes, der dem Prinzip der Kooperation gegenüber der häufig destruktiven Eigendynamik von Machtprozessen zu seinem Recht zu verhelfen versucht. Gleichzeitig bedeutet jedes Hineingehen und Hineinwirken in soziale Praxis sowohl eine Anerkennung von faktischer Machtungleichheit als auch eine Beteiligung an ihrer Schaffung und Erhaltung.

1.2 Theoretische Orientierungen

Es ist durchaus nicht zwingend, das Geschehen in Gruppen als Ausdruck eines bestimmten Umgangs mit Macht zu interpretieren. Es soll auch nicht behauptet werden, daß mit ihrer Hilfe besonders viel »erklärt« werden kann. Diese Sichtweise ist wie alle Perspektiven ein Konstrukt, das Ergebnis eines bestimmten Standpunktes. So läßt sich das Geschehen in Gruppen auch sinnvoll unter anderen Oberbegriffen abhandeln: als Informations- oder Entscheidungsprozeß, als Prozeß der Selbstorganisation, als Organisationsproblem, als Führungsproblem oder als Übertragungsgeschehen zwischen Teilnehmern und Leiter. Machtprobleme werden in den vielen vorliegenden Darstellungen zum Geschehen in Gruppen, die einen dieser Standpunkte einnehmen, immer angesprochen, bleiben aber nebensächlich, auch wenn darauf hingewiesen wird, daß Machtprobleme in allen Prozessen eine wichtige Rolle spielen.

»Realität« ist in diesem Sinne eine Konstruktion von sozialen Akteuren (Berger, Luckmann 1966). Ich teile aber nur mit Einschränkung die Sichtweise der heutigen konstruktivistischen Ansätze. Vor allem in manchen praxisbezogenen Varianten suggeriert sie, daß soziale und psychische »Realitäten« aufgrund ihres konstruierten Charakters fast beliebig veränderbar seien. Gerade die Dynamik von Machtphänomenen läßt deutlich werden, daß diese Konstruktionen nicht beliebig sind, sondern sich im sozialen Leben aus der Vielzahl der denkbaren Möglichkeiten eben eine bestimmte Variante und nicht eine andere durchsetzt.

Bei der theoretischen Analyse von Machtphänomenen orientiere ich mich vorrangig an soziologischen Beiträgen. Die Soziologie verhandelt seit ihren Anfängen unter dem Begriff der Macht zwei zentrale Fragen: 1. Wie entsteht soziale Ungleichheit? 2. Wie ist sozialer Zusammenhalt möglich? Diese beiden Fragen möchte ich an den »Mikrokosmos« (Slater 1970) der Gruppe stellen, um daraus eine Vorstellung zu entwickeln, wie im gruppendynamischen Kontext das Verständnis von Machtphänomenen verbessert und die Möglichkeiten ihrer Beeinflussung vergrößert werden können.

In einem weiteren Rahmen orientiert sich dieser Versuch an den Arbeiten von Norbert Elias (z. B. 1970) und Pierre Bourdieu (z. B. 1982). Aus der Komplexität ihrer Arbeiten, die hier nicht dargestellt werden kann, will ich *zwei grundlegende Auffassungen* hervorheben.

1. Beide Autoren stehen für ein *konsequent relationales* Denken. Das Handeln eines Individuums ist nur in Relation zum Handeln eines anderen Individuums verstehbar. Das gleiche gilt für bestimmte Positionen und Rollen und für die Begriffe, mit denen diese bezeichnet werden. Macht bezeichnet dementsprechend eine bestimmte Relation zwischen Personen bzw. Personengruppen.
2. Im Zentrum ihrer Überlegungen steht die Annahme, daß (Macht-)Strukturen und -Phänomene nicht etwas dem einzelnen Äußeres sind, sondern daß sie wesentlich durch *Prozesse der Verinnerlichung*, durch die Überführung von Fremdzwang in Selbstzwang (Elias), als inkorporierte Strukturen (Bourdieu) wirksam werden. Sie sind uns buchstäblich in den Körper eingeschrieben. Diese Prozesse der Verinnerlichung sind in ihrer Auswirkung ambivalent, sie sind sowohl Voraussetzung von Individuation und (relativer) Autonomie als auch von Herrschaft und Fremdbestimmung.

Daraus ergibt sich eine doppelte Sichtweise – sowohl auf die Intentionen der Handelnden und ihre Alltagstheorien als auch auf die (relationalen) Strukturen, in denen ihre Handlungen eingebettet sind. Innerhalb dieser Strukturen entwickelt jedes Handeln eine Eigendynamik, die über die Intentionen der einzelnen Akteure hinausgeht. Die Aufmerksamkeit richtet sich auf die ungeplanten Wirkungen intentionaler Aktivitäten.
Diese Sichtweise stellt sich bewußt den beiden zentralen Abspaltungsmechanismen der sozialen Praxis entgegen, Macht entweder zu personalisieren oder in Strukturen aufzulösen. Aufgegeben wird dabei gleichfalls die Vorstellung von Erklärungen, die ein Phänomen als Ursache oder Folge eines anderen beschreiben. Ziel ist vielmehr eine *dichte Beschreibung* (Geerts 1987) von Machtphänomenen, die *intentionale und strukturelle* Momente vereint.
Dem ist die theoretische Einführung gewidmet. Im 2. Kapitel wer-

den unterschiedliche *Aspekte von Machtbeziehungen* herausgearbeitet. Im 3. Kapitel werden unterschiedliche *soziale Erscheinungsweisen von Machtbeziehungen* untersucht, die durch eine jeweils spezielle Kombination dieser Aspekte gekennzeichnet sind. In beiden Fällen dient der Begriff der Macht als Zentrum, auf das hin die Beschreibung der verschiedenen Aspekte und sozialen Erscheinungsweisen gebündelt wird. Ziel dieser Einführung ist es, zwischen verschiedenen, in der Regel getrennt behandelten Phänomenen Verbindungen herzustellen. Auf dem Hintergrund dieser Sichtweise, die stärker den gesellschaftlichen Kontext beleuchtet, wird dann in den folgenden Kapiteln das Geschehen im inneren System von Gruppen (Kap. 4), individuelle Machtorientierungen (Kap. 5), die Problematik der Leiterrolle (Kap. 6) und als ein Kernproblem Machtphänomene zwischen Männern und Frauen (Kap. 7) beschrieben.
Hierbei fließen dann wieder die Ergebnisse der Sozialpsychologie und Psychologie, der Psychoanalyse sowie verschiedener psychotherapeutischer Theorien ein. Insofern biete ich keine geschlossene Theorie der Macht in Gruppen, sondern nutze verschiedene Ansätze auch dann, wenn sie in manchen ihrer Aussagen und praktischen Konsequenzen eher unvereinbar scheinen, z. B. Ansätze aus der Psychoanalyse und der systemischen Therapie.
Hierzu gehören auch die Ansätze der Gruppendynamik, die sich ihrerseits immer schon aus den verschiedensten Theorien bedient haben. Machtphänomene waren in den Anfängen der Gruppendynamik ein zentrales Thema (z. B. Bradford u. a. 1972, Däumling u. a. 1974). Mit zunehmender Professionalisierung der Methode rückte dieser Aspekt jedoch in den Hintergrund (Nellessen 1987, Edding 1988). Zum einen liegt dies daran, daß die anfangs etwas idealistisch hochgesteckten Ansprüche relativiert wurden. Zum anderen ist dies als Preis des Professionalisierungsprozesses anzusehen, geht dieser doch in der Regel mit einer verstärkten Teilhabe an Macht einher. Die Thematisierung des Themas rückt dann, ähnlich wie in den Sozialwissenschaften insgesamt, in den Hintergrund. Dies hat dazu geführt, daß ich im Verlauf meiner Arbeit immer mehr auf ältere Ansätze in der Gruppendynamik zurückgegriffen habe.

1.3 Zentrale Thesen

Diese allgemeinen Überlegungen sollen nun nochmals in vier zentralen Thesen über den Charakter von Machtbeziehungen formuliert werden, die den Charakter von erkenntnisleitenden Ideen haben. Es tauchen dabei Begriffe auf, die erst in den nächsten beiden Kapiteln spezifiziert werden.

These 1: Macht ist ein Merkmal sozialer Beziehungen

Diese These ist eine Spezifizierung des relationalen Charakters von (sozialen) Phänomenen. Macht und alle damit zusammenhängenden Phänomene sind demnach eine Eigentümlichkeit von Beziehungen und nicht eine Eigenschaft bzw. ein Besitz von Personen oder eine Eigenschaft von akteurslosen Systemen oder Strukturen. Die Macht einer Person kann daher noch so groß sein, sie bleibt immer eingebunden in ein Netz sozialer Beziehungen und ist damit immer relativ. Und personale Macht kann sich immer nur in relationalen Machtstrukturen verwirklichen. Gleichzeitig impliziert dies, daß Macht ein Bestandteil jeder sozialen Beziehung ist, unabhängig davon, wie in dieser Beziehung mit Macht umgegangen wird.

These 2: Macht dient (in Gruppen) der Reduktion von Komplexität

Jede Gruppe von Menschen sieht sich ab einer gewissen Größe einer unübersehbaren Zahl von Möglichkeiten der Interaktion gegenüber. Treffen zwei Menschen aufeinander, so ergibt sich eine zweiköpfige Beziehung A zu B. Berücksichtigt man auch die Perspektivität der Beziehung, so sind es genaugenommen schon zwei Beziehungen, die von A zu B und die von B zu A. Treffen vier Menschen aufeinander, so gibt es ohne die Berücksichtigung dieser Perspektivität sechs mögliche Zweierbeziehungen, vier Dreierbeziehungen und eine Viererbeziehung. Bei zehn Personen steigt die Zahl der Beziehungskombinationen auf 1013. Weitere Kombinationen sind der eingefügten Tabelle zu entnehmen.

Wachstum der Beziehungsmöglichkeiten im Verhältnis zu der Zahl der Individuen in einem Beziehungsgeflecht

1 Zahl der Inividuen	2 Zweiköpfige Beziehungen	3 Zunahme	4 Alle möglichen Beziehungen (einfach)	5 Zunahme	6 Alle möglichen Beziehungen (multiple Perspektiven)	7 Zunahme
2	1	–	1	–	2	–
3	3	2	4	3	9	7
4	6	3	11	7	28	19
5	10	4	26	15	75	47
6	15	5	57	31	186	111
7	21	6	120	63	441	255
8	28	7	247	127	1016	565
9	36	8	502	255	2295	1279
10	45	9	1014	511	5110	2815

$x = \frac{n(n-1)}{2}$* $\quad x = 2^n-1(n+1)$* $\quad x = n(\frac{2^n}{2} - 1)$*

Alle möglichen Beziehungen (einfach) zwischen:

3 Personen (4)	=	AB AC BC ABC
4 Personen (11)	=	AB AC AD AE BC BD BE CD CE DE
5 Personen (26)	=	ABC ABD ABE ACD ACE ADE ADE BCD BCE BDE CDE ABCD ABCE ABDE BCDE ABCDE

(Quelle: Elias 1970, S. 107)

Damit die Individuen überhaupt in Kontakt zueinander treten können, müssen die Möglichkeiten notwendigerweise begrenzt werden. Die Entstehung von Macht(strukturen) läßt sich als eine solche Begrenzung bzw. Bündelung von Möglichkeiten, als Reduktion von Komplexität verstehen.

These 3: In Gruppen ist der Umgang mit Macht eine notwendige Aufgabe

Diese These folgt unmittelbar aus der vorhergehenden. Anders ausgedrückt läßt sich die Entstehung von Macht als Ausfluß einer gewissen Ordnungsnotwendigkeit ansehen, ohne die soziale Beziehungen nicht denkbar sind. D. h., in jeder Gruppe muß mit dem Problem der Macht umgegangen werden, was jedoch noch nicht festlegt, wie dies getan wird.

Die Aufgaben, die durch die Struktur des Machtproblems gestellt werden, müssen je individuell beantwortet bzw. »gelöst« werden, von und in jeder Gruppe in ihrer eigenen Art und von jedem Mitglied einer Gruppe in einer je eigenen Art. So unterschiedlich diese Antworten und »Lösungen« aber auch sein mögen, zusammengebunden werden sie durch die Ausrichtung auf die gemeinsamen Aufgaben.

These 4: Die »Lösung« dieser Aufgabe erfolgt idealtypisch in zwei Grundformen, der Hierarchisierung und der Normierung

Bildet sich in einer Gruppe die Macht einer einzelnen Person heraus, so sprechen wir von Führung oder Autorität. Bildet sich hingegen Macht der Gruppenmehrheit über einzelne heraus, so sprechen wir von Konformität. Im ersten Fall wird das Problem der Macht durch Hierarchisierung, im zweiten Fall durch Normierung »gelöst«. Sowohl der Hierarchisierung als auch der Normierung gegenüber anzusiedeln wäre die Autonomie des Individuums, die immer nur eine relative sein kann, sonst würde jeder soziale Zusammenhang auseinanderbrechen. Ein Mindestmaß an Hierarchie und Normierung ist aufgrund der geschilderten Komplexität als Voraussetzung jeder dauerhaften sozialen Gruppe anzunehmen.

Faktisch treffen wir ohnehin immer nur eine Vermischung von Hierarchisierung und Normierung sowie der verwandten Phänomene an, da keine Gruppe ohne ein Minimum an Normen im Sinne von Regeln des Umgangs miteinander auskommt, ebenso wie völlige Gleichheit in Gruppen als Gegensatz zur Hierarchisierung nicht möglich ist – es sei denn durch eine strikte Unterwerfung unter ein normatives System.

Je stärker Gruppen hierarchisiert sind, um so mehr werden sie von Konkurrenz gekennzeichnet sein, anders ist eine derartige Struktur nicht aufrechtzuerhalten, bzw. kann gar nicht hervorgebracht werden, braucht es doch einen Anreiz, um in der Hierarchie nach oben steigen zu wollen. Dieser Anreiz wird zumeist durch die Verknappung irgendwelcher Güter geschaffen. Neben den materiellen dienen hierzu auch nicht-materielle Belohnungsanreize wie Status und Prestige oder Attraktivität und Beliebtheit.

In Konkurrenz mit der Hierarchie, um eine etwas paradoxe Wendung zu benutzen, steht das Prinzip Kooperation als eine spezifische Form, mit Macht umzugehen. Setzt sich dieses Prinzip durch, so wird dies auch Auswirkungen auf das Ausmaß an Hierarchie und Normierung haben. Denn zum einen setzt die Möglichkeit von Kooperation eine gewisse Gleichwertigkeit der zukünftigen Kooperationspartner voraus, sonst würde man nicht von einer kooperativen, sondern von einer hierarchischen Lösung sprechen. Zum anderen impliziert Kooperation die Möglichkeit bzw. geradezu die Notwendigkeit der Unterschiedlichkeit der zukünftigen Kooperationspartner, eine Unterschiedlichkeit allerdings, die sich so weit aufeinander einläßt, daß eine Zusammenarbeit möglich wird.

Eine in unserer Gesellschaft häufige Lösung für das Auspendeln der beiden Pole besteht in der Herausbildung von Organisationsformen mit formalen Hierarchien und expliziten wie impliziten Normen und Werten. Die möglichen Lösungen werden dadurch eingegrenzt, ein regelhafter Umgang institutionalisiert. Diese Lösung findet sich auch in der Idee der Institutionen einer formalen Demokratie wieder. Sie macht das Verhalten für ihre Mitglieder einfacher, Rechte und Pflichten sind festgelegt und damit überprüfbar und einklagbar. Zugleich entwickeln solche Organisationsformen durch die Eigendynamik der Regelorientierung eine Beharrungstendenz, die sie für Wandlungsprozesse nur schwer zugänglich macht.

Die Gruppen, die hier beschrieben werden, weisen demgegenüber nur in sehr geringem Maße eine formale Hierarchie auf. Es gibt Leiter und Teilnehmer. Innerhalb des gesetzten Rahmens gibt es keine explizite Liste von vorgegebenen Normen. In dieser ungewohnt offenen Situation eines gruppendynamischen Trainings werden Machtphänomene in spezifischer Art sichtbar, erfahrbar und beeinflußbar.

1.4 Theorie und Praxis

Theorien sind immer Abstraktionsleistungen und damit zugleich sowohl mehr als auch weniger als die Praxis, die sie zu beschreiben und zu ordnen versuchen. Der theoretische Blick ist einer von außen. Er versucht, aus den Erfahrungen und Handlungen der Praxis das Gemeinsame und Regelmäßige herauszufiltern. Die Essenz der Erfahrung, nämlich unmittelbar und einmalig zu sein, geht dabei zum Teil verloren. Zugleich bleibt die Erfahrung ohne

Erkenntniswert, wenn sie nicht in Zusammenhang mit anderen Erfahrungen gesehen werden kann, den eigenen wie den von anderen. Daher greifen wir auch alle in unseren Erfahrungen und unserem Handeln fortwährend auf (Alltags-)Theorien zurück, um unser Handeln zu planen und die Auswirkungen dieses Handelns zu verstehen.

In der gruppendynamischen Praxis geht es um die Erhebung dieses alltagweltlichen Interaktionswissens der Gruppenmitglieder. Die Gruppe ist in diesem Sinne eine Ansammlung von Alltagstheoretikern, die bald feststellen müssen, daß ihre Theorien nur bedingt kompatibel sind. Die notwendige Abgleichung dieser Theorien bildet ein Teil der zu untersuchenden Machtphänomene. Dies geschieht in erster Linie durch kontrolliertes Fremdverstehen einer gemeinsamen Situation und durch Introspektion, d. h. durch Selbsterfahrung. Kontrolliert ist dieses Fremdverstehen insofern, als es sich dem systematischen Vergleich mit dem Verstehen von anderen aussetzen muß, etwas, dem wir im Alltag in vielfältiger Weise aus dem Weg gehen können. Theoretisches Wissen im wissenschaftlichen Sinne spielt in dieser Situation eine sekundäre Rolle.

Ein Text wie dieser erhebt diese Erfahrungen in gruppendynamischen Trainings zum Gegenstand von Theoriebildung. Zugleich ist dies die theoretische Sicht eines Praktikers, der sich die klassische Praxis- bzw. Handlungsabstinenz des Theoretikers nicht leisten kann. Seine Theorie ist nicht nur rückwärts auf vollzogene Handlungen und Erfahrungen bezogen, sondern auch vorwärts auf zukünftiges Handeln ausgerichtet. Die Praxis denkt sich anders als die Theorie.

Der Handlungsdruck der Praxis bringt den Praktiker allerdings in die Gefahr, normative Rationalisierungen seines Handelns hervorzubringen, d. h. Vorstellungen davon, wie seine Praxis (gemäß seiner Theorie) sein sollte. Diese Gefahr wächst, je mehr der Praktiker auf dem Markt der Methoden (und Theorien) gezwungen ist, seine Dienstleistung gewinnbringend anzubieten. Die Reflexion der Praxis verdünnt sich dann zur Praxisanweisung und Trainingslehre.

Es gilt also, weder einem einseitigen Erkenntnisinteresse noch einem gleichfalls einseitigen Handlungsinteresse zu folgen. Ich

werde versuchen, einen Mittelweg zu gehen, ohne daß dies den Unterschied zwischen Theorie und Praxis aufheben würde. In Kapitel 2 und 3 gebe ich auf einem relativ hohen Abstraktionsgrad einen allgemeinen Rahmen, gleichwohl ohne auf rein formale Modelle zurückzugreifen. In diese Kapitel sind einige kurze Textauszüge von relevanten Theoretikern und Praktikern aufgenommen. In den folgenden Kapiteln kommt dann zunehmend die Praxis zu Wort. Ein integraler Teil davon sind Vorstellungen über eine angemessene und wirksame Gestaltung der Trainerrolle.
Der Unterschied und die (kreative) Spannung zwischen Theorie und Praxis wird nochmals deutlich in der Verwendung der Beispiele, die vorrangig aus gruppendynamischen Trainings stammen. Während die beschriebenen Situationen für mich selber oft dichte Erfahrungen darstellten, die im Moment ihres Geschehens und manchmal erst im nachhinein plötzliches Erkennen und Verstehen bedeuteten, verdünnen sie sich in der schriftlichen Aufbereitung zu Illustrationen dieser Erkenntnisse. Als Interaktionssequenzen sind sie zudem immer erst nach einer Gruppensitzung, nach einem Training oder sogar erst bei der Erstellung dieses Textes aufgeschrieben worden. Die aufgeführten Beispiele sind daher immer schon theoriegeleitete Darstellungen und keine »objektiven« Daten. Als solche sind sie immer zugleich mehr und weniger als das, was sie illustrieren sollen. Jede der geschilderten Situationen ließe sich unter einem anderen (theoretischen) Blickwinkel betrachten. Zugleich treten die Phänomene, wie sie die Theorie idealtypisch konstruiert, in der »Realität« nur selten in »reiner« Form auf. Erst eine bestimmte Form der Darstellung macht sie dazu.

1.5 Persönliches

Der Text ist das Ergebnis von 12 Jahren Arbeit in gruppendynamischen Trainings und Veranstaltungen, davon fünf Jahre Ausbildungszeit. Er ist auch aus dem Bedürfnis erwachsen, nach dieser Zeit nochmals zurückzutreten, einen Blick auf das eigene Handeln zu richten und mich mit den ambivalenten Auswirkungen von Professionalisierungsprozessen auseinanderzusetzen, wie sie üblicherweise als professionelle Deformation (Fengler 1991) beschrieben werden. Darüber hinaus aber galt es, mich jenseits von theoretischen und professionellen Überlegungen mit der lebensgeschichtlichen Basis auseinanderzusetzen, die mich in die Rolle des gruppendynamischen Trainers gebracht hat und dort vor allem in die Auseinandersetzung mit Machtfragen, nachdem ich diese schon einmal bei einem ganz anderen Thema ins Zentrum gestellt hatte (König 1990).

Die Wahl des Machtthemas steht in Verbindung mit der intensiven Erfahrung von Ohnmachtsgefühlen bzw. ihre Abwehr und zugleich mit der lange aufrechterhaltenen Verweigerung, selber an der Gestaltung von Macht teilzuhaben. Diesen zum Scheitern verurteilten Versuch, unschuldig zu bleiben, teile ich sicherlich mit manch anderem aus meiner Generation. Die resultierenden Beschränkungen meiner (Lebens-)Möglichkeiten, die ihren Ausdruck sowohl in aggressiven Impulsen wie in Handlungshemmungen fanden, wurden durch die Begegnung mit der Gruppendynamik deutlich und konnten dort sowie im therapeutischen Kontext verändert werden. Der destruktive Charakter von Machtausübung, der durch ihre Verweigerung eher verstärkt wurde, verschwand in dem Maße, wie ich Einflußmöglichkeiten aktiv gestalten lernte.

All dies spiegelt sich unmittelbar in der Wahl der theoretischen Sichtweise und der Beschreibung der Trainerrolle wider. Wenn Macht eine »notwendige Aufgabe«, d. h. unumgänglich, ist, ist es sinnvoller, sie zu ergreifen und zu gestalten. Zugleich wird der Korrumpierbarkeit des eigenen Machtstrebens durch den reflexiven Umgang mit der Trainerrolle Einhalt geboten.

Denn es kann nicht darum gehen, die Unschuldsvermutung, die mit der Handlungsabstinenz verbunden war, durch eine ungebrochene Machermentalität zu ersetzen, die alles für möglich hält. Damit ist nicht nur das offene Herrschaftsdenken gemeint, wie es in unserer Gesellschaft von politischen und wirtschaftlichen Eliten gepflegt wird. Auch das berufliche Feld, in dem ich mich bewege, ist konstant der Gefahr des Machbarkeitswahns ausgesetzt, der glauben läßt, für alle Probleme eine Antwort anbieten zu können. Ich halte daher die Möglichkeit des Machtverzichts für ebensowichtig wie das Ergreifen und Gestalten von Macht. Gerade in einer Gesellschaft, in der Wachstums- und Fortschrittsdenken engstens mit der Ausbeutung von Mensch und Umwelt verbunden ist, braucht es im Spektrum der Lebensmöglichkeiten neben dem reflektierten Handeln einen Platz für diesen Verzicht.

2. Aspekte von Machtbeziehungen

Ausgehend von dem Grundgedanken, daß alle sozialen Beziehungen von Machtfaktoren mitbestimmt sind, möchte ich im folgenden einige strukturelle Aspekte herausarbeiten, die in Interaktionen eine Rolle spielen. In der Gliederung lehne ich mich an eine Zusammenstellung von Schneider (1977) an, mit einer etwas abweichenden inhaltlichen Ausfüllung, die vor allem durch die Arbeiten von Popitz (1968, 1986) geprägt ist. Eine solche Herangehensweise bleibt notwendigerweise idealtypisch, da sie jeweils einen Aspekt heraushebt und ihn isoliert darstellt, während in konkreten Interaktionen alle Aspekte in einer je spezifischen Mischung auftreten. Doch erst durch diese Hervorhebung lassen sich einzelne Aspekte in ihrer je unterschiedlichen Wirkung verstehen. Die Wahl der illustrierenden Beispiele entspricht dem idealtypischen Charakter dieser Darstellung.
Durch die Ausdifferenzierung der unterschiedlichen Aspekte von Machtbeziehungen wird das diffuse Phänomen der Macht zugleich konkreter faßbar. Es lassen sich nun Beschreibungskategorien finden, die näher an abgegrenzten und beobachtbaren Phänomenen liegen. Im interaktionellen Bereich hat man es jedoch immer mit einer Mischung aus sichtbarem Verhalten einerseits, nur erschließbaren Motiven und Ideen andererseits zu tun. Um einen Zusammenhang zwischen Verhalten und Ideen herzustellen, ist ein übergreifendes Konzept hilfreich, wie etwa die Idee, daß alle sozialen Beziehungen von Macht durchdrungen sind. Die verschiedenen Aspekte, die aus der Ausdifferenzierung des Phänomens »Macht« hervorgehen, bedürfen also zu ihrer sinnvollen Konkretisierung wiederum des Bezugs auf das Konzept, das sie erläutern helfen sollen. Die Argumentation ist tendenziell kreisförmig, was die Nähe zur konstruktivistischen Herangehensweise verdeutlicht.

2.1 Grundlagen der Macht

Bei jeder Machtbeziehung läßt sich danach fragen, auf welchen Grundlagen oder Ressourcen die Macht beruht. Ich werde sieben

Kategorien unterscheiden: Zwang, Belohnung, Legitimation, Identifikation, Sachkenntnis, Information und situative Kontrolle. Diese Kategorien machen deutlich, daß mit Ressource mehr gemeint ist als der Zugriff auf bestimmte materielle oder kognitive Mittel. Ich kann zwar Gewalt, Geld, Amtsautorität und Expertentum einsetzen, um Macht auszuüben. Es bedarf aber eines Gegenübers, das sich diesen Machtgrundlagen unterwirft, und dies ist nur in extremen Fällen ein völlig willenloser Akt. Eine bestimmte Ressource wird also nur insofern zur Machtgrundlage, wie sie eine Wirkung bei einem Gegenüber zeigt. Eine Typologie von Machtgrundlagen ist daher dadurch gekennzeichnet, daß sie erst einmal nicht die Vielzahl von psychologischen Faktoren berücksichtigen kann, die in Interaktionen Ressourcen erst wirksam werden lassen.

Zwang

Jede Machtbeziehung basiert auf einem Rest von Zwang. Am deutlichsten ist dies bei jeder direkten physischen Kontrolle über den Körper, z. B. der Einschränkung der Bewegungsfreiheit beim Strafgefangenen und Heiminsassen. In abgeschwächter Form gilt dies aber auch für die Beziehung von Ärzten und Pflegern zu ihren Klienten, von Eltern zu ihren Kindern. Die ultima ratio solcher Beziehungen ist die Möglichkeit, jemanden am Weggehen zu hindern bzw. umgekehrt ihn hinauszuwerfen oder auszustoßen. Zugleich ist der physische Zwang als Mittel dadurch eingeschränkt, daß er die Anwesenheit eines Kontrolleurs oder den Aufbau eines Kontrollapparates erfordert. Eine solche Kontrolle wird die innere Einstellung des Kontrollierten in der Regel unberührt lassen, ja eventuell sogar die Veränderung dieser inneren Einstellung verhindern. Doch den Zwang Ausübenden ist daran gelegen, daß der Zwang schon als Drohung wirkt und sich innerhalb dieser Drohung eine Art Kooperation ergibt. Jede Schulklasse funktioniert teilweise auf der Grundlage dieser Kooperation zwischen den Lehrern und den Schülern. Zentrales Zwangsmittel ist hier die Strafe. Notengebung und Versetzung fungieren als mögliche Bestrafung für Fehlverhalten. Allen Beteiligten wird daran gelegen sein, den Zwangscharakter dieser Situation auf ein Minimum zu reduzieren. Doch im Konfliktfall wird deutlich, daß das Schulsystem über die Möglichkeit der Strafe funktioniert.

Belohnung

Während ein System von Zwang dem Gezwungenen nur den Nutzen verspricht, sich der Situation anzupassen, aus der er ohnehin nicht heraus kann, ist eine Belohnung in einer Machtbeziehung von größerem Nutzen für den weniger Mächtigen. Eine solche Belohnung kann auch allein schon in einem Fernhalten einer Strafe bestehen, so wie ein Strafgefangener aufgrund von guter Führung vorzeitig entlassen werden kann. Es bedarf aber auf jeden Fall eines begehrten Gutes, sei es materieller oder immaterieller Art, über das der eine mehr verfügt als der andere, z. B. Geld, oder auf das einer mehr angewiesen erscheint als der andere, z. B. Zustimmung und Anerkennung. Eine unterbliebene Belohnung kann wiederum schnell zur Strafe werden, wie z. B. beim Liebesentzug. Aber auch wenn in einem Betrieb jemand bei einer Beförderung übersehen wird, kann dies als Strafe angesehen werden. Dies verdeutlicht, daß der Maßstab für das, was als Belohnung oder Strafe gilt, nicht nur von den direkt Beteiligten, sondern auch vom Umfeld bzw. vom Vergleichskontext mitgeschaffen wird.
Eine Belohnung stützt sich auf eine Gemeinsamkeit des Maßstabes. Es wird etwas Begehrtes weitergegeben, z. B. ein Geschenk. Der so Belohnte mag sich dadurch dem Geber gegenüber verpflichtet fühlen, der positive Wert der Belohnung wird dadurch für ihn aber nicht geschmälert, höchstens seine Möglichkeit, diese Belohnung anzunehmen. Die Bestrafung hingegen setzt sich stärker ihren eigenen Maßstab, indem sie gegen den Willen des anderen ausgeführt wird. Es bleibt nur die Möglichkeit, der Strafe mit stoischem Gleichmut zu begegnen, bei Prügel nicht »mit der Wimper zu zucken«.

Legitimation

Bei den bisherigen Beispielen sind wir implizit davon ausgegangen, daß jemand aus bestimmten Gründen zu einer Handlung legitimiert ist. Eine solche Legitimation kann sowohl aus bestimmten Ämtern und Positionen als auch aus bestimmten Gruppennormen und Wertvorstellungen erwachsen. So sind ein Richter und ein Polizist, aber auch ein Lehrer und ein Arzt aufgrund ihrer Position dazu ermächtigt, bestimmte Handlungsweisen zu fordern bzw.

bestimmte Handlungen vorzunehmen, die auf ihr Gegenüber einschränkend wirken. Diese Akteure können sich zwar des Zwangs bedienen, müssen diesen aber in der Regel gegenüber anderen Positionen legitimieren. So muß der Polizist vor dem Richter die Verhaftung, der Lehrer vor den Eltern die Nichtversetzung eines Schülers begründen können. Eine Legitimation kann als solche also nur bestehen, wenn sie *im Prinzip* diskutabel und kontrollierbar bleibt.
Die Legitimation von bestimmten Berufsgruppen spiegelt sich in dem sozialen Ansehen, das sie in der Öffentlichkeit genießen. Diese Statushierarchie ist bei allem sozialen Wandel relativ stabil geblieben. Laut einer Umfrage des Allensbacher Instituts für Demoskopie wird sie heute angeführt von Ärzten, weit abgeschlagen gefolgt von Pfarrern, Rechtsanwälten und Hochschullehrern (Kölner Stadt-Anzeiger v. 29. 10. 93). Im Mittelfeld rangieren Unternehmer, Lehrer und Journalisten, als Schlußlicht finden sich Politiker, Gewerkschafter – und Buchhändler.
Daneben gibt es eine Legitimation, die sich aus der Repräsentanz der in der relevanten Gruppe geltenden Normen und Werten ergibt. So spricht man z. B. von einer »moralischen« Legitimation zu einer bestimmten Handlung. Sie basiert in der Regel auf einer oft nur impliziten Vorstellung von Gerechtigkeit und beruft sich entweder auf vergangene Ereignisse oder auf Verdienste in einem anderen Bereich. In »reiner« Form hängt eine solche Legitimation einer Person von denen ab, die sich ihr beugen bzw. die sie verleihen. In unserer Vorstellung von einer Autorität spielt dies eine wichtige Rolle. Im faktischen Aushandeln im Alltag bleibt jedoch zumeist umstritten, ob jemandem etwas »zusteht« oder er es sich »anmaßt«.

Identifizierung

Ebenfalls stark auf Werte und Normen bezogen ist der Vorgang der Identifizierung, das So-sein-Wollen wie jemand anders. In der Entwicklung von Kindern spielt dies eine große Rolle, zugleich ist es nötig, daß sie sich aus der anfänglichen Identifikation mit ihren Eltern lösen, um eine eigene Identität zu entwickeln. Auch spätere Prozesse von persönlichem Lernen und Wachstum bedürfen der Identifikation, sei es mit bestimmten Personen oder Gruppen, sei es mit bestimmten Ideen oder Werten. Bleibt es jedoch bei der Identifizierung und kommt es nicht zu einer eigenständigen Integration der repräsentierten Werte und Normen und ihrer flexiblen Handhabung, so kann die Identifizierung als Grundlage einer Machtbeziehung dienen. Die Verantwortung für das eigene Handeln wird durch einen identifikatorischen Unterwerfungsakt an Führer- und Autoritätspersonen oder Wertsysteme übergeben. In letzter Konsequenz führt eine völlige Identifizierung zu Identitätsverlust.

Sachkenntnis

Ein weitaus stärker eingegrenzte Machtgrundlage ist Sachkenntnis, also ein relativ größeres Wissen und größere Fähigkeiten, die einer Person zugeschrieben werden und sie dadurch der Person gegenüber, die ihr diese Sachkenntnis zuschreibt, mächtiger erscheinen läßt. In unserem Alltag überlassen wir uns, ohne daß wir dies zumeist überhaupt noch wahrnehmen, fortwährend der Sachkenntnis von anderen, die wir als Experten für ihr jeweiliges Gebiet ansehen. Wir vertrauen uns dem Busfahrer an, bestellen den Elektriker oder lassen uns beim Kauf einer Waschmaschine beraten. Ohne dieses selbstverständliche Überlassen wäre eine arbeitsteilige Gesellschaft nicht funktionsfähig.

Sachkenntnis wird in unserer Gesellschaft zumeist durch Legitimation in Gestalt z. B. von Diplomen und Titeln abgesichert bzw. bestätigt. Zugleich gehört es zum Standardrepertoire von Sachexperten, ihr Ansehen und ihre relative Macht dadurch zu erhöhen, daß sie durch bestimmte Rituale ihr Gegenüber kleiner erscheinen lassen. Die repräsentative Berufskleidung, eine unverständliche Fachsprache, die Zugehörigkeit zu Verbänden sollen die Legitimität der Sachautorität unterstreichen. Ebenfalls verbreitet ist bei bestimmten Berufsgruppen wie Ärzten, Juristen, Geistlichen, Lehrern und Psychotherapeuten das Phänomen, daß ihre ursprünglich begrenzte Sachkenntnis auf andere Bereiche ausstrahlt, sie auf einmal zu »moralischen« Experten auf allen möglichen Gebieten des Lebens werden. Mit anderen Worten: Sachkenntnis hat einen sachlichen Kern, der von vielfältigen Überhöhungsstrategien umgeben sein kann.

Um anerkannt zu werden, muß Sachkenntnis von denen, die sie in Anspruch nehmen, den Experten zugesprochen werden. Jemand,

der Sachkenntnis bei einem Experten einfordert, macht damit zugleich eine Aussage über sich selber: daß er eine bestimmte Fähigkeit oder Fertigkeit nicht oder in geringerem Maße hat. Er markiert damit ein Gefälle zwischen sich und dem Sachexperten.
Einer besonderen Problematik unterliegt dieser Umgang mit Sachkenntnis und das daraus erwachsene Gefälle in den helfenden Berufen (Fengler 1991). Hier bezieht sich die eingeholte Sachkenntnis auf die eigene Person. Ich will vom Arzt, vom Sozialarbeiter oder vom Therapeuten Hilfe für mich bekommen. Das Selbstbild des Hilfesuchenden ist in der Situation der Hilfesuche angegriffen. Er fühlt sich den Dingen nicht gewachsen, fühlt sich hilflos und klein. Der Helfer hingegen hat anscheinend alles das, was der Klient nicht hat. Das Dilemma der helfenden Berufe besteht darin, die Hilfesuche des Klienten nicht zurückzuweisen und gleichzeitig auf Selbstbestimmung zu drängen. Nicht nur die Abhängigkeitswünsche der Klienten, sondern auch eine Vielzahl eigener Motivlagen, Geld, das Gefühl, gebraucht zu werden, und die Bewältigung eigener Problemlagen bringen den Helfer ständig in die Gefahr, das Gefälle zu stabilisieren und damit Dauerhilfesuchende zu produzieren. Selbst wenn diese sich dann einmal enttäuscht von ihm abwenden, werden sie zu Wanderern auf dem großen Markt der Hilfeangebote.

Information

Unterscheiden von Sachkenntnis möchte ich die Macht durch Information bzw. Informationskontrolle. Im Zeitalter der Informationstechnologie hat sie einen teilweise schon völlig unpersönlichen Charakter angenommen und wirkt als eine Art strukturelle Megamacht, die aus dieser Anonymität heraus unsere kulturellen Normen und Werte beeinflußt. Im interaktionellen Bereich entfaltet sie eine Vielfalt von konkreten Wirkungen. Über den Umgang mit Information wird (Teil-)Öffentlichkeit hergestellt, bzw. erst durch seine Veröffentlichung wird etwas zur Information. Hier spielt der Aspekt der Sichtbarkeit eine wichtige Rolle, auf den ich später gesondert eingehe. Wichtig ist der Verlauf des Informationsflusses. Wer bildet Schnittstellen, an denen sich Information sammelt? Wer hat Macht, Information weiterzugeben oder zurückzuhalten? Wer »erfindet« überhaupt die Information?

Wann wird Information zu Propaganda? Information entfaltet ihre Macht in Wechselwirkung mit den bisher aufgeführten Machtgrundlagen. Ob etwas überhaupt als Information wahrgenommen und verhandelt wird, hängt unter anderem von der Legitimation und der zugeschriebenen Sachkenntnis des Informationssenders zusammen. So ist in hierarchisch strukturierten Kontexten an der Spitze zumeist mehr Information angesammelt. Die von dort weitergegebene Information erscheint zugleich als gewichtiger. Aber auch für hierarchisch niedriger Stehende gibt es vielfältige Möglichkeiten, durch das Zurückhalten oder Lancieren von Informationen Macht auszuüben. Es können verschiedene parallele Informationssysteme bestehen, ein offizielles und formelles sowie ein informelles, die gegebenenfalls gegeneinander arbeiten. Klatsch, Gerüchte, Nachrede sind wichtige und wirksame Informationsstrategien.

Situative Kontrolle

Eine ebenso vielschichtige Grundlage von Macht bildet die situative Kontrolle. Als Oberbegriff kann sie sich sowohl auf die Strukturierung der Gesamtsituation wie auf die zeitlichen und räumlichen Umstände beziehen.

Zu nennen sind hier die architektonischen Bedingungen, wie sie z. B. idealtypisch in der Überwachungsarchitektur eines Gefängnisses zu finden sind. Sehr viel alltäglicher wirkt sich dies in der Herstellung von bestimmten Sitzordnungen aus. Der Frontalunterricht z. B. in einer Schulklasse ist Symbol für die Ausrichtung auf eine Person. Der Kreis hingegen bzw. der »runde Tisch« ist Ausdruck einer potentiellen Gleichrangigkeit. Die Sitzordnung bei offiziellen Anlässen symbolisiert den Rang der jeweiligen Personen und legt gleichzeitig mögliche Begegnungen fest. Organisation von und Umgang mit Raum markieren die Zonen von Öffentlichkeit und möglichem Rückzug. Zugleich symbolisieren die jeweilige Größe und Lage des individuell zur Verfügung stehenden Raumes die hierarchische Stellung des Inhabers. Das Chefbüro ist groß und unübersehbar im obersten Stockwerk angesiedelt. Räume schaffen eine spezifische Atmosphäre.

Ähnlich gelagert ist auch der Umgang mit Zeit, durch den Wichtigkeit und Bedeutung verteilt werden können, und der Unterschied zwischen Arbeitszeit und Freizeit hergestellt wird (Geissler

1987). Auch Schnelligkeit und Langsamkeit sind keine wertfreien Beschreibungen – »Time is cash, time is money«. Zugleich wird die Zeit des höher Stehenden als kostbarer eingeschätzt, abzulesen am Stundenlohn.
Die Strukturierung der Gesamtsituation ist im Rahmen der situativen Kontrolle von großer Wichtigkeit. Durch sie werden schon im Vorfeld bestimmte Entscheidungen getroffen und damit ein Rahmen gesetzt, oder bestimmte Verfahrensregeln festgelegt. In diesem Sinne ist sie eine Macht über die Verhältnisse im Gegensatz zu einer Macht in den Verhältnissen. Tagesordnungen, Rednerlisten, Geschäftsordnungen, Verfahrenstricks sind Möglichkeiten, Rahmenfakten zu schaffen und damit Handlungsoptionen festzulegen. Konflikthafte Verhandlungen im politischen Feld bezeugen die zunehmende Wichtigkeit dieser Kategorie. Verschiedenes spielt hier eine Rolle: der Ort und der Zeitpunkt einer Verhandlung; wer daran teilnehmen darf; in welcher Sprache gesprochen wird; wer moderiert; was nicht besprochen wird. All dies macht einen eigenen Verhandlungsteil aus, der im Vorfeld stattfindet und die Wichtigkeit der eigentlichen Verhandlungen manchmal in den Schatten stellt.

2.2 Potentielle und aktualisierte Macht

Die beschriebenen Machtgrundlagen lassen sich als Ressourcen verstehen, die den einzelnen Akteuren zur Verfügung stehen. Zugleich wird deutlich, daß mit Ausnahme eines reinen Zwangsverhältnisses die Definition dessen, was als eine solche Ressource gelten kann und wie groß diese ist, selber wieder innerhalb der Beziehung stattfindet. Dies wird sich auf den tatsächlichen Einsatz der Ressourcen auswirken. Nach einer einfachen Kosten-Nutzen-Rechnung setze ich nur so viel meiner Ressourcen ein wie nötig. Zugleich hängt diese Rechnung von meiner subjektiven Einschätzung der Ressourcen des Gegenübers ab. In formalisierten hierarchischen Beziehungen beziehen sich solche Einschätzungen auf Erfahrungswerte der Vergangenheit und können dadurch einen quasi »objektiven« Charakter annehmen. Man »weiß«, wer hier wie viele Machtressourcen hat und wie er sie gegebenenfalls ein-

setzt. In offenen Beziehungen ist die Frage des Einsatzes aber wiederum selber ein Teil des Spiels.
Oft reicht es aus, daß die Ressourcen nur symbolisch vorgeführt werden durch die Insignien der Sachkenntnis und Legitimation, wie z. B. Uniformen und andere Berufskleidung. Die Interaktion bleibt im Konjunktivischen »was wäre, wenn ...« verhaftet. Das gesamte Arsenal von Drohgebärden, Ankündigungen und Versprechungen ist hierunter zu zählen. Der tatsächliche Einsatz von Ressourcen hängt demgegenüber u. a. von der Einschätzung der Ressourcen des Gegenübers und der Wichtigkeit des Konfliktes ab. Über eine solche (Fehl-)Einschätzung können Machtkonflikte schnell eskalieren, wenn jeweils eine Seite der anderen größere potentielle Macht zuspricht und eine größere Bereitschaft diese einzusetzen, d. h. zu aktualisieren, um dann ihrerseits mehr Macht zu aktualisieren usw. Schließlich kann auch die Weigerung, Ressourcen zu mobilisieren, Teil einer Machtstrategie sein. Das Gegenüber wird einfach ignoriert und durch dieses Übersehen als potentieller Ansprech- oder Konfliktpartner disqualifiziert.
Für den tatsächlichen Einsatz der Ressourcen ist auch das zugrundeliegende Selbstwertgefühl von Bedeutung, das nicht nur individuell, sondern auch kollektiv geprägt ist. So weisen viele Untersuchungen darauf hin, daß im beruflichen Alltag Frauen ihre Ressourcen eher niedriger einschätzen als Männer und diese weniger gut zur Geltung zu bringen verstehen. Die Selbstverständlichkeit und Leichtigkeit der Aktualisierung von Ressourcen ist Ausdruck von eben dem Selbstwertgefühl, mit dem sich machtbewußte Personen präsentieren.

2.3 Phantasierte und reale Macht

Zum Teil korrespondierend mit dem Vorangegangenen ist der Aspekt der Sichtbarkeit von Macht bzw. ihrer Ressourcen. Es ist deutlich, daß je nach Kontext und Situation das Zeigen wie das Verbergen sinnvoll sein können. Alle Formen der physischen Gewalt und des Zwanges sind auf Sichtbarkeit angewiesen. Ebenso ist Amtsträgern in der Regel an der Sichtbarkeit ihrer Macht gelegen, zum Teil wird hierfür großer Aufwand betrieben. Während formalisierte Macht auf Sichtbarkeit angewiesen ist, bauen andere Machtformen häufig gerade auf ihre Unsichtbarkeit. Ein Teil der Macht von Amtspositionen besteht z. B. aus dem Zugang zu »geheimen« Kanälen, aus den »guten Beziehungen«, die für zukünftige Eventualitäten gepflegt werden. »Der Mächtige durchschaut, aber er läßt sich nicht durchschauen« (Canetti 1960, S. 326). Machtpositionen in Wirtschaft und Politik leben von diesen unsichtbaren Machtquellen, denen durch eine Veröffentlichung ein Versiegen drohen könnte.

Anders wirkt eine Machtausübung, die sich öffentlich mit Appellen an Werte und Gefühle wendet. Die Angesprochenen sollen sich mit den aufgeführten Idealen identifizieren und in einem zweiten Schritt mit dem, der sie verkündet. Populistische Strategien in der Politik sind hierfür ein gutes Beispiel. Der Politiker gibt seinen Zuhörern das Gefühl, mit ihrer Stimme zu sprechen, ihre Interessen zu vertreten. Die Machtausübung wird auf diese Weise bei den Adressaten gar nicht mehr erkennbar. Sie wird, positiv ausgedrückt, zur Überzeugung, negativ ausgedrückt, zur Manipulation. Zur Unterstützung können hier fast alle Machtgrundlagen dienen, neben Sachkenntnis und Legitimation vor allem der gezielte Einsatz von Information und eine geschickte situative Kontrolle, die das Gegebene als das »Vernünftige« erscheinen lassen. Bei den Adressaten dient das Vor-sich-selbst-unsichtbar-Machen des Machtfaktors der Aufrechterhaltung des Selbstwertgefühls angesichts der relativen eigenen Machtlosigkeit. Da sagt doch endlich einer einmal das, was man auch meint; und man meint das, was der andere sagt. Über die in diesem Prozeß angelegte Identifizierung mit den Mächtigen kommt es auch für die relativ Machtlosen zu einer Beteiligung an der Macht.

Während die Unsichtbarkeit der Machtausübung in diesem Fall stabilisierend wirkt, kann sie aber auch hochgradig angstauslösend wirken. Es ist dies das aus Horrorfilmen bekannte Spiel mit dem (Un-)Möglichen, das die Bedrohlichkeit des Wahrscheinlichen oder »Realen« bei weitem übersteigen kann. Das Nicht-Sichtbare und Unbekannte ist weniger berechenbar als das Sichtbare und kann sich mit projektiven Phantasien aufladen, die Vergangenheit und Zukunft in die Gegenwart holen.

2.4 Freiwilligkeit der Unterordnung

In vielen Alltagsvorstellungen wie auch wissenschaftlichen Theorien überwiegt die Vorstellung, daß von Macht in einer Beziehung nur gesprochen werden könne, wenn etwas gegen den Willen des Machtunterlegenen durchgesetzt wird (z. B. bei Weber 1964, S. 38). Der Wille selbst würde demnach nicht berührt. Dies würde Macht auf ein Zwangsverhältnis reduzieren, was jedoch aus meiner Sicht nur einen Sonderfall darstellt. So müssen Beziehungen, die auf Zwang beruhen, für die Aufrechterhaltung des Machtgefälles einen hohen Aufwand betreiben. Die Mobilisierung von Zwangsmitteln stellt die Legitimation des Machtträgers fortwährend in Frage. Seine Attraktivität wird geschmälert, je weniger er durch sein »autoritäres« Verhalten die Möglichkeit bietet, sich mit ihm und seiner Macht zu identifizieren.

Eine andere Sichtweise sieht Macht als unabhängig vom Willen des unterlegenen Akteurs an. Demnach besteht »die Kausalität der Macht ... in der Neutralisierung des Willens, nicht unbedingt in der Brechung des Willens des Unterworfenen. Sie betrifft diesen auch und gerade dann, wenn er gleichsinnig handeln wollte und dann erfährt: er muß ohnehin« (Luhmann 1975, S. 11 f.). Hier wird die Macht zu einem anonymen Mechanismus, der als solcher gar nicht mehr bemerkt wird und zu seiner Durchsetzung keine Akteure mehr benötigt.

Sinnvoll erscheint eine Verbindung der beiden Sichtweisen, indem von einem *Kontinuum* ausgegangen wird, *angesiedelt zwischen Freiwilligkeit und Zwang,* auf das hin jedes Machtverhältnis einzuschätzen wäre. Zugleich dürfte man sich dabei nicht auf die sichtbare und aktualisierte Macht beschränken, da sonst ein entscheidendes Problem ausgeklammert bleibt. Es ist die bereits angeklungene, aber nicht ausformulierte Frage, wie Zwang in Freiwilligkeit überführt wird. Diese Fragestellung wird häufig durch einen impliziten Wertmaßstab verdeckt, nach dem die »äußeren« Zwänge als Unterdrückung, die in Freiwilligkeit überführten »inneren« Zwänge als Voraussetzung zur Selbstbestimmung, als erstrebenswerte Selbstkontrolle erscheinen. Dies verkennt völlig das ambivalente Verhältnis von Verinnerlichung von Zwang einerseits, Freiwilligkeit andererseits.

Jeder Erziehungsvorgang, vor allem gegenüber dem Kleinkind, ist von Zwang unterstützt. Erfolgreich ist er aber nur dann, wenn über Identifizierung mit den Eltern und Internalisierung der durch sie repräsentierten Werte und Normen sowie der damit zusammenhängenden Verbote das Kind sich diese Werte und Normen zu eigen macht. Wird in einem solchen Erziehungsprozeß die Eigenständigkeit des Kindes nicht respektiert, in seiner je eigenen Art den Zwang in Freiwilligkeit zu überführen, kann dies sowohl zu gegenläufigem, jede Norm ablehnendem, als auch zu hochgradig autoritätsabhängigem Verhalten führen. In jedem Fall aber ist das Ausmaß dessen, was in einem solchen Prozeß übernommen wird, nur in kleinen Teilen Resultat einer bewußten und geplanten Auswahl.

In modernen Gesellschaften zeigt sich die Ambivalenz von Freiwilligkeit und Zwang darin, daß sich das, was ich will, als das herausstellen kann, was ich ohnehin soll, d. h. daß sich mein »ureigenster« Wille als das herausstellen kann, was mir von außen, von den gesellschaftlichen Institutionen und ihren Repräsentanten, von meiner Klassen- und meiner Geschlechtslage, von Eltern, Lehrern und anderen Autoritäten zugewiesen wird. Dies kann den Charakter von vorauseilendem Gehorsam oder von Selbstzensur annehmen, was noch ein gewisses Ausmaß an Bewußtheit über die Situation voraussetzt. Weite Teile bleiben aber dem Bewußtsein völlig entzogen und gehen in der Selbstverständlichkeit des Alltagshandelns auf.

Je stärker sich in einer Gesellschaft die Bedingungen für fest vorgeformte Lebenswege auflösen, um so wichtiger wird ein immer wieder erneut vorgenommenes Filtern der zur Freiwilligkeit erhobenen Zwänge. Eindeutige und konkurrenzlose äußere Sinngebungsinstanzen, die für dieses Filtern einen festen Maßstab bieten könnten, z. B. religiöse und weltanschauliche Systeme, stehen nicht mehr zur Verfügung. Sinngebung wird zu einer individuellen und »notgedrungen freiwilligen« Unternehmung und damit zunehmend schwieriger. Neue Instanzen treten auf den Plan, die auf den ersten Blick kein eindeutiges Ziel mehr anzubieten scheinen, sondern nur eine Hilfe bei der Suche. *Diese Hilfe, dieses Filtern und Sortieren bilden den Kern jeder Arbeit mit Menschen in den Beziehungsberufen, in Therapie und Erwachsenenbildung.* Diese Berufe werden dadurch, ob sie wollen oder nicht, zu neuen sinnstiftenden Instanzen und müssen sich daher der Kritik aussetzen, inwieweit sie unter dem Banner der Werte von Autonomie und Freiwilligkeit, Authentizität und Echtheit neue Zwänge der Selbstverwirklichung und Selbstbestimmung als einer »Tyrannei der Intimität« (Sennett 1986) unterstützen.

2.5 Gegenseitigkeit und Einseitigkeit

Die folgende Spezifizierung beschäftigt sich mit dem Ausmaß des Gefälles in einer Machtbeziehung. Theoretisch schwankt dies zwischen völliger Machtlosigkeit einer Seite und Machtgleichheit beider Seiten. Etwas akademisch erscheint hierbei die Diskussion, ob es eine völlig einseitige Machtbeziehung überhaupt geben könne, da es auf seiten des Mächtigen zumindest ein Restinteresse am Machtunterlegenen geben muß bzw. einen relativen Nutzen, würde doch sonst die Beziehung nicht mehr bestehen bzw. aufrechterhalten. Auch im Verhältnis von Herr und Knecht, Beispiel für eine einseitige Machtbeziehung, gibt es eine subtile Bindung des Herren an den Knecht, die sich aus dem Nutzen des Knechts für den Herrn ableitet. Dieser kann eben nicht für sich alleine, sondern nur in seiner Beziehung zum Knecht Herr sein. Damit ist nochmals auf den grundsätzlich relationalen Charakter des Machtbegriffes verwiesen. Macht ist keine Substanz, sondern charakterisiert eine soziale Beziehung. So bleibt selbst noch in dem extremen Fall eines völlig Machtunterworfenen diesem als letztes Mittel, sich durch Selbsttötung der Macht des anderen zu entziehen, ein Weg, der in diktatorischen Verhältnissen immer wieder gegangen wird (Popitz 1986, S. 84).

Dieses Beispiel verdeckt jedoch aufgrund seiner Radikalität, daß wir in unserem Alltag sehr wohl mit Situationen konfrontiert sein können, in denen wir uns ohnmächtig fühlen, z. B. bei einer plötzlichen Konfrontation mit Gewalt.

In einem ersten Moment des Erschreckens und Erstarrens scheint jedes Handeln unmöglich zu sein. Man fühlt sich wie gelähmt. Dies kann zu Resignation und Selbstaufgabe führen. Opfer von

Gewalt leiden häufig noch lange nach dem Ereignis unter diesen Gefühlen der Machtlosigkeit. Es kann aber ebenso eine Wiederankoppelung an die Situation einsetzen, so daß eine Abschätzung der verbliebenen Handlungsoptionen möglich wird, wie klein diese auch sein mögen.

Die meisten Machtbeziehungen spielen sich in einem Mittelbereich der relativen Macht ab. Eine wichtige Rolle spielt neben dem Ausmaß des Gefälles die Frage, ob sich die beiden Partner in einer Machtbeziehung auf die gleichen oder auf unterschiedliche Machtgrundlagen beziehen. Bei gleichen Machtgrundlagen läßt sich in Anlehnung an Watzlawick u. a. (1969) von einer *symmetrischen*, bei ungleichen Machtgrundlagen von einer *komplementären* Machtbeziehung sprechen.

In einer symmetrischen Beziehung kann es zwar eine relative Ungleichheit geben, doch zugleich ist die Beziehung auf der Akzeptanz des gleichen Maßstabes aufgebaut, nach dem sich die Machtbeziehung bemißt. Das Prinzip des (sportlichen) Wettkampfes ist auf Symmetrie aufgebaut. Beide Partner kämpfen mit den gleichen Mitteln, der eine versucht den anderen zwar zu übertrumpfen, doch im Prinzip ist ihre Beziehung auf Gleichheit aufgebaut. Ein Wechsel der Vorherrschaft ist möglich.

Komplementäre Machtbeziehungen basieren hingegen auf sich »gegenseitig ergänzenden Unterschiedlichkeiten« (Watzlawick u. a. 1969, S. 69). Es gibt in ihnen prinzipiell zwei verschiedene Positionen, die »superiore« bzw. »primäre« Stellung und die »inferiore« bzw. »sekundäre« Stellung. Sie beruhen auf bestimmten kulturellen und gesellschaftlichen Kontexten, die diese Stellung zuweisen. Zu den komplementären Beziehungen wird z. B. das Verhältnis von Eltern zu Kindern, vom Arzt zum Patient, vom Lehrer zum Schüler gezählt. Alle diese Beziehungen sind durch Ungleichheit in den Ressourcen gekennzeichnet. Gleichzeitig ist das Verhalten der beiden Interaktionspartner aufeinander eingestellt. Beide verhalten sich »in einer Weise, die das bestimmte Verhalten des anderen voraussetzt, es gleichzeitig aber auch bedingt« (Watzlawick u. a. 1969, S. 70). Komplementarität bedarf eines »geheimen« Einverständnisses, und beide Positionen sind aufeinander angewiesen. Dies legt die Basis für das Phänomen der *Doppelsteuerung*, einem Beherrschen aus der Schwäche heraus. Die

Schwäche wird kultiviert und zu einem Netz von Schuldzuweisungen, Moralisierungen und Verpflichtungen ausgebaut, denen sich die starke Position nicht entziehen kann. Das Krankenbett wird zum Feldherrnhügel (vgl. 5.5).
Komplementarität ist ein Charakteristikum der traditionellen Geschlechterbeziehungen (Hausen 1976). Die Männer sind zuständig für den öffentlichen Bereich, für Politik und Beruf, die Frauen für den privaten Bereich, für Heim und Familie. Und zugleich werden diese beiden Seiten der Komplementarität unterschiedlich bewertet. Ein Wandel in komplementären Beziehungen vollzieht sich daher immer auf zwei Ebenen. Die zugrundeliegenden Zuweisungen verändern sich und die Bewertung dieser Zuweisungen (ausführlich dazu Kap. 7).
Sowohl komplementäre als auch symmetrische Machtbeziehungen können sich auf sehr unterschiedlichen Machtniveaus einpendeln, sie behalten aber auch bei einem Gleichgewicht ihren dynamischen Charakter, der auf Veränderung drängt. Im Falle von symmetrischen Beziehungen birgt dies die Gefahr der symmetrischen Eskalation, wie dies bei gewalttätigen Auseinandersetzungen zwischen gleich starken Partnern der Fall sein kann, bei der immer einer dem anderen durch die Aktivierung einer weiteren Ressource zuvorkommen will, um die Auseinandersetzung doch noch für sich zu entscheiden. Im politischen Feld ist hierfür das Wettrüsten ein gutes Beispiel.
Komplementäre Beziehungen bergen in sich die Tendenz, entweder in symmetrische Beziehungen überführt zu werden, oder es findet in der komplementären Beziehung ein Wechsel der Positionen statt. Beispiel für ersteres ist die Verwandlung eines Lehrer-Schüler-Verhältnisses in einen kollegialen Kontakt. Beispiel für letzteres ist das Eltern-Kinder-Verhältnis. Es behält zwar zu einem Teil, z. B. in Form von inneren Bildern, das ganze Leben lang die ursprüngliche Form der Komplementarität bei. Häufig wird es jedoch nach einer Phase des Übergangs, in der sich Eltern und Kinder als gleiche begegnen, in eine erneute Komplementarität überführt. In dieser haben jetzt die Seiten gewechselt, wenn z. B. die Kinder ihre alt gewordenen Eltern pflegen.

2.6 Ausweitung und Verfestigung

Eine Machtbeziehung ist also immer im Fluß und muß ständig neu hervorgebracht werden, und dies um so mehr, wenn sie nicht mit den Mitteln der Institutionalisierung aufrechterhalten wird (Kap. 2.7). Gleichzeitig bedeutet Macht-haben immer schon Mehr-Macht-als-andere-haben, bzw. als der größere Teil der anderen. D. h., Macht scheidet zugleich eine Minderheit derer, die mehr Macht haben, von einer Mehrheit der weniger Mächtigen. Und dieses Verhältnis neigt strukturell dazu, sich zu verfestigen und zu einer Machtordnung zu werden. Oder anders gesagt: Macht tendiert aus sich heraus zu mehr Macht (Popitz 1986, S. 44 f.).

Grundlegend ist der Versuch, Macht über die Zeit hinweg zu stabilisieren, und damit eben dieses ständige neue Hervorbringen-müssen zu erleichtern, es unnötig zu machen. Die Macht soll nicht nur »hier und jetzt«, sondern auch »dann und dort« gelten, in letzter Konsequenz sogar »immer wenn dann«. Ist z. B. die Sichtweise einer Person einmal akzeptiert, dann ist die Chance größer, daß sie auch bei einer anderen Gelegenheit zu einem anderen Thema akzeptiert wird und weniger kritisch betrachtet wird als die Sicht der anderen. Sie hat ja schon einmal »richtig« gelegen, muß also nicht mehr bei Null anfangen. Wird einem Akteur beim ersten Mal noch die Macht »gegönnt«, »richtig« gelegen zu haben, d. h. mit der jeweiligen Sicht akzeptiert zu werden, so wird dieser beim nächsten Mal schon ein wenig souveräner sein, was die anfängliche Macht der »Gönner« schmälern wird. Was zu Anfang noch »gegeben« wird, wird mit der Zeit immer häufiger und selbstverständlicher »genommen«. Und solche Anfänge können auf eher trivial erscheinenden Faktoren beruhen (Sader 1991, S. 221ff.). Wer in einer Interaktion zuerst redet, wer am meisten Redezeit einnimmt, bestimmt den Anfang und setzt sich dann häufig auch im weiteren Verlauf durch (Kap. 5.3).

Um diese Akzeptanz nicht einer immer wieder erneut einsetzenden spontanen Machtbildung zu überlassen, stehen dem Akteur mehrere Möglichkeiten der weiteren Festigung dieser Macht zur Verfügung. So kann er versuchen, die *Reichweite* seiner Macht zu vergrößern. Haben anfangs nur einige Personen seine Sicht der Dinge akzeptiert, so wird ihm daran gelegen sein, in Zukunft auch die anderen zu erreichen. Für den möglichen Grad der Macht-Verfestigung wird es ausschlaggebend sein, ob sich ihm ein Konkurrent entgegenstellt, der entweder einen ähnlichen Anspruch stellt oder den Anspruch insgesamt zurückweist. Die Grenze jeglicher Macht liegt vor allem in einer Gegenmacht. Kann ein Konkurrent aber in eine randständige Position gedrängt und zum Außenseiter gemacht werden, hat der Akteur seinen Anspruch auf größtmögliche Reichweite durchgesetzt.

Dann kann ein Akteur auch versuchen, den *Geltungsgrad* seiner Macht zu vergrößern, so daß man »selbstverständlicher« und »fragloser« seiner Sicht der Dinge auch bei anderen Problemen und in neuen Situationen folgt. Er muß die Zustimmung nicht immer wieder neu erarbeiten, sie wird durch Legitimität abgesichert und verwandelt sich allmählich in Gehorsam. Damit hängt auch die Stärke der Wirkung seiner Macht zusammen, d. h., er kann sich auch gegen vereinzelten starken Widerstand durchsetzen, ohne die Zustimmung der anderen zu gefährden. Ein Zeichen für Verfestigung von Macht ist es dann, wenn er eine neue Sicht der Dinge auch gegen einen allgemeinen Widerstand aufrechterhalten kann, ohne daß damit seine Macht verringert oder gar insgesamt gefährdet wäre.

Dies bedeutet keine Zwangsläufigkeit der Ungleichheit. Es soll aber verdeutlichen, daß Macht-haben-wollen aus sich heraus von Anfang an mehr (Möglichkeit zur) Macht hat als Keine-Macht-haben-zu-wollen. Vielleicht liegt in dieser Zwangsläufigkeit von Macht(prozessen) ein großer Teil der negativen Bewertung von Macht, denn diese Zwangsläufigkeit ist nur bedingt Produkt der beteiligten Personen, auch wenn die Anwärter der Macht sie sich mehr oder weniger bewußt zunutze machen. Hat diese Zwangsläufigkeit, vor allem wenn sie undurchschaut bleibt und damit die Möglichkeiten der Gestaltung noch weiter sinken, schon in kleinen und überschaubaren Kontexten für viele Menschen einen hochgradig beängstigenden Charakter, so wird sie im Rahmen größerer gesellschaftlicher Strukturen vollends zum Ausdruck vom anonymen Zwang einer feindlichen oder »bösen« Gesellschaft.

2.7 Institutionalisierung

Machtbeziehungen sind durch den Wandel der Aufgaben und Notwendigkeiten mitbestimmt, die sich im Lebensverlauf immer wieder neu stellen. Zu diesem Wandel gehört es, Macht abzugeben bzw. weiterzugeben. Zugleich haben Machtbeziehungen eine Stabilität, die über die konkreten Beziehungen hinausweist, da sie in einem gesellschaftlichen Kontext verankert sind, der sich als das Ergebnis von zurückliegenden Machtprozessen begreifen läßt. So wechseln zwar die Akteure in Machtbeziehungen, aber in ungleich leichterem Maße als die dieser Macht zugrundeliegenden Maßstäbe. D. h., Ausweitung und Verfestigung von Macht, so wie sie hier im interaktionellen Rahmen beschrieben wurde, wird zwar von konkreten Personen betrieben, zugleich werden aber in solchen Prozessen Maßstäbe geschaffen, an denen sich auch die nachkommenden Personen ausrichten bzw. abarbeiten müssen. Die Bildung dieser Maßstäbe und der Praktiken ihrer Durchsetzung möchte ich als Institutionalisierung bezeichnen.

Diese Institutionalisierungsprozesse lassen sich auf verschiedenen Ebenen beschreiben. Bei den meisten Machtfragen liegen konkrete Vorstellungen darüber vor, wer aufgrund welcher Rollen Macht ausüben kann. Diese Vorstellungen sind zumeist sowohl in Regeln formuliert als auch in spezifischen Organisationsformen verdichtet. Der Lehrer z. B. unterliegt in seiner Arbeit einem ganzen Kanon von Gesetzen, Regeln, Qualifizierungsmaßstäben und Ausführungsbestimmungen, die durch den ganzen Apparat der Schulbürokratie organisatorisch abgesichert sind. Er hat einen bestimmten Lernstoff durchzunehmen, muß Noten geben und entscheidet dadurch über den weiteren Weg der Schüler. All dies fließt in seine Rolle gegenüber den Schülern ein und verleiht ihm Amts-Macht. Diese muß allerdings im konkreten Interaktionsgeschehen einer Klasse in eine Rollenmacht umgesetzt werden, die auch von der spezifischen Kultur dieser Klasse mit ihren Maßstäben akzeptiert wird. Er muß das Interesse der Schüler wecken, den Stoff lebendig werden lassen, seine Notengebung einsichtig machen. Gelingt ihm dies, dann entsteht aus dieser Rollenmacht seine persönliche Autorität als Lehrer.

Unter Institutionalisierung sollen aber nicht nur Prozesse verstanden werden, die sichtbar und dem Bewußtsein zugänglich sind, sei

es auf der Ebene von übergreifenden kulturellen Normen und Werten und von organisatorischen und gesetzlichen Festlegungen oder auf der Ebene der interaktiven Gestaltung von Rollen und ihrer Verinnerlichung und Umsetzung. Viele dieser Prozesse beziehen ihre eigentliche Wirksamkeit daraus, daß sie dem Bewußtsein entzogen in »tiefere« Schichten verlagert sind, die ihre Wirksamkeit auf allen Ebenen, d. h. in Organisationen, in interaktiven Zusammenhängen, und in Personen entfalten können. Sie beruhen auf einem Kanon von Normen und Regeln, die von allen Beteiligten »selbstverständlich« geteilt werden und dadurch überhaupt erst Kommunikation möglich machen (Kap. 3.7).
Dies kann man in soziologischer Begrifflichkeit als den Unterschied zwischen manifesten (sichtbaren, öffentlichen, festumschriebenen) und latenten (unsichtbaren, privaten, fließenden) Funktionen beschreiben, im Vokabular der Psychoanalyse als bewußte und unbewußte Prozesse. Beide Konzepte sind in unterschiedlicher Weise gut brauchbar. Während die Soziologie mit dem Konzept der Funktionen stärker auf das gesellschaftliche Ganze bezogen bleibt, ist die Psychoanalyse mit dem Konzept von bewußt-unbewußt stärker auf individuelle und familiendynamische Prozesse ausgerichtet. Die Institutionalisierung von Macht bezieht ihre Wirksamkeit zum guten Teil daraus, daß manifeste und latente Funktionen, bewußte und unbewußte Prozesse eine Synthese eingehen, aus der die Dauerhaftigkeit von Machtbeziehungen erwächst (Lapassade 1972).

2.8 Absicht und Wirkung

Die Unterscheidung von Absicht und Wirkung verweist auf den Zukunftsbezug jeden sozialen Handelns. Zwar wird dieses Handeln bestimmt von all den beschriebenen Faktoren der individuellen und kollektiven, d. h. gesellschaftlichen, Geschichte, ausgerichtet ist es aber auf Zukünftiges. Gleichgültig, von welchem Menschenbild man ausgeht, ob man diese Ausrichtung als weitgehend von rationalen Kriterien oder von unbewußten Impulsen bestimmt ansieht, sie trifft in ihrer Umsetzung auf die Ausrichtung anderer Menschen, und erst in der Wechselwirkung dieser unterschiedlichen Intentionalitäten ergibt sich ein Ablauf von Ereignissen, der sich zurückblickend mit Sinn füllt.

Machtstrukturen wirken zwar in diese mögliche Zukunft hinein, diese bleibt aber prinzipiell offen. Die Zukunft ist in diesem Sinne zwar in Grenzen gestaltbar, aber nicht kontrollierbar. Diese Gestaltungsmöglichkeit ist in einen Rückkoppelungsprozeß eingebunden, in dem ein handelndes Individuum die in einem größeren Kontext eingebettete Wirkung dieses Handelns zum Ausgangspunkt neuer Handlungsabsichten machen kann. Soziales Handeln ist nach diesem Verständnis in der Regel nicht in einfachen Kausalketten angeordnet, sondern in Rückkoppelungsprozesse eingebunden. In einem solchen Kreislauf reproduzieren sich auch Machtstrukturen, Offenheit ist im Sozialen nur sehr bedingt gegeben. Zugleich liegt hier die Möglichkeit ihrer Veränderung.

Die grundsätzlich unkontrollierbaren (Neben-)Wirkungen von Macht vermischen sich in der Praxis mit einer Teilverwirklichung der zugrundeliegenden Absichten. Uneingeschränkte Wirkung von Macht, d. h. die vollständige Überführung von Absicht in Wirkung, würde eine totale Kontrollbeziehung bzw. Zwangsbeziehung darstellen, deren relative Unwahrscheinlichkeit schon behandelt wurde. Bei einer völligen Trennung von Absicht und Wirkung würde man hingegen nicht mehr von einer Machtbeziehung sprechen. Häufiger sind die Situationen, in denen die beteiligten Personen den gegenseitigen Rückkoppelungsprozeß gemeinsam gestalten. Manches wird in Kauf genommen, man versucht, »das Beste daraus zu machen«. Man stellt Kosten-Nutzen-Rechnungen auf, vergleicht sofortige mit möglichen späteren Kosten und Nutzen oder findet sich zu Kompromissen zusammen.

Solchen Rückkoppelungsprozessen ist in sozialen Situationen häufig eine Phase des Kampfes vorgeschaltet, denn Machteinsatz bringt Gegenmacht hervor, und zwar in zweierlei Hinsicht. Zum einen kann ein Machteinsatz die von den beabsichtigten Wirkungen betroffenen Parteien dazu veranlassen, ihre eigenen Ressourcen zu aktivieren, sich eventuell damit überhaupt erst als Gegenmacht zu konstituieren, wodurch eine Auseinandersetzung erst in Gang kommt. Das Resultat eines solchen Konfliktes kann für den Auslöser mehr unbeabsichtigte als beabsichtigte, ja sogar konträre Wirkungen haben. Es werden »schlafende Hunde« geweckt. Insofern kann in einzelnen Fällen ein geringerer oder unterlassener

Machteinsatz größere Wirkung zeigen als ein offensiver Einsatz. Im politischen Raum ist diese Strategie als »Aussitzen« bekannt geworden.
Der Versuch einer Einbeziehung der potentiellen Wirkung in die Handlungsplanung liegt jeder (Macht-)Strategie zugrunde. Sie ist einerseits Bestandteil jeder verdeckten und manipulativen Machtausübung. In den Beziehungsberufen kann sie zur Begleiterscheinung einer professionellen Deformation werden (Fengler 1991). Bei Konflikten läßt man Klienten ins Leere laufen, verweist auf ihre ungelösten Probleme oder psychopathologisiert ihr Verhalten. Andererseits werden solche Strategien in einigen interaktiven bzw. therapeutischen Methoden (z. B. Symptom- und Verhaltensverschreibungen in der systemischen Therapie, vgl. Weiss u. a. 1991) zur gezielten Durchbrechung von Machtspielen und damit zur innovativen Veränderung von Machtstrukturen eingesetzt.
Der zweite Fall stellt einen Spezialfall des ersten dar. Machteinsatz kann eine ihren Intentionen entgegengesetzte Wirkung hervorrufen. Ein solches Einnehmen einer Gegenposition kann weitgehend automatisiert erfolgen und bleibt in diesem Automatismus der abgelehnten Position verbunden. Psychodynamisch spricht man von Gegenabhängigkeit, ein Prozeß, der in der Auseinandersetzung mit Autoritäten von zentraler Wichtigkeit ist (Kap. 3.4 und 6). Zugleich wird damit nur unzureichend ein Prozeß beschrieben, in dem durch das gezielte Besetzen von Positionen, Themen und Sprache die andere Seite in eine Gegenposition hineingedrängt werden kann. Die Herausbildung von Standpunkten zwischen politischen Parteien funktioniert oft nach diesem Muster.
Eine destruktive Qualität entwickelt dieses Hineindrängen in eine Gegenposition häufig gegenüber gesellschaftlichen Minderheitspositionen, wenn diese das von der Mehrheitsposition geprägte negative Bild in ihr Selbstbild übernehmen. Goffman hat dies sehr eindrucksvoll am Beispiel von Insassen von psychiatrischen Anstalten und Gefängnissen aufgezeigt (1967, 1972). Verhalten und Reaktion auf dieses Verhalten sind in einem Kreislauf miteinander verbunden. Der Etikettierungsprozeß, der jemanden als krank, verrückt oder asozial bezeichnet, unterstützt in einer sich-selbsterfüllenden Prophezeiung eben die Beibehaltung und Verstärkung dieses Verhaltens. Kulturelle Randgruppen, z. B. Skins und Punks, übernehmen häufig diese Negativstilisierungen in ihr Selbstbild,

nutzen sie als identitätsstiftend. Sie werden damit aber auf das Bild festgelegt, das die umgebende Gesellschaft von ihnen hat. Und häufig führt dies zu immer radikaler werdenden Formen der Selbststilisierung, die sich bald gegen die Protagonisten selber wenden, und sei es nur dadurch, daß sie mit Polizei und Gesetz in Konflikt kommen.

Alle diese Variationen des Zusammenhangs von Absicht und Wirkung haben eine Gemeinsamkeit: Sie ordnen aufeinander bezogene Handlungen auf einer Zeitachse an. Es gibt ein Früher (Absicht) und ein Später (Wirkung). Während bei mechanischen Handlungen wie dem Einschalten einer Lampe diese zeitliche Abfolge in der Regel kurz und damit der Bezug von Absicht und Wirkung eindeutig ist, ist dies im sozialen Handeln eine Ausnahme. Und je länger hier zwei Handlungen zeitlich auseinander liegen, desto schwieriger wird es, einen Wirkungszusammenhang zwischen ihnen zu konstruieren.

Zugleich ist die eigene Handlungsplanung davon mitbestimmt, ob ich mein Handeln auf kurz- oder langfristige Prozesse ausrichte. Unterschiedliche Zeitperspektiven können sehr unterschiedliche Handlungen bzw. Interpretationen dieser Handlungen hervorbringen. Kurzfristige »Erfolge« verwandeln sich eventuell langfristig in »Mißerfolge« oder umgekehrt. Mancher Maler oder Schriftsteller hält sich über Jahrzehnte mit dem Gedanken an der Arbeit, daß ihm der gerechte Ruhm in Zukunft widerfahren wird. Während ein Arbeiter schon früh Geld verdient, arbeitet ein Akademiker jahrelang für einen minimalen Verdienst in der Hoffnung auf eine spätere Anstellung, die diesen Verzicht wiedergutmacht. Ob diese Berechnungen aufgehen, ist allerdings niemals sicher. Der Maler bleibt meist unbekannt, der Akademiker wird oft zum Taxifahrer.

Während eine ausschließliche Orientierung an kurzfristigen Wirkungen zumeist einem kausalen Denken verhaftet ist, bleibt sich die Orientierung auch an langfristigen Prozessen immer der Unbestimmtheit und prinzipiellen Offenheit menschlichen Handelns und seiner Folgen bewußt. Vor allem bei Entwicklungsprozessen und ihrer Begleitung ist dieses Wissen wichtig. Umwege und Sackgassen können sich später als produktiv erweisen. Viele wichtige wissenschaftliche Erkenntnisse sind nur durch diese offene und langfristige Orientierung möglich gewesen.

3. Erscheinungsweisen von Machtbeziehungen

3.1 Gewalt

> »Der Unterschied zwischen Gewalt und Macht läßt sich auf sehr einfache Weise darstellen, nämlich am Verhältnis zwischen *Katze und Maus.* Die Maus, einmal gefangen, ist in der Gewalt der Katze. Sie hat sie ergriffen, sie hält sie gepackt, sie wird sie töten. Aber sobald sie mit ihr zu *spielen* beginnt, kommt etwas Neues dazu. Sie läßt sie los und erlaubt ihr, ein Stück weiterzulaufen. Kaum hat die Maus ihr den Rücken gekehrt und läuft, ist sie nicht mehr in ihrer Gewalt. Wohl aber steht es in der *Macht* der Katze, sie sich zurückzuholen. Läßt sie sie ganz laufen, so hat sie sie auch aus ihrem Machtbereich entlassen. Bis zum Punkte aber, wo sie ihr sicher erreichbar ist, bleibt sie in ihrer Macht. Der Raum, den die Katze überschattet, die Augenblicke der Hoffnung, die sie der Maus läßt, aber unter genauester Bewachung, ohne daß sie ihr Interesse an ihr und ihrer Zerstörung verliert, das alles zusammen, Raum, Hoffnung, Bewachen und Zerstörungs-Interesse, könnte man als den eigentlichen Leib der Macht oder einfach als die Macht selbst bezeichnen« (Elias Canetti 1960, Masse und Macht, S. 313).

Gewalt, hier verstanden als die Drohung mit oder die Ausübung von körperlicher Gewalt, ist in ihrer radikalen Form Drohung mit dem Tode (Canetti 1960). In unserem alltäglichen Leben ist sie durch eine Vielzahl verinnerlichter Regelungen und Tabus gebunden. Werden wir mit Gewalttätigkeit konfrontiert, so wird dies als ein Zusammenbrechen solcher Regelungen erlebt. Die soziale Ordnung erweist sich nicht als so stabil, wie sie sich gibt. Gewalt als eine extreme Form von Macht verweist damit auf die prekäre Instabilität jedes Ordnungssystems und damit auch jedes Machtsystems. Denn zum einen basiert Gewalt auf Macht, ist Macht in »Vollkommenheit«, dann kann sie sich aber genauso mit der gleichen Vollkommenheit gegen die Inhaber von Machtpositionen wenden. Auch der Diktator kann sich nicht mit letzter Sicherheit gegen den Attentäter schützen. Gewalt ist damit Zeichen für die prinzipielle Verletzungsoffenheit und Verletzungsmacht des Menschen (Popitz 1986, S. 68 ff.).

Die Idee der Ordnung selbst, und die ihr innewohnende Notwendigkeit des Umgangs mit Macht, ist in der historischen Entwicklung unserer Gesellschaft eng mit der Erfahrung von Gewalt und dem Versuch ihrer Eindämmung verbunden (Elias 1939). Das daraus entstandene Prinzip des Gewaltmonopols des Staates bleibt jedoch ambivalent besetzt. Zum einen ist unser Jahrhundert geprägt von Beispielen staatlicher Gewaltherrschaft. Zum anderen bricht nach dem Ende des »Ost-West-Konfliktes« von neuem eine ungezügelte Gewalt zwischen ethnischen, religiösen und sozialen Gruppierungen aus. Zwar sind die Extremformen dieser Entwicklungen bislang auf den Osten Europas beschränkt, doch sind auch in der »neuen« Bundesrepublik durch das Aufkommen fremdenfeindlicher und antisemitischer Gewalt die Bürger aus ihrem Schlaf der Wohlhabenden gerissen worden, in dem sie sich von dieser Problematik nicht (mehr) betroffen glaubten. Die Schicht der gewalteindämmenden »Zivilisiertheit« erweist sich als dünner, als die Apologeten westlicher Lebensart wahrhaben wollen, sobald der gesellschaftliche Reichtum knapper und die Verteilungskämpfe härter werden.

In der Produktion von Gewalt können Gruppen eine große destruktive Kraft aufweisen. Bei gewaltbereiten Gruppen wie manchen Fußballfanclubs oder Skins fungiert das gemeinsame »Aufheizen« vor der Aktion als festes Vorbereitungsritual. Auch manche gewalttätige Einzeltäter motivieren sich im Vorfeld der Tat durch das Echo einer Gruppe.

In der Literatur zum Geschehen in Gruppen wird das Thema Gewalt jedoch weitgehend übergangen. Dies liegt zum einen daran, daß das Forschungsfeld zum Thema Gruppe inzwischen durch seine Auffächerung dafür sorgt, daß z. B. Untersuchungen über gewalttätige Jugendliche und solche über therapeutische Gruppenprozesse kaum mehr in Zusammenhang gesetzt werden. In der Beschäftigung mit Gruppenphänomenen werden soziale Randlagen nicht mehr in der Art miteinbezogen, wie dies H. E. Richter Anfang der 70er Jahre noch versucht hat (1972, 1974). Durchgesetzt hat sich vielmehr die Tendenz, Gruppenphänomene abgekoppelt von gesellschaftlichen Prozessen zu behandeln, in denen aber Gewalt wieder zunehmend gegenwärtig ist.

Diese Abkoppelung hat dazu geführt, daß körperliche Gewalt den in der Kultur der Gruppenarbeit zentralen Werten von Akzeptanz und Toleranz derart diametral entgegengesetzt erscheint, daß sozusagen alles an ihrer Verhinderung arbeitet. Gewalttätiges Handeln kommt tatsächlich in diesem Gruppengeschehen in roher direkter Form nicht vor, sie bleibt zumeist erfolgreich den sozialen Regelungen unterworfen. Zugleich machen gesellschaftliche Gewalterfahrungen nicht vor den Gruppengrenzen halt, sondern wirken als handlungsleitende Phantasien in jedes Gruppengeschehen hinein.

In der Phantasie kann die Gewalt zum Ausdruck des prinzipiell Unkalkulierbaren werden, da sie hier viel weiter von Hemmungen entbunden ist, als dies im Alltag für die meisten von uns denkbar ist. Diese Entbindung kann kompensierend wirken, d. h,. die Gewalt wird in der Phantasie agiert und bleibt in der Realität dadurch gebunden. Sie kann aber auch in Kontexten, die stark von Gewalterfahrungen geprägt sind, tatsächliche Gewalt vorbereiten helfen. Die Diskussion über die Wirkung von Gewaltdarstellungen im Bild und im Film dreht sich zentral um diese ambivalente Wirkung von Gewaltphantasien.

Bedrohlicher sind solche Phantasien der Gewalt in beiden Fällen aber für die weniger Mächtigen, vor allem wenn sie sich bei ihnen mit der Erfahrung von reeller Gewalt verbinden, ganz konkret z. B. im Falle von sexueller Gewalt. Die ursprüngliche Ohnmachtserfahrung wird aktiviert und kann nicht distanziert werden, wie dies eine kompensatorische Phantasie leisten kann. Vielmehr holt sie die Betroffenen immer wieder ein, richtet sich autoaggressiv gegen die eigene Person, in Form von psychotischen Zuständen, Realitätsaufgabe und -verlust, und bringt die Betroffenen zum Verstummen. Kann diese Sprachlosigkeit gegenüber der Gewalt, sei es die phantasierte oder die reale, nicht durchbrochen werden, so wird sie eine unerkannte Verbindung zur Frage der Macht eingehen und eine weitere Auseinandersetzung mit ihr verhindern. Dann wird häufig aus solcher Gewalterfahrung neue Gewaltbereitschaft geboren, und die einstigen Opfer werden zu späteren Tätern.

3.2 Herrschaft

»Veralltäglichung zentrierter Herrschaft: das bedeutet nicht unbedingt eine pauschale Zunahme an Konformität. Das Neue ist eher mit Begriffen wie ›Dominanz des Rechts‹ zu erfassen, ›Instanzenorientierung‹ und der Spannung zwischen ›Entmachtung‹ und ›Entlastung‹ des einzelnen. Wir haben in vielen Lebenslagen, vor allem in Normkonflikten, das Recht verloren, unsere Sache in die eigenen Hände zu nehmen, aber auch den Anspruch gewonnen, daß uns andere dieses Risiko abnehmen. Damit dringen die charakteristischen Tendenzen der Institutionalisierung in unseren Alltag ein: Entscheidungen, die unser Leben bestimmen, werden zunehmend *entpersonalisiert*, getroffen von Positions-›Inhabern‹ nach allgemein verbindlichen *Regeln*, als Fall unter Fälle subsumiert und *integriert* in ein System zentrierter Herrschaft. Diese Einbindung jedes einzelnen in ein einheitliches, umfassendes Netz institutionalisierter Macht kann man sich beliebig weiter ausmalen, hoffnungsvoll oder wohl eher angstvoll, mit einem zunehmend geringeren Aufwand an Phantasie. Im Prinzip ist mit der Durchsetzung zentraler Herrschaft im Alltag, wie wir sie heute kennen, eine Endstufe der Institutionalisierung von Macht erreicht« (Heinrich Popitz 1986, Phänomene der Macht, S. 66 f.).

Der Begriff Herrschaft wird vorrangig zur Bezeichnung von Herrschaftsverhältnissen in größeren gesellschaftlichen Strukturen eingesetzt, die sich über einen längeren Zeitraum herausgebildet und in diesem Verlauf Institutionen und Organisationen der Machtausübung und -absicherung geschaffen haben. In diesen ist die Macht weitgehend entpersonalisiert, d. h. nicht mehr an Personen, sondern an Funktionen gebunden. Sie ist zugleich hochgradig formalisiert, d. h. in Gesetze und kodierte Regeln gefaßt, und darüber hinaus in eine übergreifende Ordnung eingebunden. Herrschaft bezeichnet in diesem Sinne eine konkrete historische Machtform und Herrschaftsanalyse, ist so verstanden vor allem Gesellschaftsanalyse und übersteigt den Radius der hier gewählten Problemebene.

Zugleich durchziehen solche Herrschaftsstrukturen aufgrund ihrer »Veralltäglichung« alle Bereiche unseres Lebens und stellen somit sowohl den äußeren wie inneren Kontext des Interaktionssystems Gruppe dar. Als *äußerer Kontext* werden hier alle institutionellen und organisatorischen Rahmenbedingungen verstanden, die unser Handeln begrenzend und ermöglichend beeinflussen. Wir sind in unseren privaten und beruflichen Beziehungen eingebunden in ein Netz von Gesetzen, Regeln und Instanzen, zumeist repräsentiert durch konkrete Positionsinhaber. Jede Gruppe ist Teil eines solchen Gefüges und zumindest zum Teil auf die durch diesen Rahmen vorgegebenen Ziele und Vorgaben festgelegt. Im dichten Interaktionsgeschehen einer Gruppe entsteht häufig die Gefahr, diese Vorgaben zu übersehen bzw. ihre Wirksamkeit zu negieren, sie »unsichtbar« zu machen. Das Persönliche und Naheliegende erscheint als viel wichtiger und wirksamer und vor allem leichter beeinflußbar als die aufgrund ihrer »Veralltäglichung« weitgehend anonym wirkenden Herrschaftsstrukturen.

Doch diese Strukturen sind uns keineswegs nur äußerlich, sondern beeinflussen ebenso unseren *inneren Kontext.* Im alltagssprachlichen Umgang zeigt sich dies daran, daß Herrschaft symbolhaft auch zur Beschreibung von »kleineren« Strukturen, einzelnen Personen-Beziehungen, und dem Kosmos unserer Psyche benutzt wird, z. B. in der Rede von der »Herrschaft der Gefühle«. Wir werden »beherrscht« von unseren primären Gefühlen, von Angst, Wut, Liebe und Freude. Auch in diesem Verständnis wird die Herrschaft aus der Anonymität geboren. Diese Ähnlichkeit ist mehr als eine Analogie, sie verweist vielmehr darauf, daß die »Veralltäglichung« von Herrschaft aus den gleichen Entstehungsbedingungen hervorgeht; innere und äußere Prozesse, Psycho- und Soziodynamik, Subjektives und Objektives verschränken sich hier ineinander. Unsere primären Erfahrungen und die mit ihnen einhergehenden Gefühle bestimmen unseren Zugang auf und in die Welt, und diese Welt strukturiert die Bedingungen, unter denen unsere primären Erfahrungen stattfinden und Gefühle entstehen. Unser Erleben von Machtprozessen und -beziehungen ist aufgrund dieses potentiellen Herrschaftscharakters existentiell aufgeladen mit unseren tiefsten Wünschen und Ängsten, erweckt Allmachtsphantasien und Ohnmachtsängste.

3.3 Führung

Das Verhalten des Führers nach George Caspar Homans:

»1. Ein Führer muß seine eigene Stellung aufrechterhalten.

2. Ein Führer muß die Normen seiner Gruppe einhalten.
3. Ein Führer muß führen.
4. Ein Führer darf keine Befehle geben, die nicht befolgt werden.
5. Bei Erteilung seiner Befehle muß ein Führer schon vorhandene Kanäle benutzen.
6. Ein Führer darf sich bei sozialen Anlässen seinen Leuten nicht aufdrängen.
7. Ein Führer darf ein Gruppenmitglied vor anderen Mitgliedern nicht tadeln und im allgemeinen auch nicht loben.
8. Ein Führer muß die Gesamtsituation in Betracht ziehen.
9. Zur Erhaltung der Disziplin muß sich ein Führer weniger mit der Verhängung von Strafen als mit der Schaffung von Bedingungen befassen, unter denen die Gruppe sich selbst disziplinieren kann.
10. Ein Führer muß zuhören können.
11. Ein Führer muß Selbsterkenntnis besitzen.«

(aus: Theorie der sozialen Gruppe, Köln/Opladen 1960, S. 393ff.)

»Führung muß man auch wollen« (S. 31).
(Alfred Herrhausen, Jg. 1930, als Vorstandssprecher der Deutschen Bank).
»Ich habe gelernt, daß man sich um Himmels willen nicht auf irgend jemanden wirklich verlassen kann – das gibt es nicht« (S. 70).
(Rudolf von Bennigsen-Foerder, Jg. 1926, als Vorstandsvorsitzender der Veba AG).
»Ich habe keine Furcht« (S. 86).
(Wolfgang Schieren, Jg. 1927, als Vorstandsvorsitzender der Allianz).
»Man muß doch manchmal etwas Unangenehmes tun. Das schafft man nur durch anerzogene Härte« (S. 102).
(Eberhard von Kuenheim, Jg. 1928, als Vorstandsvorsitzender der BMW AG).
»Wenn die Firma sagt, man soll etwas tun, dann soll man es tun« (S. 120).
(Hans Olaf Henkel, Jg. 1940, als Vorsitzender der Geschäftsführung IBM Deutschland).
»Bei den Erfolgreichen in der Wirtschaft dürfen Sie nicht von einem hohen IQ ausgehen – der hindert an der Tat« (S. 128).
(Heinz Duerr, Jg. 1933, als Mitglied des Vorstandes der Daimler-Benz-AG mit Zuständigkeit für den AEG-Konzern).
»Ich mache keine Versprechungen, die ich vielleicht zu halten imstande bin; ich mache nur Ankündigungen, die ich wahrscheinlich übertreffen werde« (S. 152).
(Hans Peter Stihl, Jg. 1932, als Präsident des Deutschen Industrie- und Handelstages).

»Sehr viele Leute denken und denken und kommen nie zum Schluß – und ich mach's einfach« (S. 176).
(Werner Niefer, Jg. 1928, als Stellvertretender Vorstandsvorsitzender der Daimler-Benz-AG).
»Am ehesten hat man Erfolg, wenn man die Fähigkeit besitzt, sich anderen mitzuteilen, andere zu überzeugen, andere in seinen Bann zu schlagen« (S. 205).
(Detlev Karsten Rohwedder, Jg. 1932, als Vorstandsvorsitzender der Hoesch AG).
Alle Zitate aus: Sibylle Krause-Burger 1989, Die andere Elite. Deutsche Topmanager im Portrait, Düsseldorf.

Von einem ähnlich breiten Bedeutungshof wie der Machtbegriff ist auch der Begriff der Führung umgeben (Neuberger 1984, Sader 1992). Entsprechend unterschiedlich sind die Bilder, die mit dem Begriff bzw. seinem Träger verbunden werden. Der Führer kann der mythische Held, der demagogische Verführer, der aufopferungsvolle Patriarch, der am Eigennutz orientierte Emporkömmling, der technokratische Macher, der einsame Kämpfer sein (Neuberger 1984, S. 8 ff.).
Auch können alle im zweiten Kapitel aufgezählten Machtressourcen Grundlage unterschiedlicher Formen von Führung sein. Führung kann angesiedelt sein in einem Zwangsverhältnis, gesteuert von Belohnung und Strafe, ausgerüstet mit den Möglichkeiten der situativen Kontrolle, abgesichert durch eine Legitimation, die sich im Extremfall auf Übersinnliches beruft wie Gott, König und Vaterland. Sie kann aus Sachkenntnis und dem gezielten Umgang mit Information erwachsen, wie aus der Identifikation der Geführten mit der Person des Führers oder den Werten, die er repräsentiert. Führung kann mit einem hohen oder niedrigen Maß der Freiwilligkeit der Unterordnung einhergehen, mit einem sehr unterschiedlichen Ausmaß des Gefälles zwischen Führern und Geführten, mit einem sehr unterschiedlichen Ausmaß der Verfestigung und Institutionalisierung. Aus der Vielzahl der Themen, die sich in dieser Aufzählung verbergen, möchte ich nur einige für unseren Zusammenhang zentrale Punkte ansprechen.
Anhand des Ausmaßes der Institutionalisierung lassen sich idealtypisch zwei verschiedene Herangehensweisen an das Problem der Führung ausmachen. Man kann in formal nicht-hierarchisierten Gruppen Führungsverhalten und -funktionen untersuchen, d. h.

danach fragen, welches Verhalten sich in einem solchen Kontext durchsetzt bzw. für die Erreichung einer Aufgabe als besonders funktional erweist. Dies ist der übliche Weg der experimentellen Sozialpsychologie. Einige relevante Ergebnisse dieser Forschung werde ich aufgreifen.

Man kann Führung aber auch als gesellschaftliche »Tatsache« untersuchen, als Teil eines organisierten und institutionalisierten Ablaufs. Im Rahmen eines zentrierten Herrschaftssystems steht Führung für die »Positionalisierung« (Popitz 1986, S. 50.) von Macht. Ein Führer ist ein Vorgesetzter. Implizit benannt ist damit eine zumindest *dreistufige Machtstaffelung*. Es gibt den Vorsitzenden, den Vorgesetzten und den Unterstellten. Alle drei Positionen sind gedacht als Teil eines umfassenden Systems, das sich als bürokratisch gestaltete Organisation darstellt. Führung kann demnach sowohl Macht ausüben als auch selber Resultat von Machtausübung sein, je nachdem, wo sie in einem solchen gestaffelten System angesiedelt ist.

In einem ähnlichen Dreischritt lassen sich die verschiedenen Vorstellungswelten bzw. *Konzepte zu Führung* danach differenzieren, wieviel Macht jeweils der Führungspersönlichkeit zugesprochen wird. Am einen Ende des Kontinuums angesiedelt ist die (all)-mächtige Führungspersönlichkeit, die keinem Einfluß außer ihrem eigenen Willen unterliegt oder gar einem größeren, »übermenschlichen« Ziel folgt, Führer ist »von Gottes Gnaden«. Dieses sehr stark personalisierte Bild vom Führer als dem großen Feldherrn oder dem absolutistischen Herrscher hat historisch, d. h. in der Vorstellungswelt der jeweiligen Zeitgenossen, eine enorme Rolle gespielt. Solche Vorstellungswelten wirken dann wieder auf die soziale Realität zurück, aus der sie erwachsen sind. Insofern hat diese Vorstellung sicherlich einen realen Hintergrund, auch wenn es naiv wäre anzunehmen, die Geschichte wäre allein von »großen« Männern »gemacht« worden. Ihre Fortsetzung findet diese »aristokratische« Sicht in der Vorstellung vom Führer als Sinnbild von bürgerlicher Individualität, die sich in ihren modernen Versionen vom geborenen Führer auch heute noch in Politik und Wirtschaft großer Prominenz erfreut.

Am anderen Ende des Kontinuums steht die Marionette, die nur Ausführende in einem anonymen und kafkaesken System von Positionen und Funktionen ist. Nicht der Führer, sondern der »Apparat« legt fest, was getan wird. Der Führer ist selber, bis er seine Position erlangt hat, einem alles umfassenden Anpassungs- und Kontrollprozeß unterworfen worden, der ihm einen eigenen Willen weitgehend entzogen hat.

In der Mitte angesiedelt ist die Person eines Führers, der eingebunden ist in den Kontext einer Gruppe, dort zeitlich, sozial und sachlich begrenzte Führungsmacht ausübt und diese immer wieder legitimieren muß. Führung wird nach diesem Verständnis zu einer spezifischen Kompetenz, die erlernt werden kann und die sich gegen andere Mitbewerber durchsetzen muß. Dieses Spiel der Konkurrenz sichert die Effektivität und »demokratisiert« die Führung, insofern sie kein dauerhafter Besitz, sondern eine begrenzte Möglichkeit ist, die immer wieder einer Prüfung unterzogen wird. Führung ist in diesem Demokratie-Modell delegierte Macht auf Zeit (Sader 1992, S. 190) und kann sich auf die Dauer nur erhalten, wenn sie für die Geführten eine sinnvolle Funktion erfüllt, und sei es die Erfüllung des Wunsches nach Führung. In diesem Sinne ist Führung eine Dienstleistung des Führers für die Geführten.

Die Idee der Führung ist nicht nur aus der Notwendigkeit von Machtaufteilung, sondern auch aus der Notwendigkeit einer optimalen Lösung von Sachaufgaben geboren. Für beide Aspekte von Führungsphänomenen besteht die Tendenz, eine Vorstellung vom Zusammenhang zwischen Absicht und Wirkung zu entwickeln, die sich aus einer *Illusion über die Machbarkeit der Verhältnisse* nährt. Die Illusion besteht nicht nur darin zu glauben, daß die Geführten tatsächlich das machen, was der Führer anordnet, sondern daß dies – selbst wenn dies so wäre – tatsächlich zu den vom Führer intendierten Zielen führt. Inzwischen werden sich selbst die Führungskräfte in Wirtschaft und Politik, einer traditionellen Bastion des Glaubens an die Macht kompetenter Führung, darüber klar, daß die Komplexität von Steuerungsproblemen in modernen großen Organisationen in einer Weise zugenommen hat, daß die ungeplanten Wirkungen von Führungsentscheidungen die intendierten Wirkungen häufig übertreffen. Dies hängt unter anderem damit zusammen, daß das traditionelle Verständnis von Führung immer mit einer starken Hierarchisierung und Bürokratisierung zusammenhing, deren Eigendynamik die ungeplanten Wirkungen von Führungsentscheidungen verstärkte. Aus dieser Erkenntnis heraus werden die traditionellen, personalistischen Führungstheorien allmählich durch Modelle der Selbstregulation großer Organisationen abgelöst, in denen sich auch die Führungskräfte als abhängig von strukturell eigenständig ablaufenden Prozessen begreifen lernen. Die allmähliche Zurücknahme der Hierarchisierung im »Lean-Management« ist, neben der Kostenersparnis in wirtschaftlich engeren Zeiten, als ein Teil dieser Entwicklung anzusehen.

Moderne Theorien und empirische Studien zum Problem der Führung haben sich vor allem mit dem interaktiven Geschehen in Gruppen beschäftigt. Sehr einflußreich für diesen Forschungszweig war eine Unterscheidung, die Kurt Lewin und seine Mitarbeiter anhand einer experimentellen Studie in den 30er Jahren in den USA entwickelt haben (Sader 1992, S. 271 ff.). Sie entwickelten eine Verhaltenstheorie der Führung und unterschieden zwischen einem »autokratischen« Führungsstil, der hauptsächlich auf Befehlen, Lob und Tadel beruht, einem »demokratischen« Führungsstil, der auf Aushandeln und Überzeugen beruht, und einem »Laissez-faire«-Stil, der die Geführten weitgehend sich selbst überläßt. Das damalige Forschungsergebnis, daß der »demokratische« Führungsstil grundsätzlich überlegen sei, ist inzwischen zwar widerlegt worden. Zu groß ist die Vielfalt von Führungsaufgaben und -feldern, als daß sie mit einer eindimensionalen Theorie zu erfassen wären. Geblieben ist aber die Fragestellung von Lewin und damit ein gesteigerter Legitimationsbedarf jeglicher Führung, in dem es immer wieder um den Nachweis geht, daß die Führungsposition neben der reinen Machtfunktion auch Funktionen erfüllt, die im Interesse der Geführten bzw. der Bewältigung der Sachaufgabe liegen.

Dieser Legitimationsdruck hat gesellschaftspolitisch eine stark demokratisierende Wirkung gehabt, zugleich jedoch neue Ideologien und Illusionen erzeugt. So ist in der Folge eine Vielzahl von »Führungsphilosophien« hervorgebracht worden, die sich nur im Erscheinungsbild, nicht aber in der Funktion von älteren Ideologien unterscheiden, die um die Vorstellung von der großen Führerpersönlichkeit kreisten (Neuberger 1984, S. 8 ff.). In ihnen geht es vor allem um eine neue Rechtfertigung von Führung durch die

Formulierung von »richtigen« Führungsstilen. Die tatsächliche Führungspraxis und der in jeder Führungsfunktion enthaltene Machtaspekt rücken dadurch in den Hintergrund oder werden ganz aus dem Blickfeld gedrängt. Begleitet wird dies oft von einer Erhöhung des normativen Drucks, der über eine Verpflichtung auf bestimmte Wertsysteme erzeugt wird. Zuletzt firmierte dies unter dem modischen Etikett der »corporate identity«, der Idee einer Art »Firmenidentität«. Der Begriff der Identität, dem es im Kern um das Problem von Selbstbestimmung und Entfremdung geht, wird dadurch geradezu in sein Gegenteil verkehrt, soll das Individuum sich doch einer »kollektiven Identität« unterordnen.
Es bleibt insgesamt das Problem, ob eine im politischen Raum entstandene Idee (Demokratie) und die dazugehörigen Organisationsprinzipien (gleiches Recht und gleiche Stimme) für den sozialen Zusammenhang einer Gruppe mehr als ein Leitbild sein kann. Es überwiegt die Gefahr, die realen Ungleichheiten und die darin aufgehobene Notwendigkeit von Führung zu übersehen.

Der Einzug solcher den Sozialwissenschaften entstammenden Erklärungs- und Interventionsmodelle in das Denken in Wirtschaft, Politik und Verwaltung entspringt der Anerkennung der Erkenntnis, daß bei aller Profitorientierung Organisationen immer zweierlei zu leisten haben: Die gesteckten Ziele zu erreichen, d. h. Produkte herzustellen und zu verkaufen, und die materiellen und vor allem sozialen Arbeitsbedingungen für die Erreichung dieser Ziele zu schaffen bzw. zu erhalten.
Diese doppelte Aufgabe jeder Organisation findet sich wieder in einer schon klassisch zu nennenden *Differenzierung von Führungsfunktionen* in eine *aufgabenorientierte* und eine *sozialemotional orientierte Funktion* (Divergenztheorie nach Bales 1972). Entsprechend lassen sich idealtypisch ein mehr aufgabenorientierter und ein mehr mitarbeiterorientierter Führungsstil unterscheiden. Weder der eine noch der andere Stil sind unabhängig vom Kontext zu beurteilen, sondern müssen mit der Struktur der gestellten Aufgabe in Verbindung gesetzt werden. Eine Blinddarmoperation erfordert vom Arzt einen anderen Führungsstil als die Leitung einer Mitarbeiterbesprechung.
Die zunehmende Wichtigkeit, die der kommunikativen Kompetenz von Führungskräften und dem »Faktor Mensch« zugeschrie-

ben wird, ist jedoch Zeichen für die Veränderung der Balance zwischen diesen beiden Funktionen. Die Ambivalenz dieser Entwicklung liegt in dem Nebeneinander von Humanisierung der Arbeitswelt einerseits, Funktionalisierung des Privaten im *Gefühlsmanagement* andererseits (Hochschild 1990, Edding 1988). In einer Dienstleistungsgesellschaft wird die biographisch geprägte Art unserer Beziehungsaufnahme für den beruflichen Alltag immer wichtiger. Zugleich wird sie dort den Erfordernissen von Arbeitsprozessen unterworfen, die auf diesem Wege sehr direkt auf unseren Umgang mit Beziehungen und Gefühlen zurückwirken.
Unübersehbar ist zugleich, daß diese Funktionsdifferenzierung weitgehend der traditionellen *Geschlechtsrollendifferenzierung* entspricht: den Männern die »Sach«-Arbeit in Beruf und Gesellschaft, den Frauen die »Gefühls«-Arbeit in Familie und Ehe. In Führungstheorien vermischt sich daher häufig die Ideologisierung von Machtproblemen mit der Ideologisierung von Geschlechterrollen (Kruse 1987). Es wird ein vermeintlich übergeschlechtliches Führungsverhalten beschrieben, was sich beim zweiten Blick als männlich herausstellt. Der Einzug von mehr Frauen in Führungsetagen läßt sich entsprechend der oben angeführten ambivalenten Entwicklung daher sowohl als »Verweiblichung« von Führung, als auch als »Versachlichung« bzw. »Vermännlichung« der Frauen beschreiben.

Selbst in formal hochgradig durchhierarchisierten Organisationen sind Führungsaufgaben selten auf eine Position konzentriert, die Komplexität der Aufgaben erfordert in der Regel eine Funktionsaufteilung. Sogar in manchen Konzernspitzen finden sich solche Aufteilungen, z. B. zwischen einem »Macher« und einem »Seher«, einem fürs »Grobe« und einem fürs »Atmosphärische«, einem für die »Innenpolitik« und einem für die »Außenpolitik« (Hofstätter 1971, S. 140). Für diese Aufteilung sorgen nicht nur die Führungspersonen selber aufgrund unterschiedlicher Kompetenzen und Umgangsstile, sondern es scheint auch für die Geführten schwierig zu sein, sehr unterschiedliche Verhaltensstile von ein und derselben Person zu akzeptieren.
Dies gilt in noch stärkerem Maße für formal wenig strukturierte Gruppen, die später im Mittelpunkt unserer Überlegungen stehen werden. Führungsqualitäten sind in solchen Gruppen – auch über

die formalen Führungspersonen hinaus – in der Regel weit gestreut. Zugleich müssen solche Qualitäten den Führern von den Geführten auch zugeschrieben und zugebilligt werden, damit sie zur Geltung kommen können. In diesen Zuschreibungen kommt es häufig zu Aufspaltungen. Führungseigenschaften werden entweder zeitgleich auf unterschiedliche Personen verteilt oder auch in der Abfolge nacheinander ein und derselben Person zugeschrieben, sind aber eben nicht gleichzeitig bei einer Person präsent (Kap. 6.3 und 7.6).

Diese Zuschreibungsprozesse verweisen auf die Kehrseite der Führungsrolle, ihre Abhängigkeit von den Geführten. Diese Abhängigkeit läßt sich auf einem Kontinuum beschreiben. An dem einen Pol des Kontinuums ist der Führer der hervorragende Repräsentant der in der Gruppe herrschenden Normen (Homans 1960). Er steht für die Tradition der Gruppe. Weicht er von den Normen oder Traditionen ab, kann dies schnell zum Verlust seiner Stellung führen. Gruppen solcher Art sind konservativ bzw. traditionalistisch. Weder vom Führer noch von anderen Gruppenmitgliedern gehen größere Veränderungen aus. Am anderen Ende des Kontinuums steht ein Führer, der seinen Willen auch gegen den der anderen Gruppenmitglieder durchsetzen kann. Dies wird selbst in einer hierarchisierten Gruppe mit einer formal abgesicherten Führungsposition begrenzt sein. Auch hier müssen Führungsentscheidungen mit der Gruppe ausgehandelt werden, will der Führer auf lange Sicht erfolgreich sein. Sonst wird sich seine Führungstätigkeit bald auf die Kontrolle von potentiell feindseligen Gruppenmitgliedern beschränken.

Dies verweist nochmals auf den Zusammenhang von Normierung und Hierarchisierung. Die größte Leistungs- und Innovationsfähigkeit ist bei solchen Gruppen zu vermuten, die zwischen diesen beiden Umgehensweisen mit dem Machtproblem flexibel hin und her wechseln können, d. h. die wissen, wann und wie sehr sie über Normen und Werte Gemeinsamkeit herstellen müssen und wann und wie lange sie Führung delegieren müssen. Gruppen, die Führung insgesamt ablehnen, sehen sich demgegenüber der Schwierigkeit ausgesetzt, alle Aufgaben nur auf eine Weise, nämlich durch Normierung, angehen zu können. Daß dies möglich ist, aber zugleich mit einigem Aufwand und einigen Fallgruben verbunden ist, läßt sich an vielen durchaus erfolgreichen Selbsthilfegruppen sehen (Moeller 1981, Schattenhofer 1992).

Für diese Vielschichtigkeit spricht auch ein theoretisch-empirischer Ansatz, der sich wohl am umfassendsten mit dem Zusammenhang zwischen Führungsverhalten und Gruppeneffizienz auseinandersetzt, das Kontingenzmodell von Fiedler (Schneider 1985, S. 178, Sader 1992, S. 259). Es unterscheidet drei Ebenen mit jeweils zwei Ausprägungen: 1. Die Beziehungen zwischen dem Führer und den Geführten (gut/mäßig); 2. Die Struktur der Aufgabe (strukturiert/unstrukturiert); 3. Die Positionsmacht des Führers in der Organisation (viel/wenig). Enthalten sind in diesen Ebenen ein Großteil der bislang aufgeführten Differenzierungen: das Führungsverhalten und die Zuschreibungen durch die Geführten (in 1), die Mitarbeiter- und Sachorientierung (in 1 und 2), die Positionsmacht des Führers (in 3). Zentral ist, daß die Korrelation dieser Faktoren eine hohe Situations- und Kontextabhängigkeit von Führungseffizienz ergibt und die Suche nach dem »richtigen« und »effektivsten« Führungsstil obsolet werden läßt. Deutlich wird zudem, daß Akzeptanz des Führers und die Effektivität einer Gruppe in der Interaktion zwischen Führer und Geführten hergestellt werden. Diese im engeren Sinne gruppendynamischen Prozesse bildet allerdings auch dieses Modell nur unvollständig ab.
Die Führungsforschung hat ihre Ansprüche, eindeutige Lösungen bieten zu können, immer weiter zurückschrauben müssen. Gleichzeitig wird die Suche nach Faktoren, die eine effiziente Führung ausmachen, immer dringlicher. Für den Wirtschaftsbereich hat dies der amerikanische Ökonom J. K. Galbraith sehr eindringlich formuliert: »Die Welt, in der man Angst hatte vor der Macht der Unternehmen, weicht einer Welt, in der man unternehmerische Unfähigkeit fürchtet« (in: Zeit v. 23. 4. 93, S. 34).

3.4 Autorität

»Autoritätswirkungen können zu Beziehungen und Handlungen ganz gegensätzlicher Art führen, zu blindem, blindwütigem Gehorsam oder zu liebend-hellsichtiger Unterordnung, zu fanatischer Selbstaufgabe oder zu selbstbewußter Geborgenheit. Charakteristisch ist auch die häufige Ambivalenz autoritätsbestimmten Verhaltens. Etwa das Schwanken zwischen zwanghafter Beflissenheit und auftrumpfendem Widerstreben, das Umschlagen von emphatischer Bewunderung in Widerwillen und Haß, die Nähe von Treue und Verrat« (Heinrich Popitz 1986, Die Autoritäts-Bindung, in: Ders., Phänomene der Macht, S. 10).

In noch stärkerem Maße als der Begriff und die »Institution« Führung steht in diesem Jahrhundert der Begriff Autorität, bzw. die, die ihn ins Felde führen, unter Legitimationszwang. Dies ist vor allem darauf zurückzuführen, daß er am stärksten von all den hier aufgeführten Begriffen das Politische mit dem Privaten verbindet bzw. den *Prozeß der Verinnerlichung des Politischen* bezeichnet.

Ein erster Hinweis auf diese Verknüpfung zeigt sich daran, daß mit dem Begriff Autorität sowohl eine Eigenschaft von Personen als auch von Institutionen bezeichnet werden kann. Nach dem Alltagsverständnis kann jemand oder etwas Autorität haben oder auch eine Autorität sein. So redet man z. B. von der Autorität des Staates und der Familie oder der Autorität einer Person. Diese beiden Anwendungen des Begriffs tendieren im ersten Fall zu einer *Verdinglichung*, im zweiten Fall zu einer *Personalisierung von Machtphänomenen.*

Die verdinglichte Anwendung des Begriffes auf abstrakte Gebilde bzw. Institutionen wie Staat und Familie ist insofern von Wichtigkeit, als er eine problematische Tradition verdeutlicht, der der Begriff verhaftet ist. Er verknüpft Herrschaft mit Wertesystemen, und fordert die Anerkennung der Autorität derer, die diese Wertesysteme repräsentieren. Von dieser langen, vorrangig konservativen Tradition kann man den Begriff »Autorität« nicht durch eine Verwissenschaftlichung oder Psychologisierung befreien, er bleibt der Sphäre des Politischen verhaftet.

»Erzieherischen Charakter kann Autorität im politischen Sinne nur gewinnen, wenn man mit den Römern voraussetzt, daß die Ahnen für jede nachfolgende Generation unbedingt das Vorbild des Großen überhaupt abgeben müssen, daß sie also, wie der lateinische Sprachgebrauch sagt, ›die Größeren‹, die maiores per definitionem sind. Wo unabhängig von dieser Grundüberzeugung das Beispiel der Erziehung durch Autorität auf das Politische übertragen wurde (und dies ist allerdings vor allem in konservativen Ideologien häufig genug), hat es immer nur dazu gedient, wirkliche oder erstrebte Herrschaftsverhältnisse zu verschleiern und vorzugeben zu erziehen, wo man eigentlich beherrschen wollte« (Hannah Arendt, Was ist Autorität, in: Dies., Fragwürdige Traditionsbestände im politischen Denken der Gegenwart, 1958, S. 150 f.).

In der deutschen Geschichte verbanden sich die herrschenden politischen Vorstellungen von Autorität vornehmlich mit einer antidemokratischen Tradition, vom wilhelminischen Reich über den Nationalsozialismus bis zur bundesrepublikanischen Nachkriegszeit. Die 68er Generation, die symbolhaft für das Aufbegehren gegen diese Traditionen steht, hat versucht, dem ihren antiautoritären Gestus entgegenzusetzen. In der Auseinandersetzung mit der konservativen Nachkriegsgesellschaft war dies Teil eines alle gesellschaftlichen Bereiche durchdringenden Demokratisierungsschubes. Zugleich lieferte diese Generation mit ihrer Ausrichtung auf ihre vermeintlich antiautoritären Autoritäten wie Marx und Mao einen unfreiwilligen Kommentar zu ihrer Autoritätssehnsucht, die sich in den militanten Gruppierungen der 70er Jahre äußerst destruktiv auswirkte. Es reicht nicht, alte Autoritäten und ihre Werte zu stürzen. Sie werden unweigerlich durch neue ersetzt. In welcher Form auch immer, dauerhafter gesellschaftlicher und politischer Einfluß ist nur durch aktive Beteiligung an diesen Definitionskämpfen zu erreichen.
In den letzten Jahren wird in der Bundesrepublik erneut über die Funktion von Autorität diskutiert. Ausgelöst durch den zunehmenden Verlust eines gesellschaftlichen Zentrums bzw. Konsenses, der durch die deutsche Wiedervereinigung noch verstärkt wird, und durch das Aufbrechen eines Gewaltpotentials voller Haß gegen alles Fremde an der gesellschaftlichen Peripherie, dem die politischen Klassen durch ihre Ausgrenzungspolitik entgegenkommen, wird der Ruf nach der Autorität wieder unüberhörbar. Die gleichzeitig aufkommende These, daß die Skinheads von heute direkte Ausgeburt der antiautoritären Bewegung von damals seien, macht den zutiefst ideologischen Charakter dieser erneuten Auseinandersetzung um den Begriff der Autorität deutlich. Betroffen sind davon letztendlich alle Versuche, zwischen einer »guten« und einer »schlechten«, einer »wahren« und einer »falschen« Autorität zu unterscheiden. *Diese Auseinandersetzungen im politischen Raum versuchen Eindeutigkeit herzustellen, womit der jeder Autorität innewohnende Zwiespalt zum Verschwinden gebracht wird. Gerade darin aber liegt ihre Verknüpfung mit Herrschaft verborgen.*

»Die äußere in der Gesellschaft wirksame Gewalt tritt dem in der Familie aufwachsenden Kind in der Person der Eltern und in der patriarchalischen Kleinfamilie, speziell in der des Vaters ‚gegenüber. Durch Identifizierung mit dem Vater und Verinnerlichung seiner Ge- und Verbote wird das Über-Ich als eine Instanz mit den Attributen der Moral und Macht bekleidet. Ist aber diese Instanz einmal aufgerichtet, so vollzieht sich mit dem Prozess der Identifizierung gleichzeitig ein umgekehrter Vorgang. Das Über-Ich wird immer wieder von neuem auf die in der Gesellschaft herrschenden Autoritätsträger projiziert, mit anderen Worten, das Individuum bekleidet die faktischen Autoritäten mit den Eigenschaften seines eigenen Über-Ichs. Durch diesen Akt der Projektion des Über-Ichs auf die Autoritäten werden diese weitgehend der rationalen Kritik entzogen. Es wird an ihre Moral, Weisheit, Stärke in einem von ihrer realen Erscheinung bis zu einem hohen Grade unabhängigen Masse geglaubt. Dadurch aber werden diese Autoritäten umgekehrt wiederum geeignet, immer von neuem verinnerlicht und zu Trägern des Über-Ichs zu werden. Diese Verklärung der Autoritäten durch Projizierung der Über-Ich-Qualität trägt zur Aufhellung einer Schwierigkeit bei. Es ist ja leicht zu verstehen, warum das kleine Kind infolge seiner mangelnden Lebenserfahrung und Kritik die Eltern für Ideale hält und sie infolgedessen im Sinne der Über-Ich-Bildung in sich aufnehmen kann. Es wäre für den kritischeren Erwachsenen schon viel schwieriger, das gleiche Gefühl der Verehrung für die in der Gesellschaft herrschenden Autoritäten zu haben, wenn eben nicht diese Autoritäten durch die Projizierung des Über-Ichs auf sie für ihn die gleichen Qualitäten erhielten, welche die Eltern einst für das kritiklose Kind hatten.«

»Wir haben bisher im wesentlichen nur von einer Funktion der Autorität gesprochen, nämlich der Unterdrückung beziehungsweise Verdrängung von Trieben. Neben dieser negativen Funktion hat die Autorität aber auch immer die positive, die ihr Unterworfenen zu einem bestimmten Verhalten anzuspornen, ihnen ein Vorbild und ein Ideal zu sein. Die Tätigkeit der Menschen in der Gesellschaft beschränkt sich ja nicht nur darauf, dass sie gewisse Impulse unterdrücken, sondern ist wesentlich dadurch mitbestimmt, dass sie bestimmte andere im Sinne der von der Gesellschaft geforderten Ziele realisieren. Dieselbe der Autorität eigentümliche Zwiespältigkeit der Funktion und des Inhaltes, nämlich triebunterdrückend und anspornend zu sein, eignet auch dem Über-Ich als der verinnerlichten Autorität. Gerade die Tatsache, dass Autorität wie Über-Ich dieses doppelte Gesicht haben, ist eine wesentliche Bedingung für ihre Wirksamkeit. Indem sie auch die idealen und positiven Triebe des Individuums zum Inhalt haben, wird die triebunterdrückende Seite gleichsam vom Glanze dieser positiven Funktion gefärbt. Würden Autorität und Über-Ich nur gefürchtet, so würden sie anders gefürchtet, als wenn sie gleichzeitig als Verkörperung der Ideale auch geliebt werden. Gerade ihre Doppelfunktion schafft jene eigenartige irrationale Gefühlsbeziehung, die der Furcht vor den Autoritäten die zum Prozess der Verdrängung notwendige Stärke gibt. Die Verbote der Autorität übertreten, heisst eben nicht nur, die Gefahr der Bestrafung riskieren, sondern den Verlust der Liebe jener Instanz, welche die eigenen Ideale, den Inhalt all dessen, was man selbst werden möchte, verkörpert« (Erich Fromm 1936, Sozialpsychologischer Teil in: Studien über Autorität und Familie, Hg. Max Horkheimer, S. 84 f. und S. 108 f.).

Diesem Zwiespalt möchte ich dort nachgehen, wo er entsteht: in einer bestimmten Form von Beziehung. Autorität ist nach dem hier vorgetragenen Verständnis keine personale Eigenschaft, sondern sie entsteht in einer Beziehung, in der sie nach bestimmten Maßstäben jemandem zugeschrieben bzw. als solche akzeptiert wird. Der Sprachgebrauch selber tendiert allerdings immer wieder zu einer Personalisierung von Autorität, stellt er uns doch für die, die in dieser Beziehung jemandem Autorität zuschreiben bzw. »verleihen«, für die andere Seite der Beziehungsform »Autorität« also, keine Bezeichnung zur Verfügung. Der Begriff richtet sich wie ein Lichtkegel immer wieder auf die Person der Autorität, die Machtbeziehung wird personalisiert.
Das Phänomen der Autorität, so wie es hier im soziologisch-sozialpsychologischen Sinne verstanden wird, basiert auf einem Mindestmaß der Anerkennung der Werte, für die sie steht, und kann nicht erzwungen werden. Autorität ist insofern eine »legitime« Macht, als sie dieser Form der Zustimmung bedarf bei denen, die eine Autorität dadurch zu einer solchen machen. Sie erscheint als *bejahte Abhängigkeit*, die auf der Anerkennung der (begrenzten) Überlegenheit der Autoritätsperson beruht, wobei diese Überlegenheit auf den unterschiedlichsten Ressourcen beruhen kann. Durch diese Bejahung von Autorität in der Beziehung wird sie zu einer verinnerlichten Macht. Dieses unterscheidet die Autoritätsbeziehung von einem reinen Zwangsverhältnis.
Eine Autorität anerkennen heißt nach diesem Verständnis, auch in ihrer Abwesenheit nach ihren Maßstäben zu handeln bzw. sein Handeln in bezug auf diese Maßstäbe zu bewerten. Durch diese wertorientierte Ausrichtung verknüpft sich das Phänomen der

Autorität wie auch ihre Überwindung mit Prozessen der moralischen Entwicklung bzw. der Entwicklung der Gewissensinstanz. Die Anerkennung einer Autorität bildet nur die Vorstufe zu einer *Identifizierung* mit den Werten dieser Autorität, die den engen Kontext einer Autoritätsbeziehung überschreitet, indem sie die Werte dieser Autorität in einen personenübergreifenden Zusammenhang stellt, der dann wiederum die Definitionsmacht dieser Autorität relativiert. Eine solche Konzeption von Autorität, die auf der Verinnerlichung von Werten beruht, bleibt in prekärer Weise immer der *Vereinnahmung durch Herrschaftsmechanismen* ausgesetzt, ist aber zugleich *Voraussetzung ihrer Überwindung.*

Zugleich wäre es naiv anzunehmen, daß dieser Prozeß der Verinnerlichung ganz ohne Zwang auskommen würde. Schon dem kleinen Kind gegenüber wirken die Eltern als die ersten und wichtigsten Autoritätspersonen mit den basalen Machtmitteln des Gebens und Nehmens, des Strafens und Belohnens. Auch im erwachsenen Leben läßt sich die Anerkennung von Autoritäten nicht aus einer vermeintlichen Herrschaft der Vernunft erklären. Sie ist aufgrund dieser frühen Verankerung zu sehr mit den elementaren Bindungsmechanismen des *Wunsches nach Anerkennung* und der *Angst vor Zurückweisung und Ablehnung* verbunden.

Die Suche nach der Autorität ist daher zumeist von regressiven Wünschen begleitet, die sich beim Erwachsenen in der Sehnsucht ausdrücken, in einer immer unübersichtlicher werdenden Welt und bei einer zunehmenden Anonymität von Machtstrukturen einen festen Orientierungspunkt zu gewinnen. Der Ruf nach der Autorität steht für den Wunsch nach der Handhabbarkeit der Verhältnisse, nach jemandem, an den man sich in schwierigen Zeiten halten kann, der Werte vermittelt, an denen man seine eigenen Wertvorstellungen messen und bilden kann. Das heißt aber auch, daß der Begriff der Autorität am meisten von allen verwandten Begriffen für den *Wunsch nach Unterordnung bzw. Abhängigkeit* steht. Daraus ergibt sich das angesprochene Herrschaftspotential einer Autorität, die auf diese Weise als Bedürfnis verinnerlicht ist. Bestes Beispiel für einen solchen Herrschaftseinsatz ist das Autoritätskonzept der katholischen Kirche, worin die Unterordnung aus dem Glauben an Gott und der Liebe zu Jesus abgeleitet wird.

Dieses janusköpfige Bindungspotential macht die grundlegende

Ambivalenz verständlich, durch die die Einstellung zur Autorität in der Regel charakterisiert ist, kann doch der eigene Wunsch zum Mittel fremder Herrschaft werden. Die Angst vor der Autorität entsteht aus dem (unbewußten) Wissen um diese Möglichkeit. Ihr starker Bindungswert erwächst der Autorität dadurch, daß sie eine Person gewordene Darstellung des eigenen Wertesystems darstellt. Ihre Anerkennung durch mich verbindet sich mit meiner Selbstanerkennung, stürze ich sie, verliere ich zugleich den Maßstab für mein eigenes Wertgefühl.
In einer Fortbildungs- oder Therapiegruppe wird diese ambivalente Suche nach der Autorität als stiller Wunsch der Teilnehmer fast immer gegenwärtig sein. Sie verdichtet sich in der Beziehung zum Leiter. Seine ambivalente Funktion und Aufgabe liegt darin, daß er einerseits diese »gute« Autorität sein will, indem er die Wünsche der Teilnehmer nach Anerkennung und Zuneigung erfüllt. Andererseits sollen die Teilnehmer seine Autorität auch als Ergebnis ihrer Wünsche und Ängste erkennen lernen, als eine Projektion, die aus den Schwierigkeiten des Umgangs mit Machtstrukturen geboren wird. Der Autoritätskonflikt zwischen Teilnehmern und Leiter (Kap. 6) stellt nach diesem Verständnis eine spezifische Verdichtung des Machtproblems dar.

3.5 Gehorsam und Konformität

> »Unter Ungehorsam ist dabei nicht der Ungehorsam des puren Rebellen zu verstehen, der deshalb nicht gehorcht, weil er dem Leben gegenüber keine andere Verpflichtung fühlt, als ›nein‹ zu sagen. Diese Art von rebellischem Ungehorsam ist ebenso blind und unwirksam wie ihr Gegenteil, der konformistische Gehorsam, der *unfähig* ist, ›nein‹ zu sagen. Es geht vielmehr um den Menschen, der ›nein‹ sagen kann, weil er auch bejahen kann, der ungehorsam sein kann, eben weil er seinem Gewissen und den von ihm erwählten Grundsätzen gehorchen kann. Ich spreche vom Revolutionär und nicht vom Rebellen« (Erich Fromm 1982, Über den Ungehorsam, S. 43).
> »Ich bin doch kein Mensch mit Macht, ich bin ein Mensch, der mitmacht« (Dieter Hildebrandt, in: ARD, Scheibenwischer v. 2. 4. 92).

In der gesamten bisherigen Betrachtung haben wir uns Machtbeziehungen vorrangig von »oben« angeschaut, insofern die behandelten Begriffe Herrschaft, Führung und Autorität Positionen bezeichnen, die Macht haben. Solche Machtpositionen leben davon, daß sie ihre eigene Wichtigkeit produzieren. Dem entspricht die Tendenz, im alltagsweltlichen und häufig auch im wissenschaftlichen Diskurs diese Positionen in den Mittelpunkt zu stellen. Unterstützt wird dies durch die implizite Annahme, daß Macht und die, die sie repräsentieren, die Ursache von Gehorsam und Konformität seien. Dabei ließe sich durchaus auch argumentieren, daß Gehorsam die Ursache von Macht sei, zumal hierbei immer eine (gehorsame) Mehrheit einer Minderheit gegenübersteht (Portele 1988, S. 211).

Auf der potentiellen Macht dieser Mehrheit baut die Argumentation vieler moralisch-gesellschaftskritischer Positionen auf, die zu Solidarisierung und zu Ungehorsam auffordern. Eine der zentralen Quellen, aus der dieser Ungehorsam gespeist werden kann, ist das Erleben von sozialer Ungerechtigkeit, wie sie zumeist mit einer gesellschaftlichen Staffelung verbunden ist, in der eine Minderheit relative Macht über die Lebensbedingungen einer Mehrheit hat. Gerechtigkeit läßt sich in diesem Kontext als Versuch des (Macht-)Ausgleichs verstehen. Die Geschichte der sozialistischen Bewegungen bietet hierfür viele Beispiele. Verdichtet findet sich dies in vielen klassischen Parolen, der Forderung nach »Gerechtigkeit für alle«, nach »internationaler Solidarität«. Diese Gedankengänge finden sich auch in einigen sozialpsychologischen Experimenten und Untersuchungen wieder, die zeigen, daß bei den Betroffenen die Möglichkeit des Zusammenschlusses und der Kommunikation die Bereitschaft zum Widerstand gegen eine Autorität oder Macht stärkt, die als ungerecht empfunden wird (Sader 1992, S. 185 ff.).

Schon im vorherigen Kapitel wurde argumentiert, daß sich nur unter den Bedingungen reiner Zwangsverhältnisse ein Machtanspruch durchsetzen kann ohne eine zumindest minimale Akzeptanz in Form von Gehorsam oder konformem Verhalten. Es lohnt sich also, auch die andere Seite von Machtbeziehungen ins Auge zu fassen.

Die Begriffe Gehorsam und Konformität werden in der Literatur nicht einheitlich gebraucht. Häufig erscheint Konformität als Oberbegriff zu Gehorsam. Im folgenden sollen die Begriffe auf zwei verschiedene soziale Kontexte bezogen werden. Gehorsam bezeichnet demnach ein Handeln, das auf die explizite Anordnung einer konkreten Autorität oder Führungsfigur erfolgt, so z. B. in den berühmt gewordenen Milgram-Experimenten (Milgram 1974). In diesen Experimenten wurden die Versuchspersonen vom Versuchsleiter aufgefordert, einer anderen Person zunehmend stärker werdende Stromstöße zuzufügen bis zu einer Dosis, die im Realfall tödlich gewesen wäre. Eine unerwartet große Zahl der Versuchspersonen folgte diesen Aufforderungen. Das Aufsehenerregende dieser Versuche bestand darin, daß man dieses Ausmaß an Gehorsamsbereitschaft in den USA, die nach dem Sieg über den Nationalsozialismus als die Demokratie schlechthin galten, nicht erwartet hatte.

Konformität bezeichnet demgegenüber ein Verhalten, das sich an einer Gruppenmeinung ausrichtet, wie dies in den gleichfalls sehr bekannten Experimenten von Asch und Sherif untersucht wurde (Schneider 1985, S. 111 ff., Sader 1992, S. 160 ff.). Bei Konformitätsprozessen steht der einzelne einer eher diffusen Mehrheit gegenüber. Diese Prozesse lassen sich daher angemessener als eine Anpassung an Normen und Werte charakterisieren, die durch diese Gruppenmehrheit repräsentiert werden. Gehorsam richtet sich hingegen auf eine konkrete Person aus, zu der der einzelne in einer spezifischen Beziehung steht, die durch den kulturellen Kontext (wissenschaftliche Autorität des Versuchsleiters bei Milgram) und die institutionalisierte Rolle in einem hierarchischen Zusammenhang gekennzeichnet ist.

Ausgehend von dieser Unterscheidung soll nun ein struktureller Zusammenhang zwischen den beiden Reaktionsformen beleuchtet werden. Er führt nochmals zurück zu der Grundthese von den zwei idealtypisch unterschiedenen »Lösungen« für das Problem der Macht: Die eine »Lösung« führt zu Hierarchisierung, in der konkreten Form von Autorität und Führung bzw. Gehorsam; die andere führt zu Normierung, die ihren Ausdruck in Konformität findet.

Der Zusammenhang zwischen den beiden Reaktionsformen besteht im Kern darin, daß im sozialen Kontext einer Gruppe eine ursprünglich einmal von einer Autoritätsperson erhobene Forderung von den Mitgliedern dieser Gruppe über einen Prozeß der

Identifizierung verinnerlicht worden ist und nun dem einzelnen Gruppenmitglied als eine durch die Mehrheit repräsentierte Norm gegenübertritt, die Konformität einfordert. In dieser Weise wirken einmal verinnerlichte Autoritätsbeziehungen über die konkrete Situation ihrer Entstehung hinaus weiter. In einer Konfliktsituation wird dann nicht eine (frühere oder aktuelle) Autoritätsbeziehung über Gehorsam aktualisiert, sondern die verinnerlichte Norm über Konformität. Dieser Mechanismus ist nicht nur dem Führer bekannt, der einen Gegenspieler isoliert, indem er die »Vertrauensfrage« stellt. Auch in den Führungsgrundsätzen von Homans (1960) taucht dies auf (Kap. 3.3), wenn es heißt: »Zur Erhaltung der Disziplin muß sich ein Führer weniger mit der Verhängung von Strafen als mit der Schaffung von Bedingungen befassen, unter denen die Gruppe sich selbst disziplinieren kann.« Die Gruppe ist häufig in ihrem Urteil strenger als eine Führungs- oder Autoritätsperson, so daß diese dann sogar noch als ausgleichend und milde einschreiten kann. Wenn sich in einer solchen Gruppe ein einzelner gegen die ursprünglich einmal durch die Autorität repräsentierte Norm stellt, muß Gehorsam jetzt nicht mehr von der Autorität selber eingefordert werden, sondern ist als Norm verinnerlicht und wird als Konformitätsdruck von der Gruppenmehrheit weitergegeben. Der einzelne wird zum »Dissidenten« bzw. zum »Nestbeschmutzer«, der ausgesondert wird.

In einer Gruppe wird die Frage der Machtverteilung nicht nur zwischen den Teilnehmern und einer Führungsfigur bzw. einem Leiter, sondern auch zwischen den Teilnehmern selber verhandelt. Daraus ergibt sich eine komplexe Verschachtelung von verschiedenen Beeinflussungs- und Anpassungsprozessen.
Diese Verschachtelung liegt einer Vielzahl von Anpassungsprozessen zugrunde, ohne die unser Alltag nicht funktionieren würde. In einer differenzierten Gesellschaft ist es unumgänglich, viele Funktionen und Kompetenzen an Experten zu delegieren, denen wir uns fortwährend und fraglos unterordnen, sei es im Straßenverkehr oder beim Zahnarzt (Hartmann 1964, S. 50 ff.). Darüber hinaus sind wir eingebunden in einen Kanon von Handlungsselbstverständlichkeiten, die die Basis jeden sozialen Zusammenhangs ausmachen. Sie sind im Sozialisationsprozeß von den Eltern über Autorität vorgelebt, manche bewußt durch Gehorsam eingefor-

dert, manche eher unbewußt durch Nachahmung übernommen worden. Diese Verhaltensweisen, Normen und Werte binden uns in den größeren sozialen Kontext der diversen Gruppen ein, in denen wir Mitglieder sind, und gleichzeitig sind wir es, die in diesen Gruppen den Kontext unserer Anpassungsleistungen herstellen (Kap. 3.7).

Da also Führung und Autorität einerseits, Gehorsam und Konformität andererseits als unterschiedliche Positionen in einem relationalen Machtgefüge aufzufassen sind, lassen sie sich alle gleichermaßen anhand der Unterscheidungskriterien untersuchen, die ich im 2. Kapitel eingeführt und erläutert habe. Einen Aspekt möchte ich besonders herausgreifen. Zentral ist bei der Untersuchung von Anpassungsprozessen die Frage, ob sie durch *Zwang*, z. B. durch Strafe, hohe situative Kontrolle, hohe Aktualisierung von Macht und ein großes Machtgefälle, oder eher durch Belohnung, Einladung zur Identifikation, Sachkenntnis, also durch das Einräumen eines *relativen Freiraumes,* befördert werden. Die Beantwortung dieser Frage ist hochgradig von kulturellen Wertigkeiten abhängig, die sich in diesem Jahrhundert kontinuierlich von einer Betonung von Gehorsam in Richtung einer Betonung von *Freiwilligkeit und Autonomie* bewegt haben. Diese kulturelle Einbindung sorgt dafür, daß alle diese Begriffe stark emotional besetzt sind. In den letzten Jahren läßt sich wiederum eine neue Ausrichtung der Diskussion beobachten, in der u. a. der Versuch unternommen wird, den Wert der Autonomie durch eine Rückbindung an gemeinschaftliche Werte (z. B. der Erhalt der natürlichen Umwelt) zu relativieren, ohne in die alten Werte von Pflichterfüllung und Gehorsam zurückzufallen.

Generelle Antworten sind allerdings nicht (mehr) zu erwarten, sondern nur situationsspezifische Bewertungen und kontextgebundene Lösungen. Einem Kind, das gerade auf die heiße Herdplatte fassen will, wird man mit direkter situativer Kontrolle begegnen und nicht mit dem Einräumen eines größtmöglichsten Erfahrungsfreiraumes. Um den Gehorsam in diesem Fall in Freiwilligkeit zu verwandeln, wird man eine Begründung dann in der Regel nachreichen. Wird in der weiteren Erziehung jedoch in gleicher Weise »Schadensvorbeugung« durch Zwang ausgeübt, nach dem Motto »wir wollen ja nur dein Bestes«, so wird dies bald auf eine Grenze stoßen. *Unter heutigen gesellschaftlichen Bedingungen erweist sich Zwang als Machtmittel höchstens kurzfristig als wirksam. Langfristig wird Veränderung sehr viel wirksamer durch Überzeugungs- bzw. durch Verinnerlichungsprozesse befördert.* Alle modernen Entwicklungs- und Erziehungstheorien wissen sich, bei aller Unterschiedlichkeit, in dieser Einsicht verbunden. Positive Bestärkungen durch Belohnung oder Lob erweisen sich im Vergleich mit negativen Bestärkungen wie Strafen und Tadel als relativ wirkungsvoller.

Die Wirksamkeit von Verinnerlichungsprozessen, das zeigen die historischen Erfahrungen, kann allerdings auch in einer Mischung von Zwang und Belobigung eine Gehorsamsbereitschaft aufbauen, die dann völlig kontextungebunden immer und unbedingt gezeigt wird. Auf dem Hintergrund der politischen Zwangssysteme unseres Jahrhunderts sind die Bedingungen für diesen Gehorsam vielfach untersucht worden (Adorno u. a. 1973). Als wesentlich zeigt sich eine Bereitschaft zur Unterordnung, die sich der Delegation der Verantwortung an gesellschaftlich legitimierte Autoritäten bedient. So beriefen sich die nationalsozialistischen Massenmörder immer wieder auf einen Befehlsnotstand. Auch die schon erwähnten Versuchspersonen in den Milgram-Experimenten delegierten in ähnlicher Weise ihre Verantwortung an den wissenschaftlichen Untersuchungsleiter bzw. an die Untersuchungsinszenierung als Ganzes (Milgram 1974).

Zwar ist heute weder die Legitimation von Wissenschaft noch die von nationalen Symbolen unangetastet. Doch der Ruf nach Autorität, Pflicht und Gehorsam wird wieder lauter. Zugleich scheint Unterordnung nur zu funktionieren, wenn sie die Möglichkeit hat, sich als Überordnung gegen ein Drittes zu wenden. Extreme Anpassungsprozesse sind regelmäßig von der Schaffung von äußeren Feindbildern begleitet. Dies gilt sowohl für die einzelne Person wie auch für eine Gruppe. Der »autoritäre Charakter« ist in doppelter Weise geprägt, durch Unterwerfung nach »oben« und durch autoritäres Verhalten nach »unten«. Gruppen mit einer autoritären Führung oder einem hohen Konformitätsdruck können ihren Zusammenhalt auf die Dauer nur sichern, wenn sie entweder intern eine strikte Hierarchie aufbauen oder sich gemeinsam gegen eine andere Gruppierung wenden. Je stärker ein System auf Unterordnung basiert, desto rigider wird es seine Grenzen ziehen. Alle Arten von Vorurteilen und Stereotypen sind in der Regel in einen solchen Gruppenkonsens eingebunden, der sich auf diese Art und Weise ein Gegenüber schafft. Neben einer solchen Übereinstimmungskonformität, wie sie bei der Produktion von Vorurteilen eine Rolle spielt, läßt sich noch eine Bewegungskonformität unterscheiden, d. h. das Verändern einer Meinung aufgrund von Gruppendruck, das »Einschwören« von einzelnen.

Eine große Rolle werden bei Anpassungsprozessen der äußere Kontext spielen (z. B. Grad der Institutionalisierung, Zweck der Gruppe und Art der Aufgabe) und der innere Kontext der Gruppe (Geschichte der Gruppe, Ressourcen der einzelnen Mitglieder, Heterogenität oder Homogenität der Mitglieder). In einer Gruppe von Soldaten sind die Aufgabe und die hierarchischen Rollen klar benannt, ebenso die Befehlswege und Zuständigkeiten. Auf dem gleichen Prinzip basiert die Organisationsform der »Linie« in einem traditionellen Betrieb. Konflikte bewegen sich in solchen Gruppen stärker im Spektrum von Gehorsam und Auflehnung. In einer Initiativgruppe ohne feste Rollen (Schattenhofer 1992) oder in Arbeitsfeldern, in denen Gleichheitsnormen eine wichtige Rolle spielen, werden die Anpassungsformen subtiler sein und mehr auf Konformitätsprozessen basieren. Eine lange bestehende Gruppe wird im Verlauf ihrer Existenz einen Kanon von impliziten wie expliziten Normen erarbeitet haben, die ihr schnelle Einigungsprozesse erlauben. Zugleich kann dies die Entwicklungsfähigkeit der Gruppe einengen, wenn diese Normen nicht mehr kommunikabel sind und an neue Begebenheiten angepaßt werden können.

Jeder Konformitätsdruck wird in seiner Wirksamkeit davon beeinflußt, inwieweit es gelingt, eine Front gegen einzelne zu errichten. Sobald die Vereinzelung durchbrochen ist, sich z. B. ein zweiter dazugesellt, ist die Selbstverständlichkeit der Norm, auf die der Konformitätsdruck basiert, in seinen Grundlagen angezweifelt. Es stellen sich Solidarisierungseffekte ein, die zu Subgruppenbildung führen können, d. h., die Konkurrenz um Normen und ihre Durchsetzung findet dann auf der Ebene von Untergruppen oder zwischen einzelnen Personen statt.

Sieht sich z. B. eine Gruppe mit einer komplexen Aufgabe konfrontiert und es bietet sich ein Mitglied als »Experte« an, so sind

die Chancen groß, daß sich die anderen diesem Mitglied anpassen. Doch es braucht nur ein zweiter »Experte« aufzutauchen, und schon kann der Anpassungsprozeß in eine Konkurrenzsituation übergehen. Umgekehrt kann die soziale Unterstützung eines Gruppenmitgliedes einem Außenseiter gegenüber, der in einer Gruppe stark unter Konformitätsdruck gesetzt ist, die Wirksamkeit dieses Drucks stark vermindern.
In einer Gruppe kann sich der Nonkonformismus eines einzelnen beim genauen Hinsehen auch als Konformismus gegenüber einer anderen Gruppe aus seinem Lebensumfeld herausstellen, der sich der Betreffende in seinen Werten und Normen stark verbunden fühlt (Sader 1992, S. 197 f.). Auch hier haben wir es wieder mit Grenzziehungsphänomenen zu tun. Bei einer rigiden Handhabung kann ein solcher Normenkonflikt sowohl auf seiten der Gruppe wie auf seiten des einzelnen zu einer Entweder-Oder-Lösung führen, die als Folge die Mitgliedschaft in einer der beiden Gruppen unmöglich macht.

Die Bedingungen für Konformität bezeichnen immer gleichzeitig die *Möglichkeit ihrer Auflösung*. Jede freie Kommunikation, d. h. die Herstellung von Öffentlichkeit oder auch die Zusicherung von Anonymität, wird sehr bald die relative Unbestimmtheit von Normen zum Vorschein bringen, da private und öffentliche Zustimmung in der Regel voneinander abweichen. Desgleichen wird jede Möglichkeit der inneren wie äußeren Distanzierung von der aktuellen Situation, in der der Druck erzeugt wird, seine Wirksamkeit verringern. Kann der einzelne kommen und gehen, wie er will, den Raum verlassen oder eine Interaktion unterbrechen, so wird sich der Anpassungsdruck verringern. Es bleibt Zeit zum Nachdenken und zur Entwicklung einer abweichenden Sicht.
Die Möglichkeit zu nonkonformem (bzw. »ungehorsamem«) Verhalten liegt jedem *Entwicklungspotential* einer Gruppe zugrunde. Was dabei überhaupt als Abweichung verstanden und wie es bewertet wird, muß in einer Gruppe zwischen allen Beteiligten ausgehandelt werden. *Doch das Neue ist anfangs immer das Abweichende*. Zugleich muß in einem sozialen Zusammenhang Kontinuität gewahrt bleiben, die maßgeblich durch Konformität geschaffen bzw. aufrechterhalten wird. Die Wirkung von Abweichungen kann entsprechend zwischen Kreativität und Destruktivität schwanken.

Auf seiten des einzelnen wird ein hohes Selbstwertgefühl die Möglichkeit zu nonkonformem Verhalten bestärken. Ist seine Stellung in der Gruppe zudem gefestigt, kann er z. B. auf große Machtressourcen zurückgreifen, oder genießt er eine hohe Attraktivität, weist er erstrebenswerte und hoch geschätzte Eigenschaften auf, so wird auch dies seine Möglichkeit zur Abweichung erhöhen, ohne daß sein Stand in der Gruppe gefährdet wird. Die Position des Nonkonformisten ähnelt in diesem Fall der Führungsposition. Entsprechend können auch die Bedingungen zur Unabhängigkeit nicht an bestimmten Persönlichkeitsmerkmalen festgemacht, sondern müssen als Resultat der gesamten Machtkonstellation verstanden werden. Die Theorie vom großen Rebellen oder Revolutionär ist als Gegenbild genauso ideologisch unterbaut wie die vom großen Führer.

3.6 Konkurrenz und Kooperation

Nachdem im letzten Abschnitt Unterordnungs- und Anpassungsprozesse im Zentrum der Betrachtung standen, möchte ich zwei andere Begrifflichkeiten bzw. Verhaltensstile anführen, mit denen *Prozesse des Aushandelns* von Macht bezeichnet werden. Die Grenzen zwischen Aushandeln und Anpassen sind dabei durchaus fließend, Konformitätssituationen können aufgrund einer nur kleinen Veränderung schnell in Konkurrenzsituationen übergehen, wie ich versucht habe zu zeigen. Kooperation wiederum kann zumeist nicht unvermittelt aus einem Unterordnungsverhältnis hervorgehen, es bedarf dazu des Bindeglieds bzw. der Übergangssituation der Konkurrenz.
Konkurrenz und Kooperation bezeichnen zwei alternative, aber nicht notwendig exklusive *Handlungsstrategien* (D. Beck 1992). Konkurrenz ist fester Bestandteil jedes auf Gewinnmaximierung ausgerichteten Leistungs-Systems und beruht auf einer realen oder künstlich hergestellten Verknappung. Denn wenn es von allem genug gäbe, worum ließe sich dann konkurrieren? Die Verknappung kann sich sowohl auf materielle Güter wie Geld und Besitz, aber auch auf immaterielle Güter wie Prestige, Ansehen, Anerkennung beziehen, die durch diese Verknappung überhaupt erst als

begehrte Güter geschaffen werden. Wenn alle das gleiche Prestige haben, macht es sich als solches überhaupt nicht mehr bemerkbar. Ein System, das auf Hierarchie aufbaut, wird notwendigerweise Konkurrenz zwischen seinen Mitgliedern produzieren, sonst gäbe es in diesem System keinen Aufstiegsanreiz. Neben der Unterordnung ist dies das wichtigste Bindemittel jeder Hierarchie: die Hoffnung, in ihr die eigene Position zu verbessern. Diese Verbesserung wird immer auch gegen andere erreicht. Konkurrenz beinhaltet also zweierlei: Wettbewerb um die *Aufgabenerfüllung und individuelle Orientierung*.

Demgegenüber stellt die Kooperation die Erfüllung einer Aufgabe und die *Orientierung an einer Gruppe* in den Mittelpunkt. Eine solche Kooperation kann sich im Arbeitsprozeß ergeben, sie kann aber auch explizit zum Normenkanon einer Gruppe gehören, wie dies häufig bei selbstorganisierten Initiativgruppen der Fall ist. In beiden Fällen ist die Kooperationsbereitschaft auf eine minimale Konformität gegenüber der Kooperationsnorm angewiesen, übersteigt dies aber ein gewisses Maß, dann wird der relative Nutzen einer kooperativen Aufgaben- und Gruppenorientierung durch die Starre der Normorientierung aufgehoben.

In den meisten Fällen sind Konkurrenz- und Kooperationsorientierung in einem übergreifendem System miteinander verkoppelt. Die Kooperationsbereitschaft einer Gruppe wird dann durch die Orientierung auf ein übergreifendes Ziel unterstützt, mit dem man sich in Konkurrenz zu anderen Gruppen setzt. Durch ein solches Konkurrenzverhältnis nach außen wird die Kooperationsbereitschaft nach innen manchmal überhaupt erst geschaffen oder aufrechterhalten. Hierbei muß es sich nicht um eine Produktivitätskonkurrenz handeln, wie z. B. bei einer Firma, die die innerbetriebliche Kooperation zum Firmengrundsatz erhebt, um in der Konkurrenz nach außen bestehen zu können. Es kann sich auch um eine Normenkonkurrenz handeln, wenn z. B. im sozialen Feld die altruistische Kooperationsorientierung gegen die Konkurrenzorientierung des gesellschaftlichen Umfeldes hochgehalten wird, um dadurch den internen Zusammenhalt zu festigen.

Produktivitäts- und Normenkonkurrenz sind gleichwohl in unserer Gesellschafts- und Wirtschaftsform eng miteinander verschachtelt. In einem Begriff wie dem der »sozialen Marktwirtschaft« fließt dies zusammen, soll doch in einem solchen System sowohl der Maßstab der Produktivität eines »freien« Marktes als auch die Kooperationsnorm des sozialen Ausgleiches gelten. In wirtschaftlich knapperen Zeiten tendiert die Produktivitätskonkurrenz allerdings dazu, die soziale Orientierung zu verdrängen. In einer funktional differenzierten Gesellschaft mit einem demokratischen politischen System verändert sich dadurch die Balance zwischen Konkurrenz- und Kooperationsorientierung, nicht aber ihre grundsätzliche gegenseitige Verschachtelung

Diese Verschachtelung ergibt sich nicht nur aus den Zwängen des gesellschaftlichen Umfeldes, sondern aus einem Grundproblem des sozialen Zusammenlebens selbst, das im Problem der Kooperation besonders deutlich wird. Jedes Individuum in einer Gruppe muß (ebenso wie jede Gruppe in einem größeren sozialen Umfeld) eine Vorstellung von Identität entwickeln, um sich überhaupt als Individuum (oder als Gruppe) begreifen zu können. Die Identität einer Person entwickelt sich im Kern aus einem Verständnis ihrer selbst im Unterschied zu anderen. Identität bedeutet identisch mit sich selbst zu sein und sich getrennt von anderen erleben zu können. Zugleich sind wir hierfür angewiesen auf eben diese anderen, ohne deren Existenz wir uns selber als Person gar nicht erfahren könnten. Personale Identität ist eingebettet in den Zusammenhang der Gruppen, in denen wir leben. Dies ist zuerst die Familie und die Peers, später größere und abstraktere Einheiten, unser Herkunftsmilieu, unsere sprachliche und kulturelle Identität.

Kooperation in einer Gruppe bedeutet im Kern, der sozialen Identität, d. h. der Orientierung auf unsere jeweiligen relevanten Bezugspersonen und -gruppen, für einen ausgewählten Bereich den relativen Vorrang vor unserer personalen Identität zu geben. Wir stecken unsere persönlichen Ansprüche teilweise zurück zugunsten der Anbindung an andere und des gemeinsamen Gewinns. Zugleich muß unsere personale Identität einen Mindestraum beanspruchen, soll sie nicht in Konformitätsprozessen ganz aufgehen. D. h., bei kooperativem Verhalten muß sich jeder soweit auf die jeweils eigene Position berufen können, daß die eigene Identität gesichert bleibt, aber auch so viel davon aufgeben, daß Kooperation möglich wird.

Die Notwendigkeit einer Unterscheidung, d. h. seine personale Identität in einer Gruppe getrennt von den anderen erleben zu können, kann aber, wie schon angesprochen, zum Teil dadurch ersetzt werden, daß man sich als Teil seiner eigenen Gruppe von anderen Gruppen unterscheidet. Die durch den internen Zusammenschluß beförderte Gefahr einer Identitätsauflösung kann durch die Produktion von Unterschieden nach außen hin gemildert werden. Verhärtet sich diese durchaus »normale« Folgeerscheinung eines Kooperationsverhältnisses, so wird die Kooperation nach innen von Feindseligkeit nach außen begleitet.

Beide Bedingungen, die Notwendigkeit der Identitätsbildung und -sicherung sowie die Einbettung in einen hierarchisch fundierten und auf Leistungsmaximierung ausgerichteten gesellschaftlichen Kontext, sorgen dafür, daß sich *Konkurrenz eher von alleine durchsetzt, Kooperation aber immer wieder erarbeitet werden muß*. Zugleich gibt es in einer arbeitsteiligen Gesellschaft viele Aufgaben, die aufgrund der gegenseitigen Abhängigkeiten kooperativ angegangen und gelöst werden müssen, weil sonst die individuelle Orientierung sich auf Kosten der Aufgabenorientierung durchsetzen würde. Für den Kontext einer Gruppe heißt das: je größer die *Interdependenzen*, d. h. die gegenseitigen Abhängigkeiten ihrer Mitglieder, sind, desto eher besteht eine Veranlassung zur Kooperation, bzw. desto leistungsfähiger wird die Gruppe bei einer kooperativen Orientierung sein. Je geringer die Interdependenz in bezug auf die gestellte Aufgabe ist, desto erfolgreicher wird sich eine wettbewerbsorientierte Orientierung mit guten Ergebnissen durchsetzen. Geht es z. B. darum, wer am schnellsten laufen kann, hilft nur der Ausscheidungswettbewerb. Geht es aber darum, einen Gegenstand zu transportieren, den auch der Kräftigste nicht alleine heben kann, so wird die Aufgabe ohne Kooperation nicht zu lösen sein.
In noch stärkerem Maße gilt dies für Aufgaben, die zu ihrer Lösung unterschiedliche Kompetenzen und Ressourcen erforderlich machen, die auf verschiedene Menschen verteilt sind. In einer arbeitsteiligen Gesellschaft ist dies der Regelfall. In engen Beziehungen kann sich diese Arbeitsteilung auch auf interaktionelle Fähigkeiten bzw. psychische Dispositionen erstrecken. Solche Kooperationsbeziehungen können sehr produktiv sein. Vor allem im Be-

reich privater und intimer Beziehungen geraten sie aber in die Gefahr, den jeweils anderen nicht aus den eigenen Zuschreibungen zu entlassen. Die Kooperation zwischen zwei Fähigkeiten oder Dispositionen verwandelt sich in die Verteidigung des eigenen Terrains. So können z. B. in der Dynamik von Paarbeziehungen die anfänglich komplementären (vgl. 2.5), d. h. sich ergänzenden Fähigkeiten zu gegenseitigen Festschreibungen werden, wenn z. B. die Ehefrau, die lange Zeit selbständig gelebt hat, keine Glühbirne mehr eindrehen und keinen Nagel mehr einschlagen »kann«, weil sie befürchtet, das handwerkliche Terrain des Mannes zu verletzen.

Um eine kooperative Beziehung einzugehen, bedarf es in der Regel zuerst einer Einschätzung der Situation, die dann ein kooperatives Verhalten nahelegt. Dies erfordert einen Einigungsprozeß, in dem sich ein Mindestmaß an Gemeinsamkeit in der Einschätzung der Situation, der Aufgabe und der jeweiligen Ressourcen herausbildet. Dieser Prozeß, der einem Kooperationsverhältnis vorausgeht, ist immer von dem Mißtrauen bedroht, ob am Ende doch jemand aus dieser Einigung ausschert und die Früchte alleine erntet. Dieses Mißtrauen ist notwendige Begleiterscheinung eines Konkurrenzverhältnisses, während Kooperation von allen Beteiligten einer gewissen Risikobereitschaft und eines Vertrauensvorschusses bedarf, um aufrechterhalten zu werden.

Die Schwierigkeit, Konkurrenzverhalten und -orientierung zu durchbrechen und in Kooperation zu überführen, wird weiterhin dadurch erhöht, daß wir es bei Konkurrenz mit einem selbstbestätigenden Verhalten zu tun haben. Dies zeigen die Untersuchungen aus dem Bereich der Spieltheorie (D. Beck 1992, S. 26). Treffen zwei unterschiedlich orientierte Akteure in einer Situation aufeinander, so fühlt sich der kooperationsorientierte bald vom wettbewerbsorientierten dominiert und wird sich entweder aus der Auseinandersetzung zurückziehen oder sich in seinem Verhalten anpassen, also auch wettbewerbsorientiert werden. Der wettbewerbsorientierte Akteur hingegen wird der selbsterfüllenden Prophezeiung erliegen, daß alle anderen auch wettbewerbsorientiert sind, und dabei nicht bemerken, daß er die Ursache für den Wettbewerb der anderen ist. Sowohl den Rückzug des anderen als auch dessen Einschwenken auf Konkurrenzverhalten kann er als Be-

stätigung für sein eigenes Verhalten ansehen. Dies kann sogar die Form annehmen, daß ein wettbewerbsorientierter Akteur das Kooperationsverhalten des anderen als ein situationsspezifisch gewähltes, d. h. strategisches Konkurrenzverhalten interpretiert. Das Kooperationsverhalten des anderen wird dann auf die Situation und nicht auf die Intention und Orientierung des anderen zurückgeführt, die weiterhin als wettbewerbsorientiert angesehen wird. Extrem wettbewerbsorientierte Akteure können daher aus der interaktionellen Erfahrung mit anderen nur schwer etwas lernen, da sie sich auf diese Art ihre eigene Realität immer wieder herstellen. In dem sozialen Zusammenhang einer Gruppe können sie damit aber zugleich den Gesamtcharakter der Situation bestimmen.
Im Konfliktfall kann diese sich selbst erfüllende Prophezeiung in einem Teufelskreis zur *symmetrischen Eskalation* führen, bei der jeweils die eine Seite der anderen die Schuld für die Eskalation zuschiebt. Eine Drohung provoziert die Gegendrohung usw. Kann das Aussteigen aus solch einem Konflikt nur noch als Verlieren verstanden werden, wird manchmal sogar die Selbstzerstörung vorgezogen. Oder es erscheint der »lachende Dritte«, der sich nun gegen die erschöpften Konkurrenten mühelos durchsetzen kann.

Wie bereits oben erwähnt, kann Kooperation nicht unvermittelt aus einem Unterordnungsverhältnis hervorgehen. Wie ist das zu verstehen? In einem Unterordnungsverhältnis muß der Unterlegene »kooperieren«, ob er will oder nicht. Jeder Fernsehkommissar weiß das, wenn er im Verhör sagt: »Sie werden schon sehen, was passiert, wenn Sie nicht kooperieren.« Um ein Kooperationsverhältnis einzugehen, bedarf es aber eines gewissen Ausmaßes an Freiwilligkeit auf beiden Seiten. Zugleich muß der jeweils anderen Seite ihre spezifische Kompetenz bzw. ihr Wert zugebilligt werden, z. B. daß sie einen wichtigen und nützlichen Beitrag zur Lösung eines Problems zu bieten hat. Das relativ große Machtgefälle, das einen von einem Unterordnungsverhältnis reden läßt, muß also erst bis zu einem bestimmten Grad abgebaut werden. Für einen ehemals Unterlegenen ist am ehesten überprüfbar, ob ein Kooperationsangebot auch für die andere Seite eine Notwendigkeit hat und nicht nur herablassend gewährt wird, wenn er merkt, daß er nicht mehr Unterlegener, sondern potentiell auch Konkurrent ist. Jemanden als einen solchen potentiellen Konkurrenten zu

akzeptieren, signalisiert einen relativen Machtausgleich. Die Möglichkeit des Eingehens einer Konkurrenzbeziehung dient dazu, sich dieses Ausgleichs und damit der Echtheit des Kooperationsangebotes zu vergewissern.
In einer Gruppe wie auch in dyadischen Beziehungen ist dieses Phänomen wichtig in der Auseinandersetzung mit Autoritätsfiguren. Die Lösung einer Autoritätsbeziehung läßt sich als die Verwandlung eines *Unterordnungs- oder Abhängigkeitsverhältnisses* in eine *Kooperationsbeziehung* verstehen. Ein wichtiger Schritt in diesem Prozeß ist eine von Konkurrenz und Kampf bestimmte Phase der Abgrenzung (Kap. 6).

Dies richtet nochmals die Aufmerksamkeit darauf, in welcher Form Konkurrenz und Kooperation in eine Hierarchie eingebunden sind bzw. mit dieser in Wechselwirkung treten, wie dies schon für die beiden Anpassungsprozesse Gehorsam und Konformität beschrieben wurde. Während wir von Gehorsam bei einer Beziehung sprechen, die von einem eindeutigen und zumeist formal festgelegten Machtgefälle charakterisiert ist, wurde Konformität als ein Verhaltensmuster zwischen formal gleichrangigen Beziehungspartnern geschildert. Es wurde aber auch beschrieben, wie sich Gehorsams- in Konformitätsprozesse verwandeln können.
Beschrieben wurden ebenfalls der strukturelle Zusammenhang zwischen Konformität und Kooperation sowie der Übergang von Unterordnung über Konkurrenz zur Kooperation. Dieser Übergang besteht vor allem in einer Verringerung des Machtgefälles zwischen den Beteiligten. Gleichwohl können sowohl Konkurrenz wie Kooperation prinzipiell Teil einer Beziehung sowohl zwischen formal ungleichen wie auch zwischen gleichrangigen Akteuren sein. Der Chef kann mit seinen Mitarbeitern konkurrieren oder kooperieren. Die Mitarbeiter können wiederum mit dem Chef bzw. untereinander konkurrieren oder kooperieren. Das gleiche gilt für den Chef gegenüber den ihm Gleichgestellten bzw. gegenüber seinem Chef. Wie schon bei den Anpassungsprozessen sind auch hier die vertikalen (ungleichen) und die horizontalen (gleichrangigen) Beziehungen miteinander verwoben.
So ist es eine geläufige Machtstrategie in einer Hierarchie, daß der Höherstehende versucht, die unter ihm Angesiedelten in einen Konkurrenzkampf untereinander zu verwickeln. Die Energie, die

sich sonst vielleicht gegen ihn richten könnte, bleibt so in der Konkurrenz gebunden. Eine schon angesprochene Strategie hierfür ist die Verknappung von begehrten Gütern, so daß nie für alle »genug« da ist. Individuelle Orientierung und Wettbewerb scheinen die einzige Möglichkeit zu sein, etwas vom Kuchen abzubekommen.

Umgekehrt können sich die Unterlegenen in solidarischer Kooperation gegen den Überlegenen zusammenschließen, um ihn mit gemeinsamer Kraft zu stürzen. Dies ist das Grundmuster jeder Revolution und in gemilderter Form noch im Organisationsprinzip von Gewerkschaften enthalten. Je heftiger der Umsturz, desto rigider ist in der Regel die neue Hierarchie, die aus der ursprünglichen Solidarität hervorgeht. D. h., die Kooperation ist in diesem Fall ein Produkt des Kampfes gegen die Machtposition und gegen die Autorität. Ist dieser Kampf gewonnen, dann ist der Kooperation die Basis entzogen, sie verwandelt sich in Konkurrenz und mündet in eine neue Hierarchie.

Dies führt uns zu der Problematik, daß mit dem erfolgreichen Kampf gegen die Machtposition bzw. die Autorität zwar die konkreten Personen überwunden sein mögen, aber nicht die Werte bzw. Maßstäbe, für die sie stehen. Dies gilt im materiellen Bereich – der Kampf gegen die »besitzende« Klasse bringt eine neue »besitzende« Klasse hervor –, wie im immateriellen Bereich – nach dem erfolgreichen Kampf müssen neue Maßstäbe gefunden werden. Diese stellen sich dann häufig als die alten heraus. Ein solcher »Sieg« ist zwiespältig, denn diese Maßstäbe – Prestige, Status und Anerkennung – sind stärker noch, als dies für den materiellen Bereich gilt, nach »oben« ausgerichtet. Verschwindet dieses »oben« oder ist es gar erreicht, so verschwindet auch die Instanz, die bislang diese Anerkennung gewährt hat.

Auf den Kontext der Gruppe übertragen bedeutet dies: Sowohl Konkurrenz als auch Kooperation zwischen den Mitgliedern einer Gruppe wird nicht ausschließlich in sich selbst begründet sein, sondern bezieht sich immer auf Ziele oder Maßstäbe, die außerhalb der Gruppe angesiedelt und vom sozialen Umfeld vorgegeben sind. Eine eigene Neudefinition dieser Ziele und Maßstäbe kann zwar versucht werden, indem z. B. Kooperation ins Zentrum gestellt wird. Zugleich drohen hier manche Fallgruben. Die Kooperation kann zu konformistischem Kooperationszwang mutieren, oder die Gruppe schottet sich gegen eine konkurrenzorientierte Umwelt ab, die dann zunehmend als feindselig erlebt wird. Wird das Prinzip der Kooperation jedoch offensiv vertreten, dann hat es nur eine Chance, wenn es sich in *Konkurrenz zur Konkurrenz* setzt, um eine etwas paradoxe Wendung zu benutzen.

3.7 Normen und Basisregeln

In allen aufgeführten Erscheinungsweisen von Macht spielen Normen eine wichtige Rolle. Dies verdeutlicht nochmals, daß sich die Dualität von Hierarchisierung und Normierung, Ausgangsthese meiner Überlegungen, nicht völlig in eine Richtung auflösen läßt. Diese beiden idealtypischen »Lösungen« des Machtproblems sind aufeinander angewiesen. So ist sowohl der Gehorsam gegenüber der Autorität als auch die Überwindung der Autorität auf Normen angewiesen. Autorität wurde in diesem Sinne als personalisierte bzw. inszenierte Norm beschrieben.
In modernen differenzierten Gesellschaften sind Prozesse der Verinnerlichung von Normen von fundamentaler Bedeutung. Die Konfrontation mit Autorität, z. B. im Sozialisationsprozeß, ist in diesem Verinnerlichungsprozeß dann nur ein Durchgangsstadium, das allerdings zu zwei sehr unterschiedlichen Resultaten führen kann. Verinnerlichung kann sowohl Bestandteil individueller Autonomie werden, als auch Ausdruck von anonymer Herrschaft sein, die der Reflexion entzogen ist.
Ein Aufbegehren gegen Normen erfordert daher eine Person oder eine Gruppe als Gegenüber, sonst läuft es ins Leere. Eine solche Zurücknahme von Verinnerlichungsprozessen ist jedoch nur vorübergehend, es sei denn, man versucht auf diese Weise, eine ungebrochene Vorstellung von Autorität und Führung wiedereinzuführen. Dieser Ruf nach der Autorität als Lösung für gesellschaftliche Probleme ist ein klassisches Argumentationsmuster, das meist von konservativer Seite bemüht wird. Vielmehr sind Verinnerlichung und erneute Bewußtwerdung und Veränderung des Verinnerlichten in der konkreten Interaktion notwendige Bestandteile von Entwicklungsprozessen.

Machtstrukturen und normative Strukturen sind daher eng miteinander verknüpft. Beide bezeichnen zentrale Bestimmungsgrößen sozialen Handelns. Macht und Normen, so die Vorstellung, bestimmen das In-Gang-Kommen, den Verlauf und das Resultat sozialen Handelns.

Normen sind jedoch nicht als eine Art von gesellschaftlicher Hausordnung zu verstehen, die einem mehr oder weniger bewußt sind bzw. mehr oder weniger befolgt oder nicht befolgt werden. Um ein besseres Verständnis für das komplexe Wirken von Normen zu geben, möchte ich daher einige Unterscheidungen einführen. Als erstes beziehe ich mich auf eine in den Sozialwissenschaften herkömmliche Unterscheidung, die zwar nicht sehr systematisch ist, aber hohen illustrativen Wert besitzt. Danach kann man unterscheiden zwischen den Gebräuchen des Alltagshandelns, Werten und Moralvorschriften, auf eine spezifische Rolle bezogene Normen sowie Rechtsvorschriften.

Gebräuche bzw. Bräuche bezeichnen die Ebene des *Alltagshandelns*, wie sie in Gewohnheiten und Umgangsformen zum Ausdruck kommt. Die Tiefe der Verankerung solcher Umgangsformen kann sehr unterschiedlich sein. Es kann sich um rein konventionelle Formen (Etikette, Mode) handeln, denen mit relativ großer innerer Distanz nachgekommen wird, oder um Formen, die in die tieferen Schichten der Persönlichkeit abgesunken, zu Handlungsselbstverständlichkeiten geworden sind, die der bewußten Reflexion und dem gezielten Einsatz entzogen sind. Hierzu gehören die grundlegenden Formen des körperlichen Ausdrucks, Mimik und Gestik, der Umgang mit körperlicher Nähe und Berührung.

Moderne Gesellschaften sind davon geprägt, daß der wechselseitige Übergang vom Konventionellen zum Selbstverständlichen und umgekehrt fließender ist als in traditionelleren Gesellschaften, in denen das Konventionelle noch weitgehend mit dem Selbstverständlichen zusammenfällt. D. h., immer mehr frühere »Selbstverständlichkeiten«, die bislang unreflektiert und unbewußt waren, werden thematisiert und dadurch in die Nähe des bloß Konventionellen gerückt, dem man folgen, aber von dem man sich auch distanzieren kann. Der reflexive Bruch, d. h., die Rückbezüglichkeit allen Handelns, ist in den westlichen Ländern weiter fortge-

schritten. Ein gutes Beispiel hierfür ist der rasante Wandel im Umgang mit Körperlichkeit, wie z. B. der Umgang mit Nacktheit (König 1990). So ist das öffentliche Nacktbaden, das in den 50er und 60er Jahren noch als Tabubruch galt, heute schon in den Bereich des Konventionellen vorgedrungen.
Die Verankerung von Gebräuchen in traditionellen Ordnungen löst sich in diesen Wandlungsprozessen zunehmend auf. D. h. aber keineswegs, daß Verhalten ungeregelt ist, sondern nur, daß die Eindeutigkeit und Selbstverständlichkeit zumindest gedanklich ersetzt wird durch das Nebeneinander und Hintereinander von unterschiedlichen Orientierungen.
Dies gilt in ähnlicher Weise für die *Ebene der Moral* bzw. *Sitte*, oder – moderner ausgedrückt – die *Ebene von Werten.* Im Unterschied zu Gebräuchen, die nur selten explizit formuliert sind, beinhaltet eine Moral eine explizite Verhaltensvorschrift. Sie kann von außen kommen, vermittelt durch gesellschaftliche Instanzen, oder als verinnerlichter Wert über die Selbstverpflichtung wirken. Ihr Wesen liegt nicht in einer schriftlichen Kodifizierung, obwohl es diese für fast alle Moral- und Wertsysteme gibt, da zur Durchsetzung von Moral immer auch ihre Verschriftlichung und Festlegung dazugehört, sondern in ihrem Appellcharakter. Es geht zentral um ein »Sollen« und nicht um ein »Sein«, was aber, wie ich später erläutern werde, in unterschiedlichem Maße alle hier aufgeführten Begriffe betrifft.
Ein spezifischer Begriff der Norm wird in der Soziologie eng mit dem Begriff der Rolle verbunden. Normen bezeichnen in diesem Sinne ein Netz von Erwartungen bzw. *Rollenvorschriften*, die in einer bestimmten Situation an einen Rollenträger von seiner relevanten Umgebung herangetragen werden (Dreitzel 1980, 77 ff.). Sie können nochmals differenziert werden nach der Art der Rolle, ob sie im privaten oder im öffentlichen Raum angesiedelt ist, ob sie eher informell gestaltet oder institutionell vorgegeben ist, was hier aber nicht näher ausgeführt werden soll. Wichtig ist, daß sich eine Norm als ein Satz von Erwartungen in einer konkreten Situation auf einen mittleren Bereich bezieht, angesiedelt zwischen den Anforderungen von Wertsystem und Moral einerseits und andererseits den Handlungsgewohnheiten und Umgangsweisen, die durch Brauch und Konvention formuliert sind.

Am eindeutigsten festgelegt sind Rechtsnormen. Sie bezeichnen alle in unserem juristischen System formulierten und in der Rechtspraxis in bestimmter Weise durchgesetzten Vorschriften. Wie schon im Abschnitt über Herrschaft angeführt, verbinden sich die rechtlichen Normen aufs engste mit Machtstrukturen, sind Einengung und Entlastung zugleich, indem sie das Leben sowohl individuell berechenbarer als auch fremdbestimmter machen. Gegenüber allen anderen Formen zeichnen sie sich durch ihr hohes Maß an Institutionalisierung aus.

Man würde nun ein simples und naives Bild von Gesellschaft bzw. sozialen Beziehungen zeichnen, wenn man die in Gebräuchen, Moral, Norm oder Recht formulierten Vorschriften mit der Realität des Verhaltens gleichsetzen würde. In all diesen verschiedenen Begriffsebenen fließen vielmehr gleichermaßen präskriptive und deskriptive Elemente zusammen, bzw. sind in einer Art miteinander verknüpft, die manches Mißverständnis entstehen läßt. Präskriptive Normen bezeichnen Verhaltensvorschriften, die mehr oder weniger explizit formuliert sein können. Eine deskriptive Norm hingegen ergibt sich z. B. als das Ergebnis einer sozialwissenschaftlichen Untersuchung. Sie bezeichnet die Norm, wie sie sich in tatsächlichem Verhalten niederschlägt. Präskriptive und deskriptive Norm können weit auseinanderfallen. Der Kinsey-Report (1964 a, b), der das Sexualverhalten amerikanischer Männer und Frauen zum Gegenstand hatte, zeigte diese Diskrepanz auf, die selber wiederum innerhalb einer normativen Struktur von Bedeutung ist. Seine Ergebnisse verdeutlichten nämlich, daß die normativen Vorstellungen und Vorschriften zum Sexualverhalten und die tatsächliche Praxis, soweit sie dem Forscher zugänglich war, ziemlich auseinanderfielen. Die Kritik von konservativer Seite argumentierte damals u. a., daß das Aufzeigen dieser Diskrepanz selber wiederum zur Aushöhlung von gesellschaftlichen Normen führe und daher diese Ergebnisse nicht hätten veröffentlicht werden sollen. Ungewollt verdeutlichte diese Kritik damit eine zentrale Funktion von Normen innerhalb eines Machtsystems, nämlich zu behaupten, daß die (deskriptiv zu erfassenden) sozialen Beziehungen sich tatsächlich nach den (präskriptiven) normativen Vorschriften gestalten würden. Diese vermeintliche Übereinstimmung kann dann wiederum gedeutet werden als Beweis für die Legitimität und Angemessenheit der (präskriptiven) Norm.

Dieser Sicht hat die Soziologie eine andere Auffassung gegenübergestellt. Norm und Normverletzung sind in einem dialektischen Prinzip miteinander verbunden, d. h. – radikal formuliert – wird die Norm durch ihre Verletzung überhaupt erst ins Leben gerufen. Die Vorstellung, daß sich alle an gemeinsame Normen und Werte halten müßten, und dann sei gesellschaftliche Ordnung gewährleistet, übersieht diese Dialektik und bleibt dadurch in ihrem Verständnis von sozialem Handeln notwendigerweise beschränkt. Für die Untersuchung einer konkreten sozialen Einheit, z. B. einer Gruppe, bedeutet dies, daß der Umgang mit Übertretungen und Abweichungen ebenso relevant ist wie der Umgang mit Normen und Werten, bzw. diese überhaupt erst durch die Art des Umgangs mit Abweichung Kontur gewinnen. Wie flexibel bzw. wie rigide eine Gruppe mit dem dialektischen Zusammenspiel von Norm und Normverletzung umgeht, bezeichnet den Raum von Kontinuität und Wandel, in dem sie sich bewegt. Bei völliger Negierung jeder Norm, ein nur hypothetisch vorstellbarer Zustand, ist Wandel gleichbedeutend mit Auflösung. Bei dem nur geringfügig weniger hypothetischen Zustand einer völligen Normerfüllung wird jeder soziale Zusammenhang zur Diktatur, die Kontinuität zum Gefängnis.
Aber auch davon auszugehen, daß soziales Handeln im wesentlichen aus einem Befolgen und einem Nichtbefolgen von mehr oder weniger explizit formulierten Vorschriften besteht, bleibt noch in einem mechanistischen Verständnis haften. Diese Sichtweise impliziert, daß Normen und Werte den Akteuren etwas Äußeres, und im wesentlichen festgelegt sind. Um sie zu untersuchen, bräuchte man dann nur ihren Inhalt herauszuarbeiten und die Personen bzw. Personengruppen auszumachen, die für diese Inhalte stehen. Für stark institutionalisierte Normen und Werte ist dies ein hinreichendes Vorgehen. Für den interaktionellen Bereich erweist es sich aber als sinnvoll, noch eine andere Ebene einzuführen, die *Unterscheidung von Normen und Basisregeln.*

»Die Unterscheidung zwischen Basisregeln und Normen ist an den Unterschied zwischen Konsens oder geteiltem Einvernehmen einerseits und einem Sinn von sozialer Struktur andererseits gebunden. Basis- oder interpretative Regeln versorgen den Handelnden mit einem sich im Verlauf der Entwicklung verändernden Gespür für soziale Struktur, das ihn befähigt, einer Umwelt von Objekten Bedeutungen oder Wichtigkeit zuzumessen. Normative oder Oberflächenregeln setzen den Handelnden in den Stand, seine Perspektive von der Welt mit derjenigen anderer in einer aufeinander abgestimmten sozialen Handlung zu verbinden und davon auszugehen, daß Konsens oder geteiltes Einvernehmen die Interaktion steuern. Das geteilte Einvernehmen würde Konsens darüber einschließen, daß Konflikte oder Meinungsverschiedenheiten im Hinblick auf normative Regeln existieren ...

Die Basisregeln verschaffen ein Gespür von sozialer Ordnung, das für die Existenz oder das Aushandeln und den Aufbau einer normativen Ordnung (für Konsens oder geteiltes Einvernehmen) fundamental ist. Beide Arten von Ordnung stehen ständig miteinander in Interaktion, und es wäre absurd, von der einen zu sprechen, ohne die andere zu nennen ...

Aber anders als die eher statische Vorstellung von internalisierten Einstellungen als der Bereitschaft, in einer bestimmten Weise zu handeln, muß die Vorstellung von Basis- oder interpretativen Regeln spezifizieren, wie der Handelnde eine mögliche Handlung aushandelt und aufbaut und wie er die Ergebnisse der abgeschlossenen Handlung bewertet. Unser Modell vom Handelnden muß (1) im einzelnen angeben, wie allgemeine Regeln oder Normen angerufen werden, um den Verlauf einer Handlung zu rechtfertigen und zu bewerten, und (2) wie innovative Konstruktionen in kontext-gebundenen Szenen allgemeine Regeln oder Normen verändern und auf diese Weise die Basis für Wandel bereitstellen« (Cicourel 1973, S. 172 f.).

Die angesprochene Dialektik von Kontinuität und Wandel, von Befolgen und Nichtbefolgen von Normen, verwandelt sich unter diesem Blickwinkel in die Frage des interpretativen Aushandelns von Normen bzw. ihrer Realisierung. Die Frage heißt nun nicht nur: Wie ist für eine bestimmte Situation die normative Verhaltensvorschrift formuliert? Sondern auch: Nach welchen interpretativen Regeln wird die Relevanz einer Norm für eine bestimmte Situation festgestellt und darüber hinaus über die Art ihrer Inszenierung entschieden?

Anders als Normen oder Werte lassen sich diese Basisregeln jedoch nicht in einfachen Aussagesätzen und Vorschriften formulieren. Sie sind nicht als eine spezifische Menge von Regeln über Regeln zu verstehen, wie sie z. B. als Metaebenen der Kommunikation zu formulieren wären. Dieses Mißverständnis führt oftmals in den Beziehungsberufen zu der Ansicht, man müsse diese Regeln nur zum Vorschein bringen, um dann mit ihnen umgehen zu können. »Spreche in der Ich-Form«, »sei dein eigener Chairman«, »ich bin o. k und du bist o. k.«, all diese Formeln berühren zwar am Rande diese Basisregeln, allerdings ohne ihr Funktionieren zu verstehen. Statt dessen produzieren sie Beziehungsnormen, die ihre anfängliche Neuheit und den Anschein von Spontaneität und Freiheit schnell verlieren und zu technokratischen bzw. ideologischen Schablonen werden.

Das Konzept der Basisregeln ist in der Soziologie durchaus nicht einheitlich formuliert (vgl. Arbeitsgruppe Bielefelder Soziologen 1973) und reicht zudem weiter in die Grundlagenforschung der Kommunikation hinein, als ich hier gehen will. So werden unter Basisregeln auch die interaktionslogischen Prämissen verstanden, die dafür sorgen, daß überhaupt Kommunikation in Gang kommt und aufrechterhalten werden kann (Schütze u. a. 1972). Dazu gehört die Herstellung interaktiver Reziprozität als eines impliziten Einigungsprozesses, über den ein gemeinsamer Gegenstand überhaupt erst konstruiert wird. Er funktioniert z. B. über eine Vorab-Unterstellung, daß die Bedeutung bestimmter sprachlicher Konventionen geteilt wird. Weiterhin wird jeder Kommunikationsakt als geordneter Vorgang in eine Abfolge gestellt, aus der er erst eine Bedeutung gewinnen kann. Ich erzähle mir sozusagen eine Geschichte von einem Vorher und einem Nachher und bette die Handlung darin ein, wodurch sie Bedeutung bekommt. Dann muß sich die Interpretation einer Handlung immer schon an bestimmten Handlungstypisierungen orientieren, die aus vorherigen Handlungen erwachsen sind. Die Basisregeln helfen mir dabei, eine Interaktion in einen bestimmten Kontext einzubetten, aus dem heraus sie überhaupt erst ihren Sinn gewinnen. Ich bediene mich dabei einer Reihe von Idealisierungen, einem So-tun-als-Ob, die mir auch dort eine Sinndeutung ermöglichen, wo die Informationslage über den Kontext dies »eigentlich« nicht erlaubt. Insofern sind diese Basisregeln Voraussetzung dafür, Normen bzw. ihre Aktivierung überhaupt als solche wahrzunehmen.

Für den Umgang mit Normen von besonderer Relevanz ist es nun, daß in diese Basisregeln potentiell die Gesamtheit der Erfahrung einfließt, die dem sozialen Akteur zur Verfügung stehen. Diese Erfahrung wird nicht nur aus der individuellen Geschichte gespeist, sondern in ihr findet sich theoretisch auch die Gesamtheit der gesellschaftlichen Geschichte wieder, praktisch-konkret vermittelt über die relevanten Lebensgruppen, die Familie, den Ausbildungsgang, Beruf und Zugehörigkeiten zu Institutionen etc. Aus ihr erwachsen gleichfalls die in tiefere Schichten der Person abgesunkenen Vorstellungen (Gebräuche) über den eigenen Ort in dieser Gesamtheit der Erfahrung, »the sense of ones place« (Goffman), von dem aus erst sich das von Cicourel benannte Gespür für soziale Struktur, für Situationen und Ordnungen entwickeln kann. Diese immer anwesende Totalität des Erfahrungshintergrundes zeigt sich in einem bestimmten *Habitus* (Bourdieu) als einer besonderen Art, an die Dinge des Lebens heranzugehen. Dieser aus der Soziologie stammende Begriff bezeichnet eine bestimmte Disposition, genährt aus Klassen- und Geschlechtslage, aber auch aus regionaler Herkunft und all den schon genannten Bedingungsfaktoren, die dem einzelnen nahelegen, wie er dieses und jenes zu beurteilen hat, welchen Normen und Werten er sich verpflichtet fühlt, wann er dieser oder jener Verpflichtung glaubt nachkommen zu müssen.

Ergänzt werden kann dieser soziologische, d. h. stärker auf die Gemeinsamkeit der relevanten Bezugsgruppen ausgerichtete Begriff des Habitus durch die relative Einzigartigkeit des *individuellen Lebensstils* (Adler) bzw. Lebensplans (Berne), der zwar auf dem gesellschaftlich geprägten Habitus aufbaut, aber diesen gleichzeitig in eine individuelle Geschichte gießt, die zugleich mehr und weniger ist als diese Grundlage. Weniger, insofern jedes Individuum selbst innerhalb der ihm sozial zur Verfügung stehenden Wahlen nur einen kleinen Teilausschnitt gesellschaftlicher Möglichkeiten leben kann; mehr, insofern der durch die gesellschaftlichen Bezugsgrößen vorgegebene Lebensraum individuell immer überschritten, verändert oder unter extremen Bedingungen sogar verlassen werden kann oder muß. *Habitus und individueller Lebensstil bezeichnen in diesem Sinne eine Grundorientierung jeden sozialen Akteurs, auf deren Hintergrund er die Formulierung, Deutung, Anwendung und Bewertung von Normen vornimmt.*

Im Alltag bleiben diese Grundorientierungen weitgehend implizit. Die Wirkung dieses Implizit-Bleibens ist ambivalent zu bewerten.

Zum einen wird dadurch der Bestand normativer Ordnungen und damit in Verbindung stehender Machtordnungen gesichert. Die normative Bindung z. B. an Autoritäten – im psychodynamischen Sinn als Bindung an die Elternfiguren, im soziodynamischen Sinn als Bindung an die Vorgaben, die sich aus der sozialen Herkunftslage scheinbar notwendigerweise ergeben – bleibt aufrechterhalten, wenn dieser Hintergund nicht beleuchtet werden kann. Unthematisierte Normen neigen sogar eher dazu, übererfüllt zu werden (Sader 1992, S. 200). Der Wandel von Normensystemen bedarf, ähnlich wie der Wandel von Machtstrukturen, der Möglichkeit eines öffentlichen Diskurses. Zum anderen werden in und durch diesen Diskurs aber die relativen Freiräume, die sich im Unausgesprochenen und Nur-halb-Gewußten entwickeln konnten, eben den Normen und Machtordnungen unterworfen, denen sie zu entfliehen versuchten. Darin liegt die Dialektik eines Vergesellschaftungsprozesses, der die Grenze zwischen Öffentlichem und Privatem immer wieder durchbricht und auflöst, damit das Private aus Tradition und Konvention zu befreien hilft, es aber im gleichen Atemzug den Verwertungs- und Normierungsmechanismen des öffentlichen Diskurses unterwirft.

4. Macht und einige notwendige Aufgaben in Gruppen

> »Wenn wir Wahrnehmung als eine Art gemeinschaftlichen Kontakt betrachten, dann ist die Kontrolle über das, was wahrgenommen wird, Kontrolle über den hergestellten Kontakt, und die Steuerung und Einschränkung dessen, was gezeigt wird, ist eine Regulierung und Einschränkung des Kontakts« (Erving Goffman 1991[7], Wir alle spielen Theater, zuerst 1959, S. 62).

Die beschriebenen Aspekte und Erscheinungsweisen von Macht gilt es in einem nächsten Schritt deutlicher als bisher mit dem Kontext Gruppe in Zusammenhang zu bringen und zu untersuchen, welchen Besonderheiten sie hier unterliegen. Dafür erscheint es sinnvoll, einige grundlegende Aufgaben und Prozesse in bzw. von Gruppen darzustellen, das, was sie im eigentlichen Sinne überhaupt zu Gruppen macht. Zugleich möchte ich in der Darstellung weiter vom Allgemeinen zum Konkreten fortschreiten. Ich füge nun verstärkt Exkurse und Fallbeispiele aus gruppendynamischen Trainings in den Text ein.
Ich nehme allerdings in diesem Kapitel eine Abstraktion vor, insofern ich von der Figur des Leiters bzw. Trainers vorerst weitgehend absehe. Diese Abstraktion erlaubt es, einige grundlegende Prozesse zu beschreiben, die in Gruppen auf jeden Fall ablaufen, ob mit oder ohne Leiter. Ich verstehe diese Prozesse als strukturelle Notwendigkeiten, der sich die Mitglieder jeder Gruppe gegenübersehen. Auf die Besonderheit, die die Anwesenheit eines Trainers und damit die Gruppendynamik als Arbeitsmethode ausmacht, werde ich im 6. Kapitel eingehen.

4.1 Gruppe als Ordnungsproblem

Die Gruppe ist als ein elementares Prinzip menschlichen Zusammenlebens anzusehen (Claessens 1980). Unser Leben spielt sich weitgehend in Gruppen ab, und selbst im Alleinsein bleiben wir in unseren Gefühlen, unserem Denken und Handeln auf andere Menschen bezogen, die selbst wieder Mitglieder von vielfältigen

Gruppen sind. Auch in einer dyadischen Beziehung, im Zusammensein mit einem anderen Menschen, teilen wir seine Gesellschaft mit den jeweiligen wichtigen lebensweltlichen Gruppen (von Menschen) unseres Gegenübers, die in vielfältiger Weise als Erfahrungen und Erwartungen in dessen Denken, Fühlen und Handeln präsent sind. *Diese Bezogenheit des Menschen auf andere Menschen als eine grundlegende soziale Tatsache tritt ihm sowohl als Möglichkeit wie auch als Einschränkung gegenüber, und zwar von Anfang an.* In diesem Sinne ist Gruppe als ein elementares Prinzip der Vergesellschaftung anzusehen, dem man sich nicht entziehen kann. Die Gruppeneingebundenheit des Menschen als anthropologische Grundgegebenheit stellt sich als Gegenstück zur Instinktgebundenheit der Tierwelt dar (Claessens 1980, Pühl 1988).

Auch das Problem der Macht begegnet einem in Gruppen immer zugleich als Möglichkeit und als Einschränkung. Die Herausbildung von Machtstrukturen und -positionen bzw. der Umgang mit solchen Machtstrukturen werde ich als eine Reaktion auf eine Reihe von Aufgaben darstellen, die jede Gruppe bzw. ihre Mitglieder in irgendeiner Weise angehen müssen, um sich selbst als Gruppe überhaupt zu konstituieren. Dieser auf den einzelnen Mitgliedern lastende Zwang, ihre Interaktionen mit den anderen Gruppenmitgliedern zu organisieren, ergibt sich allein schon aus der ungeheuren Komplexität der möglichen Beziehungen in einer Gruppe. Zur Erinnerung (vgl. 1.3): Gibt es bei 5 Gruppenmitgliedern erst 10 mögliche Zweierbeziehungen, so steigt ihre Zahl bei 10 Mitgliedern schon auf 45. Die Zahl aller möglichen Beziehungskonstellationen liegt bei 5 Mitgliedern schon bei 75, bei 10 Mitgliedern gar bei 5110. D. h., die Angleichung der Sichtweisen und eine Konzentration der möglichen Beziehungswahlen auf bestimmte Zentren hin, die sich als Machtzentren begreifen lassen, ergibt sich zwingend aus der *Notwendigkeit zur Reduktion von Komplexität.* In diesem Prozeß bildet sich eine Ordnung heraus.

Dies erleichtert eine erste Minimaldefinition von Gruppe. Damit wir von einer Gruppe reden können, bedarf es aus dieser Sicht nur drei Grundbedingungen: eine relative Kleinheit der Zahl der Mitglieder, eine relative Dauer ihres Zusammentreffens und die Möglichkeit der Interaktion.

Bei der Frage der Gruppengröße wird in der Regel nach unten gegen die Dyade abgegrenzt, die in ihrer Dynamik in manchen Aspekten zwar als Gruppe verstanden werden kann, insgesamt jedoch eine eigenständige Betrachtung verdient. Allerdings ist auch das Trio noch stark von der Besonderheit der Zahl geprägt, da es immer von der Koalitionsbildung 1 : 2 gefährdet ist und zudem die Triangulation des Eltern-Kind-Verhältnisses abbildet.

Normierungs- und Hierarchisierungsprozesse sind zwar schon bei Paaren zu beobachten, können dort sogar sehr rigide werden. In der Literatur wird allerdings davon ausgegangen, daß ab fünf bis sieben Personen der Hierarchisierungsdruck in einer Gruppe steigt mit der Tendenz, Führungsrollen hervorzubringen (Hopper 1977, S. 177 f.). Die obere Grenze für die Größe einer Gruppe ist noch schwerer festzumachen. Sie wird häufig nach der Möglichkeit von direktem (face-to-face) Kontakt der Mitglieder beurteilt und bei etwa 25 Personen festgelegt. Über diese Größe hinaus tendieren Gruppen dazu, Formen zu entwickeln, die angemessener als Organisation zu beschreiben sind (Claessens 1983), oder man findet sich in den spekulativen Erörterungen der Massenpsychologie wieder (Moscovici 1984). Etwas fruchtbarer sind gruppenanalytische Ansätze, die auch Zusammenkünfte von 50–100 oder mehr Personen als Gruppenprozesse zu beschreiben versuchen (Kreeger 1977, Shaked 1993; zur Kritik Schmidbauer 1993). Gruppendynamische Trainingsgruppen (TG) arbeiten mit ca. zwölf Personen, wobei häufig zwei bis drei Gruppen in einer Veranstaltung parallel arbeiten, so daß sie gemeinsam einen größeren Kontext bilden, der zusätzlich noch Charakteristika einer Organisation bzw. einer Großgruppe aufweist.

Was die notwendige Dauer einer Gruppe angeht, so setzen dynamische Prozesse schon bei der ersten Eindrucksbildung ein, für die strenggenommen nur wenige Sekunden notwendig sind (Bierhoff 1986). Damit eine Gruppe Konturen gewinnen kann, bedarf es allerdings mehr Zeit, wobei die Prägnanz dieser Konturen sicherlich davon abhängt, ob eine Gruppe für eine Stunde, einen Monat oder über Jahre besteht.

Alle anderen Kriterien, die sich als Charakteristika von Gruppen anführen lassen, z. B. Ziele, Aufgaben, Werte, Rollen, Funktionen und Positionen, sind nach der hier gewählten Sichtweise Sekundärkriterien. Sie ergeben sich aus diesen Minimalbedingungen, sind also Folge und nicht Ursache oder Ausgangsbedingung (so auch Schneider 1985, S. 26; zu Gruppenmodellen siehe Fengler 1986, Schattenhofer 1995). Zugleich sind dies notwendige Folgen, insofern es sich die Gruppenmitglieder nicht aussuchen können, ob sie sich Ziele und Werte geben, sie werden bzw. müssen sie auf jeden Fall entwickeln. Aber dies alles ist selber schon Bestandteil eines Gruppenprozesses, bzw. geht aus diesem hervor und macht zusammen die Ordnung der Gruppe aus.

Eine Gruppe ist nach diesem Verständnis eine *sich selbst hervorbringende soziale Struktur, d. h., sie hat nicht eine Ordnung, sie ist eine Ordnung*. Diese bildet sich nicht unabhängig von den jeweiligen gesellschaftlichen Rahmenbedingungen heraus, sondern ist von ihnen mitbestimmt. Sie geht allerdings nie ganz in diesen Rahmenbedingungen auf. Darin liegt das Einzigartige einer jeden Gruppe. Und zugleich ist diese Ordnung nicht als etwas Starres und Festes anzusehen, weil damit sowohl eine Struktur gemeint ist, wie der Prozeß, der diese Struktur hervorbringt, die wiederum ihrerseits den Prozeß beeinflußt usw.

Die große Variabilität, die jede Gruppe im Prozeß entwickelt, hat mich davon abrücken lassen, ein Entwicklungsmodell bzw. Prozeßmodell für den Gruppenverlauf zur Grundlage meiner Darstellung zu machen (Überblick bei Fengler 1986, S. 88 ff.). Diese Modelle entwerfen aus meiner Sicht alle eine Logik, die in dieser Form in der sozialen Realität nicht vorzufinden ist, und zwar weder im gruppendynamischen Training noch in den Realgruppen unseres Alltages. Das Problem besteht darin, daß sich Anfangs- und Schlußphasen von Gruppen noch relativ präzise beschreiben lassen. Was aber in den Zwischenphasen passiert, ist von einer derart großen Zahl von Einflußfaktoren abhängig, daß sich ein schlüssiges Modell nicht entwickeln läßt. Eben diese Schwierigkeit hat mich dazu geführt, nicht von Entwicklungsphasen, sondern von bestimmten notwendigen Aufgaben zu sprechen, denen sich die Mitglieder einer Gruppe zu stellen haben. Prozeßmerkmale werde ich zu einem späteren Zeitpunkt, vor allem in Kapitel 6, in die Darstellung einbeziehen.

4.2 Notwendige Aufgaben

In Anlehnung an Dieter Claessens (1977, S. 10) gehe ich davon aus, daß eine Gruppe bzw. ihre Mitglieder im Prozeß ihrer Selbsterschaffung vier notwendige Aufgaben zu »lösen« haben:

»1. Den Zwang zur Selbstdarstellung – für jedes einzelne Mitglied;
2. den Zwang, den anderen – eben in dessen Selbstdarstellung – *registrieren* zu müssen;
3. den Zwang zur Bildung eines *Binnenselbstverständnisses* der gesamten Gruppe; und
4. den Zwang zur *Außendarstellung* der Gruppe gegenüber der ›Umwelt‹«.

Diese notwendigen Aufgaben zu bewältigen, stellt für jede Gruppe eine strukturelle Vorgabe dar, der sich niemand entziehen kann. Insofern stellen diese Vorgaben Zwänge dar. Von allen vier Aufgaben bzw. Prozessen ist jedes Gruppenmitglied erfaßt und gefordert. Sie zwingen dazu, Einfluß zu nehmen, und der Versuch, diesen Einfluß nicht wahrzunehmen, bedeutet letztendlich nur, sich dem Einfluß der anderen in relativer Passivität zu überlassen oder gar auszuliefern. In einer neu entstehenden Gruppe sind diese Prozesse auch in dem Sinne grundlegend, als sie zusammengenommen den Prozeß der Gruppenbildung ausmachen. Die Auseinandersetzung mit diesen strukturellen Vorgaben bedeutet sowohl Einschränkung wie Möglichkeit, entsteht doch erst durch diese Auseinandersetzung ein sozialer Zusammenhang.
Die ersten beiden Aufgaben, der Zwang zur Selbstdarstellung und zur Registrierung der Selbstdarstellung der anderen, entsprechen dem von Paul Watzlawick et al. (1969) aufgestellten Axiom, daß man nicht nicht kommunizieren kann. Selbst wenn wir versuchen, nicht zu handeln, so wird von unserem Gegenüber auch ein solches Nicht-Handeln immer noch als Handlung aufgefaßt, der ein Sinn zugeschrieben wird. Beide Aufgaben stellen sich im engeren Sinne den Individuen, bringen also individuelle Prozesse hervor, in die allerdings von Anfang an andere Gruppenmitglieder eingebunden sind. Dies verbindet sie mit den anderen beiden Aufgaben. Binnenverhältnis und Außendarstellung umfassen die Prozesse, in

denen sich in einer Gruppe eine gemeinsame Sprache, Umgangsformen und ein Spektrum von Werten und Normen herausbilden, die wiederum das mögliche Spektrum von Nähe und Distanz, Freiwilligkeit und Verbindlichkeit bezeichnen. Sie beziehen sich auf die Gruppe als ganzes und formen damit den Gruppenprozeß im engeren Sinne.

Im Anfangsstadium einer Gruppe mit einer relativen Strukturoffenheit ist es zwar angemessener, von dem Umgang mit Einfluß zu reden, setzt das Phänomen der Macht doch eine Verdichtung voraus, während wir es hier noch mit vorsichtigen, fließenden Prozessen zu tun haben. Alle diese Prozesse verweisen jedoch immer schon auf ein Zukünftiges, auf das, was sein wird, »wenn das hier so weitergeht«, und damit auch auf das, was dem einzelnen möglich ist, um das Geschehen in seinem Sinne zu beeinflussen. Alle diese Gestaltungsmöglichkeiten und Notwendigkeiten beinhalten also eine *Unausweichlichkeit der Einflußnahme* und in der Ausrichtung auf die Zukunft von Anfang an eine unausweichliche Teilnahme an der Gestaltung von Macht.

Dieses Von-Anfang-an wird hier deswegen so betont, weil im gängigen Verständnis in unserer Kultur Macht als etwas angesehen wird, was erst quasi im nachhinein dazukommt, also eine Überformung einer im Anfang machtfreien Situation sei, die von einer Gruppe von unabhängigen und souveränen Individuen eingegangen werde. Diese Abspaltung von Macht und der Glaube an einen »unschuldigen« Anfangszustand ist jedoch selber ein Teil des Problems. Zwar muß sich auch Macht erst verdichten, d. h. im sozialen Geschehen herausbilden. Als notwendige Aufgabe ist das Problem der Macht aber von Anfang an und in allen sozialen Beziehungen präsent.

Im Gruppengeschehen zeigt sich diese Vorstellung des unabhängigen Individuums anfangs zumeist in der Abwehr aller Phänomene, die mit Macht zu tun haben, und zwar in zweierlei Hinsicht: *Abwehr der Machtansprüche der anderen und Negierung der eigenen Machtansprüche*. Diese Abwehr bzw. Abspaltung bedient sich dazu einer Reihe von Mitteln, die von der Gesellschaft im allgemeinen und der Gruppenkultur im besonderen in großer Vielfalt zur Verfügung gestellt werden. Sie nehmen die Form von speziellen Illusionen an, vor allem der *Illusion der Gleichheit* und der *Il-*

lusion der Toleranz. Um Illusionen handelt es sich hierbei insofern, als z. B. die Gleichheit als Wert mit der Gleichheit als Zustand bzw. »Realität« verwechselt wird. Eine Thematisierung von Ungleichheiten erscheint in dieser Phase eher als bedrohlich. Ist ihre Wahrnehmung unumgänglich, kann über die Beschwörung der Toleranz (hier darf jeder er »selbst« sein) verhindert werden, daß diese Unterschiedlichkeit verhandelt wird. D. h., die Werte der Gleichheit und der Toleranz dienen dazu, die Wahrnehmung der »Realität« der Ungleichheit abzuwehren.
Diese Abwehr macht einen Sinn, wenn man davon ausgeht, daß es in diesem Stadium der Gruppe vor allem um die Frage des Binnenselbstverständnisses und damit auch der Zugehörigkeit geht, um das Verhältnis von »drinnen« und »draußen« (Yalom 1992, S. 296). Die Wahrnehmung von Unterschiedlichkeit und ihre Verhandlung mobilisiert auf der emotionalen Ebene die fundamentale Angst, von der Gruppe ausgestoßen zu werden. Komplementär dazu ist die Angst, von der Gruppe vereinnahmt zu werden. Sie aktualisiert sich allerdings erst, wenn die Gruppe ein gewisses Ausmaß an Kohäsion, d. h. ein Gefühl der Zusammengehörigkeit entwickelt hat.

Selbstdarstellung

Der Zwang oder die Aufgabe der Selbstdarstellung tritt uns besonders deutlich entgegen, wenn wir uns in eine neue Situation mit unbekannten Menschen begeben, wie dies für die ersten Zusammenkünfte einer Gruppe oder eines Fortbildungsseminars der Fall ist. Er setzt schon im Vorfeld ein mit dem Kofferpacken und wird, aufbauend auf meinem Grundrepertoire, mitbestimmt von meinen mehr oder weniger bewußten Phantasien über mein zukünftiges Gegenüber. Die Lösung aus alten und bekannten Zusammenhängen führt zu einer Zunahme von Selbstdarstellungsbemühungen (Eckert 1983, S. 150). Wie bewußt und wie aufwendig ich die Bedingungen meines ersten Auftretens gestalte, signalisiert schon ein ganzes Bündel an kulturell bestimmten Wertigkeiten und meinen Umgang damit.

> »Da finden wir auf der einen Seite den Darsteller, der vollständig von seinem eigenen Spiel gefangengenommen wird; er kann ehrlich davon überzeugt sein, daß der Eindruck von Realität, den er inszeniert, ›wirk-

lich‹ Realität sei. Teilt sein Publikum diesen Glauben an sein Spiel – und das scheint der Normalfall zu sein –, so wird wenigstens für den Augenblick nur noch der Soziologe oder der Desillusionierte irgendwelche Zweifel an der ›Realität‹ des Dargestellten hegen.
Auf der anderen Seite steht der Darsteller, den seine eigene Rolle überhaupt nicht zu überzeugen vermag. Diese Möglichkeit wird daraus verständlich, daß sich kein anderer Beobachter in einer auch nur annähernd so günstigen Lage befindet, das Spiel zu durchschauen, wie derjenige, der es inszeniert.«
»Verstehen wir unter ›Bühnenbild‹ die szenischen Komponenten des Ausdrucksrepertoires, so können wir mit dem Begriff ›persönliche‹ Fassade jene anderen Ausdrucksmittel bezeichnen, die wir am stärksten mit dem Darsteller selbst identifizieren und von denen wir erwarten, daß er sie mit sich herumträgt. Zur persönlichen Fassade sind Amtsabzeichen oder Rangmerkmale, Kleidung, Geschlecht, Alter, Rasse, Größe, physische Erscheinung, Haltung, Sprechweise, Gesichtsausdruck, Gestik und dergleichen zu rechnen. Einige dieser Ausdrucksträger, zum Beispiel die rassischen Merkmale, sind in starkem Maße fixiert und verändern sich bei dem einzelnen nicht von Situation zu Situation. Andere Ausdrucksträger, wie etwa die Mimik, sind dagegen verhältnismäßig flüchtig und können sich während der Darstellung von einem Augenblick zum anderen verändern.
Manchmal empfiehlt es sich, die persönliche Fassade zu trennen in ›Erscheinung‹ und ›Verhalten‹, und zwar entsprechend der Wirkung der durch sie übermittelten Information. Der Begriff ›Erscheinung‹ bezieht sich dabei auf die Teile der persönlichen Fassade, die uns über den sozialen Status des Darstellers informieren. Zugleich werden wir durch sie über die augenblickliche Situation des einzelnen unterrichtet, das heißt darüber, ob er in einer formellen gesellschaftlichen Rolle agiert, ob er arbeitet oder sich zwanglos erholt. Mit ›Verhalten‹ sind dann die Teile einer persönlichen Fassade gemeint, die dazu dienen, uns die Rolle anzuzeigen, die der Darsteller in der Interaktion zu spielen beabsichtigt. So kann hochmütiges, aggressives Verhalten den Eindruck erwecken, der Darsteller wolle die mündliche Interaktion in Gang setzen und ihren Verlauf beeinflussen. Bescheidenes und auf Verteidigung eingestelltes Verhalten hingegen kann den Eindruck erwecken, der Darsteller sei bereit, sich der Führung anderer unterzuordnen, oder er könne wenigstens dazu veranlaßt werden.«
»Eine bestimmte Art von Person sein heißt also nicht nur, die geforderten Attribute zu besitzen, sondern auch, die Regeln für Verhalten und Erscheinung einzuhalten, die eine bestimmte soziale Gruppe mit diesen Attributen verbindet. Die unreflektierte Leichtigkeit, mit der Darsteller ständig derartige Rollen der Aufrechterhaltung sozialer Maßstäbe erfol-

greich spielen, besagt nicht, daß er keine Rolle darstellt, sondern nur, daß die Teilnehmer sich dessen nicht bewußt geworden sind« (Erving Goffman 1991[7], Wir alle spielen Theater, zuerst 1959, S. 19/25/69 f.).

Die Prinzipien der Selbstdarstellung lassen sich gut am *Umgang mit Kleidung* aufzeigen. Kleidung signalisiert Verbindung und ermöglicht Abgrenzung. Mit Kleidung gestalte ich die primären Kennzeichen meiner Person wie Geschlecht, Alter und Schicht, und kommentiere sie damit gleichzeitig. Ziehe ich mich betont »weiblich« oder »männlich« an, eher »nachlässig« und »billig« oder eher »ausgewählt« und »teuer«, eher »jugendlich« und »sportlich« oder eher »förmlich« und »steif«. *Kleidung ist Botschaft und Meta-Botschaft in einem.* Über sie moduliere ich den ersten Eindruck, den ich abgeben will. Zugleich zeigt sie meine Einschätzung darüber an, um welche Art von Situation es sich gerade handelt und wie offensiv man hier z. B. mit Attraktivität umgehen darf, d. h. zu wieviel Attraktivität als erstem Mittel der Einflußnahme ich mich traue.
In diesem Spiel haben in unserer Kultur Frauen sowohl mehr Gestaltungsmöglichkeiten als auch mehr Gestaltungszwang. Da man »weiß«, daß Frauen über Kleidung Einfluß nehmen, werden ihnen auch schnell diesbezügliche Motive unterstellt, was wiederum ihrerseits zu differenzierteren Überlegungen über Kleidung führen kann, z. B. über Rocklänge, Figurbetontheit und Buntheit. Männer vertreten demgegenüber eher die Kultur der Nachlässigkeit und Bequemlichkeit, dies wiederum allerdings zumeist, ohne daß sie auf die Möglichkeiten verzichteten, mit kleinen Details auf ihren meist beruflich definierten Status hinzuweisen, z. B. mit Armbanduhren, Kugelschreibern, teueren Lederschuhen.

In Seminaren mit Führungskräften erscheinen die männlichen Teilnehmer in der ersten Sitzung zumeist in ihrer Arbeitskleidung, d. h. mit Anzug und Krawatte. Schon am zweiten Tag wird dann die Freizeitkleidung herausgeholt, die Jeans, das »Sporthemd«, der legere Pullover, Ausdruck für die Vorstellung, daß man hier »ganz Mensch« sein kann, fast wie zu Hause. Dieser Freizeitlook ist ein Versuch, die beruflichen Statusunterschiede vorübergehend zu nivellieren. Am letzten Tag erscheinen dann fast alle wieder in Anzug und Krawatte, die »Wirklichkeit« hat sie wieder. Die wenigen Frauen sind zumeist ausgesucht »weiblich« gekleidet, ohne dabei zu »aufreizend« zu sein, und das jeden Tag in neuer Form.

In Seminaren mit Sozialarbeitern erscheinen manche Männer schon in der ersten Sitzung mit Hausschuhen. Eine Steigerung ist dann nur noch über einen Trainingsanzug möglich. Die Frauen tragen fast alle Hosen, selten Röcke, Kleider fast nie, gehen aber mit ihrer Geschlechtlichkeit durchweg »bunter« um als die Männer, denen in dieser Szene die meisten Kleidungssymbole männlicher Macht nicht zur Verfügung stehen. Im weiteren Verlauf verändert sich dies in Richtung größerer Individualität. Manchmal wird gar vor Ort nachgebessert durch spontane Einkaufszüge.

Gleichermaßen aussagekräftig und in unterschiedlichem Maße gestaltbar sind andere Merkmale meiner Person, etwas weniger meine Größe und mein Gewicht, schon viel mehr meine Sprache, Gestik und Mimik. Wie ausgeprägt auch immer meine *Fähigkeit zur Selbstinszenierung* sein mag, immer sagen mein Aussehen und mein Verhalten weit mehr, als ich sagen will.
Alle beschriebenen Phänomene bedürfen eines Mindestmaßes an Aktivität seitens der Gruppenmitglieder. Ohne Investitionen in die Gruppe, d. h. in die Gestaltung der in ihr möglichen Beziehungen, würden die einzelnen Personen wieder auseinandergehen wie die Wartenden an einer Ampel. Es ist evident, daß das Ausmaß dieser Aktivität sich auf die Einflußmöglichkeiten des einzelnen auswirkt. Anfangs noch eher zögerlich wahrgenommen, wird die Wahrnehmung dieser Möglichkeiten bald zwischen eher aktiven und eher passiven Gruppenmitgliedern Unterschiede deutlich werden lassen. Manche Personen nehmen mehr Redezeit für sich in Anspruch, sie werden infolgedessen meist häufiger angesprochen, können ein dichteres Beziehungsnetz aufbauen, Nähe und Distanzen klären, mögliche Partner und Feinde ausmachen. Dieses Okkupieren von Zeit, die den anderen Gruppenmitgliedern dann abgeht, ist eine der geläufigsten Möglichkeiten, um das Geschehen zu bestimmen bzw. im eigenen Sinne zu beeinflussen. Zugleich braucht es diese Aktivität, um ein Klima des Vertrauens entstehen zu lassen, auch wenn damit gleichzeitig Rivalität erzeugt wird (siehe auch Kap. 5.3).

Registrierung der Selbstdarstellung der anderen

Bei meinem Gegenüber signalisiert das vermeintlich Oberflächliche schon einen Kern. Um dieses Bündel von Merkmalen und

den von ihnen ausgelösten Phantasien baut sich die erste Ordnung auf nach den Kriterien der *Anziehung und Abstoßung*. Dies verdeutlicht, wie eng die Notwendigkeit der Selbstdarstellung verbunden ist mit der Notwendigkeit der Registrierung der Selbstdarstellung der anderen. Beide Prozesse zusammen schaffen von Anfang an einen Trend zur Homogenisierung bzw. Angleichung, da meine Selbstdarstellung sich immer schon am angenommenen Bild der anderen von mir orientiert. Die Angleichung pendelt sich anfangs oft auf einem mittleren Niveau ein, z. B. in einer Kleidung, die nicht zu gewagt, aber auch nicht zu grau ist.
Meine Annahmen über das Bild der anderen von mir ist anfangs erst Hypothese, über deren Richtigkeit ich mir bald sowohl indirekt als auch direkt versuche Klarheit zu schaffen. Diese Überprüfung bezieht sich vor allem auf die Bedeutungen, die den beobachtbaren »Äußerlichkeiten«, sei es Kleidung, sei es Verhalten, zugeschrieben wird.

Am zweiten Tag des ersten Abschnitts einer längerfristigen Fortbildungsreihe werden die TeilnehmerInnen von den Trainern aufgefordert, sich in Kleingruppen Unterscheidungskriterien zu überlegen, die aus ihrer Sicht in der Gruppe eine Rolle spielen, und sich entsprechend dieser Kriterien aufzustellen (die Methode der Stellbilder wird in 9.2 genauer erläutert). Als erstes Kriterium wird die Frage gewählt, wer mehr an Selbsterfahrung und wer mehr an Vermittlung von »Handwerkszeug« interessiert sei. Implizit angesprochen waren hier nicht nur Fragen nach dem Ziel der Fortbildung, sondern vor allem nach dem legitimen Verhaltensmuster (persönlich vs. sachlich). Das zweite Kriterium nahm eine schon gleich zu Anfang der Veranstaltung gestellte Frage auf, ob man am letzten Tag etwas eher Schluß machen könne. Damit war die Frage angesprochen, wer über die Rahmenbedingungen bestimmt: die Gruppe, jeder einzelne nach Lust und Laune oder die Trainer.
Als drittes wurde die Unterscheidung in große und kleine Frauen eingeführt, als viertes die zwischen Frauen mit und ohne Ohrringen. Damit waren direkt mehrere implizite Fragen gestellt. Erstens wurde verdeckt das ungleiche Verhältnis von Frauen und Männern angesprochen (20 : 4) und die Männer ausgeklammert. Auf diesem Hintergrund ging es dann zweitens um den Umgang mit »Größe« und Attraktivität bei den Frauen.
Nun forderten die Trainer die TeilnehmerInnen nochmals auf, sich in den Kleingruppen erneut darüber zu verständigen, welche weiteren

Kriterien für sie wichtig seien. Als erstes wurde die Frage ausgewählt, wer bereits in Leitungsfunktionen erfahren sei und wer nicht, ein schon direkteres Ansprechen der Machtfrage, die allerdings noch auf das »Da und Dort« bezogen blieb. Als letztes ging es dann um die Unterscheidung zwischen »Einzelkämpfern« und »Teamleuten«, eine implizite Frage nach Individualisten und potentiellen Außenseitern einerseits und Gruppenorientierten andererseits. Hier kündigt sich die Frage nach der Zugehörigkeit an, also nach dem »Drinnen« und »Draußen«.

Binnenselbstverständnis

Die Frage nach dem Bild, das ich den anderen vermittele, dem Bild, das diese mir vermitteln, und meinen Annahmen über das Bild der anderen von mir, verdichtet sich im Gruppenbildungsprozeß allmählich zu der Frage nach dem Bild der Gruppenmitglieder über die Gruppe als ganzes. Dieses »wer sind wir« umfaßt nun schon in Ansätzen den gesamten Kosmos von Normen und Werten, Sprach- und Verhaltensregelungen, die den Charakter einer Gruppe ausmachen. Soll also überhaupt von Gruppe geredet werden können, so muß gegenüber der Notwendigkeit zur Bildung eines Binnenselbstverständnisses von den Gruppenmitgliedern eine Antwort entwickelt werden.

In Fortbildungen kommt es oft am Anfang zur Bildung von zwei Untergruppen, die dann für einen beschränkten Zeitraum getrennt arbeiten. Manche Teilnehmergruppen erledigen diese Aufgabe in nur wenigen Minuten. Die aufkommenden Ängste werden durch schnelles Handeln gebannt. Man könne ja mit jedem zusammenarbeiten, heißt es dann. Unterschiede werden geleugnet oder für unwichtig erklärt. Kommen sie dann nach zwei bis drei getrennten Arbeitseinheiten erneut zusammen, sind sie zumeist erstaunt über ihr starkes Zusammengehörigkeitsgefühl.

Noch deutlicher tritt dieses Phänomen zutage, wenn es beim Gruppenbildungsprozeß Schwierigkeiten gibt, es z. B. nicht zu einer ausgeglichenen Gruppengröße kommt. Obwohl die individuelle Entscheidungsgrundlage für die jeweilige Gruppenwahl relativ gering ist, entsteht oft für die Beteiligten der Eindruck, als ob ihre Wahl die einzig mögliche sei. Es entwickelt sich eine Art Pseudo-Binnenselbstverständnis, das aus verschiedenen Quellen genährt wird: der Angst, abgelehnt zu werden und keinen Platz zu finden; der Schwierigkeit, seine Rollenzuschreibungen nochmals zu überdenken und eventuell zu veröffentlichen; der Angst vor den Zuschreibungen der anderen; dem Unwillen, sich mit der schwierigen Balance von Handlungsfreiheit und Anpassungszwang auseinanderzusetzen.

Häufig ergibt sich in Gruppenbildungsprozessen zu Beginn einer Veranstaltung eine Aufteilung in sozial »Attraktive« einerseits und »graue Mäuse« bzw. »Sitzengebliebene« andererseits. Die Kriterien für eine solche Aufteilung werden selten offen gelegt, bestehen sie doch aus einer Mischung von Abwertung und Selbstüberschätzung. Wesentliches Ziel einer solchen Aufteilung ist die Vermeidung einer allzu großen Heterogenität. Eine solche frühzeitig vollzogene Homogenisierung kann dann den beteiligten Gruppen anfangs einen großen Teil ihrer Auseinandersetzungsenergie entziehen. Vor allem die Gruppe der sozial »Attraktiven« bezahlt diese Selbstüberschätzung nach der bald einsetzenden Konfrontation mit ihrer »Normalität« häufig mit einem depressiv geprägten Einbruch.

Differenzierungs- und Entdifferenzierungsvorgänge gehen bei der Entwicklung eines Binnenselbstverständnisses Hand in Hand. Entdifferenzierung bzw. Homogenisierung setzt ein Mindestmaß an Konformität der Gruppenmitglieder voraus. Erleichtert wird dieser Prozeß, wenn eine Gruppe in eine feste Struktur eingebunden ist, eine klare Aufgabe, ein Ziel oder ein Thema vorgegeben ist, wie dies in den Gruppen des sozialen Alltags üblich ist. Dann fungiert z. B. eine von außen vorgegebene Aufgabenstellung als entdifferenzierendes Zentrum. In der Erfüllung einer solchen gemeinsamen Aufgabe bilden sich dann wiederum Differenzierungen heraus, indem die Gruppenmitglieder unterschiedliche Rollen, Kompetenzen und Strategien anbieten, die sie für die Lösung der Aufgabe als sinnvoll ansehen. Diese Strukturierungen dienen als Puffer gegen die ungeschützte Auseinandersetzung mit Machtfragen.

Teilnehmer in Selbsterfahrungsgruppen, die mit dem »Ritual« der Strukturlosigkeit noch nicht vertraut sind, schlagen anfangs oft vor, sich auf ein Thema zu einigen oder ein gemeinsames »Spiel« zu machen oder eine Übung, damit etwas »passiert«. In der Regel finden sich hierzu Gegenstimmen, oder man kann sich nicht auf eine Übung einigen. Eine offensive Auseinandersetzung innerhalb der Gruppe oder mit dem Leiter ist aber (noch) nicht möglich, würde man sich dann doch schon auf das Machtthema einlassen. Die Energie versackt.

In früheren gruppendynamischen Trainings und in vielen heutigen Fortbildungen war und ist es üblich, in der Anfangsphase oder auch im weiteren Verlauf mit einer Abfolge von Übungen und Auswertungen zu arbeiten. Beliebt sind hierfür Übungen aus dem Bereich Führung und Kommunikation. In ihnen wird das Machtthema mitverhandelt, allerdings auf ein technisches Problem »besserer Kommunikation« verkürzt.

Strukturierungen über Aufgaben und Übungen können für die Arbeit mit Gruppen sinnvoll sein, verdecken aber zugleich einen wesentlichen Teil des Umgangs mit Macht, da die Gestaltung der Beziehungen der Gruppenmitglieder untereinander der Erfüllung der Aufgabenstellung unterworfen wird. Dies entspricht durchaus unseren Alltagserfahrungen, in denen wir konstant gezwungen sind, uns vorgegebenen und fremdbestimmten Strukturen zu unterwerfen. Insofern sind aufgabenbezogene Gruppen realitätsangebunden, sozusagen »praxisrelevant«.

Ein unstrukturierteres gruppendynamisches Setting wirft hingegen die Gruppenmitglieder auf die *Fremdbestimmung* in ihnen selbst zurück, d. h. konfrontiert sie mit der notwendigen Aufgabe, sich über Normen und Werte zu verständigen und ihre Einstellungen und Verhaltensweisen mit den jeweils anderen Gruppenmitgliedern in irgendeiner Weise abzustimmen. Es entsteht ein ungewohntes und hochgradig angstbesetztes Machtvakuum, dem unterschiedlich begegnet wird, z. B. durch hektische Betriebsamkeit, durch depressiven Rückzug und langes Schweigen, durch aggressives Agieren – auch gegenüber dem Leiter. Vor allem der Leiter wird in dieser Situation dafür bestraft, die Teilnehmer in die Konfrontation mit den eigenen Ohnmachts- und Allmachtsphantasien getrieben zu haben.

Eine Möglichkeit, in dieser Situation das Machtvakuum zu füllen, besteht in der Erhöhung des Homogenisierungs- bzw. Konformitätsdrucks. Dies dient zur Aufrechterhaltung der »Illusion der Gleichheit«. In diesem Fall tendieren die Gruppenmitglieder dazu, Unterschiede zu minimieren, sich rigiden Regeln zu unterwerfen und wenig Abweichung zu tolerieren. Die Gleichheit muß durch ein enges Korsett erzwungen werden. Es wird viel moralisiert und die Werte der Toleranz werden beschworen. Diese meinen nun allerdings nicht Akzeptanz von Abweichung und Individualität, sondern ganz im Gegenteil Kontrolle der (eigenen) Abweichung und Unabhängigkeit, da diese im Kontext der Gruppe notwendigerweise die Individualität und Unabhängigkeit jeweils aller anderen tangieren würde.

Die Arbeit in Gruppen wird durch dieses Individualitätsverbot energielos. Der Umgangston bleibt höflich zugewandt, aber unverbindlich. Aggressive Regungen sind untersagt. Häufig wirkt dies stark in den informellen Bereich hinein. Alle sitzen abends an einem Tisch oder gehen gemeinsam kegeln, auch wenn sie weder am Kegeln noch am gemeinsam verbrachten Abend ein Interesse haben. Individuelles Absentieren gerät in den Ruch des Außenseitertums.
In dieser Situation werden dann nicht mehr einzelne Individuen, sondern die Gruppe als ganzes als Bedrohung erlebt. Als Gegenbewegung setzt der Kampf einzelner gegen diese Konformitätskontrolle ein, was die Chance einer allmählichen Lockerung eröffnet. Es ist diese Absetzbewegung einzelner, aus der sich über das Definieren und Erleben von Gruppengrenzen Rückschlüsse auf die Konstituierung einer Gruppe ziehen lassen. *Etwas, das man verlassen kann, ist etwas*. D. h. eine Gruppe bildet sich nicht nur nach innen hin, sondern auch in Abgrenzung von ihrer Umwelt. Der Notwendigkeit der Binnendarstellung entspricht die Notwendigkeit der Außendarstellung.

Außendarstellung

Für die Gruppen in unserem Zusammenhang findet diese Außendarstellung auf zwei verschiedenen, aber miteinander verbundenen Ebenen statt. Zum einen sind in den Rahmenbedingungen all die Faktoren festgelegt, die eine Gruppe nach außen hin als eine Ausbildungsveranstaltung charakterisieren. Sie sind z. B. in der Ausschreibung der Veranstaltung angegeben, durch Vorerfahrungen und Erzählungen anderer bekräftigt und bestätigt, durch die Qualifikation der Leiter untermauert. Auf dem Hintergrund dieser Rahmenbedingungen haben sich auf seiten der Teilnehmer bestimmte Erwartungen über die Veranstaltung herausgebildet. Diese können sich mit den offiziellen Zielen der Veranstaltung decken, müssen es aber nicht. D. h., ich mag die Veranstaltung besuchen, um meine professionelle Qualifikation zu verbessern, um eine berufliche Veränderung vorzubereiten, um meinen Arbeitgeber zu ärgern. Schon der Wunsch nach beruflicher Veränderung kann aber durchaus auch nur als verdecktes Motiv einfließen. Ebenso verdeckt ist bei gruppendynamischen Veranstaltungen der

Wunsch nach eher therapeutischen Veränderungsprozessen vorhanden oder die Suche nach einem Sexual- oder Liebespartner.
Das Geschehen in der Gruppe wird von den Teilnehmern mehr oder weniger bewußt mit ihren formulierten wie verdeckten Motiven und Wünschen verglichen. Was wird man z. B. nach Ende der Veranstaltung »draußen« erzählen, was denn »drinnen« stattgefunden habe. Bestehen die Teilnehmer vor allem auf den offiziellen Motiven und Zwecken, wie sie auch der Veranstalter angegeben hat, so nimmt dies den Charakter einer Kosten-Nutzen-Rechnung an, die vorrangig den Leitern vorgehalten wird.
Die mehr verdeckten Motive hingegen äußern sich in Wünschen nach Geborgenheit, Nähe, Versorgung. Die Gruppe wird in diesem Fall idealisiert, sowohl nach außen wie auch nach innen. Sie repräsentiert die gute Utopie im Kontrast zu einer als feindlich definierten Umwelt. Es werden Wünsche geweckt, *ohnmächtig* sein zu dürfen, *ohne seine Autonomie aufgeben zu müssen*. Über kurz oder lang werden diese Wünsche sichtbar. Sie können in den Dienst der Abwehr von Macht treten. Eine aktive Handhabung von Macht wird dann stark tabuisiert, würde es dann doch hier »wie draußen« werden.
Die fundamentalen Mechanismen der Außendarstellung entfalten aber vor allem innerhalb einer Veranstaltung ihre eigene Dynamik, und zwar besonders dann, wenn es mehrere über einen kontinuierlichen Zeitraum arbeitende Untergruppen gibt, z. B. in Form von zwei Trainingsgruppen. In diesem Fall wird besonders deutlich, wie sich das Bewußtsein über die Identität der eigenen Gruppe in Kontrast zum Erleben der anderen Gruppe herausbildet. Dieses Erleben stellt sich anfangs fast ganz in den Dienst der Herausbildung des eigenen Binnenverständnisses, ist also hochgradig projektiv durchsetzt, was die Wahrnehmung der jeweils anderen Gruppe angeht. Diese ist dann je nachdem »lustiger«, »freundlicher«, »schon viel weiter«, »lebhafter«, also einfach besser, oder aber »träge«, »feindselig«, »aggressiv« oder »dumpf«, also einfach schlechter. Eröffnet dies einerseits die Möglichkeit, etwas darüber zu erfahren, was man selbst als Gruppe schon hat bzw. ist oder was man sein will bzw. noch braucht, so kann sich auch dies in den Dienst der Abwehr stellen. Die Freiheit und das Glück sind dann immer da, wo ich nicht bin. Denn da, wo ich bin, könnte ich

nur wirklich sein, wenn ich mich nicht der Notwendigkeit stellen müßte, mich mit dem Problem der Macht auseinanderzusetzen, das immer zugleich Möglichkeit und Einschränkung ist.

4.3 Entdifferenzierung und Differenzierung

In dieser Verschränkung von Binnendarstellung und Außendarstellung bzw. Selbstbild der Gruppenmitglieder und ihrem Bild von ihrer jeweiligen Umwelt bildet sich ihr *Realitätsverhältnis* heraus. Durch das Zusammenkommen einer Anzahl von Menschen verbreitert sich zuallererst einmal die Zahl der möglichen Realitätsauffassungen und -erfahrungen. Der beschriebene Konformitätsdruck engt sie gleichzeitig wieder ein. Dieser entdifferenzierende Druck ist aber nötig, um überhaupt so etwas wie ein Binnenklima in einer Gruppe entstehen zu lassen, innerhalb dessen sich wiederum die Möglichkeit zu einem vertieften und damit auch zu einem differenzierten Realitätsaustausch der Mitglieder eröffnet. Dies wird möglich durch die *Entstehung bzw. die Herstellung eines Klimas des Vertrauens und des Zusammenhalts.*

Ein solches Klima kann zwar nur durch Erfahrungen geschaffen werden, aber diese Erfahrungen wiederum sind nur möglich auf der Grundlage eines Vertrauensvorschusses, der die Risikobereitschaft einzelner voraussetzt. Es ist dies das Risiko, mich der Macht der anderen auszusetzen, indem ich etwas von mir »zeige«. Liegt diese Macht anfangs eher in der Möglichkeit zu verletzen, so kann dies zu einem späteren Zeitpunkt auch die »Liebesmacht« der anderen sein, ihre Näheangebote. Es ist dies das Risiko, mit den jeweiligen Machtmöglichkeiten den anderen gegenüber offensiv umzugehen, das Risiko, jemandem »zu nahe zu treten«.

Ein solches *Vertrauensklima* wird zum Ausdruck der *Gruppenkohäsion*. Die dadurch entstehenden Möglichkeiten können durchaus als »unrealistisch« eingestuft und damit abgewehrt werden. »Draußen« geht das doch gar nicht, eine wohlbegründete Annahme. Das Einlassen auf die Möglichkeiten der Gruppe bedeutet daher insofern einen Realitätsverlust, als gegenüber den Alltagserfahrungen eine Realitätsverschiebung vorgenommen wird, die aber zu einem vertieften Realitätsverständnis genutzt werden kann. Vieles von dem, was im Alltag verdeckt und unausgesprochen bleibt, wird im Kontext der Gruppe besprechbar, und über das Verstehen der zugrundeliegenden Strukturen und Prozesse werden Möglichkeiten der Beeinflussung eröffnet. Zu einem Realitätsverlust wird dies dann, wenn eine Art missionarische Grundstimmung entsteht, die Außenwelt, sei es die Familie und die beruflichen Gruppen oder die Gesellschaft als ganzes, nach den Prinzipien einer solchen Trainingsgruppe zu gestalten. Dies führt dazu, die Teilnehmer ungeschützt in eine Umwelt zu entlassen, die nicht primär nach den Maßstäben von Vertrauen organisiert ist. Für die Arbeit mit Gruppen ist es daher wichtig, genug Zeit für einen »Abkühlungsprozeß« zu lassen (Geissler 1992). *Ist die Identifizierung mit der Gruppe als ganzer für die Schaffung eines guten Binnenklimas notwendig, so bedarf es für die Aufrechterhaltung des nötigen Realitätskontaktes der Möglichkeit der Distanzierung.*

Normen

All die aufgeführten notwendigen Aufgaben einer Gruppe beinhalten Normbildungsprozesse. Die eigene Selbstdarstellung und die Registrierung der Selbstdarstellung der anderen, die Herausbildung eines Binnenselbstverständisses und die Vermittlung eines Bildes nach außen schaffen ein Netzwerk von Beziehungen und eine Vorstellung davon, was in einer Gruppe als »richtig« und »falsch« bzw. als legitim oder abweichend gilt. Vor allem in neuen und ungewohnten Situationen dient die Suche nach Normen als Geländer, um sich zurechtzufinden. Die beschriebenen Konformitätsprozesse reproduzieren die Normen des konventionellen Umgangs, die sich als Sicherheitsabstand zwischen die Akteure schieben. Diese Konventionalität läßt sich als eine vorauseilende Übererfüllung von angenommenen Normen verstehen. Dies führt dazu, daß zu Anfang fast jede Bemerkung eines Teilnehmers von den anderen implizit in eine Norm umgedeutet wird, an die sich alle zu halten haben.

Welches Ausmaß an Distanzierung gegenüber dieser Normenwelt in einer Gruppe möglich ist, verweist auf die Höhe des Konformitätsdrucks, die für die Aufrechterhaltung des Binnenklimas notwendig ist. Wird in einer Gruppe gelassen mit einem Mitglied umgegangen, das sich den Regeln der Gruppe zu entziehen sucht oder diese eventuell auch nur quasi »von außen« kommentiert, so deutet dies auf ein relativ geringes Konformitätsniveau. In Gruppen hingegen, in denen sich die Herrschaft der Mehrheit durchgesetzt hat, werden Abweichungen nicht toleriert und die Gruppenmitglieder tendieren dazu, eine leicht paranoide Einschätzung ihrer Umgebung zu entwickeln. Die Differenzierung, die intern nicht zugelassen wird, muß nach außen hin vorgenommen werden, d. h., um den Konformitätsdruck nach innen aufrechtzuerhalten, bedarf es einer aggressiven Projektion nach außen, Geburtsstunde eines jeglichen Feindbildes.

In der sozialen und politischen Realität finden sich viele Beispiele für die Entstehung solcher Feindbilder. In den hier beschriebenen Gruppen wird die Aggressivität der möglichen Projektionen durch den Wertehimmel der Gruppenkultur eingeschränkt, aber nicht aufgehoben. Sie kann sich diffus gegen »die Gesellschaft« wenden, gegen das »ganze Draußen«, gegen die Leitung als Repräsentanten des Realitätsprinzips. Oder die Projektion richtet sich nach innen und sucht sich in der Gruppe ein »Opfer«.

Die relative Strukturoffenheit von gruppendynamisch orientierten Gruppen und die dadurch ausgelöste Orientierungslosigkeit führt vor allem in der Anfangsphase dazu, die Mechanismen von Machtbildungsprozessen besonders kraß hervortreten zu lassen, was sich sowohl im beschriebenen normativen Druck als auch in der Suche nach dem großen Führer niederschlagen kann. Dem steht der Wunsch nach Machtgleichheit gegenüber.

Die Gruppenmethoden insgesamt sind seit ihren Anfängen mit dem Anspruch angetreten, den Wert der Gleichheit hervorzuheben, und haben gleichzeitig das Ziel propagiert, der Individualität eines jeden einzelnen die größtmögliche Entfaltung zu bieten. *Diese Individualität trägt aber in sich eine »natürliche« Tendenz zur Ungleichheit*, will sie überhaupt sichtbar werden. Gruppen, die die Gleichheit aller zum höchsten Wert erheben bzw. normativ einfordern, verbrauchen ihre Energie zur Aufrechterhaltung der Illusion von Gleichheit. Es wird immer schwieriger, sich neue Kräfte führen z. B. durch Erfolge oder Außenwirkungen, ohne daß dies differenzierende Wirkung nach innen hätte. Der Selbsterhalt der Gruppe bindet alle Kräfte und die Gruppe stagniert in

Konformität. Eine Auflösung dieser Stagnation geschieht häufig erst durch die Abspaltung einer Teilgruppe. Die durch die Spaltung geförderte Angst vor einer völligen Entdifferenzierung, die im Extremfall nur noch vereinzelte Individuen zurückläßt, wird durch den Zusammenschluß in einer Teilgruppe gemildert.

Rollen

Stehen zu Beginn einer Gruppe also eher Entdifferenzierungsprozesse im Vordergrund, so werden sie bald schon durch Differenzierungsprozesse ergänzt. Diese Differenzierung läßt sich als Herausbildung unterschiedlicher Rollen beschreiben. Mit Rolle ist hier etwas anderes gemeint als in der traditionellen soziologischen Rollentheorie (Dreitzel 1980). Üblicherweise wird Rolle als das Zusammenspiel der Erwartungen der anderen und meiner Reaktion auf diese Erwartungen aufgefaßt. Fallen diese Erwartungen weg bzw. bewege ich mich unabhängig davon, ließe sich nicht mehr von Rolle sprechen. Gerade für das Geschehen in Gruppen ist ein solcher statischer Rollenbegriff unbrauchbar. Er vermag weder den Gestaltungsraum des einzelnen Rollenspielers zu erfassen noch den fortwährend in Fluß befindlichen Charakter der Rollenverteilung in einer Gruppe. *Mit Rolle ist hier die Tendenz gemeint, auf dem Hintergrund von sozialem Habitus und individuellem Lebensstil in der fortwährenden Abstimmung mit der relevanten (Gruppen-)Umgebung bestimmte Formen der Selbstdarstellung hervorzubringen.* Im weiteren werde ich mich vorrangig mit dem Machtaspekt von Rollen beschäftigen.
Die Art, wie diese Selbstdarstellung (Goffman 1991) individuell inszeniert wird, ist biographisch erworben und umfaßt den gesamten Kosmos der bisherigen Lebensgeschichte. Mein Verhältnis z. B. zu meinem Mann- oder Frausein hängt ganz entscheidend von den Erfahrungen meiner sozialen Herkunft und der familiären Struktur ab, in der ich groß geworden bin. Die sozialstrukturellen Merkmale wie Geschlecht, Alter, Beruf fließen ebenso in diese Darstellung ein wie die individuellen Merkmale einer bestimmten psychodynamischen Persönlichkeitsstruktur (vgl. Kap. 5).
Sozialstrukturelle Unterschiede und ihre Bedeutung für die Rolleninszenierung werden in der Gruppenkultur eher negiert. Es besteht die Tendenz, Unterschiede zu personalisieren und zu psy-

chologisieren. Dies führt dazu, daß die vielen Machtauseinandersetzungen zugrundeliegenden objektiven Interessensgegensätze zu Beziehungsproblemen verkürzt werden.

Hochgradig tabuisiert ist in der Regel die Frage der Schichtzugehörigkeit von Gruppenmitgliedern. Dies gilt sowohl für die heutige Position wie für die der Herkunftsfamilie. Erleichtert wird diese Tabuisierung durch die meist relativ hohe Homogenität der Mitglieder in bezug auf dieses Merkmal, so daß sich Unterschiede oft nur im Verhältnis von Leiter und Teilnehmer niederschlagen. Ihre strukturelle Bedeutung verschwindet dann hinter der Selbstverständlichkeit, mit der akzeptiert oder geradezu verlangt wird, daß der Leiter eine höhere professionelle Qualifikation aufweist. Vergessen wird dabei, daß der Kontakt nicht nur durch Kompetenzunterschiede, sondern auch durch den sozialen Abstand von z. B. einem Professor zu Sozialarbeitern gekennzeichnet wird.

Obwohl nicht deckungsgleich, spiegelt die Schichtzugehörigkeit sich indirekt wieder in der unterschiedlichen beruflichen Qualifikation von Gruppenmitgliedern, die selbst noch in der relativen Homogenität von bereichsspezifischen Fortbildungen zum Tragen kommt. Sie ist leichter ansprechbar und in ihren Auswirkungen auf Machtprobleme thematisierbar, da sie in der alltäglichen Erfahrung immerzu präsent ist. Ein Sozialarbeiter »weiß« einfach um seine strukturelle Unterlegenheit gegenüber einem promovierten Psychologen, ebenso wie dies für einen kaufmännischen Angestellten gegenüber dem studierten Betriebswirt gilt. Dies heißt nun keineswegs, daß sich dieses Verhältnis in einer Gruppe deckungsgleich widerspiegelt. Es kann sogar die Möglichkeit eröffnen, in der weitgehend unstrukturierten Situation einer Gruppe dieses Verhältnis umzudrehen, dem Promovierten z. B. zu zeigen, daß er ohne eine institutionalisierte Statusabsicherung auch »nichts Besseres« mehr ist.

Alle Formen der Selbstdarstellung treffen in einer Gruppe auf andere Inszenierungen, zu denen sie sich in Beziehung setzen, Kontraste und Ähnlichkeiten herstellen. Dies hat einen doppelten Effekt. Zum einen werden die individuellen, biographisch geprägten Rollenwahlen reinszeniert, es entsteht im Neuen das Alte. Zugleich laufen manche dieser alten Rolleninszenierungen im neuen Kontext ins Leere und eröffnen die Möglichkeit und Notwendigkeit der Veränderung.

In der Anfangsphase einer Gruppe greifen die Mitglieder eher auf die gewohnten Selbstdarstellungsrollen zurück. Es können dies die primären Rollen sein, z. B. als Mann oder Frau, als älter oder jünger. Oder es werden die gewohnten Verhaltensstile gezeigt bzw. psychodynamische Rollen eingenommen, z. B. als passiv oder aktiv, sanft oder zornig, arrogant, schüchtern, draufgängerisch oder kokett. Ohnehin wird am Anfang nur ein kleiner Teil sichtbar werden, der im ersten Austausch zu gegenseitigen Rollenbildern verdichtet wird, die die Orientierung erleichtern bzw. überhaupt erst ermöglichen. Stereotypisierungen sind eine unausweichliche Begleiterscheinung bei der Herausbildung von Rollenbildern.

Der individuelle Eindruck voneinander verbindet sich in dieser Orientierungsphase mit bestimmten Erwartungen und Befürchtungen in bezug auf die anderen. Da man sich einer kaum zu bewältigenden Anzahl an Eindrücken gegenübersieht, wählt der einzelne häufig eine Orientierung an den beiden extremen Polen, an den Personen, die besonders anziehen oder die besonders zurückstoßen. Konkrete Personenwahlen sind eher an Sicherheit orientiert. Die Auseinandersetzung und die phantasierte Macht von anderen wird eher gemieden und damit auch die Personen, von denen man glaubt, sie seien einem wenig ähnlich oder könnten sogar »gefährlich« werden. Diese Gefahr besteht in der angenommenen zukünftigen Einschränkung meiner Verfügungsmacht über mich selbst, d. h. meiner Unabhängigkeit und Autonomie, durch eine angenommene größere Macht der anderen.

In diesem Austausch von eigenen Bildern und Bildern über die anderen ergibt sich eine erste Annäherung der gegenseitigen Sichtweisen und damit verbundener Wertvorstellungen über »richtiges« Verhalten, d. h. über die Maßstäbe, nach denen Rollen(eigenschaften) zugeschrieben werden. Ähnlichkeiten und Unterschiede werden festgehalten. Entscheidend ist hierbei, inwieweit der einzelne bei der Ausfüllung seiner Rolle dem Homogenisierungsdruck nachgibt. Versucht er, seine eigene Rolleninszenierung ins Zentrum der Homogenisierung zu stellen und zu ihrem Maßstab zu machen, oder gestaltet er seine Rolle in relativer Unabhängigkeit hiervon? In einer Situation von relativer Machtoffenheit, d. h. fließender Strukturen ohne Institutionalisierung von Macht, liegt die individuelle Macht in der Möglichkeit, die eigene Rolle (noch) weitgehend selbst zu definieren.

Auch der »Mächtige« in einer Gruppe kann jedoch diese Position immer nur in Relation zu den anderen einnehmen. Ohne eine Ausrichtung auf die anderen wird die Unabhängigkeit zur Außenseiterposition, die im Extremfall für ihren Inhaber gefährlich werden kann, wenn er z. B. ausgestoßen wird oder auch sich selber ausstößt. Das Aus-der-Rolle-Fallen, der Verlust der Rolle und der Verlust der Realität liegen eng beieinander.
Dieses mögliche Umschlagen einer Machtrolle bezeichnet den strukturellen Zusammenhang zwischen der Außenseiter- und der Führungsrolle in einer Gruppe, da beide gleichermaßen durch einen relativ höheren Grad an Unabhängigkeit gekennzeichnet sind. Die Außenseiterposition (Fengler 1981) muß daher nicht zwangsläufig eine ohnmächtige Position signalisieren, ebensowenig wie die Führungsposition automatisch mit Macht verbunden ist. So kann der Außenseiter als Repräsentant einer abgedrängten oder auch verdrängten Position wichtig sein. Zu ihrer Anerkennung bedarf es allerdings der Zuwendung der Machtzentren in einer Gruppe. Eine Führungsposition kann wiederum auch durchaus vom lautstärksten Konformisten bzw. vom Homogenisierungs-Fachmann eingenommen werden, der sich selbst strikt den Gruppennormen unterwirft (Homans 1960).
Machtrollen bzw. Rollen, denen Macht zugeschrieben wird, sind also in unserem Zusammenhang gekennzeichnet durch eine relative Handlungsfreiheit und durch Beweglichkeit in der Gruppe. Das hohe Maß an Gestaltungsmacht der eigenen Rolle gegenüber läßt sich auch im Begriff der Rollenflexibilität fassen. *Die Macht liegt nach diesem Verständnis in der Möglichkeit, die eigene Rolle zu gestalten, zu verändern und darüber hinaus in der Möglichkeit, die Veränderungserwartungen der anderen abzuwehren oder auf sie nach eigenem Gutdünken einzugehen.*
Wird in einer Gruppe die Energie nicht dazu verwendet, die Prägung ihrer Mitglieder und damit auch der Gruppe selbst durch sozial vermittelte Statusmerkmale zu negieren, so eröffnet sich eine große (Lern-)Chance. Die Gruppenmitglieder können nämlich den Versuch unternehmen, ihr eigenes Wertesystem zwar in Kenntnis, aber nicht in einer zwanghaften Wiederholung der gesellschaftlichen Vorgaben herauszubilden. Dazu müssen diese aber zuallererst bewußtseinsfähiger werden.

Voraussetzung hierfür ist die Untersuchung, wie Unterschiede z. B. des Geschlechts oder der beruflichen Kompetenzen über ihre Verdichtung in Rollen und ihre Bewertung zu Machtunterschieden werden, die sich im weiteren Verlauf zu Hierarchien verfestigen können. Hierzu gehört das ganze Spektrum an Rollentypisierungen, die man in Gruppen findet bzw. mit denen man sie zu beschreiben versucht. Männer- und Frauenrollen, aufgabenbezogene und sozialemotionale Rollen, instrumentelle und reflexive Rollen, führende und folgende Rollen, versorgende und konfrontierende Rollen.

Es ist für die Entwicklungsfähigkeit einer Gruppe entscheidend, wie in ihr entlang den verschiedenen Merkmalsdimensionen die jeweiligen Vorprägungen ihrer Mitglieder in Rollen verwandelt werden, wie diese Rollen bewertet und diese Werte festgeschrieben werden, und wie flexibel diese Festschreibungen und Bewertungen gehandhabt werden können. Dies läuft in der Frage zusammen, in welchem Ausmaß sich eine feste Machtstruktur entwickelt bzw. wieviel Machtoffenheit möglich bleibt.

5. Individuelle Orientierungen und Spiele der Macht

»Nichts ist zugleich freier und zwanghafter als das Handeln des guten Spielers« (Pierre Bourdieu 1992, Von den Regeln zu den Strategien, S. 84).

5.1 Struktur und Person – Kontext und Verhalten

Die bisherigen Überlegungen haben deutlich werden lassen, daß die Herausbildung von Machtstrukturen und der Verlauf von Machtprozessen nicht auf persönliche Eigenschaften und individuelle Motivationen derer zurückgeführt werden können, die versuchen, Machtpositionen zu erreichen bzw. diese zugewiesen bekommen. Der Umgang mit Macht stellt sich als strukturell bedingte Aufgabe. Zugleich ist dies eine theoriegeleitete Sicht, denn Strukturen, Rollen und Prozesse sind theoretische Begriffe, die wir auf Ereignisse anlegen, um sie uns besser verständlich zu machen. Erfahren können wir nur konkrete Handlungen und Verhaltensweisen einzelner Individuen, die ihren Sinn wiederum erst auf dem Hintergrund eines größeren Kontextes entwickeln, also das Verständnis eines strukturellen Zusammenhangs erfordern. Struktur und Person, Kontext und Verhalten verweisen gegenseitig aufeinander.

So bringen z. B. bestimmte berufliche Felder mit ihrer spezifischen Felddynamik spezifische Verhaltensweisen und Machtspiele hervor. Zum Verständnis dieser Spiele müssen also der organisatorische Rahmen, die jeweilige Organisationskultur des Umgangs miteinander und die dazugehörige Ideologie im Auge behalten werden. Zugleich suchen sich die Menschen häufig die zu ihrem Umgang mit Macht passenden beruflichen und privaten Organisationsformen; dies ist nicht im Sinne einer überlegten Wahl zu verstehen, ein großer Teil der Motive bleibt unwissentlich bzw. wird höchstens diffus gespürt. Zugleich lassen dann solche Organisationsformen aus der Vielzahl der individuellen Prägungen und Möglichkeiten eine bestimmte Auswahl hervortreten, andere

rücken eher in den Hintergrund oder werden verschüttet. Ein solches Zueinander-Passen von persönlicher und organisatorischer Struktur ist als ein sich gegenseitig bedingender Prozeß zu verstehen.
Gruppendynamische Fortbildungs- und Selbsterfahrungsgruppen schaffen sich bis zu einem gewissen Grad ihren eigenen Kontext und ihre eigene Struktur und lassen dadurch den interaktiven Teil von Machtprozessen besonders deutlich hervortreten. Andere Anteile treten demgegenüber in den Hintergrund. So spielt z. B. Machtausübung über ökonomische Zwänge, zentral im beruflichen Alltag, in diesem Setting selten eine wichtige Rolle. Ebenfalls nicht unbedingt vorhanden sind hierarchische Staffelungen, wie sie für Organisationen typisch sind. Aus diesem Grunde werde ich mich auch nicht mit den in Organisationen geläufigen offenen Machtspielen auseinandersetzen, die ihre Wirksamkeit aus ihrer Einbindung in eine solche hierarchische Struktur gewinnen, z. B. mit Befehlen, Weisungen und anderen Methoden des offenen Kämpfens und Angreifens. Statt dessen werde ich mich beispielhaft vor allem solchen Verhaltensweisen zuwenden, die weitgehend sozial akzeptiert sind und nicht als Machtspiele wahrgenommen werden.
Trotz der Künstlichkeit, die durch den Laborcharakter z. B. einer Ausbildungsgruppe gegeben ist, wird das zum beruflichen wie privaten Alltag gehörige Erleben durchaus in der Konstellation einer solchen kleinen Gruppe aktiviert und kann für die beteiligten Personen eine bedrohliche emotionale Qualität annehmen bis hin zu psychischen Dekompensationserscheinungen, denen sich im Alltag durch soziale Pufferrituale oft besser ausweichen läßt als in der Treibhausatmosphäre einer Trainings- oder Ausbildungsgruppe. Die Verinnerlichung von äußeren Strukturen und die damit verbundene Bindung an diese Strukturen tritt klar hervor. Zugleich wird die Abwehr dieser Einsicht durch die Projektion auf etwas außerhalb, auf die »anderen«, die Eltern, die Leiter, die Organisation oder die Gesellschaft, als ganzes schwieriger. *So ist die Realität von Machtprozessen und -spielen in solchen Gruppen spielerischer und bedrohlicher zugleich.*
Lernprozesse sind unweigerlich mit Verunsicherung, Angst und »Identitätsstreß« (Bradford 1972, S. 212) verbunden. Es bedarf

einer Phase des »Unfreezing« (Kurt Lewin), einer allmählichen Aufweichung sozialer Gewißheiten. Um Veränderungen möglich zu machen, müssen die eingeübten Abwehrstrategien der Teilnehmer verunsichert werden. Die emotionalen Begleiterscheinungen der Macht sind Angst und Wut, ohne sie kann sie keine Wirkung entfalten. Es steht ihnen also auch in der Aufarbeitung ein Platz zu. Will der Trainer Machtspiele sichtbar und in ihren emotionalen Verankerungen erlebbar machen, muß er eine Vorstellung vom zumutbaren Maß der Bedrohlichkeit für alle Beteiligten entwickeln. Dieses zumutbare Maß ist hochgradig kontext- und situationsabhängig und ständig im Fluß. Dies erfordert die Fähigkeit, im Kontakt mit dem konkreten Gegenüber ein gemeinsames Gespür für die soziale Situation zu entwickeln. In dieser Vorausschau auf die Trainerrolle (Kap. 6) wird schon sichtbar, welche Machtfülle in einer Rolle enthalten ist, die glaubt, anderen eine solche Bedrohung bzw. einen solchen Streß zumuten zu dürfen.

Die Schwierigkeit, Machtprozesse besser verstehen und mit ihnen angemessener umgehen zu können, ergibt sich vor allem aus der Kluft zwischen dem quasi »Überindividuellen« von Machtstrukturen und dem als Machtausübung erlebten Verhalten einzelner. Dieser Schwierigkeit versuchen manche Darstellungen durch eine *Personalisierung von Macht* zu entkommen. Vor allem in der psychotherapeutischen Literatur sind auf diese Art Darstellungen entstanden, die sich nur graduell von Morallehren unterscheiden, die seit jeher strukturelle Probleme durch Regeln einer »moralischen« Lebensweise zu lösen versuchen (z. B. Adler 1966, Steiner 1986, Portele 1988). Wenn wir nur alle vom Machtstreben lassen würden, wenn sich Personen und Verhaltensstile ändern würden, so die mehr oder weniger explizite zentrale Botschaft aller dieser Weltsichten, dann würden auch all die mit Macht verbundenen Probleme verschwinden.

Der Gefahr einer einseitigen Psychologisierung und Individualisierung von Machtspielen wird in der gruppendynamischen Arbeit dadurch begegnet, daß immer auch der Sinn eines *individuellen Verhaltens für die Gruppe als ganzes* im Blickfeld bleibt. Auf diese Weise bleibt der Zusammenhang zwischen individuellem Verhalten und Kontextbedingungen so weit erhalten, daß nach einer Verengung der Sichtweise auf die einzelne Person auch wieder die Öffnung auf den größeren strukturellen Zusammenhang erfolgen kann.

Zugleich enthalten alle diese individualisierenden Darstellungen eine wichtige Teil-»Wahrheit«. Strukturen werden nur im Verhalten und Erleben von konkreten Individuen lebendig, diese Strukturen werden dadurch überhaupt erst erschaffen. Ein Verstehen dieser Strukturen setzt daher das Verstehen davon voraus, wie sie sich in individuellem Verhalten realisieren. Und um diese Strukturen zu verändern, muß sich auch das konkrete Handeln und Verhalten ändern.

Diese individuellen Verhaltensweisen werden hier als Machtspiele bezeichnet bzw. beschrieben (Berne 1970, 1992). Mit dieser Metapher des Spiels ist jedoch weder gemeint, daß die Spieler das Spiel in der Hand hätten, noch daß diese Spiele spielerisch seien. Vielmehr spielt das Spiel den Spieler in sicherlich dem gleichen Ausmaß, wie der Spieler das Spiel spielt. *Der Spieler hat zwar Macht im Spiel, aber nicht über das Spiel.* Selbst wenn der Spieler eine gewisse Bewußtheit gegenüber den Regeln entwickelt hat, nach denen er spielt –, was häufig nicht der Fall ist –, so kann er diese Regeln selbst nicht beeinflussen. Das Spiel entwickelt eine hohe Eigendynamik. Der Spieler ist also seinem eigenen Spiel ausgeliefert, das seinen spielerischen Charakter dadurch verliert.

5.2 Typen individueller Machtorientierung

In der Behandlung des individuellen Umgangs mit Macht trifft man in der Literatur im wesentlichen auf zwei verschiedene Herangehensweisen: die Beschreibung und Klassifizierung von Charaktertypen und von Verhaltens- bzw. Kommunikationsstilen.

Auf eine lange Geschichte zurückblicken kann die Formulierung von bestimmten Charakterstrukturen bzw. -typen, wie sie in der älteren Psychologie, in den Anfängen der Psychoanalyse, in der Psychiatrie und der älteren psychologischen Diagnostik vorherrschend ist. Hier findet sich das ganze Arsenal der psychopathologischen Zuschreibungen: Psychotiker, Neurotiker, Hysteriker,

Depressive, Zwanghafte und Narzißtische. Weniger totalisierend und damit weniger festschreibend als in klinischen Begriffen zeigt sich diese Praxis in der Beschreibung von »typischen« Teilnehmern in Gruppen, von Klienten bzw. Problempatienten in der Psychotherapie. Da ist dann die Rede vom »Alleinunterhalter«, vom schweigenden oder langweiligen Patienten, vom »Jammerer« oder vom »Meckerer«. Jedem, der in und mit Gruppen arbeitet, wird eine Vielzahl von solchen Typisierungen einfallen. In unserer Alltagssprache bedienen wir uns einer Vielzahl solcher Typisierungen, sie sind dort ein unverzichtbarer Teil unserer alltäglichen Orientierung (Forgas 1987). Auch für einen Gruppenleiter bieten sie eine solche erste Orientierung wie auch eine Möglichkeit der psychischen Entlastung. Wer hätte noch nicht mit seinen Kollegen in dieser Art über seine Teilnehmer hergezogen? Eine entsprechende Typisierung ließe sich auch um den Begriff der Macht herum erfinden, z. B. der »Machthungrige«, das »Opfer«, der »Kollaborateur«, der »Intrigant« und der »Ohnmächtige«.

Solche Typisierungen bieten einen Erkenntniswert, wenn sie als spontane Kategorisierungen aus der unmittelbaren Wahrnehmung entstehen, ohne sich eines Wissenschaftsjargons oder anderer Formen der »Objektivierung« und Festschreibung zu bedienen. In der konkreten Situation erlauben sie es, die Komplexität einer Person in einem griffigen Bild zu erfassen. Als Intervention genutzt, können sie erhellend sein und Bewegung auslösen. Problematisch werden sie dadurch, daß sie dazu neigen, sich zu verfestigen und zu Etikettierungen zu werden, die sich ihre eigene Realität über einen Prozeß der selbsterfüllenden Prophezeiung schaffen. Vor allem bei psychopathologisch geprägten Zuschreibungen im institutionellen Kontext, z. B. in der Psychiatrie, kann diese Dynamik äußerst wirksam sein (Goffman 1972). Alles Verhalten kann dann beliebig auf dem Hintergrund einer solchen Zuschreibung beurteilt bzw. darunter subsumiert werden. Veränderungen des Betroffenen sind nun kaum noch möglich. Solche Zuschreibungen werden dann selbst Teil eines Machtspieles, das in diesem Fall meist die Institution gewinnt.

Weit weniger anfällig für solche Etikettierungsprozesse ist die Beschreibung von Verhaltens- und Kommunikationsstilen. Beschrieben werden hier interaktive Prozesse zwischen Personen und nicht (Charakter-)Eigenschaften einer einzelnen Person (Watzlawick u. a. 1969). Die systemisch und strategisch orientierten Verfahren in Therapie und Beratung haben aus dieser Sichtweise heraus eine Vielzahl von wirksamen Veränderungsstrategien entwickelt (Weiss, Haertel-Weiss 1991).

Zugleich sind wir als Personen mehr als die Abfolge der Interaktionen, an denen wir beteiligt sind. Zu dem Kontext, in dem unser Verhalten erst seinen Sinn bekommt, zählt nicht nur der strukturelle Zusammenhang von gesellschaftlichen Regelungen und institutionellen Einbindungen, in denen wir uns bewegen. Auch unsere persönliche Geschichte schafft einen solchen Kontext, auf dessen Hintergrund unser Verhalten erst einen Sinn erfährt und verstehbar wird. Zwar ist diese Geschichte nicht eindeutig und unveränderlich. Sie besteht aus subjektiven Interpretationen von Lebensereignissen und persönlichen Stellungnahmen dazu. Und im Verlaufe unseres Lebens erfinden wir diese Geschichte mehrmals neu. Zugleich werden im Leben objektive »Tatsachen« produziert, um die unsere subjektiven Interpretationen nur um den Preis eines Realitätsverlustes herumkommen, der selber wiederum einen hohen Preis in der Form von physischer wie psychischer Verformung oder Krankheit fordert.

Die Möglichkeit, unserer persönlichen Lebensgeschichte eine Kontinuität in die Vergangenheit hinein zu geben, ist Voraussetzung für die Entwicklung eines Gefühls der Identität, des Mit-sich-selbst-identisch-Seins. Zugleich wird diese Identität selber zum Problem, wenn sie neue Erfahrungen nicht mehr integrieren und sich durch sie verändern kann, sondern Neues nur noch auf dem Hintergrund des Alten einordnet, in letzter Konsequenz im Neuen nur Variationen des Alten sieht.

Menschen mit einem ausgeprägten Hang zu Machtspielen neigen zu solchen Generalisierungen auf dem Hintergrund des Vergangenen und produzieren sich dadurch die Rechtfertigung für ihr Verhalten in der Gegenwart, wie dies am Beispiel des Konkurrenzverhaltens beschrieben wurde (Kap. 3.6). Die Hartnäckigkeit solcher Verhaltensmuster verweist darauf, daß die psychodynamische Grundlage solcher Strategien lebensgeschichtlich in den Erfahrungen und dem Erleben von Kindheit und Jugend zu suchen ist, in den verletzungsanfälligen Prozessen von Abhängigkeit und Autonomie, Ablösung und Bindung. Diese Sichtweise eröffnet die Möglichkeit, die *Entwicklung von Machtspielen mit Gefühlen von Machtlosigkeit in Verbindung zu bringen*, sie als *Ausfluß von Überlebensstrategien* zu betrachten. Je rigider, automatischer und aggressiver diese Spiele umgesetzt werden, um so größer muß die dahinterstehende Bedrohung angenommen werden.

In vielen Untersuchungsfeldern ist der Zusammenhang zwischen (elterlicher) Machtausübung in der Erziehung und späterer eigener Orientierung aufgewiesen worden (Oerter/Montada 1987). Demnach verhindert ein machtausübendes Erziehungsverhalten eine Verinnerlichung von Normen und eine darauf aufbauende Entwicklung zur Autonomie. Diese Machtausübung kann die direkte physische Form von körperlichen Übergriffen annehmen. Es entwickelt sich ein Verhaltensschema zwischen Gehorsam gegenüber Autoritäten und Unterwerfung von anderen. Aber auch die indirekte Form der Machtausübung über die Fixierung von psychodynamisch fundierten Formen der Bindung kann für die spätere individuelle Prägung im Umgang mit Macht von Bedeutung sein.

Im extremen Fall entsteht daraus eine Dynamik, die »Opfer« später zu »Tätern« werden läßt, ihnen aufgrund der zugefügten Verletzungen ein geradezu moralisch gerechtfertigt erscheinendes Anrecht auf das Tätersein verschafft. Das Erkennen solcher Machtspiele als Überlebensstrategien verändert für den Betroffenen daher auch erst einmal nichts, kann eventuell über die Selbststilisierung als Opfer die Rechtfertigung dieser Strategien noch perfektionieren. Veränderung wird zumeist dann erst möglich, wenn die Machtspiele als »Lohn« deutlich werden können, den das »Opfer« nachträglich aus der Tat des »Täters« gezogen hat. Um die daraus erwachsene Täterrolle mit all ihren Machtstrategien verlassen zu können, muß auch die dahinterliegende Opferrolle verlassen werden. Dies sollte nicht mit einer Entlastung des Täters oder einer Rechtfertigung der Tat verwechselt werden. Es geht vielmehr um die Wiederherstellung der Autonomie und Selbstverantwortung des Opfers durch die Loslösung von der Ohnmacht gegenüber Tat und Täter.

Begreift man also den Umgang mit Macht als erlerntes Verhalten, so kommt man um eine Vorstellung der Entwicklung dieses Verhaltens nicht herum. In der Entwicklungspsychologie finden sich die für unseren Zusammenhang aufschlußreichsten Überlegungen zum Umgang mit Macht in den Untersuchungen und *Konzepten zur Entwicklung des moralischen Urteils.* Zentraler Wegbereiter dieser Theorien war Jean Piaget mit seinen Untersuchungen über das moralische Urteil beim Kind (Piaget 1954). Er unterschied generell zwei Stadien: im Stadium der Heteronomie werden die Regeln durch Autoritäten gesetzt, die über gut und böse entscheiden und berechtigt sind, Abweichungen zu bestrafen; im Stadium der Autonomie, das er etwa ab dem Alter von 10 Jahren ansetzt, entscheiden die Heranwachsenden selbst, was gut und böse ist. Den beiden Stadien werden zwei Typen der Achtung vor der Regel zugeordnet: die einseitige Achtung, die sich im Gehorsam vor der Autorität zeigt, und die gegenseitige Achtung, die sich im gemeinsamen Respektieren von Vereinbarungen äußert. Diese Unterscheidung verweist auf die beiden zentralen Umgangsweisen mit dem Problem der Macht: der Hierarchisierung und der Normierung.

Weiter ausdifferenziert wurden die Entwicklungsstadien in den Arbeiten von Kohlberg, der drei Niveaus der moralischen Entwicklung (mit jeweils zwei Stufen) unterschied (Montada 1987). Auf dem ersten »vormoralischen« Niveau überwiegt die hedonistische Orientierung an eigenen Interessen bzw. die Angst vor drohenden Strafen und mächtigen Autoritäten. Auf dem »konventionell-konformistischen« Niveau überwiegt die Orientierung an wichtigen Partnern in den jeweiligen Orientierungsgruppen. Das »postkonventionelle« Niveau ist schließlich gekennzeichnet durch eine Orientierung an vereinbarten Prinzipien und Gerechtigkeitsgrundsätzen. Mit dieser Einteilung in Niveaus wollte Kohlberg weniger das reale Handeln von Personen als vielmehr die Begründungen beschreiben, die sie ihrem Handeln geben. Dafür konstruierte er ein Kontinuum zwischen der Orientierung an eine Person (die eigene oder eine Autorität), an eine Gruppe (die Familien, die Peers, bis hin zu Staat und Nation), sowie eine Orientierung an abstrakten und absoluten Normen, wie sie in der traditionellen Ethik formuliert werden. Ein großer Teil der Menschen verbleibt nach dieser Sichtweise auf dem »konventionell-konformistischen« Niveau, und nur eine kleine »Elite« erreicht das dritte und »höchste« Niveau.

Während sich ein solches Modell für die Beschreibung von Entwicklungsprozessen bei Kindern und Heranwachsenden als fruchtbar erweisen kann, erscheint die Übertragung auf die soziale Welt (von Erwachsenen) als problematisch, wird doch eine normative Stufenleiter konstruiert, nach der wiederum Menschen als mehr oder weniger moralisch entwickelt eingeteilt werden können. Es entsteht die Gefahr, daß daraus neue Zuschreibungen werden in Form von Charaktertypologien. Eine weiterführende Kritik dieser Vorstellungen (Gilligan 1984) werde ich in Kap. 7 wieder aufgreifen.

Um die Überlegungen zur moralischen Entwicklung für die Frage nach der individuellen Machtorientierung fruchtbar zu machen, möchte ich ein Klassifikationsschema von MacClelland (1978) hinzuziehen, das speziell für diese Fragestellung entwickelt wurde und inhaltlich an verschiedenen Stellen den aufgeführten Entwicklungsmodellen ähnelt, ohne sich explizit auf sie zu berufen. MacClelland unterscheidet sich von einem reinen Entwicklungsmodell insofern, als die einzelnen Stadien sich nicht ablösen, sondern ergänzen. D. h., eine Person geht in ihrer Entwicklung zwar durch verschiedene Stadien hindurch, ist in diesen Stadien jeweils spezifischen Risiken ausgesetzt und kann eventuell auch in einer Entwicklungsstufe verharren. Aber auch die »letzte« Stufe beinhaltet destruktive Risiken im Umgang mit Macht.

Reife beinhaltet nach MacClelland die Fähigkeit, jeweils die Verhaltensweisen auswählen zu können, die der Situation angemessen sind. Um dem Ausdruck zu verleihen, präsentiert er sowohl ein Entwicklungsmodell als auch ein Modell verschiedener Grundorientierungen, die inhaltlich den Entwicklungsphasen weitgehend entsprechen. *Reife besteht demnach darin, auch nach dem Durchlaufen dieser Phasen situationsangemessen zwischen Verhaltensweisen wählen zu können, die psychodynamisch in unterschiedlichen, d. h. auch in früheren Phasen verankert sein können.* Diese Vorstellung von individueller Reife als einem Wechsel zwischen verschiedenen Orientierungen ergänzt die entsprechende Vorstellung, daß die Reife einer Gruppe in ihrer Fähigkeit liegt (vgl. 4.3), Regelsysteme und die jeweiligen Machtrollen nicht verhärten zu lassen, sondern immer wieder an Kontext und Situation anzubinden.

Besonders fruchtbar wird das Modell von MacClelland dadurch, daß es auch Verhaltensorientierungen zu erfassen vermag, die im allgemeinen Verständnis nicht unbedingt als machtorientiert wahrgenommen werden, weil sie sich vorrangig auf die eigene Person beziehen. Machtorientierung zeigt sich nach MacClelland nicht nur im Handeln, sondern auch im Fühlen. Grundlegend ist demnach die Unterscheidung zwischen einer innerhalb oder außerhalb des Selbst angesiedelten *Machtquelle* sowie die Unterscheidung zwischen dem eigenen Selbst oder anderen Personen bzw. Dingen als *Machtobjekten*. In der Kombination ergeben die jeweiligen Ausprägungen dieser beiden Kriterien ein Schema von vier Grundorientierungen, dem vier Entwicklungsphasen entsprechen. *Während es den mehr auf das Selbst ausgerichteten Orientierungen darum geht, sich mächtig zu fühlen, sind die auf andere ausgerichteten Orientierungen mehr darauf aus, mächtig zu handeln.*

	Machtquelle	
	Andere	*Selbst*
Machtobjekt		
Selbst	1	2
Motto:	»Es nährt mich«	»Ich stärke, kontrolliere mich«
Phase:	Oral	Anal
Orientierung:	Partizipation an der Macht eines anderen	Selbstkontrolle
Gruppe:	Autoritätsfixierung	Normenfixierung, Konformismus
Andere	4	3
Motto:	»es hält mich an, zu dienen«	»Ich habe Wirkung auf andere«
Phase:	genital	phallisch
Orientierung:	Kontrolle durch höheres Prinzip	Kontrolle von anderen
Gruppe:	Differenzierung der Normen und Gegenseitigkeit	Selbstbehauptung und Kampf gegen Autoritäten

Tabelle angelehnt an MacClelland (1978, S. 27)

1. Das *Motto* der ersten Grundorientierung bzw. Phase lautet »es nährt mich«. Als Objekt der Machtausübung steht das eigene

Selbst im Vordergrund, das aber auf eine außerhalb des Selbst angesiedelte Machtquelle angewiesen ist. Im psychoanalytischen Entwicklungsmodell entspricht dies der oralen Phase, in der sowohl die Abhängigkeit von äußeren Mächten, konkret der Mutter, am größten ist, zugleich aber aus dieser Abhängigkeit ein ähnlich absolutes Gefühl der eigenen Stärke erwächst. Allmacht und Ohnmacht liegen dicht beieinander. Im familiären Kontext überwiegt die Bindung an die Mutter, erst in der weiteren Entwicklung wird dies durch die Unterwerfung unter männliche Autoritätsfiguren ergänzt, gegebenenfalls mit dem (unbewußten) Ziel, sich auf diese Weise der mütterlichen Bindung zu entziehen. Die Entwicklung von hysterischen Charakterzügen und Suchtkrankheiten sieht MacClelland in dieser Phase begründet. In der nachgeholten Auflösung dieser frühen Bindungen und der Überführung von externaler zu internaler Kontrolle ist ein großer Teil der psychotherapeutischen Arbeit angesiedelt.

Auf der Ebene der *Machtorientierung* sind hier die typischen Gefolgsleute angesiedelt, die sich ein Gefühl der Macht durch die Partizipation an der Macht einer anderen Person verschaffen. Kraft und Unterstützung kommen von außen, die Unterordnung wird aber nicht als Unterwerfung, sondern als eigene Stärke erfahren. Fremdkontrolle kann daher nur schwer als solche erlebt werden, was aber Voraussetzung für einen nachholenden Internalisierungsvorgang wäre. Die Aufgabe des Bildes einer idealisierten wohlwollenden Autorität ist mit starken Gefühlen der Verzweiflung und des Verlustes besetzt, der Angst, alleine zurechtkommen zu müssen.

Im *Kontext einer Gruppe* überwiegt eine starke Autoritätsfixierung einerseits sowie im Erleben – vor allem in größeren Gruppen – die Angst, vom »Schoß« der Gruppe »verschlungen« zu werden. Nicht der Leiter, sondern die Gruppe als ganze stellt die zentrale Bedrohung dar. Heftige Aktivität und weitgehender Rückzug wechseln sich in der Dialektik von (narzißtischer) Allmacht und Ohnmacht ab. Die Abwehr von Ohnmachtsgefühlen kann zu aggressiven wie autoaggressiven Akten führen. Das selbstzugefügte Unheil beläßt wenigstens einen Rest von Autonomie.

Zugleich besteht eine hohe Sensibilität für den gemeinsamen Umgang mit Angst. Befindet sich eine Gruppe in einer Phase des Zusammenschlusses und der Selbstidealisierung, können solche Personen vorübergehend zu Führungspersönlichkeiten werden. Sie werden zum Sprachrohr von Gefühlen einer abstrakten Verbundenheit, mit »allen« in der Gruppe, mit der Natur, der Welt. Reale Beziehungen sind jedoch von starken Ängsten vor Grenzverlust begleitet.

2. Für die zweite Grundorientierung bzw. Phase steht das *Motto* »ich stärke mich«. Die Machtquelle wird im Selbst angesiedelt, und Objekt der Macht ist gleichfalls das Selbst. Psychoanalytisch gesehen entspricht dies der analen Phase, in der es um die Herausbildung von Autonomie und eigenem Willen geht. Ziel sind die Selbstkontrolle und die Erweiterung des Selbst in äußeren Objekten. Im familiären Kontext kündigt sich die Erweiterung der primären Beziehungskonstellation an, der Vater tritt hinzu.

   Auf der Ebene der *Machtorientierung* überwiegt ein striktes und unbedingtes Unterwerfen unter Normen, die als fester Teil des eigenen Selbst angesehen werden, und ein eher vorsichtiges und mißtrauisches Umgehen mit Autoritäten. Der Konformist wäre hier anzusiedeln. Die Normenorientierung ist wenig flexibel und neigt zu zwanghafter Übererfüllung. Das normative Ideal ist zu hoch, als daß es an einem Menschen sicher festzumachen wäre. Im Hintergrund steht die Angst vor Inkompetenz, d. h. den eigenen Maßstäben nicht gerecht werden zu können. Diese Angst muß durch verstärkte Selbstkontrolle im Zaum gehalten werden.

   Im *Kontext der Gruppe* zeigt sich eine starke Normenorientierung. Auch vom Leiter wird verlangt, sich diesen Normen zu unterwerfen. Es besteht eine starke Tendenz zum Moralisieren. Die offene Auseinandersetzung in eigener Absicht wird jedoch nicht geführt, es wird die Einhaltung der Normen eingefordert. Konflikte werden eher abgewehrt, Differenzierungen sind nur beschränkt möglich. Der Protagonist wird zum »Geschichtsschreiber« der Gruppe, der genau weiß, wann welches Ereignis stattgefunden hat. Die zentrale Aufgabe für die weitere Entwicklung besteht in gewisser Weise in der Entwicklung von

Eigennützigkeit und der Möglichkeit zur Selbstbehauptung, sowohl gegenüber dem Leiter als auch den anderen Gruppenmitgliedern.

3. Für die dritte Grundorientierung steht das *Motto* »ich habe Macht über andere«. Die Machtquelle wird im Selbst angesiedelt, Objekt der Macht sind jedoch Personen und Dinge außerhalb des eigenen Selbst. Es geht um die Kontrolle von anderen, um Fremdkontrolle. Im Alltagsverständnis, vor allem wenn Macht dämonisiert wird, ist hier die eigentliche Machtorientierung angesiedelt. Im psychoanalytischen Modell ist dieses Motto in der phallischen Phase angesiedelt, in der der ödipale Konflikt zwischen Kind und Eltern zu einem Höhepunkt und vorläufigen Abschluß kommt. In der Familienkonstellation tritt der Vater stärker in den Vordergrund.

   In der *Machtorientierung* ist hier die Konkurrenzhaltung angesiedelt. Macht wird als personale Eigenschaft gesehen, die gegen andere verteidigt wird. Es geht um Selbstbehauptung im Kampf gegen andere. Die traditionelle Führerpersönlichkeit wird häufig in diesem Bild beschrieben. Die angestrebte Überlegenheit kann sich aber auch anders als im offenen Kampf realisieren. Dann bedient sie sich der Mittel der Sorge und des Mitleides über andere. Das Helfen kann zur Strategie werden, um für sich im Kampf um Selbstbehauptung einen sicheren Platz zu erlangen. Andere werden durch die Hilfe als bedürftiger definiert, während derjenige, der Hilfe anbietet, dadurch an Stärke gewinnt.

   Im *Kontext der Gruppe* ist diese Orientierung durch Kampf vor allem gegen den Leiter gekennzeichnet. Der Kampf mit anderen Gruppenmitgliedern dient der Klärung von Koalitionen in der Front gegen die Autorität. Im Notfall wird der Kampf aber auch alleine geführt. Der Preis dafür ist die Einsamkeit. Die Protagonisten übernehmen gleichzeitig wichtige Führungsaufgaben und treiben durch ihren kampforientierten Verhaltensstil die Auseinandersetzung in der Gruppe voran. Schwieriger sind die Verhaltensstile, die sich in Sorge kleiden. Sie verbinden die normative Orientierung der zweiten Grundorientierung mit der Kampforientierung, die aber dadurch als solche schwieriger zu erkennen ist, sich manchmal sogar als Protagonist der nächsten Grundorientierung darstellt.

4. Das *Motto* dieser Grundorientierung könnte lauten »es hält mich an, zu dienen bzw. zu beeinflussen«. Die Machtquelle wird jetzt wieder eher außerhalb des Selbst angesiedelt, in allgemeinen Werten und Prinzipien im Sinne einer altruistischen Einstellung, die das Gemeinwohl über das eigene Wohl stellt. Das Objekt der Macht liegt gleichfalls außerhalb, die Grundhaltung ist von aktiver Einmischung gekennzeichnet. Im psychoanalytischen Modell entspricht dies der genitalen Phase. Der Kampf wird durch die Identifikation mit dem gleichgeschlechtlichen Elternteil aufgelöst. In der Familienkonstellation treten beide Elternteile gleichberechtigt nebeneinander, jeder an seinen Platz.

Schon diese kurze Eingangsskizze verdeutlicht die Problematik der Annahme einer solchen vierten Grundorientierung. Ist eine solche selbstlose Machtorientierung nicht ein Widerspruch in sich? Was unterscheidet sie vom Konformisten? Und werden nicht gerade im Dienste allgemeiner Prinzipien die schlimmsten Verbrechen begangen? Die Ethik der Pflicht, die sich übergeordneten Prinzipien verpflichtet sieht und sich in den Dienst einer überpersonalen Ordnung stellt, kann schnell in die Diktatur der Norm umschlagen. Es bedarf dann nur noch eines Statthalters dieser Norm, um eine reale Diktatur ins Leben zu rufen. Der destruktive Anteil dieser Grundorientierung erwächst aus der Verbindung mit der ersten Orientierung, die Unterwerfung verbindet sich mit Allmachtsvorstellungen, wie sie z. B. für Religionsverkünder typisch sind. Die vier Grundorientierungen bilden insofern einen Kreis und nicht eine Hierarchie.

So ganz frei machen kann sich diese Grundorientierung also nicht davon, selbst wieder normativ zu sein und in diesem Sinne Teil von Machtausübung zu sein. Zugleich erleben wir in unserem Alltag vielfach Verhalten, das wir dieser Grundorientierung zuordnen würden. Es zeigt sich in einem Gefühl für Gerechtigkeit, für den Ausgleich von Geben und Nehmen, für das, was einem selbst und anderen zusteht. Ergänzt wird dies durch eine Grundhaltung, die Prinzipien nicht über Menschen stellt.

Die *Machtorientierung* dieser Grundhaltung zeigt sich daher in dem Wissen, daß es keine *situationsunabhängige Handhabung* von Prinzipien gibt und daher keine noch so absolut formulierte Norm, Moral oder Ethik, die die individuelle Entscheidung in einer konkreten Situation ersetzen könnte. In diesem Sinne enthält sie die Grundhaltungen aller drei vorherigen Grundorientierungen und die Fähigkeit, zwischen diesen zu wählen in dem Wissen, daß es eine in jeder Hinsicht richtige Wahl nicht gibt.

Im *Kontext der Gruppe* kann diese Orientierung letztendlich *nicht als individuelle Entscheidung zum Tragen kommen, sie steht dem einzelnen nicht in völliger Autonomie zur Verfügung, sondern kann nur im gesamten Beziehungsnetz realisiert werden.* Sofern sie nicht in der Isolation und der Überheblichkeit des »einzigen Gerechten« enden will, wird diese *individuelle Orientierung damit gleichzeitig zur Gruppenleistung*. Ein Teil dieser Leistung ist es, daß auch der Kampf um Macht und Normen, um Ansehen und Liebe einen Platz hat. Es geht um die Anerkennung von Unterschieden, auch von solchen Unversöhnlichkeiten, die nur im Widerspruch nebeneinander bestehen können. Reife bedeutet in diesem Sinne, daß auch die »Unreife« als Teil der Reife einen Platz bekommt.

So schwierig und so vorübergehend die Erreichung dieser Orientierung erscheint, so notwendig ist sie im Kontext einer modernen Gesellschaft, die nicht mehr von einheitlichen Wert- und Normensystemen zusammengehalten wird, sondern in der es um das friedliche Nebeneinander von zum Teil konträren Wertsystemen geht.

Jede dieser vier Grundhaltungen birgt also spezifische Gefahren und Möglichkeiten. Will man individuelles Verhalten anhand dieser Grundorientierungen beschreiben, so wird dies immer auf eine Mischung hinauslaufen. Selbst bei einer extremen Fixierung auf eine Grundorientierung allein, bei psychopathologischen Erscheinungen zumeist auf die beiden ersten Grundorientierungen, sind immer Anteile der anderen Orientierungen zu finden. Aber auch wenn die Fixierungen auf eine Entwicklungsstufe im Vordergrund stehen, kann sich der Impuls zur Veränderung und Erweiterung der Orientierung der Kräfte bedienen, die jeweils darin verborgen sind.

Zugleich liegt in dem Ausmaß solcher Fixierungen und den Notwendigkeiten und Möglichkeiten des Umgangs damit ein zentrales

Kriterium verborgen, das die gruppendynamische von der therapeutischen Arbeit unterscheidet. Die Bearbeitung tiefer gehender Verletzungen, die solche Fixierungen häufig begleiten, und die Veränderung der entsprechenden Machtspiele sind in einem gruppendynamischen Training bzw. in einer Veranstaltung der Erwachsenenbildung nur beschränkt möglich, bestenfalls können sie aufgezeigt und ein weiterer Weg für die therapeutische Aufarbeitung eröffnet werden. Dennoch sollte sich jeder, der in Gruppen am Machtthema arbeiten will, über die Tiefe der Verankerung von Machtspielen bewußt sein, d. h. sich weder vom *Spiel der Macht* noch vom *Spiel der Ohnmacht* einfangen lassen. Beide lassen sich als Ausdruck von Gefühlen der Überlegenheit ansehen, als Versuche, in schwierigen Situationen sich einen Rest des Gefühls zu bewahren, Herr über sich selbst zu sein, bzw. ein Mindestmaß an Verfügungsmacht über sich oder andere zu behalten, was im Hintergrund auf ein eher schwach ausgebildetes Selbstwertgefühl verweisen kann.

Geht man zudem davon aus, daß erst der Kontext der Situation und die Figuration der jeweilig beteiligten und relevanten Beziehungen ein Verhalten zum Machtspiel werden lassen dann ergibt sich daraus, daß so gut wie alle Verhaltensstile und -möglichkeiten hierfür eingesetzt werden können: das Reden und das Schweigen, das Angreifen und das Verteidigen, das Leiden und das Leid-Zufügen – zu jedem Verhalten und Stil also auch das Komplementäre. Ein Verhalten ist demnach nicht aus sich selbst heraus ein Machtspiel, sondern muß erst dazu gemacht werden.

Ob ein Verhalten als Machtspiel zu begreifen ist, läßt sich häufig nicht einfach aus seiner Wirkung erschließen, sondern nur aus den Motiven des Akteurs. Dies gilt vor allem für solche Machtspiele, bei denen es um Selbstkontrolle geht und die Kontrolle der anderen nur Mittel zum Zweck ist, z. B. bei den altruistischen Machtspielen des Helfens. Der Sinn des Handelns muß erst erschlossen werden, indem z. B. nach der zentralen Angst des Akteurs gefragt wird und den daran anschließenden Vermeidungsstrategien. Die Grundorientierungen nach MacClelland bieten für diese notwendige Interpretationsleistung einige Anhaltspunkte.

Umgekehrt können Verhaltensweisen, die oberflächlich gesehen ebenfalls als Machtspiele erscheinen, zur Auflösung von Machtspielen dienen, z. B. die offene Auseinandersetzung, das Konfrontieren und Abgrenzen, der Einsatz von Witz und Humor zur Überführung eines ernsthaften Machtspiels in ein spielerisches Machtspiel. Im folgenden werde ich beispielhaft beschreiben, wie im Kontext und Beziehungsgefüge einer Gruppe bestimmte Verhaltensweisen zu Machtspielen werden.

5.3 Reden und Schweigen

> »Die Macht des Schweigens wird immer hoch eingeschätzt. Sie bedeutet, daß man allen äußeren Anlässen zur Rede, deren unzählige sind, widerstehen kann. Man gibt auf nichts Antwort, als wäre man nie gefragt. Man läßt sich nicht anmerken, wie einem dies oder jenes gefällt. Man ist stumm, ohne zu verstummen. Aber man hat gehört. Die stoische Tugend der Unerschütterlichkeit müßte in ihrem extremen Falle zu Schweigen führen.
> … Ein Mann, der viel schweigt, wirkt auf alle Fälle konzentrierter. Man vermutet, daß er sehr viel weiß, wenn er schweigt. Man vermutet, daß er viel an sein Geheimnis denkt. Es begegnet ihm jedesmal, wenn er es zu schützen hat. …
> Das Schweigen wirkt der *Verwandlung* entgegen. Wer auf seinem inneren Posten steht, kann sich nicht davon entfernen. Der Schweigende kann sich verstellen, aber auf eine starre Weise. Er kann eine bestimmte Maske tragen, aber an ihr hält er fest. Die Fluidität der Verwandlung ist ihm versagt. Ihre Wirkung ist zu ungewiß, es ist nicht abzusehen, wohin man gerät, wenn man sich ihr überläßt. Man schweigt überall dort, wo man sich nicht verwandeln will. Im Verstummen reißen alle Anlässe zu Verwandlung ab. Durch Sprechen spinnt sich alles zwischen Menschen an, im Schweigen erstarrt es. (Elias Canetti 1960, Masse und Macht, S. 328 f.).

Reden ist ein zentrales Mittel von Beziehungsaufnahme und -gestaltung. Ein Redner leitet Beziehungen und Themen ein, spricht andere Personen an und bestimmt damit deren Aktivität mit und nutzt den Raum zu einer aktiven Selbstpräsentation. In der offenen und unstrukturierten Situation vor allem zu Beginn eines gruppendynamischen Trainings steht der Dienst, den er damit der Gruppe erweist, im Vordergrund. Er befreit die Gruppe von der angstauslösenden Macht des Schweigens, macht Anschlüsse möglich und eröffnet damit auch für die anderen die Möglichkeit der Beziehungsaufnahme. Zugleich ist aber jeder Raum, den er auf diese Weise für sich in Anspruch nimmt, für die anderen nicht mehr verfügbar, was mit fortschreitender Zeit immer deutlicher wird.

Idealtypisch gesehen können zwei völlig unterschiedliche Personentypen diese Rolle einnehmen. Zum einen sind dies Menschen, die das Einnehmen von Führungsrollen gewöhnt sind, die jede offengelassene Struktur als Führungsvakuum wahrnehmen, um dann diese Führungsrolle sofort zu übernehmen. Dies entspricht der 3. Grundorientierung nach MacClelland (im folgenden abgekürzt GO 3). Bei manchen ist dieses Verhalten so automatisiert, daß sie das Wort ergreifen und dann erst überlegen, was sie sagen wollen, eine häufig zu beobachtende Praxis bei öffentlichen Rollenträgern. Hier geht es um das Belegen von Redezeit und die Beschränkung der Zeit der anderen. Zu unterscheiden wäre weiterhin, ob es sich eher um einen Einzelgänger und Rebellen handelt, der vor allem für sich selber kämpft, oder um den Wortführer und das Sprachrohr einer Gruppe. Dieser kann, ähnlich einem Volkstribun, im weiteren Verlauf der Entwicklung in der Rolle des größten Konformisten der Gruppe die Führungsrolle übernehmen (GO 2).

Zum anderen können dies aber auch Menschen sein, für die das Schweigen hochgradig angstauslösend ist und die sich ins Reden und in die Aktivität flüchten, um diese Angst zu beschwichtigen (GO 1). Als Machtspiel wahrgenommen wird dieses Verhalten aber in beiden Fällen erst dann, wenn es nicht rechtzeitig aufgegeben wird. In einer Gruppe tritt dies besonders dann ein, wenn das Reden den Anschubdienst erfüllt hat, der Protagonist aber inzwischen einen weitergehenden Führungsanspruch daraus entwickelt hat, aber auch dann, wenn der Ängstliche durch sein Reden zwar die Angst der anderen, aber nicht seine eigene abgebaut hat.

Eine ängstliche Person erlebt die Gruppe in ihrem Schweigen als mächtig und bedrohlich und wird jede Form der Ordnung durch Reden der Uneinschätzbarkeit des Schweigens vorziehen. Der Inhalt der Rede tritt dabei hinter dieser Ordnungsfunktion zurück. Im Alltag sind wir es gewohnt, mit diesen Sprachspielen umzugehen. Belanglosigkeiten werden von allen Beteiligten zumindest für eine Weile als sinnstiftend akzeptiert. Ärgerlich, lästig oder peinlich wird eine solche Situation erst dann, wenn wir sie weder verändern noch verlassen können. In der Situation einer T-Gruppe

wird dieser Übergang beschleunigt, der Ärger macht sich bald Luft.
Manchmal richtet er sich gegen den Leiter, der für dieses Ordnungsvakuum verantwortlich gemacht wird. Ist der allgemeine Angstpegel aber hoch, so trifft dieser Ärger jemanden aus der Gruppe. In dieser Situation wird selbst die »Angstquasselei« als Führungsanspruch angesehen und aggressiv zurückgewiesen. Dies kann um so eher dann geschehen, wenn der Ängstliche selber eher zur aggressiv ausagierten Angstbewältigung neigt, ohne seine Angst zu bemerken. Es ist dann Aufgabe des Trainers, diesen Ärger wieder mit der Situation und der mit ihr verbundenen Angst in Verbindung zu setzen.

Ein Teilnehmer an einem zweiwöchigen gruppendynamischen Training mit drei parallel arbeitenden Gruppen nahm von der ersten Sitzung an die Rolle des Aktivisten ein. Er begann fast jede Gruppensitzung mit einem Beitrag, mischte sich in jede Beziehungskonstellation ein und stellte sich auch in Organisationsfragen stets der Gruppe zur Verfügung. Am Ende der ersten Woche vor einer kurzen Pause überreichte er der Gruppe der Trainer vor dem gesamten Auditorium eine Flasche Wein.
Da er bei all diesen Aktionen voller Witz und Charme war, waren seine Aktivitäten anfangs hoch willkommen, wurden dann etwas genervt belächelt, bevor sie offenen Ärger hervorriefen. Um ihn zu entlasten, habe ich seine aktive Leistung für die Gruppe hervorgehoben und ihm eine Ruhepause verordnet. Da er den Trainern gegenüber eher anhänglich war und auch mir vertraute, konnte er diese Verordnung, die auf seiner Abhängigkeit aufbaute, annehmen. In den folgenden Sitzungen wurde seine tiefe Angst etwas deutlicher, mit den anderen Teilnehmern keinen Kontakt zu finden bzw. diesen Kontakt nicht steuern zu können.
Diese und ähnliche Erfahrungen haben bei mir dazu geführt, mir um Teilnehmer, die offen ihre Angst zeigen, weniger Sorgen zu machen. Ein zeitiges Ansprechen, das ihnen den ersten Schritt in den Kontakt erleichtert, ist zumeist ausreichend. Gefährdet sind vor allem diejenigen, die ihre Ängste durch Vermeidungsstrategien wie hektische Aktivität überspielen. In der Atmosphäre eines Trainings versagt der Selbstschutz dieser Teilnehmer, und es hilft dann nur ein direktives Vorgehen von seiten des Trainers.

Den auf ihren Führungsanspruch beharrenden Personen werden sich gleichfalls nach einer Weile, wenn die damit verbundene Ein-

schränkung deutlich wird, die anderen Gruppenmitglieder entgegenstellen. Ein großer Teil der aggressiven Reaktion der Gruppe ist allerdings verschoben und gilt im Kern dem Trainer. Jeder, der versucht, Führung und Einfluß wahrzunehmen, wird zum »Scapegoat«, d. h. zum Blitzableiter, für diesen Ärger gemacht.
Eine solche aggressive Reaktion kann es sogar dann geben, wenn sich der anfänglich Aktive rechtzeitig zurückgenommen hat aufgrund seiner Aktivität, aber die Ohnmachtsgefühle und damit die Abhängigkeiten anderer hat so deutlich werden lassen, daß diese ihn dafür nachträglich bestrafen. Bei denen wiederum, die diese Führung wahrgenommen haben, kann eine solche Zurückweisung durch die Gruppe als Kränkung erlebt werden. Sie weisen dann die von den anderen Gruppenmitgliedern mit ihrem Reden verbundenen Machtansprüche empört von sich, haben sie sich doch ganz im Dienst der Gruppe gesehen (GO 2).
Deutlich wird dadurch die dialektische Verbindung von Reden und Schweigen im Spiel der Macht. Denn der Redner nimmt zwar durch sein Reden Einfluß, zugleich stellt er dadurch den anderen, den Schweigenden, Informationen über seine Person zur Verfügung, während er selber über die anderen kein vergleichbares Wissen erhält. Er macht sich durch sein Reden angreifbar, selbst oder sogar um so mehr dann, wenn er selber angreift. Jede Übernahme von Machtpositionen und -rollen, sofern sie nicht auf reinem Zwang beruht, wird in diese Dialektik eingebunden werden.

Ähnlich wie das Reden kann auch das Schweigen für zwei idealtypisch gesehen unterschiedliche Personentypen als Verhaltensstil in offenen und unstrukturierten Situationen kennzeichnend sein. So nehmen manche in neuen Gruppen eine abwartende und beobachtende Haltung ein, sammeln Informationen, machen sich ein Bild über die Gruppensituation und die einzelnen Mitglieder und legen sich eventuell sogar Pläne für das weitere Geschehen zurecht. Beizeiten treten sie dann aus der zweiten Reihe hervor und übernehmen die Führungsrolle gerade in dem Moment, in dem die anfängliche Führungsperson ihre Möglichkeiten ausgespielt hat. Dies kann durchaus den Charakter eines konstruktiven Übernehmens haben (im Sinne der GO 4), kann aber auch Ausdruck einer Haltung sein, die bei minimalem Risiko maximalen Nutzen anpeilt und dafür andere erst einmal ein wenig vorarbeiten läßt (GO 1).

Bei anderen wiederum ist ihr Schweigen vor allem Ausdruck einer angstbesetzten Situation, die sie mit Ohnmachtsgefühlen zu überschwemmen droht. Ihre Energie wird durch das emotionale Bewältigen dieser Situation völlig gebunden.
In beiden Fällen kann die Wirkung dieses Verhaltens auf die anderen Gruppenmitglieder ähnlich sein. Oft kommt es nach Abschluß der Anfangsphase in einer Gruppe zur Anfrage an die Schweigenden, ihr Schweigen zu durchbrechen, da dieses Schweigen auf die Aktiven, d. h. die Redner, zunehmend verunsichernd und bedrohlich wirkt. Eine solche Anfrage markiert in jeder Gruppe einen wichtigen Schritt, da erst jetzt die mehr im Hintergrund stehenden, eher passiven Verhaltensweisen in ihrer Wirkung und in ihrem Einfluß deutlich werden können. Zugleich kann aber auch die mit dieser Anfrage verbundene Verunsicherung die differenzierte Wahrnehmung der verschiedenen Arten des Schweigens behindern, der ängstliche Schweiger genauso bedrohlich wirken wie der berechnende Schweiger. Wird aufgrund dieser fehlenden Wahrnehmungsdifferenzierung der Ängstliche heftig angegangen, so kann dies seine Angst bestätigen und ihn im Extremfall zur physischen oder psychischen Flucht aus der Gruppe veranlassen. Vor allem diese psychischen Fluchtbewegungen können für den einzelnen gefährlich sein. Bei solchen Entdifferenzierungsphänomenen und ihren möglichen destruktiven Konsequenzen ist daher der Leiter in seiner Schutzfunktion gefordert.
Grundsätzlich öffnet sich jedoch in einer solchen Situation ein großes potentielles Lernfeld. Zum einen geht es darum, die Verschiedenheit der Strategien des Umgangs mit einer offenen Situation in ihren jeweiligen persönlichen Ausprägungen wahrnehmen zu lernen. Zum anderen kann das *spezifische Lernfeld der Gruppe* deutlich werden, wenn für die Gruppenmitglieder erlebbar und verstehbar wird, daß diese Verschiedenheit aus einer gemeinsamen Situation heraus entsteht und die Gemeinsamkeit in der Verschiedenheit eben darin besteht, in der je individuellen Art diese Situation zu bewältigen. *Zugleich wird deutlich, daß jedes Verhalten in der Gruppe Einfluß nimmt, und zwar unabhängig von den Intentionen des Handelnden.*
Doch nun nochmals zurück zum Schweigen als Machtspiel. Während das viele Reden zwar Raum einnimmt, verliert der je-

weilige Inhalt mit zunehmendem Redefluß an Bedeutung. Der Schweiger hingegen umhüllt sich mit einem Geheimnis und schürt die Erwartung auf etwas Bedeutungsvolles. Eine kurze und knappe Bemerkung kann daher oft viel größere Wirkung entfalten als eine längere Rede, ein Phänomen, dessen sich auch Gruppenleiter zu bedienen wissen. Zugleich schafft eine solche Knappheit eine Aura der edlen Kostbarkeit, die noch jede Trivialität mit Bedeutung füllen kann.

Deutlich wird aus all diesen Beschreibungen, daß Reden und Schweigen zwar durchaus individuell unterschiedliche Strategien darstellen, aber gegenseitig aufeinander angewiesen sind, wenn das Spiel um die Macht in Gang kommen soll. Zudem ist das eine als Kontrast immer schon im anderen enthalten.

5.4 Fragen und Antworten

> »Alles Fragen ist ein Eindringen. Wo es als Mittel der Macht geübt wird, schneidet es wie ein Messer in den Leib des Gefragten. Es ist bekannt, was man da finden kann; man will es aber wirklich finden und berühren ...
>
> ...Die Wirkung der Fragen auf den Fragenden ist eine Hebung seines Machtgefühls; sie geben ihm Lust, noch mehr und mehr zu stellen. Der Antwortende unterwirft sich um so mehr, je häufiger er den Fragen nachgibt. Die Freiheit der Person liegt zum guten Teil in einem Schutz vor Fragen. Die stärkste Tyrannei ist die, die sich die stärkste Frage erlaubt.
>
> Klug ist eine Antwort, die dem Fragen ein Ende macht. Wer es sich erlauben kann, kommt mit Gegenfragen; unter Gleichen ist dies ein erprobtes Mittel der Abwehr. Wem seine Stellung keine Entgegnung erlaubt, der muß entweder eine erschöpfende Antwort geben und mit dem herausrücken, worauf der andere zielt; oder er muß ihm durch List die Lust auf weiteres Eindringen nehmen. ... Hinter der Frage steckt immer ein wohlbewußtes Ziel. Unbestimmte Fragen, die eines Kindes oder eines Narren, haben keine Kraft und lassen sich leicht abspeisen.
>
> Wo kurze, knappe Antworten gefordert werden, da ist die Situation am gefährlichsten. Eine überzeugende Verstellung oder Fluchtverwandlung in wenigen Worten ist dann schwierig, wenn nicht unmöglich. Die krudeste Art der Abwehr ist, sich taub zu stellen oder nicht zu verstehen. Aber sie hilft nur unter Gleichen. ...

Das *Schweigen* auf eine Frage ist wie das Abprallen einer Waffe an Schild oder Rüstung. Verstummen ist eine extreme Form der Abwehr; wobei Vor- und Nachteile sich die Waage halten. Der Verstummte gibt sich zwar nicht preis, doch dafür wirkt er gefährlicher, als er ist. Man vermutet mehr in ihm, als er verschweigt. Er ist verstummt nur, weil er viel zu verschweigen hat; um so wichtiger ist es, ihn nicht loszulassen. Hartnäckiges Schweigen führt zur peinlichen Befragung, zur Tortur« (Elias Canetti 1960, Masse und Macht, S. 318 f.).

Besonders prägnant wird das Aufeinander-Angewiesen-Sein von komplementären Verhaltensweisen in einem Spiel, das sich in Gruppen in vielen Varianten großer Beliebtheit erfreut, das Spiel vom Fragen und Antworten. Wird es als Machtspiel gespielt, dann geht es darum, vom anderen jeweils möglichst viel zu erfahren und dabei von sich selber möglichst wenig preiszugeben – und dies für beide gleichermaßen.
Hinter einer Frage steht in der Regel eine Vermutung, auf deren Grundlage die Frage formuliert wird. Der Frager wird eventuell versuchen, diese Vermutung zu verbergen, weil sonst die Informationen über ihn selber die Informationen überwiegen werden, die er aus der Antwort des Gegenüber ziehen kann. Zugleich kann er versuchen, das Spiel zu einem freundlichen Verhör zu machen nach dem Motto: »Ich möchte dich doch nur gerne richtig verstehen und kennenlernen.« Der Antwortende kann das Spiel von Anfang an umdrehen, indem er die Antwort verweigert. Allerdings kann er sich dadurch angreifbar machen, läßt sich diese Verweigerung doch bestens von seiten des Fragers als ungerechtfertigtes Zurückweisen und Mauern anklagen. Zudem begibt er sich der Möglichkeit, über den Frager durch dessen Fragen etwas zu erfahren. Hier hilft die Technik des vielen Redens, ohne etwas zu sagen. Der Frager kann hierdurch zu immer neuen Anläufen veranlaßt werden, der Befragte diese Fragen in Ruhe zur Informationssammlung benutzen. Das Verhältnis von Frager und Befragtem hat sich umgedreht. Für beide Seiten ist es zudem möglich, daß sie den jeweils anderen nur als Stichwortgeber benutzen und die eigentlichen Adressaten des Spiels die Zuschauer sind. Einen hartnäckigen Frager kann man auch durch eine umfangreiche Selbsterklärung zum Schweigen bringen. Alles scheint gesagt, jede weitere Frage unangemessen.
Um als Leiter das Spiel zu stoppen, kann es nützlich sein, die Spieler aufzufordern, die Vermutungen über das jeweilige Gegenüber

offenzulegen, hinter denen dann die individuellen Ziele der Spieler deutlich und dann miteinander – und nicht auf Kosten des jeweils anderen – abgeklärt werden können.

Die Frage, vor allem die kluge Frage, kann zu einer verdeckten Form der Selbstaussage genutzt werden. Sie weist den Fragenden als einen Wissenden aus, der zudem noch souverän genug ist, klug zu fragen (Sofsky 1982, S. 51). Die kluge Frage gilt häufig dem Leiter, dem man sich auf diese Weise nähern kann. Die Antwort eines Leiters, der sich durch die Frage in der eigenen Autorität geschmeichelt fühlt, bestätigt die Klugheit der Frage und hebt den Fragenden damit in den Machtkreis der Autorität.

Die Frage an die Autorität kann aber durchaus auch als Angriff gemeint sein. Sie ist darauf aus, Rechtfertigungen zu fordern. Werden sie gegeben, so ist damit die unbefragte Legitimität der Autorität in Frage gestellt. Aber auch wenn jede Frage vom Leiter zurückgewiesen wird, ist diese Legitimität in Gefahr, das Einmauern wird als Schwäche interpretiert. So wenig wie es »einfache« Fragen gibt, so wenig gibt es also »einfache« Antworten.

5.5 Moralisieren, Leiden und Helfen

Eines der wirksamsten Machtspiele in Gruppen ist das Spiel mit den Mitteln der Moral. Es entwickelt seine Eigenart vor allem dadurch, daß es unmittelbar mit einem zentralen Strukturmerkmal jeder Gruppe in Verbindung tritt, dem Zwang, sich einem Kanon an Regeln zu unterwerfen, um überhaupt in Kontakt miteinander zu kommen. Während jedoch derjenige, der unmittelbar versucht, Führungsfunktionen auszuüben und damit seine eigenen Interessen in der Gestaltung dieser Regeln deutlich werden läßt, *überspringt der Moralvertreter dieses Eigeninteresse, um sich vermeintlich unmittelbar und uneigennützig direkt in den Dienst der Moral und ihrer Regeln zu stellen.* Er macht sich – in seinen eigenen Augen – zum Diener des normativen moralischen Systems der Gruppe. Ihre Wirksamkeit bezieht dieses Spiel also dadurch, daß sich alle gemeinsam einem äußeren System zu beugen scheinen (GO 2 oder auch 4).

Ab 1990 habe ich in mehreren Kursen für die Ausbildung bzw. Nachqualifizierung von Sozialarbeitern und Sozialpädagogen in den neuen Bundesländern gearbeitet. Hier war ich häufig mit verschiedenen Formen der moralischen Kontrolle konfrontiert. Der Kontakt von mir zur Gruppe bzw. umgekehrt lief fast ausschließlich über bestimmte informelle Sprecherpersonen. Diese verstanden sich jedoch nicht als Führungspersonen, sondern sahen sich nur als Sprachrohr für das, »was hier so üblich ist« bzw. für das »Kollektiv«.
In einer Veranstaltung verfolgte eine Teilnehmerin all meine Aktivitäten über die ganze Woche, mischte sich aber nie ein. Zum Abschluß zählte sie mir all die Fehler auf, die ich aus ihrer Sicht die Woche über gemacht hätte. Emotionale Reaktionen einzelner Teilnehmer während der Woche, z. B. Tränen, wurden als durch mich hervorgerufene Verletzungen interpretiert. So könne man nicht mit Menschen umgehen. Man dürfe nicht in dieser Art in ihre Privatheit eindringen.
Eine doppelte Funktion des Moralisierens wird dadurch deutlich. Zum einen erleichterte bzw. rationalisierte es die Unterwerfung, die im Alltag der DDR gefordert war. Zum anderen barg es aber auch verdeckte Möglichkeiten des Widerstandes gegen Führungspersonen, die man auf diese Art einfach auflaufen ließ. In der verunsichernden Phase nach der »Wende« waren es zudem häufig diese moralischen Sprecher, die für die Gruppe einen Rest von Selbstbewußtsein repräsentierten. Es galt dann, dies akzeptieren zu lernen, auch wenn mir weder Stil noch Inhalt dieser Moral gefielen.

Der Zusammenschluß um einige Regeln anstatt um Personen hat den Vorteil, daß er alle Beteiligten in dem Gefühl der relativen Selbstbestimmtheit beläßt, aber dennoch genügend angstreduzierende Orientierung in der Gruppe schafft. Personaler Einfluß wird durch normativen Einfluß ersetzt. Dies erleichtert anfangs den Kontakt, weil es sich wie ein Sicherheitsabstand zwischen die Gruppenmitglieder schiebt und potentielle Konflikte und Kämpfe bannt. Bald aber werden diese Regeln als Barrieren wirksam. Es wird deutlich, daß die Angstreduzierung um den Preis der Selbsteinschränkung und der Unterwerfung unter einen allgemeinen Konformitätsdruck erkauft worden ist.
Um in Gang zu kommen, bedarf diese Dynamik eines Akteurs, der sich zum Für-Sprecher der Moral macht. Hier handelt es sich oft um Personen, die für sich selbst eine ähnliche Wahl getroffen haben wie die, die sie der Gruppe anbieten bzw. aufzuzwingen versuchen. D. h., die Unterwerfung unter eine Norm mildert für

sie die Angst vor der befürchteten Unterwerfung unter eine Person (GO 2). Dieser *Abwehrcharakter der Moral* läßt sie in besonderem Maße als *Defensivstrategie* erscheinen, die ihre Wirksamkeit aber eben gerade hieraus entwickelt.
Tritt die angstreduzierende Funktion der moralischen Norm in einer Gruppe nach einer Weile in den Hintergrund und wird die mit dem Konformitätsdruck verbundene Einschränkung deutlich, kann es zu einer Umkehrung der Dynamik kommen. Der bisherige Moralvertreter wird dann für die Einschränkungen verantwortlich gemacht. Werden die inneren Bindungen, über die diese Einschränkungen überhaupt ihre Wirksamkeit entfalten konnten, nicht ins Bewußtsein gehoben, so kann es zu einer aggressiven Entladung gegenüber dem Moralvertreter kommen oder zu seinem Ausschluß.
Als Gruppenleiter sollte man dieses Spiel mit der Macht der Moral möglichst nicht unterstützen, selbst wenn die Moral gegen einen selber gerichtet ist. D. h., man sollte nicht gegen den Moralisierer moralisieren, indem man z. B. die Regeln der Aufrichtigkeit, Ehrlichkeit und gegenseitigen Akzeptanz verkündet. Es ist sinnvoller, die aggressiven Anteile der Moral, wie sie sich im Angriff gegen die eigene Person zeigen, deutlich werden zu lassen. Dies ist zwar für den Leiter nicht besonders angenehm, eröffnet aber die Möglichkeit, nach der Funktion der Moral für den einzelnen und die Gruppe als Ganzes zu fragen.

Neben dieser Strategie des Moralisierens gibt es weitere Machtstrategien, die von der Struktur her verwandt sind, insofern sie sich auf eine Norm, ein Geschehen, eine Ursache oder ein Ziel berufen, die jeweils außerhalb der handelnden Person angesiedelt werden bzw. nicht in deren Macht zu stehen scheinen. Auf diese kann man sich dann berufen, um das eigene Verhalten als machtlos oder uneigennützig hinzustellen. Zwei dieser Verhaltensvarianten, die eng mit dem Moralisieren verbunden und zudem meist komplementär aufeinander angewiesen sind, damit das Spiel in Gang kommen kann, möchte ich noch beschreiben, das Leiden und das Helfen.
Es soll hier natürlich nicht abgestritten werden, daß es ein solches Leiden gibt bzw. in therapeutischen Gruppen ein solches Leiden geradezu den Entstehungszusammenhang der Gruppe ausmacht.

Als Machtstrategie entfaltet das Leiden seine Wirksamkeit dann, wenn es die anderen in eine schuldhafte Bindung zu bringen versucht. *Durch Leiden läßt sich zweierlei erreichen, ein Freiraum für die eigene Person inklusive der Begründung für die Unmöglichkeit, sich ändern zu können, und ein direkter Einfluß auf andere.*

In einer Trainingsgruppe geraten zwei Männer heftig aneinander. In dem folgenden Versuch, den Hintergrund für die starken Affekte zu verstehen, führt einer der beiden die Information ein, er sei als Kind mißbraucht worden. Die Auseinandersetzung ist durch diese Mitteilung sofort unterbrochen. Das Thema »Mißbrauch« ist derart aufgeladen, daß es als Erklärung für fast alle Verhaltensweisen dienen kann und diese nicht weiter bzw. nicht unabhängig von dem angebotenen Erklärungsmuster »Mißbrauch« untersucht werden dürfen.
Die Wirkung einer solchen Mitteilung konnte ich einmal unmittelbar erfahren. In einem sich anbahnenden Konflikt mit der Co-Trainerin in einer Gruppe teilte diese mit, sie sei von ihrem Bruder mißbraucht worden und ich erinnere sie rein äußerlich an diesen Bruder. Ich sei jedoch ganz anders als dieser. Zu mir fühle sie sich hingezogen. Es bedurfte auf meiner Seite großer innerer Anstrengung, mich sowohl aus der reinszenierten Verführungssituation zu lösen als auch aus der Schuldbindung, die durch die Identifikation mit dem Bruder ausgelöst wurde und eine offensive Auseinandersetzung auf der Realebene erst einmal verhinderte.

Die erste Voraussetzung des Leidens, um als Machtstrategie wirksam zu werden, besteht darin, öffentlich sichtbar zu werden. Auch ein »stilles Leiden« muß sich »laut« genug bemerkbar machen, will es Wirkung haben. Es bedarf aber nicht unbedingt einer offensiven Selbstenthüllung, durch die man den anderen durch eine Darstellung des eigenen Leides einen vermeintlichen Zugang zur eigenen Person schafft. Dies kann allerdings eine gute Strategie sein, sich andere Personen fernzuhalten und sich selber vor nötigen Veränderungen zu bewahren. Auch ein passives Leiden, das erst angesprochen werden muß, kann eine wirksame Inszenierung sein. Hier bieten die nonverbalen Ausdrucksmöglichkeiten eine breite Palette an.
Zur Strategie wird das Leiden dann, wenn die darin angelegte Energie nicht auf eine Veränderung hin genutzt wird, sondern Ansprüche daraus abgeleitet werden, deren Erfüllung als nicht in der eigenen Macht liegend angesehen werden, eventuell gar nicht mehr

möglich sind, da sie sich auf weit zurückliegende Ereignisse beziehen. Fatalerweise ist dies auch dann der Fall, wenn objektiv in der Vergangenheit Leid zugefügt worden ist. Der oftmals unerfüllbare Anspruch auf Wiedergutmachung bindet selbst dann noch an das als leidvoll erlebte Geschehen, wenn seine ursprünglichen Auswirkungen schon längst verblaßt sind.
In einer Gruppe kann dies dahingehend wirksam werden, daß die anderen Mitglieder diesen aus dem Leid erwachsenen Anspruch übernehmen, ihn damit aktualisieren und sich dadurch in ihrem Kontakt dem Leidenden gegenüber auf eine Situation einlassen, die eigentlich der Vergangenheit angehört. Weiterer Kontakt wird dadurch erschwert, da die Gegenwart unter den Schatten der Vergangenheit gestellt wird. In der Konsequenz kann dies dazu führen, daß es aus Ehrfurcht vor diesem Leid auch keinem anderen allzu gutgehen darf und die Gruppenmitglieder sich durch ihre Schuldgefühle depressiv binden lassen. Der Spielgewinn des Leidenden besteht dann darin, den anderen aufgezeigt zu haben, daß die Welt insgesamt doch eine leidvolle Angelegenheit sei. Sein Leid wird zu persönlicher Größe, vermittelt ein Gefühl des Besonderen, der Überlegenheit und der Unangreifbarkeit. Alle anderen stehen in seiner Schuld (Steiner 1986, S. 129 ff.). Das Leiden als Strategie kann auch über körperliche Krankheit agiert werden, bzw. sich einer solchen Krankheit bedienen. Als Machtstrategie besonders geeignet sind Krankheiten, die Rücksicht erzwingen.
Deutlich zu unterscheiden davon ist die Anerkennung einer leidvollen Erfahrung als Teil der individuellen Lebensgeschichte, bei sich wie bei anderen. Weder Ansprüche noch Rücksichtnahme werden hieraus abgeleitet, doch das Wissen um eine solche Geschichte verändert den Kontext des Geschehens, gibt Handlungen, die vorher unverständlich oder irritierend waren, einen neuen Sinn.

Nun kann es durchaus sein, daß sich die einzelnen Mitglieder einer Gruppe von einem solchen demonstrativen Leiden nicht depressiv binden lassen, sondern ihre Hilfe anbieten. Dies kann bedeuten, daß sie dem Spiel des Leidens erlegen sind und sich als Dienende zur Verfügung stellen, es kann sich aber auch als Komplementärstrategie herausstellen. Zur Machtstrategie wird dieses Helfen dann, wenn es darauf abzielt, durch die Hilfe Abhängig-

keiten zu schaffen und sich über den Hilfesuchenden zu stellen (eine Form der GO 3). In vielen Sozialberufen, besonders den pflegenden Berufen, drängt sich diese Konstellation geradezu auf. Bei der Versorgung von alten oder behinderten Menschen kann dies zu erbitterten Kämpfen führen, in denen die einen ihre Schwäche, die anderen ihre Stärke als Kampfmittel einsetzen.
In Gruppen passiert es häufig, daß Hilfe angeboten wird, ohne daß sie überhaupt angefragt war. Jemand macht sich zum Fürsprecher von anderen. Solche Angebote basieren oft auf Überlegenheitsgefühlen, die sich als Sorge ausgeben. Dahinter steht der Versuch, die eigenen *Hilflosigkeitsgefühle durch die Hilfe für andere im Zaum zu halten* (Schmidbauer 1977). Deutlich wird dies auch in Situationen, in denen Konkurrenz und Kampf durch Angebote von Nähe und Fürsorge ersetzt werden.

An einem Training nehmen zwei Frauen teil, die an derselben Arbeitsstelle beschäftigt sind. Sie haben sich zu Anfang der Woche als Kolleginnen vorgestellt. Zum Ende der Woche erklärt die Jüngere der beiden, sie wolle mehr Klarheit über ihre Beziehung gewinnen. In der Rekonstruktion ihrer Beziehung am Arbeitsplatz wird deutlich, daß sie sich bislang zweimal auf die gleiche Stelle beworben hatten. Bei der ersten Bewerbung ging es um eine Stellung auf gleicher Ebene. Die ältere war erfolgreich gewesen. Bei der zweiten Bewerbung, die noch nicht entschieden war, ging es um eine Stelle, die die eine zur Vorgesetzten der anderen machen würde.
Auf eine Nachfrage hin wird deutlich, daß sich auch hier die Ältere bessere Chancen ausrechnet. Diese wendet sich nun an ihre jüngere Kollegin. Sie halte sie für sehr kompetent und als Frau auch viel attraktiver als sie selber. Daraufhin geht diese zu ihr hinüber, kniet sich neben ihren Stuhl nieder und umarmt sie. Es ist ein Bild der Unterwerfung der Tochter unter die Mutter, die es so gut mit ihr meint. Konkurrenz und Abgrenzung werden durch Unterwerfung und Fürsorge ersetzt. In der Besprechung der Szene wird sichtbar, daß es nicht um Nähe, sondern um Kontrolle der Älteren über die Jüngere geht.
Das Sichtbarwerden dieses Kontrollmechanismus löst bei der älteren Frau heftige Wut gegen mich aus, die sie in der Schlußrunde in ein Feedback kleidet. Ich sei ein »Lackaffe« und nicht der liebe Gott. Ich frage sie daraufhin, ob sie glaube, mich kontrollieren zu können, was sie verneint. Im weiteren Gespräch führe ich mehrere Unterschiede ein (woran würde ich merken, ob es bei Ihnen gerade um Kontrolle oder Nicht-Kontrolle geht), die es ihr erlauben, *kontrolliert* über ihre Kontrollmechanismen zu reden. Deutlich wird in diesem Gespräch, daß sie

immer dann aus dem Kontakt herausgeht, z. B. den Blick abwendet, wenn sie glaubt, die Kontrolle zu verlieren.

Die Vorstellung, die Kontrolle behalten zu müssen, kann im Einzelfall den Lebens- und Umgangsstil einer Person völlig beherrschen. Die dahinterstehende Angst vor Kontrollverlust kann aufgeweicht werden, wenn die *Möglichkeit eines kontrollierten Kontrollabbaus* eröffnet wird, indem z. B. die Absolutheit der Kontrollansprüche relativiert wird, nach Kontexten und Situationen unterschieden wird, also Differenzierungen wiedereingeführt werden, die der totalisierende Kontrollanspruch nicht mehr zugelassen hat.

Eine andere Variation des Helferspiels kann einsetzen, wenn bei Konflikten oder Konfrontationen zwischen zwei Personen auf einmal von allen Seiten Helfer und Dolmetscher auftauchen, beispringen oder zu schlichten versuchen. Hierbei kann es sich um eine Hilfe handeln, die sich zukünftiger Loyalität oder Dankbarkeit versichern will. Ebensogut kann es aber sein, daß mit solchen Hilfeleistungen über den Umweg über eine andere Person eigene Interessen verfolgt bzw. eigene Ängste besänftigt werden. Es entstehen dann indirekte Kämpfe zwischen zwei Personen, wenn z. B. Person A die Person B angreift, eine Person C zur Hilfe eilt, die aber weniger an der Hilfe für B, sondern mehr am eigenen Konflikt mit A interessiert ist. Die angebotene Hilfe hat dann die Funktion, A als Aggressor gegen B hinzustellen, ohne daß die eigenen Interessen deutlich zu werden brauchen. Es wird das Dreiecksdrama aufgeführt vom Opfer, seinem Verfolger und seinem Retter. Ebenso kann es sein, daß sich hinter der Hilfestellung die Angst verbirgt, einem ähnlichen Angriff ausgesetzt zu werden.

Das Verbindende bei allen diesen Strategien ist, daß sie die *Illusion der Selbstlosigkeit* für ihre Zwecke einspannen. Spricht man als Leiter diese Strategien daher als solche an, kann es gut passieren, daß sich die Gruppe spontan gegen den Leiter verbündet, der dann seinerseits als gefühllos, aggressiv oder hart etikettiert wird. Die latenten Aggressionen zwischen den Gruppenmitgliedern, die sich hinter diesen Strategien der Selbstlosigkeit verbergen, und die damit verbundene Angst lassen sich auf diese Weise in einen Konsens überführen, der gegen eine Figur gewendet wird, der man sich einzeln nicht in dieser Weise entgegenstellen würde. Aufgrund der phantasierten Mächtigkeit des Leiters glaubt man aber, ihm den Angriff ohne Schuldgefühle zumuten zu können, dazu mehr im kommenden Kapitel.

5.6 Türklinkeneffekte

Als letztes Beispiel für eine Machtstrategie möchte ich noch ein Verhaltensmuster aufführen, das eng an eine bestimmte zeitliche Gestaltung gebunden und auch als Türklinkeneffekt bekannt ist. Dieser Türklinkeneffekt wird nur in Abschlußsituationen wirksam. Während oft die ersten Sätze in einer Gruppensitzung sowohl ein persönliches als auch ein gruppenspezifisches Thema benennen und durchsetzen können, so werden in letzten Sätzen häufig Bewertungen abgegeben, denen aus schlichten Zeitgründen nichts mehr entgegengesetzt werden kann. *Das letzte Wort zu haben, ist eine geläufige Demonstration von Macht.*
Bei einer solchen Schlußsituation kann es sich um das Ende einer Gruppensitzung, eines Seminars oder gar einer ganzen Seminarreihe handeln. So kann es z. B. wie geschildert passieren, daß ein Teilnehmer am Ende des Seminars dem Leiter eine Auflistung seiner Verfehlungen vorhält (GO 2). Als angesprochener Leiter dem etwas entgegenzusetzen, ohne gleichzeitig auf das Spiel einzugehen, wer hier das letzte Wort hat, ist manchmal unmöglich. Dann sollte man es auch einfach lassen. Ähnliches empfiehlt sich auch, wenn z. B. jemand im letzten Moment einer Gruppensitzung mitteilt, daß er an weiteren Treffen dieser Gruppe nicht teilnehmen werde. Auch in einem solchen Fall ist es nicht sinnvoll, die aggressive Abwertung der Gruppe, die ein solches Verhalten impliziert, in irgendeiner Weise aufzunehmen, sondern den Betreffenden nur freundlich zu verabschieden und die anderen Gruppenmitglieder aufzufordern, das gleiche zu tun.
Nun trifft man auf dieses Verhaltensmuster auch in den vielen kleinen Schlußsituationen, die es in jeder Gruppe gibt. In manchen Fällen ist es möglich, dieses Muster anzusprechen und damit zu unterbrechen oder durch eine überraschende Wendung einfach den Boden dafür zu entziehen.

In einer fortlaufenden Supervisionsgruppe, die sich jeweils zweitägig trifft, lasse ich am Ende eines Treffens aus Zeitgründen die sonst übliche Schlußrunde entfallen. In den vorherigen Treffen hatte ein Teilnehmer seine Türklinkennummer vorgeführt, indem er zum Abschluß alle Fallarbeiten einzeln bewertet hatte und vor allem meine Beiträge dazu. Seine Beziehung zu mir war vom ersten Moment an geprägt von Kampf einerseits und Nähewünschen andererseits.
Wenige Tage später bekomme ich einen Brief, in dem der etwas abrupte Abbruch bedauert wird. Zum Abschluß heißt es: »Ich wollte Ihnen nur meinerseits sagen, daß ich es schön finde, wie wir in der Supervisionsarbeit zusammenwachsen und ich Ihre Beiträge als angenehm und förderlich empfinde und somit die Leitung (die eigentlich fast gar nicht zu sein braucht) mir gut gefällt. Diese Rückmeldung wäre sonst in der Abschlußrunde gekommen.«
Die ambivalente Besetzung meiner Leitung wird gut deutlich. Zugleich handelt es sich hierbei um einen Teilnehmer, der während der gesamten Gruppenarbeit aufmerksam mitarbeitete. Zum Ende der jeweiligen Sitzungen tendiert er dann dazu, diese Mitarbeit zu relativieren und die Ergebnisse der Arbeit abzuwerten. Bei seinen eigenen Falldarstellungen wird deutlich, daß er insgesamt Autoritätsfiguren ambivalent besetzt. Die Hypothese liegt nahe, daß er auch seine Mitarbeit hier als einen Akt der Unterwerfung interpretiert, von dem er sich dann jeweils zum Schluß zu befreien versucht.
Bei der folgenden Sitzung habe ich ihn auf den Brief angesprochen und meinen Eindruck geschildert, daß er mit mir kämpfen würde. Er war über diese Mitteilung erstaunt und erfreut zugleich. Zum Abschluß habe ich ihm »offiziell erlaubt«, mit mir zu kämpfen. Bei der Schlußauswertung der Supervisionsarbeit einige Zeit später wurde deutlich, daß diese paradoxe Intervention dem Kampf sofort den Boden entzogen hatte.

Hinter der Strategie des letzten Wortes wird der Wunsch nach Anerkennung sichtbar, der aber aggressiv abgewehrt werden muß, indem die Person oder auch die Gruppe abgewertet wird, auf den bzw. die der Wunsch gerichtet war. Wenn dieses Spiel daher nicht mit dem Leiter gespielt wird, dann eher mit der Gruppe als ganzer, seltener mit einzelnen aus der Gruppe, da ein Gruppenmitglied als Adressat des Spiels zumeist nicht ausreicht, um das angestrebte Gefühl der Überlegenheit wiederherzustellen.

6. Der Leiter und die Gruppe

Erich Fried – Antiautoritäres Zitat

Kein Geringerer
als Leonardo da Vinci
lehrt uns:
»Wer immer nur Autoritäten zitiert
macht zwar von seinem Gedächtnis
Gebrauch, doch nicht
von seinem Verstand.«

Habt ihr das alle verstanden?
Prägt euch das ein:
Mit Leonardo
los von den Autoritäten!

zit. nach Tintenfisch, Jahrbuch für Literatur 5, Berlin 1972, S. 10

In diesem Kapitel hebe ich die Abstraktion auf, die ich im vierten Kapitel vorgenommen habe, in dem ich die notwendigen Aufgaben einer Gruppe weitgehend ohne Berücksichtigung der Figur bzw. Rolle eines Leiters oder Trainers beschrieben habe. Diese Rolle bringt aufgrund ihrer Einbettung in eine Machtstruktur eine Reihe von Problemen mit sich.

So beinhaltet jedes auf die Praxis bzw. auf die Veränderung dieser Praxis ausgerichtete Handlungsmodell eine Wertorientierung, ob diese nun explizit formuliert ist oder nicht. Aufgrund dieser unausweichlichen Normsetzung sind solche Handlungsmodelle immanent machtausübend. Zwar betrifft dieses Problem jede sozialwissenschaftliche bzw. humanwissenschaftliche Tätigkeit. Doch der Praktiker kann sich die Handlungsabstinenz des Wissenschaftlers, die diesem eine kritische Distanz etwas erleichtert, nicht leisten. Er ist wie alle anderen Akteure in die Handlungszwänge von Machtkonstellationen eingebunden und versucht, diese zugleich aufzuweichen und der Veränderung zugänglich zu machen. Seine Analyse der Verhältnisse (des Seins) impliziert Vorstellungen über ein Sollen. Diagnose und Intervention gehen ineinander über.

Innerhalb der Arbeitsrolle kommt dem Trainer eine große Machtfülle zu. Diese Machtposition kann man einfach als gegeben hinnehmen und eine Art von Trainingslehre entwerfen, die ein ideales

Bild des Handelns zeichnet. Zwar wird in solchen Trainingslehren üblicherweise auf Fehler und Möglichkeiten des Machtmißbrauchs hingewiesen. Aber die Kritik an der immanenten Machtausübung (Horn 1972, Bachmann 1982) findet wenig Niederschlag in den Theorien und den konkreten Beschreibungen des Geschehens.
Ausgespart bleiben zumeist auch der Teil des Eigenerlebens des Trainers, der seine eigenen Ängste betrifft, und die vielen alltäglichen Umgangsweisen, mit denen er die Realität seines Berufes zu bewältigen versucht. Die Aufdeckung dessen, was »wirklich« passiert, ist zudem nicht nur mit emotionaler Anstrengung verbunden, sondern droht auch leicht in narzißtische Selbstentblößung umzuschlagen. Und sie ist von der Angst begleitet, was die eigene Kollegen-Zunft von einem denken wird.
Ich werde im folgenden in der Aufdeckung des »eigenen« nicht so weit gehen, wie man hätte gehen können (Moser 1973). Doch will ich wenigstens versuchen, eine kritische Sicht des Trainers, seiner Rolle und seiner Macht zu entwickeln. Zwar kann man durch eine gute Ausbildung, durch Supervision und andere Formen des eigenen Weiterlernens viele Fallen des Machtmißbrauchs vermeiden. Eine ebenso große Gefahr droht aber durch eine Professionalisierung des eigenen Handelns, die den Trainer zum Experten werden läßt (Smith 1980). Mit zunehmender Erfahrung droht dem Trainer die Gefahr, in seinen Aktionen zu berechnend zu werden. Prozesse und Ereignisse, die ihn anfangs genauso überraschten wie alle anderen Gruppenmitglieder, führt er nun eventuell bewußt herbei. Seine größer werdende Effektivität droht zu routiniert zu werden. Der Handlungsspielraum der Gruppenmitglieder wird durch sein Können eher verringert als vergrößert. Sein Expertentum kann in der Routine erstarren, oder seine Brillanz, sein Können und sein Einfühlungsvermögen bringen die Machtphänomene zum Verschwinden.

6.1 Position und Rolle des Trainers

Von den Rahmenbedingungen her gesehen sind alle Gruppen, von denen hier die Rede ist, geleitete Gruppen. Die Ausschreibung eines Kurses oder eines Seminars benennt Ort und Zeit sowie die durchführenden Trainer, Lerninhalte und Methoden sowie den Preis. Dies gilt gleichermaßen für eine Selbsterfahrungsgruppe wie für ein Kommunikationstraining, für eine frei ausgeschriebene wie für eine institutionsinterne Veranstaltung. Die Teilnehmer *kaufen eine potentielle Lernerfahrung* ein. Sie mögen sich dabei an der Methode, an der durchführenden Institution oder den jeweiligen Trainern orientieren, immer sind ihre Erwartungen an einen bestimmten gesetzten Rahmen gebunden, der von den durchführenden Trainern gefüllt werden soll. Ohne diese Form des Leitens, die den nötigen Rahmen schafft, käme eine Gruppe dieser Art überhaupt nicht zusammen. *Die Macht des Trainers über den Kontext gibt ihm nicht nur Macht in den Verhältnissen, sondern auch Macht über die Verhältnisse.*

Die Auseinandersetzung um diesen Kontext schafft aber auch auf seiten der Teilnehmer Machtmöglichkeiten. Die Veranstalter sind zwar ausgezeichnet als diejenigen, die für diese Rahmenbedingungen verantwortlich sind. Sie können dadurch die Lernsituation vorstrukturieren, z. B. durch Raumwahl oder eine im voraus vorgenommene Gruppeneinteilung. Basiert die Teilnahme auf Freiwilligkeit, so bieten sie allerdings auch eine Dienstleistung an, deren vertragliche Grundlagen von den Teilnehmern eingefordert werden können.

Diese Hintergrundsbedingung, die Tatsache, daß wir es mit einer ökonomisch fundierten Beziehung zu tun haben, in der die Leiter Angestellte der Teilnehmer sind, bleibt in den meisten Fällen aus der Arbeit inhaltlich ausgespart. »Dieser Selbstbetrug hat gute Gründe: nur wenn der Trainer die Marktbeziehung vernachlässigt, kann er seinem obersten Arbeitsgebot gerecht werden: Ein Trainer für Gruppendynamik ist – professionell gesehen – der Aufklärung verpflichtet, der Aufdeckung, er muß die Teilnehmer konfrontieren mit dem, was sie nicht sehen. Die Verkäuferrolle erzeugt eine erhöhte Bereitschaft, betriebliche Normen meines Auftraggebers in meine Arbeit zu übernehmen« (Edding 1988a, S. 342).

Die Marktbeziehung wird häufig erst dann zum Thema, wenn einzelne Teilnehmer mit der gebotenen Ware nicht zufrieden sind. Dann besteht die Gefahr, daß die Leiter Probleme mit der Einhaltung der Rahmenbedingungen des Arbeitskontraktes zum individuellen Problem eines Teilnehmers und seiner »Anspruchshaltung« erheben. Die emotionalen

Erschütterungen und Bindungen, die die Arbeit mit sich bringen kann, werden in den Dienst des ökonomischen Interesses der Leiter gestellt. Umgekehrt wird das Marktverhältnis manchmal von Teilnehmern als Mittel der Statuserhöhung eingesetzt. Im Industriebereich nehmen Rückmeldungen der Teilnehmer dann den Charakter von Zeugnissen an. Oder es werden offiziell schriftliche Beurteilungen des Trainers durch die Teilnehmer an den Auftraggeber, z. B. die Fortbildungsabteilung einer Firma, geschickt. Einmal versichert mir zum Ende einer Veranstaltung ein Teilnehmer, er wünsche mir, daß ich nochmals von der Firma eingeladen werde.

Eine zentrale Frage, die zugleich auch immer wieder von den Teilnehmern einer Gruppe gestellt wird, ist die, *ob der Trainer Teil der Gruppe ist oder nicht.* Dem liegt die Annahme zugrunde, daß es nur zwei Positionen gibt, von der aus die Trainerrolle zu gestalten sei: Mitgliedschaft oder Nicht-Mitgliedschaft. Für beides lassen sich Beispiele finden.
Manche Leiter versuchen, die von ihnen als unangenehm und störend empfundene Distanz zwischen sich und den Teilnehmern verschwinden zu lassen. Sie verhalten sich wie die Führungskraft, die auf dem Betriebsfest versucht, zum Kumpel ihrer Angestellten zu werden. In selbsterfahrungsorientierten Seminaren kommt dies den Bedürfnissen der Teilnehmer entgegen, werden doch damit Machtunterschiede scheinbar nivelliert und damit gleichzeitig Bindungsängste gegenüber Autoritätsfiguren im Zaume gehalten.
Während es bei der Mitgliedschaft darum geht, Unterschiede zwischen Rolle und Person aufzuheben bzw. zu negieren (der Leiter ist sein bester Teilnehmer), wird bei der Konstatierung von Nichtmitgliedschaft die Trennung von beruflicher Rolle und Person radikalisiert (der Leiter ist der Leiter). Die Definition als Nicht-Mitglied entspricht der Inszenierung des Frontalunterrichtes in der Schule oder der hierarchischen Beziehung zwischen Chef und Angestellten. Auch diese Grenzziehung läßt sich als Versuch verstehen, die emotionale Besetzung von Machtunterschieden und den daraus erwachsenden Autoritätsfiguren zu begrenzen, indem die persönlichen Beziehungsanteile minimiert werden.
Die Position eines Trainers setzt sich aus beiden Anteilen zusammen. Sie *läßt sich beschreiben als angesiedelt zwischen Mitgliedschaft* und *Nicht-Mitgliedschaft auf der Grenze zwischen »drinnen« und »draußen«*. Eine Selbsterfahrungsgruppe kommt über-

haupt erst durch seine Anwesenheit zusammen, insofern ist er ein Teil dieser Gruppe. Zugleich nimmt er die einzige von Anfang an spezifisch ausgezeichnete Rolle ein, eben die des Trainers, wodurch er wiederum von der Mitgliedschaft abgegrenzt wird und zum *Gegenüber* der Gruppe wird. Von dieser Grenze aus hat er Zugang zu beiden Bereichen, dem internen Beziehungsgefüge der Gruppe einerseits, der aus dem Geschehen heraustretenden Beobachterposition andererseits. Diese Position eröffnet ein hohes Ausmaß an Flexibilität und Handlungsspielraum. Durch diese Möglichkeit des Positions- und Perspektivenwechsels bietet er den Gruppenmitgliedern zugleich ein Modell an.

Schon in der Namenswahl wird das Dilemma der gruppendynamischen Leitungsrolle deutlich. Die Bezeichnung »Trainer« hat sich im professionellen Kontext weitgehend durchgesetzt. Der Begriff verweist auf die Herkunft der Methode aus dem amerikanischen Sprachraum. Er stellt einen Versuch dar, sich gegen zwei verschiedene Leitungsmodelle abzugrenzen: zum einen gegen die therapeutische Rolle, die stärker mit regressiven Prozessen der Teilnehmer arbeitet, zum anderen gegen die klassische, in einen hierarchischen Zusammenhang eingebundene Führungs- bzw. Leitungsrolle aus dem sozialen Alltag. Verknüpft werden soll dadurch sowohl die reflexive wie die handlungsorientierte Komponente der Leiterrolle. Durch die assoziative Verbindung mit dem Sport-Trainer bekommt der Begriff allerdings einen auf Leistung bezogenen Beigeschmack.

Der beschriebene doppelte Zugang zum Geschehen in der Gruppe bleibt für den Leiter immer partiell. Auch eine emotional dichte persönliche Begegnung hebt nicht die Unterscheidung zwischen Leiter und Teilnehmer auf. Ebenso ist es nicht möglich, eine vom Geschehen völlig unabhängige Beobachterposition einzunehmen. Vielmehr ist auch der Trainer Teil des Prozesses, den er zu beschreiben und zu beeinflussen versucht. Ohne eine emotionale Teilhabe am Geschehen würde ihm zudem der Zugang zu einem entscheidenden Teil des Gruppengeschehens, den affektiven Prozessen, versperrt bleiben. Die unabhängige Beobachterposition, selbst wenn sie möglich wäre, würde diese Unabhängigkeit nur durch eine andere Form der Blindheit bezahlen.

Bleibt der Trainer sich bewußt, daß seine Sicht der Dinge zwar aufgrund seiner Grenzposition weniger verstrickt ist in den emotionalen Prozeß der Gruppe, aber dennoch immer ein Konstrukt bzw. seine Definition einer komplexen Situation bleibt, wird ihn dies vor der Gefahr bewahren, mit den Teilnehmern um die »richtige« Sicht der Dinge zu kämpfen. Dies schafft eine Haltung, nach der ein Trainer seine Sicht der Dinge zwar für richtig im Sinne von passend ansieht, aber zugleich sich davor in acht nimmt, an sie zu »glauben«. Aus dieser konstruktivistisch geprägten Grenzposition lassen sich die spezifischen Aufgaben und Möglichkeiten der Trainerrolle entwickeln.
Zugleich dokumentiert sie ein *Machtgefälle zwischen Teilnehmern und Trainer bzw. wird von den Teilnehmern als ein solches erlebt.* Dies zeigt sich z. B. darin, daß anfangs die Versuche von Teilnehmern, in eine solche Beobachterposition zu gehen, als Angriffe gegen die Position des Trainers oder auch als Anmaßung gegenüber den anderen Teilnehmern angesehen werden. Die Macht liegt in der Möglichkeit, aus der einzigen definierten Rolle heraus den Überblick zumindest partiell zu bewahren und am Geschehen teilzunehmen, ohne von den affektiven Prozessen völlig vereinnahmt zu werden. *Aus dieser Gleichzeitigkeit von »drinnen« und »draußen« entsteht die eigentliche Arbeitsfähigkeit des Trainers, aber sie gibt ihm auch einen strukturellen Machtvorsprung.*
Dieser strukturelle Machtvorsprung erfordert eine spezifische Gestaltung der professionellen Beziehung. Der Trainer stellt sich in der Arbeit den Beziehungsanfragen der Teilnehmer, bleibt aber außerhalb der konkreten Arbeitssituation gegenüber diesen Beziehungswünschen zurückhaltend. Diese Abstinenzregel stammt aus der psychoanalytischen Tradition, doch anders als der Analytiker läßt sich der Trainer auch auf die realen Beziehungsanfragen ein und behandelt sie nicht ausschließlich als Übertragungsphänomene. Deutlich wird dadurch die doppelte Funktion der Abstinenzregel: die Arbeitsfähigkeit des Trainers zu sichern und die Teilnehmer vor dem Trainer zu schützen.

Dies berührt das heikle Problem von persönlichen Beziehungen und sexuellen Kontakten zwischen Trainern und Teilnehmerinnen bzw. Trainerinnen und Teilnehmern, ein Problem, über das offiziell wenig oder stark moralisierend, inoffiziell dafür um so mehr geredet wird. In den

»wilden« Anfangszeiten der Gruppenarbeit in den 60er und 70er Jahren waren solche Kontakte und Übergriffe vor allem von Trainern gegenüber Teilnehmerinnen häufig, sicherlich auch deshalb, weil sich die Trainer über die dahinterliegende Mißbrauchsproblematik nicht im klaren waren. Ähnlich »wild« waren in den Anfangszeiten der Gruppendynamik die Kontakte zwischen den TeilnehmerInnen, allerdings ohne daß sie durch die Problematik der Rollenungleichheit belastet waren. Denn diese Kontakte folgen in der Regel der Rollen- und Geschlechtshierarchie, in der die männlichen Trainer »oben« stehen, gefolgt von Trainerinnen, Co-Trainern und Co-Trainerinnen, männlichen und weiblichen TeilnehmerInnen. Anzunehmen ist, daß vor allem die Kontakte häufig sind, in denen sich Rollen- und Geschlechterhierarchie verstärken (z. B. Trainer mit Teilnehmerin), während die Kontakte seltener sind, in denen sie sich quasi neutralisieren (Trainerin und Teilnehmer) (König 1988). Das relativ häufigere Vorkommen von Trainer-Teilnehmerin-Kontakten verweist zudem darauf, daß Macht selbst »unattraktive« Männer in den Augen vieler Frauen attraktiv werden lassen kann. Inzwischen scheint eher eine umgekehrte Tabuisierung eingetreten zu sein. Die auch erotisch eingefärbten Beziehungen zwischen TrainerInnen und TeilnehmerInnen werden selten thematisiert. Es herrschen die »Vernunft« und die Arbeitsbeziehung.

Mit dem Machtvorsprung des Trainers umgehen zu lernen, ist Aufgabe einer fundierten Ausbildung, zu deren zentralen Inhalten es gehören muß, die jeweiligen individuellen Machtorientierungen bewußtseinsfähig zu machen, um sie dann durch eine spezifische Rollengestaltung produktiv werden zu lassen.

6.2 Grundhaltungen

Bevor ich auf die spezifischen Aufgaben dieser Rolle eingehe, möchte ich im folgenden eine Reihe von Grundhaltungen erläutern, die ich für wesentlich halte. Sie stammen aus der Tradition der Gruppendynamik (vgl. Dorst 1981) und sind durch Kategorien aus der systemischen Therapie ergänzt (Palazzoli u. a. 1981, Cecchin 1988). Hierzu gehören: eine forschende Einstellung und Bescheidenheit, Empathie, (Selbst-)Reflexivität, Neutralität und Allparteilichkeit, Auseinandersetzung anbieten und Transparenz herstellen, Geduld.

Natürlich fließen diese Grundhaltungen in das konkrete Handeln eines Trainers ein, sonst wären sie bedeutungslos. Im Unterschied zu reinen Fähigkeiten sind sie jedoch hochgradig an die jeweilige Persönlichkeit gebunden. Zudem stellen sie Wertorientierungen dar, d. h., es sind präskriptive und nicht deskriptive Kategorien. Sie sollten daher nicht mit der Beschreibung der Praxis verwechselt werden.

Forschende Einstellung und Bescheidenheit

Die forschende Einstellung zeigt sich darin, daß sich der Trainer gemeinsam mit den Teilnehmern auf einen Verstehensprozeß einläßt und nicht eine fertige Wahrheit, z. B. in Form einer Theorie, an die Gruppe heranträgt, der die Gruppenmitglieder dann die Interpretation ihres Erlebens anzupassen hätten. Ziel seines Handelns sollte es sein, daß sich diese forschende Einstellung auf die Gruppenmitglieder überträgt, diese zu Erforschern der eigenen Gruppe macht. Diese Einladung auszusprechen, bedeutet jedoch nicht zu behaupten, daß die Beteiligten in diesem Erforschungsprozeß gleiche Ausgangsbedingungen haben. Aus der Grenzposition der Rolle sowie aus dem Erfahrungsvorsprung heraus erwächst dem Trainer ein Verstehens- und Handlungsvorsprung. Um diesen nicht für die eigene Erhöhung, sondern für den Entwicklungsprozeß der Teilnehmer zu nutzen, dient die Korrektur der Bescheidenheit. Sie erwächst aus der Anerkennung der Perspektivität der eigenen Sicht und hält die Erinnerung daran wach, daß die eigene Position auch nur Ergebnis eines Weges ist, den man selber einmal in Begleitung gegangen ist und bei dem man jetzt andere begleitet.

Diese Einstellung soll zugleich den möglichen Bindungen entgegenwirken, die aus dem Erfahrungsungleichgewicht zwischen Trainer und Teilnehmern erwachsen können, zumal viele Teilnehmer explizit mit dem Wunsch nach Fremdbestimmung kommen und auch darin verharren wollen. Nicht dem Wunsch nach Orientierung sollte widerstanden werden, sondern der (eigenen) Versuchung, sie in einem Abhängigkeitsverhältnis zu verfestigen. Ziel bleibt die Selbstbestimmung der Teilnehmer.

Empathie

Dieser Forschungsprozeß ist nun nicht auf irgendwelche abstrakten und leblosen Forschungs-»Gegenstände« ausgerichtet, sondern auf Interaktionen und Gefühlslagen von einzelnen Personen sowie ihr Wirkungszusammenhang im Kontext der Gruppe. Mit Verstehen ist in diesem Kontext daher kein rein kognitiver Prozeß gemeint, sondern setzt die Bereitschaft zur emotionalen Anteilnahme in einer lebendigen Beziehung voraus, aus der heraus sich überhaupt nur ein solches Verstehen entwickeln kann.
Empathie bedeutet Mitgefühl ohne Grenzverlust, also ohne sich durch fremde Gefühlslagen aufsaugen zu lassen, sondern in ihnen mitzuschwingen. Anteilnahme sollte nicht mit Mitleid verwechselt werden, das ständig der Gefahr ausgesetzt ist, sich aus der Helferposition über den anderen zu stellen. Vor allem aber sollte diese Haltung nicht dazu führen, sich alle abgrenzenden und von ihrer Energie her aggressiven Gefühle zu verbieten. Manchmal ist Kampf die passende Beziehungsmöglichkeit, um Veränderung zu ermöglichen.
Die innere Bereitschaft und Fähigkeit, sich auf einen anteilnehmenden Kontakt einzulassen, bedeutet keineswegs, daß dieser Kontakt auch stattfindet. Nicht dem Beziehungszwang soll hier das Wort geredet werden, sondern der Beziehungsbereitschaft. Aus dieser Einstellung heraus lassen sich auch die Unmöglichkeit einer Beziehung und die Grenzen der eigenen Anteilnahme konstatieren, ohne daß das Gegenüber dies als kränkende Zurückweisung erfahren muß.

(Selbst-)Reflexivität

Eng verbunden mit der Fähigkeit und Bereitschaft zum anteilnehmenden Kontakt ist die Fähigkeit zur (Selbst-)Reflexivität. Im Kern besteht sie daraus, sich durch die Augen eines anderen bzw. von einem übergeordneten Standpunkt aus sehen zu können. Dies schafft die Möglichkeit, die eigenen Handlungen immer zugleich als Ursachen wie als Wirkungen anzusehen: Als Ursachen setzen sie Impulse für weiteres Geschehen, als Wirkungen sind sie selber Ausdruck einer Problemlage innerhalb dieses Geschehens.

In der psychoanalytischen Tradition ist mit Selbstreflexivität die Fähigkeit gemeint, mit der eigenen Gegenübertragung umzugehen, mit der Gefahr also, die eigene emotionale Verstrickung unbesehen in das eigene Verstehen und Handeln einfließen zu lassen und sie dem Gegenüber oder dem Geschehen insgesamt projektiv zuzuschreiben.

Reflexivität steht in enger Verbindung mit der forschenden Einstellung. Ihr Ziel ist es, die Sichtweisen aller am Geschehen Beteiligten zusammenzutragen, um auf diese Weise zu einem emotionalen und kognitiven Verständnis der Gesamtsituation zu kommen und das individuelle Verständnis auf eine qualitativ neue Stufe zu heben. In der kommunikationstheoretischen Tradition beinhaltet dies die Fähigkeit zur Meta-Kommunikation, d. h. zur Kommunikation über Kommunikation, die durch einen Standortwechsel bzw. eine Kontextverschiebung oder -vergrößerung ermöglicht wird.

Reflexivität bedeutet nicht Handlungsabstinenz. *Vielmehr werden Handeln und Reflexion dieses Handelns miteinander verkoppelt in dem Wissen darum, daß die Intention auch eines geplanten Handelns und seine jeweilige Wirkung nie deckungsgleich sind.* Reflexivität sorgt dafür, daß die Wirkungen von Handlungen nicht nach den Kriterien von »richtig« und »falsch« beurteilt werden, sondern selber wieder neue Versuche des Verstehens einleiten, aus denen sich neues Handeln ergibt, usw.

Neutralität und Allparteilichkeit

Das Aushandeln von Positionen, Rollen, Werten und Normen in den Machtprozessen einer Gruppe führt zu äußeren wie inneren Konflikten bei den Mitgliedern dieser Gruppe. Die Rolle des Trainers in diesen Konflikten ist angesiedelt zwischen Neutralität und Allparteilichkeit. Die Neutralität wird durch die Grenzposition erleichtert, durch die Forderung nach Anteilnahme jedoch erschwert. Individuelle Werthaltungen und Sympathien fließen in jedes Handeln ein und neigen die Waage der Neutralität zu einer Seite. Neutralität und Allparteilichkeit bezeichnen daher weniger einen unveränderbaren Standpunkt als vielmehr die Möglichkeit, ohne Aufgabe der eigenen Grundhaltungen zwischen anderen möglichen Haltungen wechseln zu können im Sinne der Reifevor-

stellungen von MacClelland. Dies setzt voraus, sich über den Kontakt mit den eigenen »dunklen« Seiten bzw. mit dem eigenen »Schatten« auch mit den dunklen Seiten von anderen in Verbindung setzen zu können. Die Möglichkeit der Identifikation mit dem Abgelehnten und Ausgegrenzten bezeichnet in diesem Sinne die Fähigkeit, dabei zu helfen, innere Konflikte nach außen treten zu lassen, das Verdrängte ins Bewußtsein zu heben.
Bei äußeren Konflikten kann Allparteilichkeit es erfordern, Partei zu nehmen. Damit ist die Schutzfunktion eines Trainers angesprochen gegenüber Teilnehmern, die sich selber gefährden oder im Prozeß der Gruppe durch die Übernahme von Außenseiterrollen gefährdet erscheinen. Zugleich gilt es abzuwägen, ob dies notwendige Erfahrungen unmöglich macht und damit mehr bindet als schützt. Schutz zu geben ist potentiell mit der Gefahr von Entmündigung als besonderer Form der Machtausübung verbunden. Wechselnde Parteilichkeit will nicht den Konflikt neutralisieren, sondern durch gezielten Seitenwechsel für einen vorübergehenden Machtausgleich sorgen, damit beide Seiten des Konfliktes deutlich werden können.

Auseinandersetzung und Transparenz

Alle diese Bestandteile der Trainerrolle lassen sich auch als Lernziele seiner Arbeit formulieren. Insofern hat sein Handeln immer auch die *Wirkung eines Vorbildhandelns.* Diese Wirkung hat im Prinzip jedes Handeln, das im unmittelbaren Kontakt auf Veränderung von Personen hinwirken will. Das Vorbild entsteht als Konstrukt in den Köpfen der Teilnehmer. Aufgabe des Trainers ist es nicht, ein solches Vorbild aktiv anzubieten, sondern den Teilnehmern eine Auseinandersetzung mit diesen Konstrukten und mit ihm als Person zu ermöglichen.
Zugleich werden aber alle die bisher aufgezählten Grundhaltungen durch die Grenzposition des Trainers in einer Weise ausgezeichnet, wie dies im sozialen Alltag nicht möglich ist. Die Grenzposition ist eben mit einer bestimmten beruflichen Rolle verbunden, es besteht aber die Tendenz, die ihr daraus erwachsene Macht nicht der Rolle, sondern der Person anzurechnen, die diese Rolle ausfüllt. In einem Handeln, das in dieser Weise sein Gegenüber beein-

druckt, ist immer ein Stück Anmaßung mit enthalten. Dieser Anmaßung entgegenzuwirken dient die Herstellung von Transparenz.

Diese Transparenz sollte nicht mit der Herstellung von maximaler Offenheit verwechselt werden. Sie ist vielmehr im Sinne einer optimalen Offenheit immer geplante Transparenz, oder anders ausgedrückt: geplante bzw. selektive Authentizität. Transparenz ist daher mehr Ziel eines Prozesses und kein Zustand, der durch die Herstellung von maximaler Offenheit erreicht werden könnte. Selbst wenn uns in jedem Moment die Motive unseres Handelns völlig klar wären, sorgt doch die prinzipielle Unwägbarkeit der Wirkung jedes Handelns dafür, daß Offenheit nicht absolut gesetzt und verkündet, sondern nur in der Interaktion im Wechselspiel von Vorausgehen und Folgen ausgehandelt werden kann. Da die Interaktion auf einer Rollenungleichheit und einer damit verbundenen Machtungleichheit beruht, kann die Offenheit in dieser Ungleichheitsrelation destruktive Wirkungen entfalten. So kann sie als Überforderung oder als kränkende Zurückweisung wirken. Die scheinbare Souveränität und »Allwissenheit« des Trainers, aus der heraus dieser schon nach kurzer Zeit allumfassende Wahrnehmungen und Interpretationen abgibt, verstärkt gleichermaßen die idealisierende Bindung der Teilnehmer und Selbstüberhöhung des Trainers.

Eine derart falsch verstandene Transparenz gerät in die Gefahr, Handlungen durch Reflexionen zu ersetzen, bzw. Beziehungen durch Beziehungsklärungen, und dadurch Kontakt zu verhindern. Die Transparenz wird dann zum Teil einer Machtstrategie, insofern Wissen als eine spezifische Form verstanden werden kann, die (Selbst-)Kontrolle zu bewahren. Dies gilt nicht nur, wie beschrieben, für den Trainer, sondern auch für die Teilnehmer. Ihre Frage nach Transparenz, so berechtigt sie ist, kann Teil ihres Kampfes gegen den Trainer sein. Aufgrund dieser Vieldeutigkeit von Interaktionen kann die Offenheit im Hinblick auf einen Aspekt gleichzeitig einen anderen Aspekt verdecken.

Dieser geplante Umgang mit Transparenz führt, je mehr er sichtbar werden kann, zur Einsicht in die notwendigen Ingredienzen des Rollenhandelns, zu denen eben auch die Transparenz gehört. Gleichzeitig hält dies den Trainer offen gegenüber den Beziehungsmöglichkeiten, die nicht völlig im Rollenhandeln aufgehen.

Geduld

Ein erfahrungsorientiertes Lernen eröffnet einen Raum, den unterschiedliche Personen unterschiedlich füllen werden. Die gängige Zielorientierung von konventionellem Lernen wird hier ersetzt durch eine stärkere Prozeßorientierung. Im Lernprozeß von einzelnen oder einer Gruppe als ganzer werden immer auch Umwege und Sackgassen gegangen werden. Es wird Blockaden und Rückschritte geben. Der Trainer hat diese Lernprozesse schon häufig erlebt, und es entsteht bei ihm vielleicht der Zweifel, ob er als »Wissender« nicht Abkürzungen aufzeigen kann, anstatt immer wieder die Mühe auf sich zu nehmen, den Weg in seiner ganzen Länge mitzugehen. Er sollte mögliche Hilfe nicht vorenthalten, ohne den Weg der Erfahrung zu versperren. Dies erfordert es, die unterschiedlichen Arten und Geschwindigkeiten des Lernens und die Grenzen seines Einflußvermögens zu akzeptieren.
Auch nach Jahren der Arbeit in der relativen Anfangspassivität eines gruppendynamischen Trainers ist das vorsichtige Abwarten für mich immer wieder anstrengend. Die Vielfalt der Handlungsimpulse, Ideen und Phantasien müssen zurückgestellt werden in dem Wissen, daß der spezifische Lernraum des Trainings sich nur aus dieser Zurückhaltung des Trainers entwickeln kann. Hierbei hilft die Vorstellung, daß ein Zuviel der Traineraktivität mit einem Zuwenig der Gruppenaktivität in Verbindung steht.

> »Um die Frage nach dem wirksamsten Führungsstil zu beantworten, brauchen wir also eine genauere, empirisch abgeleitete Systematik der Bewertung von Gruppenleitern. Eine Faktorenanalyse einer großen Zahl von Variablen des Gruppenleiterverhaltens (von Beobachtern bewertet) führte zu vier grundlegenden Funktionen der Leitung:
>
> 1. Emotionale Anregung (herausfordernde, konfrontierende Aktivität; eindringliches Beispielgeben durch das Eingehen persönlicher Risiken und weitgehende Selbstoffenbarung).
> 2. Anteilnahme (Unterstützung, Zuwendung, Lob, Schutz, Wärme, Annahme, Echtheit, Besorgtheit).
> 3. Sinngebung (erklären, klarstellen, interpretieren, der Veränderung einen kognitiven Rahmen geben; Gefühle und Erlebnisse in Ideen übersetzen).
> 4. Exekutive Funktionen (Grenzen, Regeln, Normen, Ziele setzen; Zeit einteilen; das Tempo des Fortschreitens bestimmen; Verfahren anhalten, unterbrechen und vorschlagen).

Diese vier Führungsfunktionen hatten eine überzeugende und augenfällige Beziehung zum Ergebnis. Anteilnahme und Sinngebung entsprachen dem positiven Ergebnis: *Je stärker die Anteilnahme und je ausgeprägter die Sinngebung war, desto höher war das positive Ergebnis.*
Die beiden anderen Funktionen, emotionale Anregung und Exekutive, standen in nicht-linearer Beziehung zum Ergebnis und bestätigen die Regel vom goldenen Mittelweg: *Zuviel oder zuwenig von diesem Verhalten des Leiters führte zu einem wenig positiven Ergebnis.* Zum Beispiel führte zuwenig emotionale Anregung durch den Leiter zu einer kraft- und leblosen Gruppe; zuviel Anregung (besonders bei ungenügender Sinngebung) führte zu einem stark geladenen emotionalen Klima, wobei der Gruppenleiter auf mehr emotionale Interaktion drängte, als die Mitglieder verkraften konnten. Zuwenig Exekutive – ein Stil des Laisser faire – erzeugte eine verwirrte, richtungslose Gruppe; zuviel Exekutive erzeugte eine stark strukturierte, autoritäre, arhythmische Gruppe, in der sich kein Gefühl der Selbständigkeit der Mitglieder entwickelte, ebensowenig eine frei fließende Abfolge der Interaktionen. Der erfolgreichste Gruppenleiter war also derjenige, der maßvoll anregte, seine Exekutiv-Funktion mäßig zum Ausdruck brachte, viel Anteilnahme zeigte und viel Sinngebung praktizierte. Anteilnahme und Sinngebung schienen *beide* notwendig zu sein: keine von beiden genügte allein, um den Erfolg sicherzustellen« (Irvin D. Yalom 1992, Theorie und Praxis der Gruppenpsychotherapie, S. 475 f.).

6.3 Basisaufgaben der gruppendynamischen Leitungsrolle

Während diese Grundhaltungen mehr den Charakter persönlicher Fähigkeiten haben, gehört es zur Rolle eines Trainers, bestimmte Aufgaben zu erfüllen. Diese basieren zwar zum Teil auf diesen Grundhaltungen, haben aber mehr als diese den Charakter von spezifischem Fach- und Handlungswissen. Zum Fachwissen gehört all das, was zumeist in einem akademischen Studium oder vergleichbaren Ausbildungen erworben werden kann. In Kapitel zwei und drei habe ich das mir relevant erscheinende theoretische Hintergrundwissen zusammengefaßt, um die Palette der möglichen Sichtweisen zu verbreitern. Dies soll nun ergänzt werden durch ein Wissen, das für den praktischen Umgang mit Machtprozessen von Belang ist.

Idealtypisch lassen sich bei der Gestaltung der gruppendynamischen Leiterrolle zwei Ebenen unterscheiden:

1. Die *Leitung auf der Handlungsebene.* Hierzu zähle ich die handlungsorientierten Rollenanteile, vor allem das Strukturieren, wie auch jedes andere direkt in die Situation hineinwirkende geplante Handeln.
2. Die *Leitung auf der Reflexionsebene.* Hierzu zähle ich die reflexionsorientierten Rollenanteile, in denen es um das Verstehen von Handlungen und den durch sie ausgelösten Gefühlen geht.

Anders ausgedrückt setzt sich die Leiterrolle zusammen aus einer Teilnahme an Kommunikation und aus Metakommunikation, also einer Kommunikation über diese Kommunikation.

Leitung auf der Handlungsebene

Die Leitung auf der Handlungsebene zeigt sich in einem gruppendynamischen Training besonders deutlich im Umgang mit dem *Ausmaß von Strukturierung* als einer Art der situativen Kontrolle (2.1). Hiermit ist mehr gemeint als nur eine spezifische Art der Planung. Sie betrifft vielmehr den Kern gruppendynamischen Arbeitens. Jeder Anfang in einer Gruppe wird erst einmal von Gefühlen der Unsicherheit und Angst bei den Teilnehmern begleitet sein. Finde ich einen Platz? Wie ist der Leiter? Wie sind die anderen Teilnehmer? Werde ich akzeptiert? Wie muß ich hier sein? Da die Gruppe in dieser Phase nur durch die Rahmenbedingungen zusammengehalten wird, richtet sich die Erwartung, eine zumindest vorübergehende Antwort auf diese Fragen zu bekommen, in erster Linie auf die Leitung als der einzigen Rolle, die überhaupt hervorgehoben ist. Diese Orientierung nach »Oben« entspricht – positiv wie negativ – in der Regel auch den Alltagserfahrungen der Teilnehmer, es sei denn, daß sie schon andere Vorerfahrungen mit entsprechenden gruppendynamischen Leitungsmodellen gemacht haben.

Die Leiter sehen sich im Vorfeld einer Veranstaltung in ihrer Phantasie diesen ganzen Erwartungen ausgesetzt, und dies kann bei ihnen ähnlich angstbesetzt wirken wie auf die Teilnehmer und die gleichen Fragen hervorrufen. Eine Leitung, die in dieser Situation nicht nur die Rahmenbedingungen vorgibt, sondern auch die

Themen und Vorgehensweisen und eventuell sogar die Reihenfolge, die Veranstaltung also stark strukturiert, wird für beide Seiten angstreduzierend wirken. Die Frage der Macht wird durch diese Setzung beantwortet durch ein hierarchisches Expertenmodell. Die Teilnehmer gehen in eine Konsumhaltung, die sie als Käufer einer Ware und nicht als Mitverantwortliche für einen Lernprozeß kennzeichnet.

Unbestritten kann in solchen leitungszentrierten Seminaren, wie wir sie aus unserer formalen schulischen und universitären Sozialisation gewohnt sind, einiges gelernt werden, aber nur wenig über Gruppen- und Machtprozesse. Dieses Lernfeld wird eröffnet, *wenn die Leitung die Erwartungen an eine klar strukturierte Führung nicht oder zumindest nicht im vollen Umfang erfüllt.* Zwar wird der äußere Rahmen vorgegeben und damit auch die *Macht über die Situation* ausgeübt; innerhalb dieses Rahmens wird aber ein Freiraum geschaffen, d. h., die *Macht in der Situation* wird nicht in der üblichen Art ausgefüllt.

In der Anfangsphase gruppendynamischen Arbeitens in den 70er Jahren wurde diese Zurückweisung von Erwartungen zum Teil rigoros gehandhabt, was der Gruppendynamik als Methode und als Leitungsstil bis heute einen schlechten Ruf eingetragen hat, sicherlich auch weil dieser anfänglichen Rigorosität nicht in allen Fällen eine entsprechende Kompetenz zur Seite stand, die unter diesen Bedingungen aufbrechenden Prozesse sinnvoll zu begleiten. Ein Grund für das Scheitern dieser Art des Arbeitens ist auch darin zu sehen, daß die Leitungsrolle nicht nur durch abstinentes Verhalten weitgehend zurückgewiesen wurde, sondern man auch glaubte, damit die Leitung insgesamt, die unausweichlich durch die Rahmenbedingungen mitgegeben war, ebenfalls abgeschafft zu haben. Die dadurch gegebene gleichzeitige Zurückstoßung und Bindung von Teilnehmern hat dann der Angstregulierung mancher Teilnehmer derart den Boden entzogen, daß es zu vielen destruktiven Prozessen gekommen ist.

Auch heute existiert noch ein Bild vom Gruppendynamiker, der entweder stundenlang schweigend in einer Gruppe sitzt, einzelne aus dieser Position heraus konfrontiert und abkanzelt oder auch eine Gruppe durch irgendwelche Übungen hetzt und sie dadurch ordentlich aufmischt. Diese beiden Klischees bezeichnen die Eckpfeiler eines Verhaltensrepertoires, das zwischen weitgehender Passivität und Zurückhaltung einerseits, Aktivität und Machermentalität andererseits angesiedelt ist. Keinem von beiden soll hier das Wort geredet werden.

Die Unstrukturiertheit schafft eine anomische Situation (Eckert 1983), d. h. ein Sich-selbst-fremd-Werden. Auf die Bewältigungsroutinen des Alltags kann auf einmal nicht verläßlich zurückgegriffen werden. Dies schafft Verunsicherung, aber auch den Raum für experimentelles Lernen. Ein *gruppendynamischer Leitungsstil* geht von der Annahme aus, daß erst durch die teilweise Enttäuschung der Alltagserwartungen der Teilnehmer bezüglich der Strukturierung durch die Leitung Einsichten über den Umgang mit Macht möglich werden. Die enttäuschten Erwartungen führen zur Auseinandersetzung der Teilnehmer mit Führung und Autorität, und zugleich kommt die Gruppe selber ins Blickfeld als ein Ort, an dem diese Erwartungen aktualisiert werden. Führung und Autorität werden dann entweder am Leiter festgemacht oder in einem Prozeß der allmählichen Differenzierung unter den Teilnehmern selber ausgehandelt. *Dieser Aushandlungsprozeß läßt sich als eine Antwort auf das Problem der Macht ansehen, die jede Gruppe in ihrer spezifischen Art gibt.*

Die Entwicklung der Gruppenmethoden ist maßgeblich vom Experimentieren mit unterschiedlichen Formen von Strukturierung geprägt. Dies gilt auch für die Gruppendynamik. Nach einer langen Phase des strukturierten Arbeitens setzt sich zunehmend wieder ein mehr prozeßbezogener Arbeitsstil durch, der von seiner Grundstruktur an den »klassischen« gruppenbezogenen Sensitivity-Trainings orientiert ist, sich aber gleichwohl für spezifische Zwecke variieren läßt. In dieser Trainingsform können solche Prozesse besonders deutlich und auch bearbeitbar werden.

Idealtypisch arbeiten in einem solchen Training zumeist zwei Gruppen von zehn bis zwölf Teilnehmern mit je einem oder zwei Trainern über einen Zeitraum von fünf Tagen zusammen. Neben den räumlichen und zeitlichen Rahmenbedingungen werden zumeist nur die Anfangssituation des Kennenlernens sowie die Aufteilung in zwei Gruppen gestaltet. Die zwei Gruppen arbeiten getrennt, in der Regel jeweils drei anderthalbstündige Einheiten am Tag, und treffen sich in einer vierten Arbeitseinheit gemeinsam in einem Plenum. Dieses Plenum kann für eine Übung genutzt werden zur Reflexion des Prozesses, zur geleiteten Auswertung bestimmter Fragen, alles mehr oder weniger strukturierte Arbeitsformen, oder auch als unstrukturiertes offenes Plenum durchgeführt werden, das von den expliziten oder impliziten Interessen der Teilnehmer gefüllt werden kann. Die beiden Untergruppen (Trainingsgruppen) sind zumindest in der Anfangsphase unstrukturiert, d. h., es

werden keine Themen oder Arbeitsformen vorgegeben. Im Fallbeispiel 6.7 findet sich eine Übersicht zu einem solchen Wochendesign.
Der Trainer führt die Gruppe nicht im traditionell verstandenen Sinne, er folgt ihr und begleitet sie. Eventuell setzt er im Verlauf des Trainings bestimmte Übungen ein, um ablaufende Prozesse besser deutlich werden zu lassen oder Klärungen zwischen den Gruppenmitgliedern zu ermöglichen. Neben dieser Hilfestellung für die Teilnehmer stellt der Trainer sich aber auch der Auseinandersetzung über seine eigene Rolle.

Bei Teilnehmern überwiegt aufgrund dieser ungewohnten Rollengestaltung des Trainers das Erleben von Unstrukturiertheit, obwohl der äußere Rahmen einer solchen Arbeitsform (z. B. Ort, Zeit, Arbeitsform) klar vorgegeben ist. Für diese Struktur ist der Trainer verantwortlich. Er markiert Anfang und Ende von Arbeitszeiten und den Übergang von einer Arbeitsform in die andere. Zu den strukturierenden Rollenanteilen gehört gleichfalls die Durchführung von Übungen.
Durch diese Art der Minimalstrukturierung wird gleichzeitig ein zentrales Arbeitsprinzip der Gruppendynamik eingeführt, das Arbeiten im *»Hier und Jetzt«* (Däumling 1968/1970). Der Trainer stützt dieses Prinzip, indem er zur Auseinandersetzung der Gruppe bzw. ihrer einzelnen Mitglieder mit der aktuellen Situation auffordert.
Auf dieser Leitungsebene angesiedelt sind weiterhin alle Handlungen, die unmittelbar in die Situation hineinwirken, einen Prozeß vorantreiben oder eine direkte Auseinandersetzung ermöglichen wollen. Es geht darum, in der Beziehung bzw. im Prozeßgeschehen zu handeln. Konkrete Beispiele hierfür und für den Übergang zur Reflexionsebene finden sich in 6.7.

Leitung auf der Reflexionsebene

Gegenstand der Leitung auf der Reflexionsebene sind der Übergang von der Handlungs- auf die Reflexionsebene und die Gestaltung dieser Reflexion. Es geht darum, aus dem aktuellen Geschehen herauszutreten. Damit ist ein weiteres Arbeitsprinzip der Gruppendynamik angesprochen, das *»Feedback«* als eine spezifische Form der Metakommunikation (Spandi 1973). Feedback bzw. Rückmeldung zu geben bedeutet, Wahrnehmungen über das aktuelle Gruppengeschehen bzw. über individuelle Verhaltenswei-

sen und die erlebte Wirkung dieser Ereignisse und Verhaltensweisen mitzuteilen. Hierzu gehören weiterhin alle anderen Möglichkeiten der Informationserhebung, die einer Gruppe zur Verfügung stehen (vgl. 9).
Aufgabe des Trainers ist es, die reflexive Ebene einzuführen als eine Möglichkeit der Gruppenmitglieder, sich selbst zu untersuchen. Anfangs wird die Entscheidung bei ihm liegen, wann der Übergang von der Handlungs- zur Reflexionsebene jeweils sinnvoll ist. Angezielt ist eine Kontexterweiterung durch das Heraustreten aus der konkreten Situation und einer Sammlung verschiedener Erlebnisweisen, um auf diese Weise zu einem neuen Verständnis zu kommen. Es geht um die Umsetzung von (Selbst-)Reflexivität.
Hierbei kommt dem Trainer aufgrund seiner Grenzposition eine zentrale Rolle zu, da er das Geschehen gleichsam von innen und von außen sehen kann. Hier fließen zugleich sein ganzes Fachwissen sowie sein Erfahrungsvorsprung im Umgang mit Gruppen ein. Seine Möglichkeit, zwischen der Rolle als Beobachter und Analytiker, als Fachmann, Helfer und Berater zu wechseln, verdeutlicht seine geballte Macht. Ziel der Arbeit ist es einerseits, sowohl auf der Handlungs- als auch auf der Reflexionsebene den Gruppenmitgliedern zu größerer Eigenständigkeit zu verhelfen, indem sie die Trainerfunktionen mehr und mehr selber übernehmen. Andererseits ist er als Autoritätsfigur zugleich Gegenüber, Angriffsziel, Wunsch- und Übertragungsobjekt und keineswegs nur neutraler Zuschauer. Es entsteht die paradoxe Situation, daß die Einladung zur Reflexion selbst wieder Teil der Problemlage werden kann, die sie reflektieren soll (König 1990). Insofern ähnelt die Trainerrolle ein wenig der Figur des Barons Münchhausen, der sich am eigenen Zopf aus dem Sumpf zu ziehen vermochte. Diesem Sumpf möchte ich mich nun zuwenden.

6.4 Trainerrolle und Gruppenprozeß

Das Fehlen von inhaltlicher Strukturierung in einem gruppendynamischen Training sorgt für eine starke emotionale Aufladung insgesamt, besonders aber gegenüber dem Trainer. Diese Aufladung entsteht aufgrund der verminderten sozialen Einbindung, wie sie sonst unseren Alltag regelt, und erhöht damit das Bindungspotential der Autorität. Die relative Abstinenz des Trainers in der Anfangssituation schafft zudem genau die Distanz, die eine geläufige Begleiterscheinung von Autoritätsphänomenen ist.

Diese Aufladung sollte kalkulierbar und kontrollierbar bleiben und durch einen entsprechenden Kontrakt mit den Teilnehmern vorbereitet sein. Je weniger Struktur, desto stärker stehen die Selbsterfahrungsanteile im Vordergrund. Personen mit schwachen Ich-Grenzen, die sich eventuell in aktuellen Krisensituationen oder in einem emotional belastenden therapeutischen Prozeß befinden, brauchen in der Regel stärkere Strukturierung und Anleitung, als dies in einem Training leistbar ist. Da dies aber nicht immer absehbar ist, bleibt hier die Aufmerksamkeit des Trainers gefordert, bei solchen Gefährdungen entweder von einer weiteren Teilnahme abzuraten oder eine Orientierung, z. B. durch die direkte Ansprache, im persönlichen Kontakt zu geben (vgl. Beispiel S. 134).

Durch diese Aufladung wird der Trainer zum Katalysator der emotionalen Homogenisierung einer Gruppe. Er schafft eine verbindende Situation, der sich alle stellen müssen. Zugleich kann aber die Wirkung dieser Rollengestaltung bei den einzelnen Teilnehmern – je nach deren individueller Machtorientierung – höchst verschieden sein. Sie schwankt zwischen Abhängigkeit, Gleichgültigkeit und Kampf, zwischen eher vorsichtiger Annäherung und Interesse, Rückzug und Angst, Ablehnung und Herausforderung. Dies trennt die Teilnehmer wiederum voneinander und stellt sie implizit vor die Aufgabe, die unterschiedlichen Gefühlslagen und Orientierungen in eine Reihenfolge zu bringen, die dann den spezifischen Prozeß dieser Gruppe ausmacht. Damit ist auch die Auseinandersetzung untereinander in Gang gebracht.
Die Orientierung ist also eine doppelte: Einerseits auf den Trainer, andererseits auf die Gruppe bzw. einzelne ihrer Mitglieder. Zentral ist für den weiteren Verlauf, wie sich die Klärung von Machtpositionen und Normen innerhalb der Gruppe, wie sie im 4. Kapitel geschildert wurde, mit der Klärung des Verhältnisses gegenüber dem Trainer verknüpft, bzw. wie sich beide Klärungsprozesse beeinflussen, behindern oder befördern.

In den gängigen Prozeßmodellen (vgl. Svensson 1973, Fengler 1986, Schattenhofer 1995) wird diese doppelte Ebene des Geschehens selten explizit berücksichtigt, so daß sich auch wenig Aussagen über die gegenseitige Beeinflussung finden lassen. Entweder wird das Gruppengeschehen in Ausrichtung auf den Leiter als Aushandeln von Führung bzw. Umgang mit Autorität interpretiert, oder die Gruppe wird als selbststeuernder Organismus mit quasi rotierender Führung dargestellt. In Gruppen geschieht aber immer beides gleichzeitig, was in einer Trainings-Gruppe durch die Rollengestaltung des Trainers besonders deutlich wird. Es gibt einen Leiter, der durch seine relative Zurückhaltung, was die handlungsorientierten Leitungsaufgaben angeht, die Gruppenmitglieder implizit auffordert, Führungsaufgaben unter sich auszuhandeln. d. h. aber nicht, daß der Leiter dadurch verschwinden würde. Möglicherweise rückt er in die Position eines Beraters, der sich auf die reflexionsorientierte Leitung beschränkt. Dies ist eine geläufige Rollenwahrnehmung in der Supervision und der Beratung, beides Arbeitssituationen, die explizit die emotionale Dichte eines Trainings vermeiden, indem die Rolle der Leitung von Anfang an als Expertentum emotional entschärft wird. Im Training ist diese emotionale Entschärfung jedoch Ergebnis eines längeren Prozesses bzw. stellt einen der Kerninhalte der Arbeit dar.

Die Schwierigkeit im gruppendynamischen Training besteht darin, daß alle geschilderten Erscheinungsweisen von Macht (Kap. 3) gleichzeitig auftreten, *dies aber eine Komplexität darstellt, der niemand gewachsen ist.* Jede Gruppe wird sich eine andere Form suchen, diese Komplexität zu reduzieren, d. h. in diesem Fall eine spezifische Reihenfolge finden, mit der sie mit den Machtprozessen umzugehen versucht. Die Person des Trainers stellt bei dieser Wahl eine zentrale Orientierungsgröße dar. Im ungünstigsten Fall wird der Trainer eine spezifische Reihenfolge aufdrängen, indem er sich z. B. von Anfang an in den Mittelpunkt stellt und keiner Auseinandersetzung aus dem Weg geht; Einfluß nimmt er aber auch, wenn er jede Autoritätswirkung zu vermeiden sucht. Im günstigsten Fall wird der Trainer in der Lage sein, *seine eigene Inszenierung von Autorität an den impliziten wie expliziten Angeboten und Anfragen der Gruppenmitglieder auszurichten.* Diese Variabilität ist nicht unbegrenzt. Ein Trainer wird aufgrund seiner persönlichen Geschichte, seiner eigenen Grundorientierung und methodisch-theoretischen Orientierung dazu neigen, eine spezifisch geprägte Auseinandersetzung mit Machtprozessen und Autorität in Gang zu setzen. Ist ihm dies nicht bewußt, so wird sich seine Sicht der »Wirklichkeit« allmählich reduzieren. Er wird das für einzig wirklich halten, was durch seine Person ausgelöst wird bzw. was in seiner methodischen Orientierung vorgesehen ist.

Hier liegt ein wunderbares Feld für eine Karikatur der verschiedenen Autoritäts-Inszenierungen, die das Berufsfeld hervorbringt. Der unerreichbare Analytiker, der nur noch in Übertragung und Widerstand denkt. Der zugewandte humanistische Psychologe, der empathisch ist bis zur Selbstaufgabe. Der kühle Systemiker, der Kommunikation wie einen chirurgischen Eingriff betreibt. Der begeisterte Konstruktivist, der vor lauter Lösungen keine Probleme mehr sieht.
Der eine schaut bei besonders wichtigen Interventionen immer auf den Boden, der andere immer aus dem Fenster hinaus. Der eine redet so leise, daß alle verstummen müssen, um zuhören. Der andere gibt seine Anweisungen eher im Befehlston. Überliefert sind Geschichten von (männlichen) Trainern, die ihren Körperfunktionen lautstark freien Lauf ließen, z. B. durch Furzen und Rülpsen (Dorst 1994).
Die Mehrheit der Teilnehmer ist glücklicherweise ziemlich immun gegen diese Inszenierungen, es sei denn, sie stehen unter hohem Anpassungsdruck, wird doch die Autoritätsfrage von manchen Trainern wie eine heilige Kuh behandelt. So entstehen oft am Ende von Trainings und Fortbildungen kleine spontane Aufführungen, die Ereignisse und Personen mit liebevollem Spott auf die Bühne bringen. Dieses Lachen über die Macht und ihre Repräsentanten kann auf eine lange Tradition zurückblicken.

Eine eindeutige Abfolge, eine »richtige« Reihenfolge bei der Klärung der Beziehungen nach innen und nach außen läßt sich nicht festlegen. Einmal steht die Klärung des Verhältnisses zum Trainer am Anfang, ein andermal die Klärung mit den anderen Teilnehmern. Welchen Weg eine Gruppe im einzelnen geht, hängt von vielen Randbedingungen ab.

Auf diese Zufälligkeiten gilt es zu reagieren. Wenn der Hausmeister einer Tagungsstätte die Teilnehmer vor Kursbeginn erst einmal kräftig ermahnt, wird eventuell die Auseinandersetzung mit den Trainern an erster Stelle stehen. Exponiert sich ein Teilnehmer von Anfang an sehr stark, rückt eventuell dieser in den Vordergrund.

Zur Vorbereitung eines jeden Trainings gehört es, sich über die Ausgangslage der Teilnehmer, z. B. ihre angenommenen Grundorientierungen, Gedanken zu machen. Dies ist besonders dann wichtig, wenn sie sich aus nur einem Arbeitsfeld oder sogar aus

einer Institution rekrutieren. Die Gemeinsamkeit der ähnlichen Berufswahl bzw. Wahl des Arbeitgebers korrespondiert häufig mit gemeinsamen Grundhaltungen gegenüber Machtprozessen. Dies gibt nicht nur Hinweise darauf, wie sich diese Grundhaltungen in der Gruppe zeigen werden, sondern bestimmt mit, welche Rolle dem Trainer zukommt.
So spielen z. B. in vielen Feldern der sozialen Arbeit, in denen es um die Arbeit mit Benachteiligten geht, Zusammenhänge zwischen Berufswahl und persönlicher Geschichte eine wichtige Rolle. In der Regel sind die Bilder von Autoritäten negativ belastet, aber gerade deswegen stark emotional aufgeladen mit der Angst vor der Wiederholung der schlechten Erfahrung und dem gleichzeitigen, häufig abgewehrten Wunsch, das Vermißte nachzuholen. Die Aufgabe des Trainers besteht hier darin, Verläßlichkeit zu zeigen und gleichzeitig die im übergroßen Wunsch angelegten Idealisierungen abzubauen, also die Enttäuschungstoleranz zu erhöhen, ohne daß dies als erneute Enttäuschung erlebt wird.

In einem Kurs mit Teilnehmern aus der Heimerziehung stand z. B. das Mißtrauen gegenüber der Verläßlichkeit von Autoritäten von Anfang an im Vordergrund. Es spiegelte die Situation der Jugendlichen im Heim, die »verlassen« worden waren. Die Berufswahl vieler Teilnehmer wiederum konnte als ein Versuch angesehen werden, die eigene Erfahrung des Verlassen-Werdens kompensatorisch zu verarbeiten. Die Trainer wurden einem anstrengenden Dauertest unterzogen. Dies zeigte sich in dem Gefühl, das Vertrauen immer wieder verdienen zu müssen.
Andere Gemeinsamkeiten der Grundorientierung wird man bei Führungskräften finden, bei Angestellten großer Verwaltungen etc. Wesentlich ist auch das Lebensalter der Teilnehmer. Jüngere Teilnehmer werden noch stärker mit Ablöseproblemen vom eigenen Elternhaus zu kämpfen haben, die sich entsprechend in der Stellung zum Leiter reproduzieren werden. Als zentral erweisen sich auch die Verteilung der Geschlechter und der Umgang damit, dazu mehr im nächsten Kapitel.

Die sich jeweils aus der Komplexität der Einflußfaktoren ergebende spezifische Reihenfolge, mit der sich eine Gruppe der Klärung von Machtprozessen zuwendet, gestaltet sich nicht als linear fortschreitender Prozeß. Er enthält Vorwärts-, Seiten- und Rückwärtsbewegungen, die sich auf unterschiedlichen Niveaus wiederholen können. Für die zentralen Aufgaben einer Gruppe gibt es keine »Lösungen«, sondern nur begrenzte Handhabungen, die für

eine bestimmte Zeit funktionieren und dann auf einer neuen Ebene neu ausgehandelt werden müssen.
Eine wesentliche Aufgabe der Arbeit mit Gruppen ist es, auf der jeweils nächsten Ebene des Prozesses eine Antwort zu finden, die also auf einer »höheren« Ebene integriert ist. Ereignisse, die anfangs getrennt voneinander gesehen werden, setzen sich zu einem späteren Zeitpunkt zu einer neuen Gesamtheit der Erfahrung zusammen. So arbeiten sich die Gruppenmitglieder z. B. der Reihe nach durch verschiedene Probleme hindurch: Orientierung, Umgang mit Normen, Verhältnis zur Leitung. Im Rückblick verbinden sich die Ergebnisse dieser Arbeit und erlauben eine komplexere Sicht des Gruppengeschehens. Mit dieser umfassenderen Sichtweise können sich die Gruppenmitglieder nun erneut diesen Problembereichen zuwenden und weiterreichende Lösungen erarbeiten.

So führt z. B. die erste Auseinandersetzung mit Normen zu einem Katalog von Vorschriften, die einen Minimalkonsens darstellen. Sobald jemand den Wunsch nach einer Norm anmeldet, wird diese in den Katalog aufgenommen. Der individuelle Bewegungsspielraum wird dadurch eng.
Sind die anfänglichen Orientierungsschwierigkeiten geringer geworden, so kann es leichter geduldet werden, wenn einzelne Mitglieder aus dem Konsens ausscheren. Werden Normen dann das nächste Mal thematisiert, so verschiebt sich die Aufmerksamkeit auf das Problem, wie mit dieser Unterschiedlichkeit bzw. mit Normabweichung umgegangen werden kann.
Für die nächste Prozeßebene wird es unumgänglich sein, die Rolle des Trainers bei der Normsetzung zu thematisieren. Klärungen im Umgang mit der Trainer-Autorität erlauben einen weiteren Schritt. Die Gruppenmitglieder entwickeln einen Stil, die Normen situations- und kontextgebunden zu verändern. In diesem gemeinsamen Gespür für die Situation entwickeln sie ein Verständnis ihrer Basisregeln (Kap. 3.7).

Das Ziel der Arbeit liegt also darin, das Verständnis für die Verkoppelung der verschiedenen Prozesse zu erhöhen. Dieses Ziel zu erreichen bedarf jedoch einer anfänglichen Entkoppelung dieser Prozesse. Das Nacheinander und die dadurch geschaffene Reduktion von Komplexität dient der notwendigen Angstreduzierung. Ziel bleibt jedoch die Integration der verschiedenen Ebenen.

Die gruppendynamische Gestaltung der Trainerrolle stellt einen Versuch dar, diese Integration zu fördern. Dabei macht es für den Trainer wenig Sinn, sich an einer angenommenen festen Abfolge von Gruppenphasen auszurichten. Vielmehr geht es darum, die Prozeßthemen auszuwählen, deren Bearbeitung ihm im Moment am ehesten möglich und sinnvoll erscheint. Zugleich repräsentiert er als Leitungsfigur selbst einen Teil des Problems, dem sich die Gruppenmitglieder stellen müssen, wollen sie ihr Verständnis der Situation vertiefen und ihre Handlungsmöglichkeiten verbreitern.

In den meisten Modellen zur Gruppenentwicklung steht die Behandlung der Autoritätsproblematik an zentraler Stelle (Sandner 1978). Für den T-Gruppenprozeß wurde dies von Warren Bennis (1972) aus den National Training Laboratories (NTL) in den USA im heute klassisch zu nennenden Dependenzkonzept formuliert. Wie alle Modelle ist es eine Abstraktion der Realität. Für das Verstehen von Gruppenprozessen erweist es sich aber als fruchtbar, spiegelt es doch eindringlich die hierarchische Grundorganisation westlicher Gesellschaften. Bennis unterscheidet zwei Hauptphasen (Dependenz und Interdependenz) mit jeweils drei sich wiederholenden Unterphasen (Flucht, Kampf, Lösung bzw. Konsens).

In der Dependenzphase äußert sich der Fluchtimpuls (1. Subphase) in der Suche nach einem gemeinsamen Ziel oder Thema und in der Anfrage nach Hilfe beim Trainer. Je deutlicher es wird, daß der Trainer nicht in der Lage bzw. nicht willens ist, die erhoffte Hilfe zu geben, schlägt die anfängliche Überdependenz in Kontradependenz um. Nicht mehr Flucht ist das Thema, sondern Kampf gegen den Trainer und untereinander um die Macht in der Gruppe. Diese beiden Subphasen führen zu Spaltungen in der Gruppe entlang den bevorzugten Verarbeitungsweisen (Flucht oder Kampf) ihrer Mitglieder. Die dritte Subphase leitet einen Übergang ein. Sie ist durch die ersten stabilen Kontakte zwischen einzelnen Gruppenmitgliedern gekennzeichnet, und der Konflikt mit dem Trainer kann offen angegangen werden.

Dieser erste Anlauf zur »Lösung« des Machtproblems leitet die zweite Hauptphase der Interdependenz ein. In der ersten Subphase versuchen die Gruppenmitglieder den erreichten Status quo zu halten. Der Fluchtimpuls nimmt die Form einer unbedingten Suche nach Harmonie an. Nicht mehr der Trainer wird idealisiert, sondern die Gruppe als ganze. Das Konformitätsniveau ist entsprechend hoch. Auch jetzt folgt wieder eine Kampfphase der Entzauberung dieser Harmonie, auch diesmal begleitet von der Spaltung der Gruppe in zwei Lager als zwei verschiedene Möglichkeiten der Regulierung von Intimität. Die einen versuchen

das Erreichte zu konservieren, die anderen es zu entwerten. Die dritte Subphase der Konsensusbildung stellt Bennis als ein ideales, aber selten erreichtes Ziel einer T-Gruppe dar. Die Gruppenmitglieder entwickeln eine Vorstellung von ihrer Verbindung untereinander und zum Trainer. Unterschiede und Konflikte können hingenommen werden, Konsens kann situationsangemessen ausgehandelt werden. Die Mitglieder gewinnen an persönlicher Bedeutung füreinander.
Bennis weist darauf hin, daß diese Phasen nicht als eine stringente Abfolge zu verstehen sind, die einmal durchlaufen zum »Ziel« führen. Vielmehr sind Wiederholungen, das parallele Auftreten unterschiedlicher Phasen und »Rückschritte« immer zu erwarten. Der Erkenntniswert des Modells ist daher weniger in der Formulierung einer Zielvorstellung als in der Beschreibung der verschiedenen Prozeßphasen zu sehen.

Aufgrund seiner zentralen Rolle ist es eine notwendige Aufgabe des Trainers, die Auseinandersetzung mit ihm bzw. den Bildern von Autorität, die er repräsentiert, anzubieten bzw. einzufordern. *Diese Aufforderung zur Auseinandersetzung ist paradox.* In einer Paraphrasierung des Eingangszitats zu diesem Kapitel lautet sie: *Mit Hilfe der Trainerautorität los von den Autoritäten!* Aus dieser Paradoxie erwachsen gleichermaßen Fallen wie Möglichkeiten.
Geht man davon aus, daß auch eine Machtrolle in einem Beziehungsgefüge eingebunden ist (Kap. 2.5), in dem jede Position mit jeder anderen in Verbindung steht, dann läßt sich diese Auseinandersetzung mit Autorität für das Gesamtverständnis von Machtprozessen nutzen. Der Trainer hält aus seiner besonderen Position heraus das Machtgefüge einer Gruppe in Bewegung und macht dadurch Entwicklungen möglich. Soll dies nicht in einem Hase-und-Igel-Spiel enden, in dem der Trainer immer schon weiter ist als die Gruppe, so wird sich dabei gleichzeitig das Machtgefälle zwischen den Gruppenmitgliedern und dem Trainer verringern. Der Trainer muß sich also bewußt bleiben, daß seine Autorität ein Produkt und damit nur ein Teilaspekt der gesamten Machtkonstellation in der Gruppe ist, also *Autoritätsbeziehungen nur eine Spielart von Machtbeziehungen* darstellen. d. h. aber auch, daß der Trainer an diesen Machtbeziehungen immer zumindest peripher beteiligt ist.

6.5 Umgang mit Machtprozessen

Zunächst werde ich mich einigen Situationen zuwenden, in denen der *Trainer in die Gruppe hineinwirkt*. Hierbei nutzt er die Möglichkeiten seiner Rolle, um bei der Klärung von Machtprozessen behilflich zu sein. Die Aufmerksamkeit gebührt der Frage, wie sich hierbei seine Leitungsfunktion auswirkt bzw. verdeckt seine Autorität mitverhandelt wird. Im nächsten Abschnitt (6.6) wende ich mich dann Situationen zu, in denen die *Auseinandersetzung zwischen Trainer und Gruppe* bzw. einzelnen Mitgliedern im Zentrum steht. Besondere Aufmerksamkeit gebührt den Bindungsmodi, die diesem Autoritätskonflikt zugrunde liegen.

Die Strukturlosigkeit der Anfangssituation und die relative Passivität des Leiters erhöhen die Suche nach Orientierung, die – wie dies für jede andere Anfangssituation des Alltags auch gilt – den Beginn einer Gruppe kennzeichnet. In dieser Orientierungphase entstehen wie beschrieben eine verstärkte Suche nach Regeln und Normen und ein Klima, in dem jede Bemerkung und jede Interaktion auf ihre normative Brauchbarkeit überprüft wird. D. h., jedes Ereignis wird beispielhaft als die Explikation einer Regel gedeutet. Sichtbar wird dies zumeist erst im weiteren Verlauf, da in der Anfangssituation diese Regelsuche nicht als solche formuliert wird, sondern implizit bleibt.

> In einem Kurs kommt es am Anfang einer Kurswoche zur Bildung von drei Untergruppen und zur Wahl jeweils eines Trainers für die Arbeit der Woche. Nach der Zusammenstellung der Gruppe gerät der Prozeß bei der Trainerwahl ins Stocken. Zwei Gruppen haben sich für denselben Trainer entschieden. Den Gruppen wird eine interne Beratungszeit gegeben, um ihr weiteres Vorgehen zu diskutieren. Nach dieser Beratung ist ohne weitere Schwierigkeiten eine Aufteilung möglich, da die Gruppe A ihre Wahl geändert hat.
>
> Im Verlauf der Woche entstehen bei der Gruppe A eine zunehmende Unzufriedenheit und das diffuse Gefühl, zu kurz gekommen zu sein. Am Abschlußtag wird deutlich, daß dies mit der Verletzung einer impliziten Regel zusammenhängt, der sich diese Gruppe verpflichtet sah. Die Regel lautete in etwa: Konflikte müssen so lange verhandelt werden, bis für alle eine brauchbare Lösung entsteht. Zugleich ging es aber bei der Trainerwahl auch um die Machtfrage: Wer bekommt hier was?

Die beiden anderen Gruppen hatten das Einlenken der Gruppe A dafür genutzt, ihre Interessen abzusichern. In der Besprechung wird sichtbar, daß sich Gruppe A in der anstehenden Auseinandersetzung keine Chance ausgerechnet hatte. Eine wichtige Rolle spielte hierbei, daß sich eine Gruppe von Jüngeren zwei Gruppen von Älteren gegenübersah. Aus diesem Gefühl der Machtlosigkeit entstanden ein Rückzug auf eine Regel und – wie sich herausstellte – ein impliziter Anspruch gegenüber den Trainern, nicht nur für die Einhaltung dieser Regel zu sorgen, sondern auch den vermeintlich »Schwächeren« beizustehen.

Die Handlungen und Beiträge des Trainers werden besonders aufmerksam auf solche regelsetzenden Inhalte hin untersucht. Von daher ist es für den Trainer angebracht, seine Formulierungen auf ihren normierenden Charakter zu untersuchen, denn durch Sprach- und Wortwahl wird »Wirklichkeit« konstruiert. Deutlich wird dies z. B. bei der frühzeitigen Verwendung von Fachvokabular oder einem bestimmten Gruppenjargon. Häufig sind es gerade psychologie- und gruppenerfahrene Teilnehmer, die solche Sprachschablonen (»Sprich doch in der Ich-Form«) verwenden bzw. sich schnell solchen Schablonen des Trainers anschließen. Ein differenzierter Umgang mit Beziehungen bedarf eines differenzierten Umgangs mit Sprache, selbst wenn es nicht darum gehen kann, sich einer strikten Selbstregulierung zu unterwerfen, die jede spontane sprachliche Äußerung unmöglich macht. Ohnehin wirkt das Verhalten des Trainers normierend, ob er dies will oder nicht.
Zwei Interventionsregeln helfen dem Trainer dabei, diese normierende Wirkung seiner Aktivität geringzuhalten und seine Neutralität zu bewahren.

1. *Die gruppenbezogene Intervention:* Ansprechpartner ist vor allem in Anfangssituationen, aber auch später beim Umgang mit Machtprozessen, vorrangig die Gruppe als ganze und nicht einzelne Personen.
2. *Vorrang der Beschreibung vor der Deutung:* Der Trainer konzentriert sich auf die Beschreibung des Prozesses und auf das Nachfragen. Erst allmählich ergänzt er dies mit Deutungen über Hintergründe und verdeckte Motive, allerdings ohne lineare Kausalitäten zu konstruieren oder Bewertungen abzugeben.

Gruppenbezogene Intervention

Die gruppenbezogene Intervention fördert den Zusammenschluß, indem sie über die Ansprache aller eine gemeinsame Realität konstruiert. Implizite Anfragen nach Regelsetzungen werden dadurch als Frage an die Gruppe zurückgegeben. Das Hervorheben einzelner durch eine direkte Ansprache verhindert hingegen eher die Herausbildung von Kohäsion bzw. fördert die Regelorientierung, da die Ansprache selbst wieder von den Teilnehmern gedeutet wird als Verstärkung bestimmter Inhalte und Belohnung bestimmter Personen. Sinnvoller ist es, unterschiedliche Beiträge zu verbinden, indem Gemeinsamkeiten hervorgehoben werden oder ihre Unterschiedlichkeit als Ausdruck einer Spannbreite möglicher Standpunkte beschrieben und mit der gemeinsamen Situation in Verbindung gesetzt werden.

Diese Haltung kann auch dann beibehalten werden, wenn es zu einzelnen Angriffen auf den Trainer kommt. Geht der Trainer zu schnell auf eine Klärung der Autoritätsbeziehung einzelner zu ihm ein, so dient dies oft der Bändigung der eigenen Angstphantasie, daß die Gruppenmitglieder kollektiv über ihn herfallen könnten. Dies verführt manche Trainer dazu, sich wie die Polizei auf einer Demonstration die »Anführer« herauszupicken und sie zu beruhigen, psychologisch »fertigzumachen«, oder auch sich als gutmütige und väterlich oder mütterlich versorgende Autorität dem Konflikt zu entziehen. Durch eine frühzeitige Individualisierung von Konflikten bindet der Trainer die Teilnehmer an seine Person und verhindert dadurch genau jenen Zusammenschluß, der für die weitere Entwicklung einen wichtigen Zwischenschritt darstellt.

In Anfangssituationen lassen sich aggressive oder herausfordernde Äußerungen auch als Test des Trainers auffassen. Die implizite Testfrage lautet etwa folgendermaßen: »Bist du als Trainer in der Lage, aggressives Verhalten auszuhalten und dem Akteur entgegenzutreten, ohne ihn zu strafen? Können wir uns auf dich verlassen, wenn wir die Auseinandersetzung untereinander beginnen?« Wird ein solcher Angriff nicht bestraft, setzt dies bestimmte Signale im Umgang mit Macht. Auseinandersetzungen können eingegangen werden ohne die Angst, daß die Macht gegen einzelne ausgespielt wird. Eine solche Situation wird dann zur Nahtstelle, an der die Klärung des Verhältnisses von Gruppe und Trainer mit der Möglichkeit der internen Differenzierung und Auseinandersetzung der Gruppenmitglieder untereinander zusammentrifft.

Vorrang der Beschreibung vor der Deutung

Die Konzentration auf die Ebene der Beschreibung stellt gleichfalls einen Versuch dar, die implizite Regelbildung nicht zu unterstützen, die aus der individuellen Deutung von Ereignissen und phantasierten Ursachen und Motiven hervorgeht, ohne daß diese an den Ereignissen überprüft würden. Die Fragen des Trainers nach solchen impliziten Bedeutungen sollen diese vielmehr überprüfbar und damit gestaltbar machen. Zentrales Ziel dieser Verhaltensstrategie ist es, die *Prozesse der Urteilsbildung zu verlangsamen und ihre einzelnen Schritte dem Bewußtsein zugänglich* zu machen. Geht der Trainer hingegen in seinen Rückmeldungen allzuweit über das Beobachtbare hinaus, nährt er bei den Teilnehmern die Phantasien über seine Allmacht: daß er alles wisse, verstehe und im Griff habe.
Auch dieses Trainerverhalten nimmt normativen Einfluß, aber nicht unmittelbar auf der inhaltlichen Ebene, sondern auf einer Meta-Ebene. Es wird die Norm »angeboten«, daß Normen und Regeln verhandelbar, gestaltbar und veränderbar sind, wenn es gelingt, sie in die Kommunikation zu heben. *All das, was ich als Grundhaltung beschrieben habe, hat in diesem Sinne normative Wirkung. Zugleich beinhaltet es aber eine Aufforderung zur persönlichen Stellungnahme, die nicht auf Nachahmung oder Gehorsam basiert.*

Der starke normative Einfluß des Trainers wird deutlich an den Veränderungen, die sein Erscheinen und sein Verschwinden am Anfang und am Ende einer Gruppensitzung bewirken. Formen der Alltagskommunikation werden zu Beginn einer Gruppensitzung, die durch sein Erscheinen markiert ist, durch bedeutungsvolles Schweigen ersetzt. Manchmal tagen Gruppen auch nach dem offiziellen Ende einer Sitzung ohne den Leiter weiter, und es wird mit Verwunderung festgestellt, daß dann alles »ganz einfach« zu besprechen sei. Erklärt wird dies von Teilnehmern häufig damit, daß in der Gruppe alles so bedeutungsvoll sein müsse; Repräsentant dafür sei der Trainer. Zum Teil läßt sich dies als Projektion der eigenen normativen Orientierung in die Person des Trainers hineininterpretieren. Zugleich sollte der Trainer dies zum Anlaß nehmen zu überprüfen, inwieweit er diese Projektion durch die Bedeutungsschwere seiner Interventionen fördert.

Beide Verhaltensregeln, der Gruppenbezug wie der beschreibende Charakter von Interventionen, werden nach und nach ergänzt sowohl durch stärkere Personenzentrierung wie auch weitergehende Deutungen des Trainers. Der Anfang einer Gruppe stellt für den Trainer eine Übung in Geduld dar. Zugleich konfrontiert diese selbstauferlegte Zurückhaltung den Trainer mit den eigenen Problemen der Angstregulierung, die sich im Kern nicht von denen der Gruppenmitglieder unterscheiden, auch wenn ihm ein Rollen- und Erfahrungsvorsprung zukommt. Wird er einen Platz in der Gruppe bekommen? Werden die Gruppenmitglieder ihn als Leiter akzeptieren? Werden sie ihn mögen? Sowohl die übermäßige Aktivität als auch eine übergroße Zurückhaltung lassen sich als eine Reaktion auf diese Angst auffassen.

Am deutlichsten spüre ich diese Ängste vor Beginn eines Seminars. Es ähnelt wohl etwas dem Lampenfieber des Schauspielers hinter dem Vorhang. Ich schlafe schlecht oder suche mir Seminarunterlagen zusammen, die ich mit ziemlicher Sicherheit nicht einsetzen werde. In einem Traum sehe ich mich in einem Hörsaal stehen, vor mir aufsteigende Stuhlreihen wie in einem alten Universitäts-Seminarraum. Die Zuhörer schauen auf mich herab. Ich rede, aber sie können mich nicht hören, da uns eine Glasscheibe trennt. Der Traum versinnbildlicht für mich sowohl die Angst vor der Kontaktlosigkeit als auch vor der Macht der Teilnehmer.

Ist die Bühne erst einmal betreten, dann setzt sich – ähnlich wie beim Schauspieler – die Professionalität, die Lust an der Rolle und an der Gestaltung einer Situation durch. Mit zunehmender Berufserfahrung entsteht dann die Gefahr, auch das Lampenfieber zu professionalisieren. Erklärbar werden dadurch manche Verhaltensmerkwürdigkeiten von Leitern gerade in Anfangssituationen, die sie als methodisch begründet ausgeben. Sie dienen dazu, in der Abwehr der Angst die eigene Rolle einzufordern, z. B. mit besonderer Schroffheit, betonter Lässigkeit, überbordender Freundlichkeit, vorauseilender Echtheit, dem »Jargon der Eigentlichkeit« (Adorno).

Leitung und Machtphänomene

Der beschriebene gruppendynamische Leitungsstil produziert eine Reihe von Reaktionen und läßt so bestimmte Phänomene im Kontext der Gruppe zutage treten, die als Ausdruck von Macht zu verstehen sind. Ihnen gebührt doppelte Aufmerksamkeit. Werden sie thematisiert, so können sie zum Verstehen und Gestalten von Machtproblemen beitragen. Bleibt ihre Dynamik verdeckt, so können sie ebensogut zur Absicherung der Trainermacht genutzt werden.

Je aktiver der Trainer im weiteren Verlauf wird, desto mehr sollte er darauf achten, inwieweit er an der Produktion von *»Zwischenautoritäten«* (Sofsky 1991, S. 21) beteiligt ist. Gerade aufgrund der relativen Zurückhaltung des Trainers baut sich bei den Gruppenmitgliedern ein feines Gespür dafür auf, wer in der Gruppe eher Zuspruch und wer eher Ablehnung erfährt. Alle Bemerkungen des Trainers werden daraufhin abgeklopft. Nicht nur Strafaktionen, sondern gerade auch Belobigungen können ein unterschwelliges Klima der Rivalität entstehen lassen. Im Extremfall schafft dies eine Situation, in der sich die Gruppenmitglieder in Subgruppen spalten im Hinblick auf ihr Verhältnis zum Trainer. Solche Spaltungen können für die Absicherung der Autorität des Trainers in den Dienst genommen werden, wenn dieser an seiner Charismatisierung interessiert ist. Schulenbildungen im Bereich der Gruppenmethoden bedienen sich gerne dieses Mechanismus. Die Schüler und Fans der Trainerautorität werden in ihrer Rolle als Zwischenautoritäten zu Aposteln des Meisters, den es gegen Zweifler zu verteidigen gilt. Die Delegation von Macht auf Zeit (Sofsky 1991, S. 127), Vorstufe jeden Organisationsprozesses, dient hier zur Absicherung der Macht des Leiters.

Ein strukturell ähnliches Phänomen stellen *Stellvertreterkämpfe* dar. Sie sind dann zu vermuten, wenn keine Vorschläge und Themen aus der Gruppe sich durchsetzen können, sondern in einer Stimmung schwankend zwischen Desinteresse und Aggressivität zurückgewiesen werden. Es überwiegt der Groll über die Passivität des Trainers. Loswerden kann man ihn aber auch nicht. Teilnehmer, die diesen Raum mit eigener Aktivität füllen wollen, werden zurückgepfiffen, weil ihre Aktivität implizit als Stellungnahme gegenüber dem Trainer gewertet wird. Aus dieser Stimmung von Verweigerung heraus darf niemand aus der Gruppe aktiv werden.

Es tauchen *selbsternannte Co-Trainer* auf. Ihr Führungsanspruch kann es einer Gruppe durchaus ermöglichen, Gefühle von Groll und Trotz in Aktivität zu verwandeln. Zugleich treten sie in einem

Tonfall von belehrender Überheblichkeit auf, der von den anderen als Abwertung empfunden und zurückgewiesen wird. Gibt es in einer Gruppe offizielle Co-Trainer, so bieten diese sich besonders als Ziel von Angriffen an, zumal wenn sie jünger, weniger erfahren und eventuell noch in der Ausbildung sind. Konflikte, die dem Trainer gelten, werden auf andere Ziele umgelenkt. Die Hilfe, die ein Trainer in solchen Fällen seinem Co-Trainer anbietet, sollte vorsichtig dosiert sein. Es entsteht die Gefahr, die Abwertung durch eine Unterstellung von allzu großer Hilfebedürftigkeit auf seiten des Co-Trainers zu bestätigen.

Arbeitet man in einer Gruppe in der Leitung zu zweit, so kann es zu *Spiegelungsphänomenen* kommen. Die Beziehungsgestaltung der Leiter untereinander, ihr Umgang mit dem Aushandeln von Macht, Kooperation und Konkurrenz, kann sich auf den Gruppenprozeß auswirken, ebenso wie dieser in die Leitungsdynamik hineinwirken kann. In der Regel sind Machtphänomene in der Gruppe nur in dem Maße ansprech- und verhandelbar, wie sie es auch im Leitungsteam sind. So können Leitungsprobleme in die Gruppe hinein agiert werden, und die einzelnen Teilnehmer sehen sich implizit oder explizit aufgefordert, sich für eine Seite zu entscheiden. Ist das offene Austragen von Konkurrenz in der Leitung nicht möglich, so sind die entsprechenden Themen in der Gruppe ebenfalls nur schwer ansprechbar.

Die Gruppenmitglieder können umgekehrt ihre Konflikte auch in die Leitung hineintragen. Dies geschieht z. B., indem zwischen den Leitern eine rigide *Rollenspaltung* vorgenommen, die eine Seite nur als strafend, die andere Seite nur als versorgend wahrgenommen wird. Diese Wahrnehmung kann über eine Art Rückkoppelungsprozeß durchaus Realitäten schaffen, die dann den Leitern untereinander Probleme bereiten. Auf seiten des Trainers wird eine solche Aufspaltung dann als Reduktion erlebbar, die Neid, Konkurrenz, Ärger und Trauer hervorrufen kann, vor allem wenn sie einen in eigene alte, überwunden geglaubte emotionale Zustände zurückführt. Auf seiten der Teilnehmer läßt sich diese psychodynamische Aufspaltung der Eigenschaftsprofile der Trainer als Versuch ansehen, die phantasierte Macht der Trainer etwas zu reduzieren. Zugleich handelt es sich um eine Wiederbelebung der Situation des Kindes, das versucht, sich durch das gegenseitige

Ausspielen der Eltern vom jeweils permissiveren Elternteil seine Wünsche erfüllen zu lassen.

Aus dieser Einsicht in die gegenseitige Verschränkung von Gruppen- und Leitungsprozeß erwächst die Möglichkeit, Leitungsprozesse für die Analyse von Gruppenprozessen zu nutzen und umgekehrt. Zur Arbeit eines Leitungsteams in einem Training, in dem mehrere Gruppen parallel laufen, ist daher die Reflexion der Teamdynamik unverzichtbarer Bestandteil der gemeinsamen Arbeit. Das Aushandeln von Autoritätsfragen untereinander ebenso wie die kollegiale Supervision korrigiert u. a. das eigene Machtstreben in der Gruppenarbeit. Arbeitssitzungen des Leitungsteams, die bis in die späte Nacht dauern, sprechen allerdings eher dafür, daß es um Sieg oder Niederlage und weniger um Klärung von Beziehungen und Erhaltung der Arbeitsfähigkeit geht.

Eine starke Rollenspaltung spricht in der Regel dafür, daß die Übertragungen auf die Trainer noch stark besetzt sind. Teilnehmer versuchen sich in dieser Situation manchmal mit einem der Trainer gegen den anderen zu verbünden. Stoßen sie hierbei auf einen ungelösten Konflikt zwischen den Leitern, können sie erfolgreich sein. Die Auseinandersetzung über Macht wird zu einem *Loyalitätskonflikt*, der in seiner Übertragungs-Dynamik den Prozessen in Familien, vor allem in Scheidungsfamilien entspricht. Der Verlust, der sich aus einem solchen Konflikt ergeben kann, wird durch weitere Polarisierung der Rollen und Verhärtung der Fronten verdrängt.

Davon zu unterscheiden ist der Wunsch der Teilnehmer nach *Differenzierung der Trainer*, der auf den Rückgang von Übertragungsanteilen hinweist. Die Rücknahme von Idealisierungen läßt die Trainer in stärkerem Maße als Personen erscheinen mit ihren spezifischen Stärken und Schwächen, die man gesondert anfragen kann. Um diesen Differenzierungsprozeß zu unterstützen, kann es für die Trainer sinnvoll sein, Unterschiede in Wahrnehmung und Bewertung offen zu verhandeln. Die von Teilnehmern häufig phantasierte völlige Übereinstimmung zwischen den Trainern verweist darauf, daß diese als Personen noch nicht ins Blickfeld kommen, sondern als Rollenträger. Dies hält die Trainer einerseits auf Distanz und andererseits die Machtdifferenz zu den Teilnehmern aufrecht. In dem Maße, wie diese Machtdifferenz schwindet, kann zwischen Personen differenziert werden.

Begleitet werden alle diese Prozesse durch die Gefahr der *paradoxen Bindung*, die in der Trainerrolle angelegt ist (König 1990). Sie verdichtet sich in der Aufforderung: Sei unabhängig! Verdeutlichen läßt sie sich an dem Zusammenspiel von Leitung auf der Handlungs- und auf der Reflexionsebene bzw. an der Möglichkeit, durch Reflexivität und dem Wechsel auf eine Metaebene der direkten Auseinandersetzung die Energie zu entziehen, die zu einer Lösung der Autoritätsbindung nötig ist. *Die Autorität bietet eine Auseinandersetzung an über etwas, z. B. ihre Rolle, anstatt die Auseinandersetzung selber.* Ein früher Wechsel auf die Reflexionsebene kann den Teilnehmern die Möglichkeit geradezu entziehen, sich der Reflexivität zur Auflösung der Bindung zu bedienen, weil sie zu einem Teil der Bindung an den Trainer wird. Andere Wege eröffnen sich jedoch, wenn der Trainer in den Konflikt hineingeht, anstatt nur darüber zu reden (vgl. 6.7).

Steht in einem Training die Wahl von Untergruppen an, findet hierbei häufig ein Autoritätstest statt. Vorgegeben sind im Training in der Regel Gruppengröße und möglichst ausgewogene Verteilung der Geschlechter. In neuen Gruppen, in denen die Teilnehmer sich gerade kennenlernen, spielt bei der Gruppenbildung zwar die Angst, keinen Platz zu bekommen, eine große Rolle. Hierbei hat der Trainer mehr stützende Funktion, wenn es Schwierigkeiten bei der Aufteilung gibt. Das Rütteln an den gesetzten Kriterien kann aber auch dem Trainer gelten. Mit einer allzu bereitwillig gegebenen Hilfe verhindert er in diesem Fall eine Kraftprobe, über die die Gruppenmitglieder sich zusammenschließen und kräftigen können. Die Überversorgung wird zum Kitt für die spätere Bindung.

Der *Balanceakt der Trainerrolle* besteht darin, nicht einen eskalierenden Machtkampf zu beginnen, aber genügend Front zu bieten, daß sich gegensätzliche Interessen als solche konturieren können. Die *Möglichkeit des Kampfes führt aus der Bindung hinaus.* Erst dann wird ein gemeinsamer Wechsel auf die Ebene der Reflexion möglich sein, der nicht einem der Konfliktpartner, in der Regel den Trainern, als Gewinn zugerechnet wird.
Ein rigides Festhalten an Regeln kann dem Trainer hingegen auch als Schwäche und als Zeichen von *Autoritätsverlust* ausgelegt werden. Dies ist dann der Fall, wenn die Teilnehmer spüren, daß diese Regeln vor allem der Absicherung der personalen Autorität des Trainers dienen, bzw. dieser die Regeln als objektive Wahrheiten verkündet, der sich alle zu unterwerfen hätten. Ähnlich wirken

sich auch die Berufung auf das eigene Expertentum aus und alle Versuche, durch den Hinweis auf Wissen, Erfahrung, Alter, Titel etc. hierarchische Unterschiede einzuführen. Die verschiedenen Grundlagen der Autorität tendieren dann in der Wahrnehmung der Teilnehmer eher dazu, sich gegenseitig aufzuheben.

Nachdem in der Anfangssituation die Irritation durch die ungewohnte Trainerrolle im Mittelpunkt gestanden hat, wenden sich die Gruppenmitglieder zumeist ihrem Binnenverhältnis zu. Das Verhältnis zu den Trainern ist damit keineswegs geklärt, doch sind sie dadurch erst einmal in der Rolle bestätigt. Manche Teilnehmer mögen von ihrer Kompetenz überzeugt sein, sie eventuell bewundern und sich stillschweigend in ein Abhängigkeitsverhältnis begeben. Andere ignorieren sie einfach eine Weile und denken sich still ihren Teil. Als Personen werden sie eine Zeitlang ausgeblendet. Für viele der Gruppenmitglieder sind die anderen Gruppenmitglieder interessanter als die Trainer, die aufgrund ihrer Rolle zwar exponierter, aber zugleich weniger erreichbar sind, nicht zuletzt im informellen Teil der Veranstaltung. Falls die Trainer sich nicht selber hartnäckig in den Mittelpunkt stellen, werden die Gruppenmitglieder erst einmal an ihrer internen Differenzierung weiterarbeiten. Hier ist der Trainer als Hilfe angefragt, aber die emotional wichtigen Prozesse beziehen sich nicht auf ihn, sondern stärker auf die anderen Gruppenmitglieder. Der Trainer hat in dieser Phase eine mehr helfende und unterstützende Funktion.

In den Anfangszeiten der Gruppendynamik in den 60er und 70er Jahren ging man von einer stringenten Abfolge aus, nach der erst das Autoritätsverhältnis der Teilnehmer zu den Trainern zu klären sei und dann erst die Klärung der Teilnehmer untereinander möglich würde. Einige der beschriebenen Phänomene, z. B. die Entstehung von Zwischenautoritäten, sprechen durchaus für diesen Zusammenhang. Daraus eine feste Abfolgeregel zu machen, ist heute aber eher als Indiz der antiautoritären Grundstimmung jener Zeit aufzufassen, in der Teilnehmer und Trainer gemeinsam heftige Autoritätskonflikte inszeniert haben. Die Absolutheit der damaligen Kämpfe hat sich relativiert, so daß sich heute der Umgang mit Autorität je nach Kultur und Zeitabschnitt verschieden darstellt. Angemessener stellen sich heute Gruppenmodelle dar, die sich nicht auf das Verhältnis zur Autorität beschränken (allerdings ohne es gleich ganz über Bord zu werfen), das Gesamtsystem der Gruppe stärker einbeziehen und unterschiedliche Prozeßabfolgen zu erfassen erlauben.

In diesem Gruppenprozeß wird der Trainer mit der Zeit erneut eine Reihe von Emotionen hervorrufen. Zwar bleibt er im Hintergrund, »stört« aber zugleich die Gruppenmitglieder dabei, unbeobachtet und unkommentiert ihr Binnenverhältnis zu klären bzw. in einer spezifischen Konstellation herzustellen. Das Aufmerksam-Machen auf die Wirkung individueller Verhaltensweisen, das Ansprechen von Gruppennormen und die allmählich deutlich erlebbare Bedeutung, die ihm als Trainer in der Gruppe zukommt, wird ihn wieder mehr ins Zentrum des Geschehens rücken.

Ein einfaches, aber aussagekräftiges Indiz ist die Sitzordnung in einer Gruppe. So ist es am Anfang einer Veranstaltung von Bedeutung, wo der Trainer sitzt. Arbeite ich mit jemandem zusammen, so setze ich mich in der Trainingsgruppe und im Plenum anfangs mit den KollegInnen zusammen. Dadurch wird ein klares Gegenüber von Leitern und Teilnehmern geschaffen. An beiden Orten löse ich diese Sitzordnung nach ca. zwei bis vier Sitzungen auf, wenn nach einer Phase der Orientierung allmählich weitere Differenzierung möglich wird.
Viele Teilnehmer tendieren in ihrer Suche nach Orientierung anfangs dazu, eine feste Sitzordnung zu installieren. Verändere ich nach der Anfangsphase meinen Platz, löst dies notwendigerweise Veränderungen bei den Teilnehmern aus. Die neue Sitzplatzwahl der Teilnehmer gibt wiederum Hinweise auf das Verhältnis zum Trainer und den anderen Gruppenmitgliedern. Es wird deutlich, daß manche Gruppenmitglieder sich ihren Platz vorrangig im Verhältnis zum Trainer aussuchen. Nach einer einfachen, aber durchaus hilfreichen Regel suchen sich die eher Ambivalenten oder Gegenabhängigen den Platz gegenüber vom Trainer. Aus der maximalen Distanz haben sie den Trainer immer im Auge. Direkt neben dem Trainer sitzen die ihm zugewandten Teilnehmer bzw. diejenigen, die am meisten seines Schutzes bedürfen.
Mitentschieden wird die Sitzordnung dadurch, wer zuerst da ist, Teilnehmer oder Trainer, zugleich ein Kommentar zum Umgang der Gruppenmitglieder mit Pünktlichkeit. Während ich in der Anfangsphase zumeist als einer der ersten in den Raum komme und die Teilnehmer in kurzer Folge nachfolgen, so passiert es zu einem späteren Zeitpunkt häufig, daß die Gruppenmitglieder vollständig zuerst da sind und nun ihrerseits dem Trainer einen Platz zuweisen. Arbeite ich mit einer Kollegin, so werden wir jetzt zumeist wieder zusammengesetzt. Ich fasse dies als einen Hinweis darauf auf, daß die Gruppenmitglieder einen ausreichenden Grad der Klärung ihres Binnenverhältnisses erreicht haben und sich nun erneut den Trainern zuwenden.

6.6 Umgang mit Autorität – Bindungen und Lösungen

Die Auseinandersetzung mit der Autorität des Trainers erreicht ein neues Niveau, wenn die Gruppe ein gewisses Maß an Kohäsion und interner Differenzierung erreicht hat. Es bedarf der Versicherung nach »innen«, bevor der Blick erneut nach »außen«, zum Trainer, gewendet werden kann. Seine Ausblendung als Person, die ohnehin nur teilweise erfolgreich war, kann zurückgenommen werden. Auch die Charakterisierung des Trainers als Experte wird als ein Versuch erkennbar, mit den vielfältigen Gefühlslagen umzugehen, die die Bilder von Autorität hervorgerufen haben.

Diese Bilder werden bei den einzelnen Gruppenmitgliedern individuell unterschiedlich sein, da sie von den jeweiligen biographischen Einzigartigkeiten, den Bildern von Eltern, Lehrern und anderen Vorbildern, sowie von den damit verbundenen Grundorientierungen gespeist werden. *Gemeinsam ist ihnen allen das Element der Bindung, die mit diesen Bildern einhergeht.* Der Umgang mit dieser Bindung kann unterschiedlich sein, man kann sich unterwerfen oder dagegen ankämpfen, die Autorität lieben oder hassen, verehren oder verachten. *Hinter der scheinbaren Eindeutigkeit solcher Stellungnahmen gegenüber der Autorität verbirgt sich ihre ambivalente Besetzung.* Das Verhältnis zur Autorität berührt existentielle Themen, die Spannung zwischen Freiheit und (Selbst-)Beschränkung (vgl. 3.4).

Die Person des Trainers wird mit diesen Bildern aufgeladen, sei es im positiven oder im negativen Sinne. In beiden Fällen kommt es zu einer *Überschätzung des Trainers in der Übertragung. Ziel der Arbeit an der Autoritätsbeziehung ist die allmähliche Zurücknahme dieser Überschätzung.* Dies setzt voraus, daß der Trainer nicht die Beibehaltung dieser Überschätzung bzw. die daraus resultierende Idealisierung unterstützt. Während der Teilnehmer anfangs häufig mit dem Bedürfnis nach Fremdbestimmung kommt, liegt das Ziel des Trainers darin, die Selbstbestimmung des Teilnehmers zu fördern. Zugleich muß der Trainer bereit sein, die mit dem Wunsch nach Fremdbestimmung verbundene Überschätzung erst einmal anzunehmen, weil sie ein zentraler anfänglicher Teil der jeweiligen Beziehung und damit Grundlage ihrer Veränderung ist.

Die Autoritätsbeziehung ist durch die äußeren Rahmenbedingungen einer Gruppe zwar vorstrukturiert, aber erst in der konkreten Situation wird sie sich in ihrer je spezifischen Art ausbilden. Die relative Zurückhaltung des Trainers läßt die Überschätzung der Autorität sichtbar werden als Abhängigkeit oder in der Abwehr als Gegenabhängigkeit. In der »positiven« Überschätzung wird der Autorität etwas zugeschrieben, was man selber nicht zu haben glaubt. Diese Zuschreibung sieht in der Autoritätsfigur die eigenen verinnerlichten Werte in nachahmenswerter Weise verwirklicht, woraus sich die Bindung an die Anerkennung durch die Autorität ergibt, was diese wiederum engstens mit der Selbstanerkennung verbindet. Die Lösung dieser Bindung mit dem Ziel der Stärkung der Selbstanerkennung ist daher auf eine zumindest teilweise bzw. vorübergehende Anerkennung dieser Bindungskraft angewiesen.

Bei der »negativen« Überschätzung kann dies in der Konsequenz durchaus ein Auswechseln der inneren Bilder sinnvoll machen, wenn viele biographischen Erfahrungen mit Autoritäten äußerst negativ besetzt sind. In der gemeinsamen Erfahrung können neue Bilder entstehen und den durch die früheren negativen Erfahrungen oftmals verbauten Weg der Selbstanerkennung nachträglich möglich machen. In diesem Verständnis kann die Abwehr der Autorität auch ein begründeter Versuch sein, die destruktiven Kräfte der realen früheren Autoritäten abzuwehren. Diese Abwehr bindet jedoch zugleich erhebliche Energien, die den weiteren Entwicklungsmöglichkeiten der Person verlorengehen (Däumling 1968/70).

Die Arbeit an der Autoritätsbindung erfordert bzw. hat zum Ziel, daß diese von anderen Bindungsmodi unterschieden werden kann. Angelehnt an Heinrich Popitz (1968, S. 19), möchte ich neben der *Autoritätsbindung* (»vom anderen anerkannt werden«) zwei weitere fundamentale Bindungen unterscheiden: die *libidinöse Bindung* (»den anderen haben wollen«) und die *Bindung durch Identifizierung* (»so sein wollen wie der andere«). Die Besonderheit des Umgangs mit Autorität in Gruppen läßt sich unter dem Gesichtspunkt beschreiben, daß die Autoritätsbindung sich mit den anderen beiden Bindungsmodi vermischt. Eine allmähliche Entkoppelung dieser drei Modi macht eine Bearbeitung der Autoritätsbindung möglich.

Die *libidinöse Bindung* an die Autorität entspricht der ersten Grundorientierung nach MacClelland (5.2) und läßt sich oft nach einer kurzen Anfangsphase in Gruppen beobachten. Sie ist fester Bestandteil der anfänglichen Überschätzung. Durch sie wird der Leiter zum Objekt der Idealisierung, angefüllt mit der Phantasie vom guten, kompetenten, gerechten und liebenden Herrscher, bzw. »Vater« oder »Mutter«. Kehrseite dieser Idealisierung ist der Kampf gegen die Autorität. Die Idealisierung erlaubt nur wenig Differenzierung innerhalb der Gruppe, da diese eifersüchtig darüber wacht, daß niemand dem idealisierten Leiter näher kommt als ein anderer, und stellt sich damit in den Dienst der Abwehr von Machtphänomenen. Es überwiegen regressive Versorgungswünsche, die die familiären Konstellationen der Gruppenmitglieder aktivieren. Die Leiter werden in die Elternposition gerückt, die anderen Gruppenmitglieder in die Rolle der Geschwister, die darüber wachen, daß alle gleich behandelt werden. Sobald jemand aus der Gruppe versuchen wird, Führungsaufgaben zu übernehmen oder sich sonst irgendwie hervorzuheben, werden die anderen Gruppenmitglieder ihn zurückpfeifen aus der (berechtigten oder unberechtigten) Annahme heraus, er bemühe sich besonders um die Anerkennung des Leiters bzw. weil er in eine Position rückt, die ihm nicht »gebührt«. Würde diese individuelle Anerkennung gewährt, so würde mit der ausbrechenden Eifersucht zugleich das Bild vom gerechten Leiter, der alle gleich behandelt, zerstört.
In dieser Situation kann es passieren, daß ein einzelner bestraft wird, wenn er sich gegen die idealisierte Autorität zur Wehr setzt. Der Verlockung, auf diese Art und Weise einen lästigen »Meckerer« ruhigzustellen, sollte der Leiter nicht erliegen. Er unterstützt dadurch sowohl die Idealisierung und den Konformitätsdruck in der Gruppe wie die negativ besetzten Erfahrungen des »Mekkerers«.
Die Idealisierung ist eine gefräßige Einstellung und schwer zu sättigen. Läßt sie sich kurzfristig durch die Charismatisierung des Leiters noch aufrecht erhalten, so kann bei längerfristigen Gruppenprojekten mit einem Göttersturz gerechnet werden. Hier erweist sich eine (selbst-)distanzierte Haltung des Trainers als sinnvoll, um diesem »Sturz« nicht mit Kränkung und Rückzug zu begegnen. Die Gruppenmitglieder können in diesem Prozeß unge-

recht und verletzend sein, um sich von dem Gefühl der Demütigung zu befreien, das ihnen im Rückblick die Idealisierung als Unterwerfung erscheinen läßt. Die Durcharbeitung dieses Prozesses mit dem Ziel der Zurücknahme der Überschätzung überführt die Erfahrung in Erkenntnis, und macht die Bearbeitung der Autoritätsproblematik möglich.
Die libidinöse Bindung spielt im Kontakt des Leiters zu den Gruppenmitgliedern des anderen Geschlechts eine besondere Rolle. So ist es kein ungewöhnliches Phänomen, daß sich TeilnehmerInnen in LeiterInnen verlieben. Abgesehen davon, daß dies durch die Aufladung mit elterlichen Projektionen einen leicht inzestuösen Beigeschmack hat, verbirgt sich dahinter eine Verschiebung des Autoritätskonflikts nach dem Motto: wenn der Kampf nicht zum Erfolg führt, dann vielleicht die Liebe, was Kampf und Liebe als zwei Varianten der libidinösen Bindung deutlich werden läßt (Bion 1974).

> In der Unerfahrenheit meiner ersten Jahre als Trainer bin ich einmal in eine solche Dynamik verwickelt worden. In einem zweiwöchigen Kurs kämpfte eine Teilnehmerin fast eine ganze Woche heftig mit mir. In der zweiten Kurswoche erklärte sie mir dann, sie habe sich in mich verliebt. Da ich den Kampf als anstrengend und unproduktiv erlebt hatte, war ich froh und glaubte, mich nun verstärkt anderen Dingen zuwenden zu können. Resultat dieser Fehleinschätzung war es, daß ich über ein Jahr lang Briefe voller Liebesbeteuerungen und Beschimpfungen bekam.
> Die Liebe kann vor allem dann ein gutes Kampfmittel sein, wenn sie sich als hilflos darstellt, die Betroffenen sich ihr »ausgeliefert« glauben, und das Gegenüber sich davon einnehmen läßt. So war meine damalige Reaktion von der Erleichterung geprägt, der Aggressivität dieser Frau nicht mehr ausgesetzt zu sein. Dies hat mich zugleich vor dem viel größeren Fehler bewahrt, die emotionale Situation dieser Frau zu mißbrauchen.
> Eine Rolle gespielt hat sicherlich auch die Angst vor der phantasierten Reaktion der anderen Teilnehmer, falls ich diese Liebeserklärung öffentlich als eine weitere Kampfstrategie angesprochen hätte, zumal in einer Situation, wo diese Frau doch endlich eine »weiche« und »gefühlsvolle« Reaktion zeigte. Das Autoritätsthema verbindet sich hier mit dem Geschlechterthema (vgl. 7).

Die Bindung durch Identifizierung ist für das Geschehen in Gruppen in zweierlei Hinsicht relevant: durch das Ziel, so sein zu wol-

len wie die als Autorität wahrgenommene Person; und durch die Vorstellung, so zu sein wie die Autorität. Es finden sich hier Teile der zweiten und dritten Grundorientierung nach MacClelland (5.2) wieder.
Der Prozeß der Identifizierung mit Vorbildern ist Teil eines jeden Lernprozesses. In Gruppen mit eher jüngeren Teilnehmern kann es sinnvoll und notwendig sein, weitgehend in diesem Lernmodus zu verbleiben. Eine Auseinandersetzung mit Autorität ist dann allerdings noch aufgeschoben, denn zur Selbständigwerdung muß die Identifizierung aufgelöst werden. Dafür kann ein späterer Konflikt hilfreich sein. Unter manchen Bedingungen reicht es aber auch, wenn diese Form der Identifizierung sich in einen Auswahlprozeß verwandelt. Es wird von der als Autorität wahrgenommenen Person nicht automatisch alles übernommen, sondern nur das, was zu einem paßt. Die Auflösung der Identifizierung kann nun vervollständigt werden, wenn das Empfangene akzeptiert wird. Es wird gleichermaßen gegeben und genommen, beide Seiten der Beziehung sind zu ihrem Recht gekommen.
Davon zu unterscheiden ist eine andere Form der Identifizierung, die Vorstellung, so zu sein wie die als Autorität wahrgenommene Person. Ihr Ziel es ist, sich an die Stelle dessen zu setzen, mit dem ich mich identifiziere. In Gruppen ist diese Art der Identifizierung mit dem Leiter vom Grundton her feindselig. So gibt es Teilnehmer, die am Ende eines Seminars in leicht gönnerhaftem Ton dem Leiter eine gute Note geben. Andere versuchen, die Rolle des Co-Leiters zu besetzen. *In fast allen Fällen ist mit dieser Form der Identifizierung eine Abwertung der anderen Gruppenmitglieder verbunden.* Da man ja schon so ist wie der Leiter, kann man von ihnen nichts mehr lernen. Aggressivere Formen betreiben den offenen Kampf mit dem Leiter bis hin zum mehr oder weniger symbolischen Vater- bzw. Muttermord. Die Überführung dieser Form der Identifizierung in eine Autoritätsauseinandersetzung ist schwieriger. Sie dient dem Protagonisten als eine Art Ersatzpersönlichkeit. Als Alternative zu dieser gefräßigen und aggressiven Identifizierung erscheint nur die Unterwerfung möglich, was aus Angst vor der befürchteten Persönlichkeitsaufgabe eine erneute Spirale von Größenwahn und Angriff in Gang setzen kann.

Einer der ersten Schritte der Auseinandersetzung mit Autorität ist es, sie von Besitzansprüchen und Identifizierungen relativ frei zu

machen, um zu ihrem Kern vorzudringen, zum *Wunsch nach Anerkennung* durch die zur Autorität erhobene Person. Die damit verbundenen Abhängigkeitsgefühle lösen zwei idealtypisch unterschiedliche Reaktionen aus, das Eingehen dieser Abhängigkeit oder ihre Abwehr in der Gegenabhängigkeit, beides Reaktionen, die die Bindung bestätigen. Die zuletzt beschriebene Form der Identifizierung ließe sich als eine Form der Gegenabhängigkeit beschreiben, gleichfalls der Göttersturz nach der Idealisierung. Die Phase der Idealisierung und die Orientierung suchende Identifizierung sind hingegen Abhängigkeitsreaktionen.
Die verschiedenen Varianten der Gegenabhängigkeit können beim Protagonisten die Illusion der Unabhängigkeit erzeugen, die allerdings gegen Autoritätspersonen verteidigt werden muß. Es überwiegen der Wunsch, die Autoritätsfigur verschwinden zu lassen, und die Phantasie, mit diesem Verschwinden alle Probleme gelöst zu haben. Es ist schwierig, eine solche aggressive Unabhängigkeit dem Protagonisten überhaupt als ein Problem des Umgangs mit Autorität nahezubringen, da man es hier oft mit rigiden und stark normativ bzw. moralisch orientierten Personen zu tun hat. *Anstatt der »Lösung« über Hierarchisierung, zu der in ihren Augen die Autoritätsbindung zählt, wird die »Lösung« der Normierung gewählt, zu der die Spielarten des Moralisierens zählen* (vgl. 5.5). Diese Teilnehmer versuchen, die anderen Gruppenmitglieder in der Abgrenzung vom Leiter im Namen einer bestimmten Idee (z. B. der Gleichheit, der Gerechtigkeit) um sich zu scharen. Gelingt dies, ist der Weg frei zur moralischen Anklage des Leiters. Formt der Leiter seine eigenen Grundhaltungen zur moralischen Gegenanklage, wird er zu einem Teil des Machtspiels.

In einer Gruppe von älteren Studenten konfrontiere ich eine Teilnehmerin mit meinem Eindruck, daß sie den Umgang mit den anderen Teilnehmern nur nach Nützlichkeitskriterien gestalte, dies zugleich moralisch unangreifbar mache durch Verweise auf ihre Lebensumstände, z. B. räumliche Entfernungen vom Studienort, Beanspruchung durch Kinder etc. Die anderen Gruppenmitglieder beteiligen sich nicht an dieser Auseinandersetzung. Sie selber erscheint von meiner Konfrontation relativ unberührt.
Zu einem späteren Zeitpunkt wird mit den zwei parallellaufenden Trainingsgruppen eine plenare Prozeßauswertung durchgeführt. Meine Gruppe will ihre Prozeßbeschreibung, die sie ohne den Trainer vorbe-

reitet hat, nicht vorstellen. Es ist dabei diffus spürbar, daß die Gruppenmitglieder während der Vorbereitung einen internen Kampf ausgefochten haben. Als Begründung wird angegeben, die Veröffentlichung ihrer Arbeitsergebnisse sei unfair gegenüber ihrem Trainer, was bei den anderen Gruppen eine Vielzahl an Phantasien auslöst. Als später die Arbeitsergebnisse doch veröffentlicht werden, besteht die härteste Aussage darin, mich als ungerecht zu bezeichnen.

Im weiteren Verlauf der Trainingsgruppe wird deutlich, daß sich die Mitglieder der Gruppe in der Vorbereitung der Prozeßauswertung gespalten hatten. Zwar setzte sich die von mir kritisierte Teilnehmerin durch, den Prozeß vorrangig unter dem Gesichtspunkt zu beschreiben, daß sie sich von mir schlecht behandelt fühlte. Aber die Gruppenmitglieder wollten mich gleichzeitig schützen. Die gegenseitigen moralischen Bindungen – die Forderungen nach »Gerechtigkeit« – waren so stark, daß es auch im weiteren Verlauf nicht zu einem klärenden Konflikt kam. Mit meiner Intervention hatte ich mich selber zu einem Vertreter dieser Gerechtigkeitsmoral und damit zu einem Teil des Spiels gemacht.

Dieses Beispiel verdeutlicht die Schwierigkeiten, denen sich ein Leiter in einer solchen Situation ausgesetzt sieht. *Der Trainer unterstützt den Versuch, über Normierung Macht auszuüben, wenn er ihn ignoriert. Wenn er ihn aber zu stark konfrontiert, liefert er die Rechtfertigung für die Normierung frei Haus.* Dies ist besonders dann der Fall, wenn es sich um eher verdeckte Normierungsversuche und Machtstrategien zur Abwehr von Autorität handelt, die von den anderen Gruppenmitgliedern nicht als solche wahrgenommen werden. Werden solche Verhaltensstile also vom Trainer angegangen, bevor sich die Gruppe genügend differenziert hat und die Mitglieder selber die Wirkung erleben konnten, so besteht die Gefahr, daß der Trainer einen individuellen Stil erst mit einer solchen Konfrontation zum Gruppenthema macht, was ganz im Sinne des Konfrontierten bzw. seines Machtspiels liegt. Da der Kampf zentraler Verhaltensstil des Gegenabhängigen ist, kann es in einer solchen Situation durchaus eine sinnvolle Entscheidung des Trainers sein, eher zurückhaltend zu intervenieren oder einen Angriff zu ignorieren und statt dessen nach der Funktion der Normen zu fragen. Ihre Grenze hat eine solche »weiche« Strategie, die die möglichen Bindungsfallen eines Kampfes meidet und mit den Normierungsauswirkungen in der Gruppe arbeitet, im Ausmaß der Aggressivität, mit dem der Kampf angegangen wird.

Die eigenen Grenzen, die Grenzen der Co-Trainer und der Teilnehmer sollten nicht einer Strategie oder dem Anspruch geopfert werden, alles und jeden verstehen und akzeptieren zu müssen.

Wenn die Autoritätsproblematik hinter den Idealisierungen, Identifizierungen und Kämpfen als solche deutlich geworden ist, d. h. von der Gruppe bzw. ihren Mitgliedern als relevantes Thema akzeptiert wird, kann ein Schritt weiter gegangen werden in Richtung einer möglichen Auflösung. Hierzu gehört, daß die im Hier und Jetzt erlebten Gefühle gegenüber der zur Autorität erhobenen Person wieder dahin zurückgehen, von wo sie gespeist werden, zu den Figuren der eigenen Vergangenheit, zu Eltern, Lehrern und anderen wichtigen Personen oder Vorbildern, was gleichbedeutend mit einer Zurücknahme der positiven oder negativen Überschätzung ist. Unterwerfungswünsche und die Angst vor Selbst-Auslöschung durch die Anerkennung der Autorität sind beide gleichermaßen davon betroffen. Zentral für die Bearbeitung der Autoritätsproblematik ist der Versuch, latente Bedeutungen und Gefühle manifest werden bzw. Unbewußtes bewußt werden zu lassen. Erst dann werden ein Aussortieren und Auflösen von Zwängen und Bindungen möglich.
Vor allem bei der positiven Überschätzung ist dies mit Enttäuschung verbunden, da der idealisierte Trainer sich in einen normalen Menschen verwandelt. Die Aufgabe der Versorgungsphantasie, die mit der Bindung einherging, entläßt den einzelnen in die Einsamkeit der Eigenverantwortlichkeit. Da mit der Autorität zugleich die Instanz der Anerkennung in ihrer Absolutheit verlorengeht, muß der einzelne sich nun selbst auf die Suche machen nach einem Maßstab für sein Selbstwertgefühl.
Zugleich eröffnet dies eine weitere Entwicklungsmöglichkeit. Die Gruppenmitglieder können untersuchen, was denn für jeden einzelnen von ihnen diese Wertmaßstäbe sind und in wem sie diese Maßstäbe in der Gruppe realisiert sehen, im Trainer, in anderen Gruppenmitgliedern oder in sich selber. Denn ein »gelöster« Autoritätskonflikt läßt uns nicht als fensterlose Monaden zurück, die genügsam in einsamer Selbstanerkennung leben. Vielmehr kann sich durch die Verdeutlichung der Hintergrundfiguren und der verschiedenen mit ihnen verbundenen Wertmaßstäbe *die*

Autorität ausdifferenzieren und verteilen. In dem Maße, in dem sie ihr Bindungspotential verliert, schwindet auch ihr Herrschaftspotential. Die Lösung der Autoritätsbindung überführt Unterordnung in eine gleichberechtigte Beziehung der Kooperation. Konkurrenz und Kampf können gleichwohl notwendige Schritte auf dem Weg dahin sein.

Übersehen werden sollte nicht, daß ein solcher Umgang mit der Autoritätsproblematik nur in der »Künstlichkeit« einer relativ interessefreien Gruppe möglich ist. In den realen Gruppen unseres sozialen Lebens verbinden sich Autoritäten mit spezifischen gesellschaftlichen Interessen und lassen sich nicht in dieser Form ihres Herrschaftspotentials entkleiden. *In hierarchisch orientierten Gruppen kann in der Regel nicht am Autoritätsthema gearbeitet werden, ohne den Rahmen der vorgegebenen Strukturen zu akzeptieren – wenn das Thema nicht sogar völlig tabu ist.* Der gruppendynamische Umgang mit Autorität, wie ich ihn hier darzustellen versucht habe, kann die sozialen Strukturen, in denen wir leben, nicht radikal verändern, ein Ziel, das der Gruppendynamik vor 20 Jahren noch vorschwebte (Däumling 1968/70, Richter 1972). Doch zugleich verliert die Autoritätsbindung durch eine Aufarbeitung wie der beschriebenen ihre irrationalen Wurzeln, was ihr auch im sozialen Raum zunehmend mehr den Zwang auferlegt, ihre Interessen offenzulegen und zu legitimieren.

6.7 Der Aufstand gegen die Autorität – Ein Fallbeispiel

Die folgenden Schilderungen stammen aus einem 5tägigen gruppendynamischen Training, das über das Fortbildungsprogramm eines Landesjugendamtes angeboten wurde. Die 24 TeilnehmerInnen (13 w, 11 m) kamen aus verstreuten Einrichtungen eines Bundeslandes. Gearbeitet wurde in zwei Trainingsgruppen, im täglichen Plenum und in kleinen gemischten Reflexionsgruppen von jeweils vier Personen. Im Staff arbeiteten drei Männer und eine Frau. Der Arbeitsplan der Woche sah in der Übersicht folgendermaßen aus:

Designplan

	Mo.	Die.	Mi.	Do.	Fr.
8.45–10.15	X	TG 3	TG 6	TG 8	PL 6
10.45–12.15	X	TG 4	TG 7	TG 9	RG 4 PL 7
15.15–16.00	14.00–15.40 PL 1	RG 1	RG 2	RG 3	X
16.30–18.00	16.10–17.15 PL 2 17.15–18.00 TG 1	PL 3	PL 4	PL 5	
19.00–20.00	TG 2	TG 5	X	TG 10	X

Der zu schildernde Prozeß fand in einer der Trainingsgruppen statt, die von mir und einem Co-Trainer in Ausbildung geleitet wurde. Mit sechs Männern und sechs Frauen war die Gruppe in der Geschlechterverteilung ausgeglichen besetzt (Parallelgruppe fünf Männer, sieben Frauen), durch die rein männliche Besetzung der Leitung zahlenmäßig männlich leicht dominiert.

Der Prozeß dieser Woche stellt eine geradezu (verdächtig) idealtypische Illustrierung der bisherigen Überlegungen dar, verdächtig deshalb, weil sich natürlich die Frage aufdrängt, inwiefern der Prozeß durch die Sichtweise, die er im nachhinein illustriert, mit induziert wurde. Aber selbst wenn dies so wäre, so bliebe dennoch eine schlaglichtartige Erhellung dessen, in welcher Weise in der Gruppendynamik die Bearbeitung der Macht- bzw. Autoritätsproblematik möglich ist. Um die Arbeitsweise möglichst durchsichtig zu machen, werde ich den gesamten Ablauf des Trainings schildern und einige zentrale Trainerinterventionen aufführen und diskutieren. Durch das Setting und die Interventionen werden zugleich auch die ethisch vertretbaren Grenzen eines gruppendynamischen Ansatzes zumindest berührt.

PL 1: Das Training beginnt mit einer Befragung der Gesamtgruppe durch vier Untergruppen (vgl. 9.2). Diese Untergruppen einigen sich in einer kurzen Vorbereitungsphase intern auf zwei Fragen, die sie an die Gesamtgruppe stellen wollen. Diese Fragen sind mit der dazugehörigen Häufigkeit unten aufgeführt. Ergänzt habe ich sie durch meine Ideen bzw. die des Staffs über mögliche Hintergrundbedeutungen dieser Fragen, d. h. ihre Bedeutung auf der Prozeßebene. Bei der Auswertung im

Plenum sind diese Hintergrundbedeutungen nur zum Teil genannt worden. Das Leitungsteam war bei der Auswertung eher zurückhaltend und sah seine Aufgabe stärker in der Aktivierung der Kommunikation der Gruppenmitglieder untereinander.
Die Fragen (mit der Häufigkeitsverteilung der Antworten) und die Ideen zum Hintergrund lauten:

- Wer treibt Sport? (9) Wer treibt keinen Sport? (15)
  Hintergrund: Ist das hier Arbeit oder Freizeit?
- Wer arbeitet mit offenen Gruppen? (1) Wer arbeitet mit kontinuierlichen geschlossenen Gruppen? (17) Sowohl als auch? (6)
  Hintergrund: Wie wird hier mit Verbindlichkeit und Offenheit umgegangen?
- Wer arbeitet überwiegend mit Jugendlichen? (10) mit Kindern? (5) mit Erwachsenen? (9)
  Hintergrund: Wie wird man hier behandelt?
- Wie lange ist der einzelne in seinem jetzigen Tätigkeitsfeld? Bis 5 Jahre (13), zwischen 5 und 10 Jahren (5), über 10 Jahre (6).
  Hintergrund: Unterscheidung zwischen Erfahrenen und Unerfahrenen, aktiven Weiterentwicklern und passiven Sitzenbleibern.
- Wer ist mit der Arbeit eher zufrieden (17), eher unzufrieden (7)? –
  Hintergrund: Wie zufrieden werden wir mit der Arbeit dieser Woche sein?
- Wo kommt jeder regional her?
  Hintergrund: Gibt es schon feste Untergruppen und Machtblöcke?
- Wie wird der einzelne heute abend seine Freizeit verbringen? Alleine (2), zusammen mit anderen im Tagungshaus (11), zusammen mit andern weggehen (11).
  Hintergrund: Wie ist die Versorgungslage? Wie kann man hier dabei sein? Muß man immer dabei sein?
- Wer ist in einer Leitungsposition mit Vorgesetztenfunktion (8), ohne Vorgesetztenfunktion (14), weder noch (2)?
  Hintergrund: Wer ist hier Chef, bzw. wird hier Macht beanspruchen?

Nach der Vorstellung des Designs der Woche erfolgt die Gruppenbildung, die relativ schnell geht (ca. 15 Minuten). Die Trainerpaare ordnen sich den Gruppen zu. Da ein Trainer eine Teilnehmerin kennt, wird die Zuordnung durch dieses Kriterium entschieden, was auch offengelegt wird.

TG 1: Wie schon vorher im Plenum erläutere ich nochmals kurz die Arbeitsprinzipien einer unstrukturierten Gruppe anhand der Rollengestaltung des Trainers, der der Gruppe mehr nachfolge als vorangehe

und keine Themen vorgebe. Es folgen eine Namensrunde und ein Austausch darüber, wie die Gruppenbildung zustande gekommen ist.
Dann wendet sich Gerd (alle Namen sind geändert) an die Leitung mit einer Frage zum Konzept. Er sei gekommen, um etwas über Aggressivität und Kreativität zu lernen, zwei Begriffe, die er in einem Atemzug benennt. Er schildert seine Arbeitssituation in einem Jugendheim, in dem Skins und Punks wohnen und Gewalt immer präsent ist. Da aber die Gruppe hier Thema sein solle, würde dies bedeuten, hier aggressiv zu sein. Das wolle er aber nicht.
Die Stunde endet damit, daß es wenige Minuten vor Schluß von einem Teilnehmer zu der Feststellung kommt, nun könne man doch Schluß machen und dies in einem blitzschnellen und kaum zu verfolgenden Akt der gegenseitigen Abstimmung dazu führt, daß die Gruppenmitglieder aufstehen und hinausgehen, während die Leiter sitzen bleiben. Werner, der als letzter rausgeht, dreht sich irritiert nach uns um und bemerkt unser Sitzenbleiben. Wir hätten doch etwas sagen sollen.

TG 2: In der Abendsitzung kommt es zu einer Vorstellung der verschiedenen Arbeitsgebiete. Mehrmals wird geäußert, man müsse sich doch nun endlich auf ein Thema einigen und dann anfangen. Vorsichtige Interventionen von den Trainern auf die Situation im Hier und Jetzt werden nur kurz aufgenommen und schnell wieder fallengelassen. Die Stimmung ist von Ungeduld und latenter Aggressivität gekennzeichnet. Gegen Ende der Sitzung berichtet Anna über ihre Orientierungslosigkeit, was ich zur Gelegenheit nehme, die Schwierigkeit der Orientierung als Anfangsaufgabe zu benennen.

TG 3: Die erste Sitzung am nächsten Tag ist von dem Versuch gekennzeichnet, Regeln für die Zusammenarbeit zu installieren. Diese Regeln zielen darauf ab, eine Möglichkeit zu finden, sich auf ein Thema zu einigen. Sie gipfeln in der Forderung, daß nach einem Themenvorschlag alle etwas gesagt haben müßten, bevor es weitergehen könne. Anna fühlt sich durch diese Regel zu eingeengt und protestiert.
Meine Interventionen in dieser und folgenden Situationen bewegen sich bewußt auf einer Grenze. Da es aus meiner Sicht verdeckt um das Thema der Leitung geht, die durch ein Regelwerk ersetzt werden soll, während wir als Leiter gleichzeitig ausgeblendet werden, ziele ich darauf ab, dieses Thema in der Gruppe zu halten, ohne es durch die Einnahme einer Expertenrolle zu entschärfen. Dies wäre dann der Fall, wenn ich mich auf reflexive Interventionen bzw. auf Einladungen zur Reflexion beschränken würde, bevor es zu einem Arbeitsbündnis gekommen ist. Statt dessen wähle ich eine Interventionsebene, die an der Grenze zwischen den beiden Möglichkeiten liegt, einerseits den Prozeß

anzutreiben oder andererseits ihn reflexiv zu brechen und damit zu verlangsamen. Die Gruppenmitglieder werden dadurch immer wieder mit der Entscheidung konfrontiert, ob sie sich auf das Hier und Jetzt einlassen sollen oder weiterhin nach einem Thema suchen und damit ihre derzeitige Problemlage nach außen verlagern.
Die aufgestellte Regel kommentiere ich mit dem Satz: »Wenn nicht einer führt, dann führen alle.« In diesem Moment, da die einzelnen sich noch mit der Kränkung auseinandersetzen, daß die Leitung nicht ihren Erwartungen entspricht, wird ein solcher Satz wahrscheinlich als Provokation wirken.
In der zweiten Hälfte der Sitzung beginnt Wolfgang, der Älteste (über 50 Jahre alt) in der Gruppe, der aus den neuen Bundesländern übergesiedelt war, mit einer längeren lebensgeschichtlichen Schilderung. Explizite Intention dieser Schilderung ist es, seine Schwierigkeiten mit den (fehlenden) Vorgaben dieser Gruppe verständlich zu machen. Die Westdeutschen seien ihm zu egoistisch, für ihn ständen Arbeit und Pflichtbewußtsein im Mittelpunkt. Er sei mit der Vorstellung gekommen, über Probleme mit seiner Klientel zu reden. Wie es ihm dabei ginge, sei sekundär.
Beeindruckend ist seine Schilderung eines zentralen Überlebensmechanismus in der DDR, den er am Beispiel von Auslandsreisen erläutert. Da diese nicht bzw. nur beschränkt möglich gewesen seien, hätte er sich entschieden, gar nicht mehr ins Ausland reisen zu wollen. Dies hätte es ihm im Gegensatz zu vielen anderen, die an den Einschränkungen gelitten und auch kaputtgegangen seien, erträglich gemacht, auch wenn er dabei viel verdrängt habe.
Die Realitätsverleugnung ist in den Dienst der Leidensreduzierung gestellt. Die Unterwerfung unter eine (Staats-)Führung, die als unveränderbar gedacht wird, führt zu einer Verinnerlichung von Zwängen und zu Konformität. (Äußerer) Zwang wird zu (innerem) Pflichtgefühl. Die Verbindung dieser Schilderung zum aktuellen Gruppengeschehen wird erst später deutlich.

TG 4: Bei Christine, die ebenfalls aus den neuen Bundesländern kommt, aber nur etwa halb so alt ist wie Wolfgang, ruft diese Geschichte einige Aggressivität hervor, tritt ihr doch hier die Stimme ihrer Elterngeneration entgegen mit der Forderung nach Verzicht und Anpassung. War sie bislang eher zurückhaltend geblieben, so spricht sie nun von ihrer »Angriffslust«, die diese Geschichte in ihr auslöse. Ein Teil dieser Angriffslust richtet sich auch dagegen, daß Wolfgang die Regel »alle müssen zustimmen« einfach durchbricht, ohne zu fragen sich den Raum für seine Erzählung nimmt und dies auch noch mit einem gegen die westdeutschen Gruppenmitglieder gerichteten Vorwurf des Egoismus verbindet.

Seine Einflußnahme sichert Wolfgang in dieser Situation dadurch moralisch ab, daß er sich ganz im Dienst seiner Klientel sieht. Auf dem politischen Hintergrund gedeutet, legt dies die Annahme nahe, daß sich im Kontext der DDR-Geschichte die Abwertung des Egoismus in den Dienst von Konformität und Unterwerfung stellte, die Forderung nach Gemeinsamkeit damit zum zentralen Herrschaftsmittel wurde und dies gleichzeitig dem Bewußtsein weitgehend entzogen wurde.
Durch eine Intervention versuche ich, die Suche der Gruppenmitglieder nach Regeln und diese Schilderung der DDR-Verhältnisse zu verbinden, indem ich den Preis der Konformität gegenüber einer starren Regel anspreche und das Schwanken zwischen drinnen (egoistisch, die Gruppe ist Thema) und draußen (Arbeit und Pflicht, die »anderen«, z. B. Klientel sind Thema) spiegele. Dies führt zu vorsichtigen Versuchen, die Frage des Vertrauens anzusprechen, wer mit wem schon Kontakt habe, und zu Versuchen, die Konsensregel zu lockern (müssen es immer alle sein, die zustimmen?).
Gegen Ende der Sitzung macht Gabriele den Vorschlag, man könne doch eine Skulptur stellen zum Thema »Nähe und Distanz«. Die Reaktionen sind eher zögerlich. Ich nehme den Vorschlag positiv auf, verweise aber auf die knappe Zeit vor der Mittagspause und frage, ob es in der verbliebenen Zeit noch möglich wäre, einige Einzelkontakte zu benennen, was auch sehr vorsichtig geschieht.

PL 2: Im Plenum stellt der Trainer der anderen Gruppe das »Eisberg-Modell« vor, das verdeutlicht, daß nur ein Teil der Themen in einer Gruppe manifest wird, der größere Teil aber latent »unter der Wasserlinie« bleibt. Als Arbeitsebene des Trainings wird vor allem der Bereich um die Wasserlinie herum benannt. In vier Verschnittgruppen tragen die TeilnehmerInnen zusammen, was in den beiden Gruppen über und unter der Wasseroberfläche bislang sichtbar bzw. spürbar geworden ist. Auf dieser kognitiven Arbeitsebene können Ängste und Wünsche, Manifestes und Latentes gut benannt werden.

TG 5: Zu Beginn der nächsten Sitzung wird nochmals der Begriff der »Angriffslust« bzw. Christine, die ihn benutzt hat, angesprochen. Ob diese Angriffslust gestillt sei und ob es ihr, die bislang eher zurückhaltend gewesen sei, auch darum gehe, in die Gruppe zu kommen. Es folgen vorsichtige Versuche, Nähe und Distanz zu klären, so daß ich den Übungsvorschlag vom Vormittag aufnehme, eine Skulptur zu diesem Thema zu stellen. Der Vorschlag wird aufgenommen und unter meiner Anleitung recht differenziert durchgeführt. Die TeilnehmerInnen lassen sich Zeit, einen passenden Platz zu finden, und benennen einzelne Orientierungspunkte. Zum Schluß stehen die Gruppenmitglieder in einer ovalen Anordnung mit der Blickrichtung nach innen.

Nach der Übung ist die Stimmung nachdenklich, sicherlich auch aufgrund der Menge an Informationen, die diese Übung hervorbringt. Im Hintergrund wird aber ein anderes Thema durch die Bemerkung von Helmut deutlich: »Wenn ein Teilnehmer eine Übung vorschlägt, klappt es nicht. Wenn der Leiter eine Übung ansagt, dann klappt es.« Damit ist zum Ende der Sitzung das ausgeblendete Leitungsthema wieder benannt, diesmal von einem Teilnehmer.

TG 6: Der nächste Tag beginnt mit einer Szene, die ihren Schatten vorauswirft. Gerd kommt als letzter etwas zu spät und setzt sich auf den freigebliebenen Stuhl an der Tür des Gruppenraumes, dreht den im Schloß steckenden Schlüssel um, läßt ihn aber stecken. Begleitet wird dies von der witzelnden Bemerkung, man könne den Schlüssel ja auch aus dem Fenster werfen. Ich lasse dies unkommentiert und will abwarten, wie sich die Situation entwickelt.
Unmittelbar darauf berichtet Anna, sie hätten alle am Ende der letzten TG noch zusammengesessen und eine Absprache getroffen, heute morgen mit einem »Warming Up« zu beginnen, damit es nicht wieder so träge anlaufe, und sie habe diese Aufgabe übernommen. Sie schlägt eine Übung vor, die »Brandungswelle«. Sie wendet sich kurz an uns mit der Frage: »Macht ihr mit?« (und durchbricht damit die Anrede »Sie«, die wir bislang beibehalten hatten). Als wir verneinen, rücken alle Gruppenmitglieder ohne Zögern in die Mitte, so daß Stuhl an Stuhl steht. Anna steht auf, so daß ein Stuhl frei wird, und erläutert die Spielregel. Sie darf jeweils die Richtung angeben (links – rechts), in der die Gruppenmitglieder ihren Platz wechseln, so daß eine Art Wellenbewegung entsteht. Sie wiederum muß versuchen, auf den freien Platz zu kommen. Gelingt es ihr, so muß derjenige in die Mitte, der sie hereingelassen hat, weil er zu langsam reagiert hat. Manchmal landet man aber auch auf dem Schoß eines anderen, wie der Verlauf des Spieles zeigt. Insgesamt gehen vier Gruppenmitglieder in die Mitte und versuchen mit unterschiedlichem Aufwand, ihren Platz zu bekommen. Die Übung ist anfangs lebhaft, verliert jedoch bald an Energie.
Als das Spiel zu Ende geht, interveniere ich mit der eher provozierend ironischen Bemerkung: »Probeaufstand«. Ziel ist es auch hier wiederum, die Handlungsebene nicht durch einen Übergang zur Reflexion frühzeitig zu verlassen, sondern eine Auseinandersetzung anzubieten. Niemand reagiert explizit auf diese Intervention.
Auf der Prozeßebene signalisiert die Aktion den Übergang von einer abhängigen in eine gegenabhängige Position, die von einer Leugnung unserer Leitungsrolle allmählich in den Kampf übergeht. Der Zusammenschluß der Gruppenmitglieder wird dadurch zwar bestärkt, doch das Spiel verdeutlicht zugleich, daß es anstrengend ist, in der Gruppe

einen Platz zu bekommen und zu behalten. Bekommt einer seinen Platz, so muß dafür ein anderer hinaus. Die Anfrage an uns mitzumachen ist einerseits eine Einladung, andererseits ein Zeichen dafür, daß wir genauso um einen Platz zu kämpfen haben wie alle anderen, ein Hinweis auf die Ausblendung unserer Leitungsrolle. Wäre einer von uns in der Mitte, so diktieren die Gruppenmitglieder uns die Eintrittsbedingungen, und zugleich verbündet sich der jeweils im Kreis sitzende Leiter gegen den Kollegen. Und es ergibt sich die Möglichkeit, quasi »aus Versehen« einmal auf dem Schoß des Leiters zu landen.
Unmittelbar im Anschluß an die Übung schlägt Helmut als nächstes ein »sozialtherapeutisches Rollenspiel« vor. Helmut hatte am Vorabend im Zusammenhang mit der Skulptur die Leitungsfrage angesprochen. Die Reaktionen auf diesen Vorschlag sind eher verhalten. Einige fragen etwas zögerlich nach Inhalt und Dauer der Übung. Zum Inhalt sagt Helmut wenig und bittet vielmehr die anderen, sich zu überlegen, ob sie mitmachen wollen. Als Zeitdauer spricht er von einer halben bis zu einer Stunde, also eventuell fast die ganze Sitzung. Sein Verhalten ist und bleibt das gesamte Spiel davon geprägt, erst den Zusammenschluß der Gruppenmitglieder im Spiel und dann die Durchführung zu forcieren. »Alle, die mitmachen wollen, rücken in die Mitte. Wenn die Leiter nicht mitmachen wollen, sollen sie etwas herausrücken.« Während wir sitzen bleiben, vollzieht sich ein langsamer Zusammenschluß, bei dem der Widerstand einzelner gegen diesen Zusammenschluß geradezu körperlich sichtbar wird, sich aber keiner der Aufforderung entzieht. Selbst die Außenseiterpositionen (Christine und Silke) aus der Skulptur vom Vortag gesellen sich als letzte hinzu.
Helmut beginnt die Erläuterung des Rollenspiels, das er zugleich pantomimisch begleitet. »In der Mitte liegt ein Album mit Bildern von Situationen in Gruppen (legt ein imaginäres Album in die Mitte), die positiv für Dich waren. Schau Dir das Album an (blättert im Album) und suche Dir ein Bild heraus (nimmt sich ein Bild heraus). Ich bitte Euch jetzt alle, Euch ein Bild herauszusuchen.« Es folgt eine pantomimische Runde der Blätterns und Hinausnehmens. Das gleiche wird nochmals wiederholt mit Bildern von Situationen in Gruppen, »die negativ für Dich waren«.
Zum Abschluß dieser Runde interveniere ich das erste Mal seit Beginn des Rollenspiels: »Von außen sieht das aus wie das Gründungsritual einer geheimen Sekte«, was mit Kichern quittiert wird, aber das Spiel nicht unterbricht.
Helmut instruiert dann, mit den negativen Bildern anzufangen, und beginnt gleich mit seiner eigenen Geschichte. Die meisten Geschichten lassen sich ohne großen Deutungsaufwand als verdeckte Kommentare zum aktuellen Gruppengeschehen verstehen, doch eine Schlüsselpositi-

on für das Verständnis der aktuellen Dynamik der Gruppe nehmen die »negative« und die spätere »positive« Geschichte von Helmut ein.
In der »negativen« Geschichte ist Helmut acht Jahre alt und gerade umgezogen. In der neuen Schulklasse fordert ihn der Lehrer auf, sich vorzustellen. An seinem Dialekt merken die anderen Schüler sofort, daß er kein Einheimischer ist. Er schämt sich und fühlt sich vom Lehrer bloßgestellt.
Auf dem Hintergrund des aktuellen Geschehens in der Gruppe läßt sich dies etwa folgendermaßen interpretieren: Der Leiter zwingt mich/uns dazu, mich zu erkennen zu geben. Dadurch ausgelöste feindselige Impulse der anderen Gruppenmitglieder gegeneinander (gegen Helmut) werden umgelenkt und gegen den Leiter gewendet, ist er doch für die Situation verantwortlich. Der Zusammenschluß gegen den Leiter bannt sowohl die Ängste gegenüber den anderen Teilnehmern als auch vor dem Leiter selber, dem man als ganze Gruppe gegenübertritt.
Sowohl bei den Instruktionen als auch beim Erzählen der Geschichte ist Helmut anzumerken, daß er unter enormer Spannung steht. Die Stimme ist flach und gepreßt und von einem konstanten Räuspern begleitet. In der späteren Aufarbeitung erzählt er, daß er kaum Luft bekommen habe. Erst in diesem Rückblick wird später deutlich werden, mit welcher Anstrengung sowohl sich selbst als auch den anderen gegenüber es für ihn verbunden ist, die Inszenierung gegen alle inneren wie äußeren Widerstände durchzuhalten.
Nach drei der negativen Berichte steigt Martina aus dem Spiel aus und rückt ihren Stuhl aus dem Innenkreis nach außen. Das Spiel geht weiter, bis sie nach einer kurzen Weile zu weinen anfängt. Aus dem Innenkreis gibt es eine kurze Nachfrage von Gabriele, was mit ihr sei. Martina will jedoch nicht darüber sprechen und verläßt den Raum. Ihr Hinausgehen löst bei mehreren anderen TeilnehmerInnen einen ähnlichen Impuls aus, sie lehnen sich zurück oder rücken ihre Stühle nach hinten, doch bei keinem setzt sich dieser Impuls durch.
Helmut verläßt den Raum, um nach Martina zu sehen, und kommt nach kurzer Zeit zurück. Alles sei o. k., Martina wolle draußen bleiben, komme aber später zurück. Sie sollten jetzt im Spiel weitermachen. Diese in kurz angebundenem Stil vorgetragene Mitteilung hat den Charakter einer Durchhalteparole und veranlaßt Gabriele, den Innenkreis und wenig später auch den Raum zu verlassen. Helmut reagiert auf einige vorsichtige Nachfragen von anderen Teilnehmern bezüglich der weiteren Dauer des Spiels durch eine noch rigider werdende Handhabung der Regeln. Man müsse das Spiel fortsetzen, jeder solle kürzer reden und keine Pausen entstehen lassen.
In der zweiten Spielrunde erzählt er folgende »positive« Geschichte: Er kommt auf eine Fortbildung, wo er sehr zu seinem Erschrecken einen

potentiellen zukünftigen Chef von sich entdeckt, vor dem er große Angst hat. In einem Gespräch mit ihm wird deutlich, daß dieser ihn gar nicht erkannt hat. Zum Abschluß der Fortbildung gibt der Chef ihm die Hand, was ihn freut.

Diese Geschichte enthält in idealtypisch verkürzter Form die Angst vor der Autorität, die ambivalente Enttäuschung, gar nicht erkannt zu werden, und den Wunsch, von der Autorität durch eine Geste wie das Handgeben erkannt und anerkannt zu werden.

Zum Abschluß der Runde geht Helmut hinaus, um zumindest die als zweite hinausgegangene Gabriele zu holen, so daß man die Runde gemeinsam beenden könne. Der Kreis läßt sich jedoch nicht mehr herstellen. Kurz darauf, ca. zehn Minuten vor Schluß der Sitzung, kommt auch Martina zurück und äußert Wut und Ärger darüber, sich überhaupt auf dieses Spiel eingelassen zu haben. Mit dieser Äußerung sind die Ebene des Spiels verlassen und die Reflexion über das Geschehen eingeleitet.

Ich interveniere mit zwei Bemerkungen. Zum einen weise ich auf die bedrängende Wirkung des »Beichtzwanges« hin, auf dem das Spiel aufbaut. Zum anderen bezeichne ich, in Analogie zu den bisherigen Geschichten aus der DDR, den Spielverlauf als ein Beispiel dafür, wie eine Volksdemokratie zur Diktatur wird. Vor allem letzteres stößt bei den Gruppenmitgliedern auf Widerstand. Zugleich ist jetzt schon eine Auflösung der aggressiven Stimmung zu spüren.

TG 7: Ich beginne die Sitzung damit, zur Reflexion des Geschehens einzuladen. Ohne weiteres Nachfragen äußern einige Teilnehmer ihr Unwohlsein und verhaltene Kritik an Helmut. Dieser bleibt in seinen ersten Antworten noch ganz auf der Ebene des Spiels bzw. von Rationalisierungen, daß er an dieser und jener Stelle des Spiels methodisch anders hätte vorgehen sollen. Mehrere Interventionen meinerseits, die die Inszenierung als Aufstand gegen die Leitung bezeichnen, werden zurückgewiesen. Bezugnehmend auf die erste Geschichte von Helmut interveniere ich mit der Bemerkung: »Vielleicht ist das Alter von acht Jahren ja passend für das Geschehen in der Gruppe.« Ein Zwischenruf nennt das Stichwort »Trotz«, woraufhin sich der Widerstand zunehmend auflöst.

Allmählich differenzieren sich die Reaktionen, und auch Helmut kann einen Hinweis von mir annehmen, daß er sich das Verstehen des Prozesses verbaut, solange er auf der Ebene der Methode argumentiere und seine Motive negiere. Er antwortet darauf mit der klaren Stellungnahme, daß die Aktion »ganz klar ein Aufstand war«.

Im Anschluß daran ist eine differenzierte Reflexion des Geschehens möglich, angefangen mit dem »Warming Up« der Brandungswelle und der späteren Gründung einer sozialtherapeutischen »Gemeinschaft«, die in gleichem Maße, wie sie sich gegen die Trainer wendet, nach innen einen starken Konformitätsdruck aufbaut.

Als ich Helmut auf seine zweite Geschichte anspreche, ob es vielleicht hier sein Wunsch sei, mir am Ende der Woche die Hand zu geben, stimmt er zu. Allerdings würde er mir die linke Hand geben, damit er die rechte zum Angriff oder zur Verteidigung frei habe. D. h., hinter der symbolischen Befriedungsgeste des Handgebens zeigen sich noch die Reste der Ängste vor und der aggressiven Impulse gegen die Autorität.

Dieser erste persönliche Kontakt von mir zu Helmut bringt sofort einige andere Männer auf den Plan, was von Gabriele mit der Bemerkung kommentiert wird, »jetzt drängeln sich alle, die Hand zu geben«. Eine implizite Konkurrenz um die Zuwendung des Leiters kommt in Gang. Auf seiten der Männer wird nun die Unterschiedlichkeit der Verhaltensweisen beschrieben, mit der diese auf die unstrukturierte Situation und die auftauchende Autoritätsproblematik reagiert haben. Werner hatte sich von Anfang an aktivistisch verhalten, was dazu geführt hatte, daß er im Spiel in die Rolle eines Gefolgsmanns von Helmut geraten war. Heinz, der sich bislang und auch die ganze Woche über weitgehend aus dem Geschehen herausgehalten hatte, hat sich in das Gefühl der Langeweile zurückgezogen, eine erstaunliche Leistung in Anbetracht der aufgeheizten Atmosphäre. Alfred berichtet, er habe zu Beginn der Woche wohl seinen Wunsch nach einem »Papa« gemerkt, diesen dann aber »weggesteckt«. Der Preis bei ihm war eine relative emotionale Unbeweglichkeit. Im Verlauf dieser Schilderungen werden auf seiten der Männer die Wünsche gegenüber der Autorität sichtbar, während die Lage der Frauen noch undeutlich bleibt.

Pl 3: Im Nachmittagsplenum bekommen beide Trainingsgruppen die Aufgabe, zum bisherigen Verlauf und derzeitigen Stand der Gruppe eine Szene vorzubereiten. Folgende Szene wird von den Gruppenmitgliedern vorgeführt:

Die Teilnehmer sitzen im Kreis, zwei (Trainer-)Stühle bleiben frei. Einige Teilnehmer haben handtellergroße Steine vor sich auf dem Stuhl oder auf dem Boden liegen. Manchmal wird ein Stein mit dem Fuß zu einem anderen Gruppenmitglied gestoßen, manchmal hinübergebracht. Die Steine sind sehr »heiß«, können kaum gehalten werden und fallen auf den Boden. Zum Schluß landen sie alle auf einem der leeren Stühle.

Erwähnenswert ist in diesem Zusammenhang, daß die andere Halbgruppe in ihrer Szene die Trainer nicht miteinbezieht. Ein offener Konflikt mit der Leitung hat hier (noch) nicht stattgefunden, nicht zuletzt weil der Konflikt mit einer Teilnehmerin im Vordergrund stand, was ebenfalls durch eine starre Regelsetzung zu lösen versucht wurde. Gemäß dieser (Stop-)Regel sollte eine Auseinandersetzung sofort enden, wenn der Protagonist dies verlangt, was schnell zu Kontaktlosigkeit und Lähmung zu führen drohte.

TG 8: In der nächsten Vormittagssitzung wird auf die plenare Szene Bezug genommen. Zentral ist das Herumreichen der heißen Steine bzw. »heißen Kartoffeln«. Es wird deutlich, daß dieser Teil der Szene – alle Steine landen auf dem Stuhl des Trainers – nicht abgesprochen war, sondern spontan im Spielverlauf entstanden ist. Ich deute dies dahingehend, daß dahinter die Frage von Verantwortung und Schuld stehe. Hatten sich in der bisherigen Aufarbeitung des Geschehens einige Teilnehmer in ihrer Abhängigkeit vom Druck der Gruppe bzw. einzelner Teilnehmer erlebt, so taucht nun die Frage nach der Schuld der Trainer auf.

Die Szene zeigt einerseits den Versuch, diese Schuld vollständig bei den Trainern loszuwerden, andererseits verweist sie auf die realistische Einschätzung, daß diese das ganze Geschehen in der Trainingsgruppe hätten frühzeitig stoppen können. Insofern sind wir mitschuldig an dem Zustandekommen des Aufstandes und des Zwangssystems in der Gruppe, zumal ich den Aufstand durchaus auch angestachelt hatte. Gabriele fragt an dieser Stelle, ob ich auf Nachfragen ihrerseits eingegangen wäre, hätten sie während des Spiels auf eine meiner beiden Interventionen direkt Bezug genommen, was ich bejahe. Der Trotz und der Gruppendruck hatte dieses Nachfragen aber unmöglich erscheinen lassen. Und es war meine Entscheidung gewesen, den Gruppenmitgliedern weder den Aufstand noch das Erleben seiner Folgen durch ein frühzeitiges Eingreifen oder ein Wechseln der Ebene (von der Handlung zur Reflexion) wegzunehmen.

Natürlich stellt sich die Frage, wieweit man in einer solchen Situation als Trainer gehen bzw. die Gruppenmitglieder gehen lassen kann. Eine Grenze ist durch die Gefährdung von Teilnehmern gesetzt, die aber in diesem Fall nach meiner Einschätzung nicht berührt oder gar überschritten wurde. Ebenso groß ist die Gefahr, die Gruppenmitglieder am Aufstand zu hindern, dadurch zu depotenzieren und an den Trainer zu binden. Aber auch die Aufarbeitung des Aufstandes birgt die Gefahr, die Teilnehmer zu »reuigen Kindern« zu machen, denen trotz ihres »Fehlverhaltens«»Papas« Liebe sicher ist.

In der Reflexion des Geschehens ist also auf seiten der Trainer jede Vorwurfshaltung zu vermeiden, verstärkt sie doch die ohnehin latenten Schuldgefühle der Teilnehmer. Sinnvoll ist es vielmehr, auch als Trainer einen Teil der Schuld für das Geschehen anzunehmen, um es dadurch auch den Teilnehmern zu erleichtern, aus ihrer Unschuldshaltung herauszukommen, ohne in Selbstvorwürfe zu verfallen. Verantwortung für

das eigene Tun oder Nicht-Tun zu übernehmen, beinhaltet immer auch die Möglichkeit, sich schuldig zu machen gegenüber anderen.
Auf der Ebene der Beziehung zwischen Leiter und Teilnehmern geht es nicht darum, das ambivalente Verhältnis zur Autorität, das sich im Aufstand aggressiv gegen die Trainer gewendet hat, nun in den anderen Pol der Eindeutigkeit zu verwandeln, in die ambivalenzfreie Zuwendung zum Trainer. Der Aufstand ist aggressiv und kreativ zugleich, eine Verbindung, die schon in der ersten TG hergestellt wurde. Zugleich ist im Aufstand auch eine Einladung enthalten, da wir bei beiden Spielen angefragt wurden, ob wir mitmachen wollten.
Bei den Männern werden noch zwei weitere Rollengestaltungen deutlich. Wolfgang aus der DDR hatte das Befolgen der Spielregeln keinerlei Schwierigkeiten gemacht. Er habe sich auch nicht bedrängt gefühlt, nochmaliger Ausdruck der Verinnerlichung des Konformitätdrucks, wie er es schon anhand des Beispiels der Reisebeschränkung beschrieben hatte. Gerd, der in der Szene die Tür abgeschlossen hatte, bezeichnet sich selber als Mitläufer, weist diesen Begriff aber beleidigt zurück, als ich ihn zurückspiegele. Gegenüber dem Teilnehmer aus der DDR hat er in einer vergangenen Sequenz von seinem Mitgefühl gegenüber den Altlinken gesprochen, die beim Fall der Mauer in Tränen ausgebrochen seien. Diese Verbindung von Pathos und Mitläufertum, das er selber als Abweichlertum deutet, hindert ihn daran, seine Unschuldshaltung aufzugeben. Bis zum Ende des Trainings verbleibt er in seiner Kränkung gefangen.
An all diesen Klärungen sind die Frauen bislang zwar beteiligt, allerdings ohne daß ihre Rolle in dem Geschehen so deutlich wird wie die der Männer. Christine äußert nun ihren Ärger gegenüber Martina, die in der Szene weinend hinausgegangen war. Dieser von Schuldgefühlen begleitete Ärger bezieht sich auf deren Rolle als »Leidende«, auf die alle Rücksicht zu nehmen hätten. Angesprochen ist damit die passive Vorwurfshaltung des leidenden »Opfers«, das gleichwohl nicht explizit gestaltend in das Geschehen eingreift, eine geradezu idealtypische Verkörperung traditioneller weiblicher Rollenzuschreibung und -gestaltung.

TG 9: Zu Beginn der Sitzung geht die Aufmerksamkeit nochmals zu einem Mann zurück, zu Helmut als dem Anführer des Aufstandes. Ich hatte ihm die Möglichkeit einer Klärung seines Verhältnisses zu mir angeboten, wenn er sich sein Verhältnis zu Autorität und Leitung anschauen wolle, die Entscheidung hierfür aber ihm überlassen. Er schildert nochmals seine auch körperliche Belastung während des Rollenspiels, den Zwang, unter den er sich setzen mußte, um für den Aufstand gewappnet zu sein. Die Angst, von der Autorität vernichtet zu werden, habe bei ihm zwar in der letzten Zeit nachgelassen, doch spüre er weiterhin den Ärger darüber, auf ihre Anerkennung angewiesen zu sein. Frappierend ist der Kontrast zwischen seiner Zugänglichkeit jetzt und seiner Zwanghaftigkeit während des Rollenspiels.

In meiner Rückmeldung für ihn ist mir daran gelegen, nicht zu sehr in biographische Details und in eine entsprechende Aufarbeitung zu gehen, um das Geschehen nicht zu sehr zu individualisieren. Dennoch möchte ich ihm einen brauchbaren Hinweis geben. Die Intervention enthält folgendes Bild: »Die Schwierigkeit mit Autoritäten bzw. mit den Personen, deren Bilder dahinterstehen, ist eine Schwierigkeit zu nehmen. Nehme ich die Anerkennung, dann bin ich nicht mehr auf sie angewiesen, weil ich sie schon habe.« Die Paradoxie der abgelehnten Bindung, die durch die Ablehnung am Leben erhalten wird, soll durch eine Gegenparadoxie in Bewegung gebracht werden. Es folgen weitere Rückmeldungen für ihn von anderen Teilnehmern, die das Geschehen zwischen ihm und mir wieder in die Gruppe als ganze zurückführen.

Hierbei wird nochmals der Weg deutlich, den die heißen Steine bzw. Kartoffeln genommen haben. Helmut ist sauer auf mich bzw. auf meine Macht als Leiter, als ich die Skulptur-Übung durchführe. Martina ist sauer auf Helmut, als dieser sein Rollenspiel durchführt, bzw. darauf, daß sie sich darauf einläßt. Christine wiederum ist sauer auf Martina, weil diese weinend hinausgeht. Gleichzeitig wappnet sie sich schon dagegen, daß ein Dritter nun deswegen sauer auf sie sein wird. Es handelt sich um eine Art Kettenreaktion, an deren Anfang der Ärger über die Macht der Autorität steht und die sich in dem diffusen Gefühl fortsetzt, unter Druck gesetzt zu werden und nicht mehr, oder nur unter großer Anstrengung, eigenständig handeln zu können.

Dies veranlaßt Gabriele, die als zweite aus dem Rollenspiel ausgestiegen war, nach Feedback zu fragen. In der Schilderung ihres Erlebens dieses Spiels wählt sie ein erschreckendes Bild. Ihr seien Gedanken an Faschismus und KZ gekommen. Ihr Herausrücken aus dem Kreis hat dieses Erschrecken noch erhöht, konnte sie doch nun aus größerer Distanz das Geschehen betrachten. In der Art ihrer Erzählung, begleitet von einem Lächeln, wird die Unterdrückung ihrer eigenen aggressiven Impulse sichtbar.

In der Schilderung ihres Verhaltens und Erlebens werden einige Unterschiede zwischen den Frauen und den Männern deutlich. Während die Männer den Kampf, die Konformität oder das innere Abschalten wählen, sind es zwei Frauen, die das Spiel verlassen. Keine von ihnen versucht jedoch aktiv, das Spiel mitzugestalten oder zu unterbrechen. Beide lenken ihre aggressiven Impulse jeweils um: Martina, indem sie in die leidende Haltung geht; Gabriele, indem sie, nach ihrer eigenen Aussage, eine moralische Haltung einnimmt. Diese moralische Haltung

steht damit zugleich im Dienste der Bannung der eigenen aggressiven Impulse. Das Herausrücken aus dem Kreis bedeutet zudem, an die Seite der Trainer zu rücken. Die Distanzierung vom Spiel zeugt daher einerseits von Autonomie und einer eigenständigen (moralischen) Stellungnahme zum Geschehen. Andererseits wird die Lösung durch die Hinwendung zu den Trainern erleichtert, womit teilweise die Abhängigkeit von den Gruppenmitgliedern durch die Abhängigkeit von der Trainerautorität ersetzt wird. Die doppelte Orientierung wird nochmals in ihrem Wunsch nach Feedback deutlich, richtet er sich doch an die Machtzentren in der Gruppe, d. h. an den Anführer Helmut, an Christine und an mich.
So fühlen die Frauen also insgesamt ein größeres Unbehagen über den Verlauf des Rollenspiels als die Männer, bleiben aber in ihren Handlungsmöglichkeiten aufgrund ihrer Außenorientierung eher beschränkt. Die Männer hingegen sind aktiver, werden aber zugleich durch ihre Ausrichtung auf den Kampf gegen die Autorität und die gleichzeitige Verleugnung dieses Kampfes blind und unempfindlich für die konkreten Auswirkungen ihres Handelns.

PL 5: Im Nachmittagsplenum werden die beiden Trainingsgruppen gemischt. Jeweils sechs Personen sammeln Material zum Thema: Wie erlebe ich Leitung hier, und wie gehe ich damit um? Der anschließende Austausch bringt eine große Spannbreite von Umgangsweisen zum Vorschein, angesiedelt zwischen weitgehender Ausblendung und Ärger, Gleichgültigkeit, Orientierungssuche und Abhängigkeit, Eigenständigkeit und Kampf.

TG 10: Die letzte TG-Sitzung am Abend dient dem Abschluß. Es werden nochmals Rückmeldungen gegeben oder eingeholt, unterbrochen von kurzen Schweigephasen. Ein wichtiges diagnostisches Zeichen dafür, daß die Auseinandersetzung mit der Autorität zu einer neuen Bewertung der Beziehungen in der Gruppe geführt hat, ist darin zu sehen, daß die Anfragen nach Feedback immer sowohl an Gruppenmitglieder wie an die Trainer gehen. Nur Anna, die das »Warming Up« angeleitet hat, will erst nur von mir eine Rückmeldung haben, da sie sich nicht entscheiden könne, von wem in der Gruppe sie etwas hören wolle. Sie hat bis zum Schluß stark ihre Unabhängigkeit betont, was ihre Auseinandersetzung mit Abhängigkeit, sowohl der Gruppe wie den Trainern gegenüber, verhinderte. Diese wurde quasi im letzten Moment nachgereicht. Ihr eine Rückmeldung zu geben, habe ich daher mit der Bedingung verbunden, daß sie auch eine Wahl trifft in der Gruppe, was sie dann auch macht. Es kann als ein sicheres Anzeichen genommen werden, daß die Auseinandersetzung zwischen Teilnehmern und

Trainern in die Bindung hinein- und nicht aus der Bindung hinausgeführt hat, wenn am Ende einer solchen Woche die Rückmeldungen des Trainers übergewichtig werden und die der Teilnehmer in den Hintergrund rücken oder gar unwichtig werden lassen. Zugleich werden sich die individuellen Prozesse und der Prozeß der Gesamtgruppe immer nur teilweise decken. Für jeden ist der Ausgangspunkt ein anderer, ebenso wie der innere Zeitprozeß, die eigene »Geschwindigkeit«, individuell variiert.

Zum Schluß der Sitzung blitzt ein bislang noch nicht benanntes Thema auf. Christine schwankt, wenn sie mich anspricht, zwischen einem Sie und einem Du. Einen kurzen Augenblick taucht eine Flirtstimmung zwischen ihr und mir auf, ein Anteil, der aufgrund der Übermacht des Kampfthemas bislang keinen Platz gefunden hat, gleichwohl mit ihm in Zusammenhang steht. Dahinter stehen viele Fragen, z. B.: wer hier für wen attraktiv ist und ob die Trainer alle anderen Männer verdrängen, so daß diese leer ausgehen, zumal auch keine Frau in der Leitung ist, die den Trainer bindet.

Die Stimmung ist ruhig und zugleich konzentriert und zugewandt. Nach der ereignisreichen Woche ist Erschöpfung zu merken. Eine solche verhaltene Stimmung am Ende eines Trainings finde ich persönlich angemessen. Die Ambivalenz des Erlebens ist darin aufbewahrt, in dieser Abschlußphase sowohl die Trauer des Abschieds als auch die Freude auf das Eigene, das Wochenende, die Freunde, die Familie.

PL 6: Der letzte halbe Tag dient der Auswertung. Die TGs bekommen die Aufgabe, den Verlauf der Woche als eine Linie darzustellen. Diese Linie zeigt nochmals eindringlich den Verlauf, die verhaltene Orientierungsphase, den sprunghaften Anstieg in der Phase des Kampfes und die danach auf hohem Niveau mögliche Beziehungsklärung.

Schlußreflexion: Für mich war dies ein ungewöhnliches und ereignisreiches Training. Eine Kampfphase in dieser Wucht hatte ich bislang noch in keinem Training erlebt. Ich hätte sie in dieser Form wohl auch früher nur schwer ausgehalten, bzw. hätte mich viel früher eingemischt. In den Staffbesprechungen wurde mir dies deutlich an der Reaktion des Kollegen aus der Parallelgruppe, dem ich ein wenig Trainingserfahrung vorausḥatte. Da dort die Trainer von der Gruppe eher ausgeblendet wurden, war er ein wenig »neidisch« auf diesen Aufstand, zugleich aber davon überzeugt, daß er früher eingegriffen hätte, eine Frage, die sich auch mir gestellt hat. In der offenen Kampfphase, also während des Rollenspiels und vor allem kurz danach bei meiner konfrontierenden Intervention, konnte ich die Wucht des Angriffes auch körperlich fühlen durch einen beschleunigten Puls.

Die Woche läßt sich im Sinne von Slater (1972) als ein eindringliches Beispiel dafür ansehen, daß der Kampf gegen die Autorität für eine Gruppe eine gute Möglichkeit ist, den Weg in die Selbständigkeit zu finden. Ich glaube zwar nicht, daß ich den Kampf induziert habe, bin aber sicher, daß ich den Prozeß, so wie er gelaufen ist, in seiner Richtung bestärkt habe. Auf dieser Beeinflussung der Gruppe durch den Trainer beruht auch die Kritik von Sandner (1976) an Slater und anderen Theoretikern der Gruppendynamik, denen er vorwirft, daß sie zur Theorie in Form von Prozeßmodellen erheben, was sie durch einen bestimmten Trainingsstil und Trainerverhalten induzieren. Insofern zeigt die Woche nur einen Weg von vielen möglichen Wegen im Umgang mit Autorität auf.

Neben dem Einfluß des Trainerverhaltens spielen einige weitere Rahmenbedingungen eine zentrale Rolle. Das Training war das erste seiner Art im Landesjugendamt. Obwohl als Selbsterfahrungsveranstaltung angekündigt, waren die Überraschung über die Unstrukturiertheit der Situation und das Verhalten der Trainer bei den Teilnehmern größer, als dies sonst der Fall ist in schon länger eingeführten Fortbildungsveranstaltungen. Insofern erinnert das Training an Erzählungen älterer KollegInnen aus den Anfangstagen der Gruppendynamik, in denen der Kampf mit den Trainern durchweg heftiger gefochten wurde, während sich heute eine Art Professionalität der Teilnehmer im Umgang mit neuen Situationen feststellen läßt bzw. der Streß als Teil der eigenen Fortbildungskarriere fragloser akzeptiert wird.

Im Unterschied zu einer längerfristigen Fortbildung handelte es sich um eine einzelne Woche mit einem minimalen Bekanntheitsgrad unter den Teilnehmern. Ohne Verpflichtung gegenüber einer gemeinsamen Geschichte in der Vergangenheit oder einer (wenn auch begrenzten) Zukunft verringert sich das Ausmaß an sozialen Absicherungsstrategien unter den Teilnehmern und gegenüber den Trainern beträchtlich, da die realen Abhängigkeiten gering sind. Damit ließe sich allerdings nur die Wucht des Kampfes, aber nicht der hohe Konformitätsdruck in der Gruppe erklären.

Die starke Normenorientierung war auch in der Parallelgruppe zu beobachten. In beiden Gruppen verband sich dies mit den Ängsten, keinen Platz zu haben oder zu bekommen, herauszufallen aus dem sozialen Zusammenhang. Diese Ängste machten eine Differenzierung zwischen den Teilnehmern schwierig, führten eher zu Entdifferenzierungsprozessen, zu Konformität und Passivität. Verbindet man dies mit der These von einer allgemeinen Individualisierung der Lebenswelten, wirft dies die Frage auf, ob nicht in Gruppen dieser Art eine Gegenbewegung zu beobachten ist, der Wunsch nach Ununterschiedenheit, befreit von der Bürde der Verantwortung, das Leben selbständig zu gestalten. Zu einer Bürde wird dies vor allem dadurch, daß zwar der innere wie äußere Anspruch nach Individualisierung zu spüren ist, die Mittel und Wege, ihm nachzukommen, aber zugleich immer schwieriger erscheinen.

Führung und Autorität ist in dieser Situation sowohl ersehnt wie gefürchtet. Sie nimmt Entscheidungen ab, engt aber gleichzeitig ein. Die offene Auseinandersetzung mit der Autorität bewegt sich noch mehr in diesem Dilemma. Sie treibt die Individualisierung voran und konfrontiert gleichzeitig mit den eigenen Abhängigkeiten. Der Zusammenschluß in der Gruppe wird dann zur Stütze gegen die Autorität und zum Mittel gegen die Vereinzelung. Verbleibt der einzelne aber in diesem Zusammenschluß, so wird die Gemeinschaft zum Gefängnis, zur Kompensation für die vermiedene Individuierung.

Dies läßt die Rolle des Trainers in ihrer ganzen Doppelgesichtigkeit hervortreten. Einerseits bietet er sich für die Auseinandersetzung an, ohne den einzelnen für den Kampf und die aggressiven Gefühle gegen ihn zu bestrafen. Dies ermöglicht es, die normativen Bindungen aus dem Latenten ins Manifeste zu heben, sie in die Beziehung hineinzubringen, wo sie dem Verstehen und der Veränderung zugänglich sind. Andererseits wird dadurch der Individualisierungsprozeß wieder ein Stück weitergetrieben, der einzelne noch ein Stück mehr auf sich alleine gestellt, ohne die Aussicht auf »Erlösung«, nicht durch die Gruppe, nicht durch Normen, nicht durch die Autorität.

Ebenfalls eine Rolle gespielt hatte sicherlich die Geschlechterverteilung in der Gruppe wie auch bei den Trainern. Abweichend von der sonst im sozialen Feld häufigen Überzahl von Frauen war diesmal die Geschlechterverteilung ausgeglichen, beide Trainerpositionen männlich besetzt. Gerechnet hatte ich allerdings mit einem Protest der Frauen wegen des Fehlens einer Frau in der Leitung, was aber vollständig ausblieb. Dies wirft mehrere Fragen auf: Hätte der Kampf gegen die Trainer, der vor allem von den Männern getragen wurde, in dieser Art stattgefunden, wenn die Männer in der Minderzahl gewesen wären? Hätte er stattgefunden, wenn eine Frau in der Leitung gewesen wäre? Hätte eine Frau in der Leitung einen solchen Kampf zugelassen, oder hätte sie früher eingegriffen, z. B. schlichtend oder versorgend? Eindeutig zu beantworten sind diese Fragen natürlich nicht, zumal sie alle miteinander interagieren. Sie verweisen aber im Kern alle auf die Frage, ob der Kampf eine spezifische männliche Form der Auseinandersetzung ist.

7. Männer und Frauen – Frauen und Männer

»Philemon und Bauxis. – Der Haustyrann läßt von seiner Frau in den Mantel sich helfen. Eifrig besorgt sie den Liebesdienst und begleitet ihn mit einem Blick, der sagt: was soll ich machen, laß ihm die kleine Freude, so ist er nun einmal, nur ein Mann. Die patriarchale Ehe rächt sich an dem Herrn durch die Nachsicht, welche die Frau übt und welche in den ironischen Klagen über männliche Wehleidigkeit und Unselbständigkeit zur Formel geworden ist. Unterhalb der verlogenen Ideologie, welche den Mann als Überlegenen hinstellt, liegt eine geheime, nicht minder unwahr, die ihn zum Inferioren, zum Opfer von Manipulation, Manövern, Betrug herabsetzt. Der Pantoffelheld ist der Schatten dessen, der hinaus muß ins feindliche Leben. Mit dem gleichen bornierten Scharfsinn wie der Gatte von der Gattin werden allgemein Erwachsene von Kindern eingeschätzt. In dem Mißverhältnis zwischen seinem autoritären Anspruch und seiner Hilflosigkeit, das in der Privatsphäre notwendig zutage tritt, steckt ein Lächerliches. Jedes gemeinsam auftretende Ehepaar ist komisch, und das versucht das geduldige Verstehen der Frau auszugleichen. Kaum eine länger Verheiratete, die nicht durch Tuscheln über kleine Schwächen den Gemahl desavouierte. Falsche Nähe reizt zur Bosheit, und im Bereich des Konsums ist stärker, wer die Hände auf den Dingen hat. Hegels Dialektik von Herr und Knecht gilt nach wie vor in der archaischen Ordnung des Hauses und wird verstärkt, weil die Frau verbissen an dem Anachronismus festhält. Als verdrängte Matriarchin wird sie dort gerade zum Meister, wo sie dienen muß, und der Patriarch braucht nur als solcher zu erscheinen, um Karikatur zu sein. Solche gleichzeitige Dialektik der Zeitalter hat dem individualistischen Blick sich als ›Kampf der Geschlechter‹ präsentiert. Beide Gegner haben unrecht. In der Entzauberung des Mannes, dessen Macht auf dem Geldverdienen beruht, das als menschlicher Rang sich aufspielt, drückt die Frau zugleich die Unwahrheit der Ehe aus, in der sie ihre ganze Wahrheit sucht. Keine Emanzipation ohne die der Gesellschaft« (Theodor W. Adorno 1970, Minima Moralia. Reflexionen aus dem beschädigten Leben, zuerst 1959, S. 227 f.).

In beispielhafter Weise verdichten sich im Verhältnis der Geschlechter nochmals die wesentlichen Prozesse und Problemlagen im Umgang mit Macht in Gruppen. Zugleich ist das Thema »Geschlecht« selbst wieder grundlegend und hoch komplex, was sich in einer Vielzahl von theoretischen Entwürfen und empirischen Untersuchungen niederschlägt. Die Komplexität dieses Basisthemas macht es notwendig, einige (auch theoretische) Vorüberlegungen darüber anzustellen, was denn mit Geschlecht überhaupt gemeint ist, bevor ich mich wieder der konkreten Welt des gruppendynamischen Trainings zuwende.

In der Literatur zum Thema »Geschlecht«, die zu einer kaum noch zu überblickenden Vielfalt angewachsen ist, werden so gut wie alle bislang aufgeführten Machtphänomene der einen oder der anderen Seite der Geschlechterdualität zugeordnet (vgl. u. a. MacClelland 1978, Gilligan 1984, Döbert 1988, Krainz 1991). *Demnach sind Männer stärker an hierarchischen Strukturen, an Status, Rolle und Position orientiert, Frauen stärker an Netzwerken, Normen und Beziehungen. Im Konfliktfall neigen Männer stärker zum Kampf, in dem ein Oben und Unten ausgefochten wird, und der durch Sieg und Unterordnung bzw. Unterwerfung entschieden wird.* Da sie diesen Kampf stärker an der Aushandlung von formalen Rollen festmachen, sind *Sieg oder Niederlage jedoch nur partielle Ergebnisse,* von denen man sich distanzieren kann, so wie man das gegenüber den Rollenzuschreibungen gewohnt ist. Frauen sind im Konflikt stärker an wechselseitigen Abhängigkeiten und Beziehungen orientiert. Konflikte müssen bei Eskalationsgefahr eher verdeckt werden, da die Distanzierung gegenüber der Beziehungsorientierung schwerer möglich ist und eine *Niederlage nicht als Unterwerfung, sondern als Vernichtung und Ausschluß erlebt wird.* Bei Männern überwiegt das Mißtrauen gegen Beziehungen, vor allem, wenn sie allzu eng erscheinen. Sie neigen eher zu starker Abgrenzung und einer Betonung von Unterschieden, individueller Freiheit und Autonomie. Frauen hingegen neigen zu Mißtrauen gegen Funktionen und formalen Rollen, betonen stärker die Gemeinsamkeiten und sind stärker an Beziehungswünschen orientiert.

Unschwer lassen sich in diesen Charakterisierungen die grundlegenden Dimensionen des Machtproblems (Hierarchisierung und Normierung) sowie die Merkmale der unterschiedlichen Grundorientierungen (Kampf, Abhängigkeit, Gegenabhängigkeit) und des Umgangs mit Autorität wiedererkennen. Darüber hinaus schwingen in den jeweiligen Zuschreibungen bestimmte (moralische) Wertsysteme mit, Annahmen darüber, wann welches Verhalten »sinnvoll«, »angemessen« oder »richtig« sei. Während lange

Zeit diese Fragen durch eine relativ trennscharfe Aufteilung von Männer- und Frauenwelten beantwortet wurden – den Männern den Beruf, den Frauen die Familie (Beck-Gernsheim 1980) –, so sind all die Diskussionen über die oben aufgeführten Zuschreibungen eher als Zeichen dafür zu sehen, daß diese nicht mehr richtig funktionieren. Das historisch gewachsene Verhältnis der Geschlechter ist in starker Veränderung begriffen, was sich u. a. in einer explosionsartigen Zunahme der Diskurse über die Geschlechterrollen zeigt.

Zentraler Hintergrund all dieser Diskurse ist die Frage, wieweit das Mann- und Frausein als biologisch fundiert bzw. als sozial und kulturell definiert angesehen wird. Die biologischen Theorien waren lange Zeit eindeutig dem konservativen Lager zugeordnet, dem es um den Nachweis »natürlicher« Unterschiede ging, was in der Regel auf eine Minderbewertung der Frau hinauslief. Theorien, die Geschlecht als eine sozial und kulturell definierte Kategorie ansahen, nahmen mit der darin implizit aufgehobenen Annahme über die grundsätzliche Gestaltbarkeit von Geschlechterrollen eher eine Position an, die sich für Gleichwertigkeit und Gleichberechtigung aussprach. Abgesehen von der problematischen Grundannahme, biologische »Tatsachen« als unveränderlich und »natürlich«, kulturelle »Tatsachen« aber als beliebig veränderbar und »künstlich« anzusehen, hat sich die Trennschärfe der beiden Positionen inzwischen verändert. So betonen bestimmte feministische Positionen inzwischen wieder »natürliche« Unterschiede, nehmen aber gleichzeitig eine Umwertung der Werte vor.

Während also früher die stärkere Beziehungsorientierung der Frauen sie für Führungs- und Organisationsaufgaben untauglich erscheinen ließ, so wird dies heute häufig einfach umdefiniert. Die hierarchische Orientierung der Männer gilt nun als hinderlich für die Entwicklung moderner Formen der Organisation. In Zeiten zunehmenden Regelbedarfs bei der Gestaltung von Beziehungen, und zwar nicht mehr nur im privaten Bereich der Familie als dem angestammten Bereich der Frau, sondern in allen gesellschaftlichen Bereichen von der Wirtschaft bis zur Politik, erweisen sich für die Frauen die alten Zuschreibungen auf einmal als von Vorteil. Entsprechend wird auf sie zurückgegriffen im gesellschaftlichen Verteilungskampf. *Die Konfliktlage zwischen den Ge-*

schlechtern verdeutlicht damit nochmals die Vielschichtigkeit jedes Machtkampfes. Ausgehandelt werden nicht nur z. B. Status und Positionen, sondern auch die Maßstäbe, nach denen diese überhaupt bewertet werden. Während die Männer als die relativ Mächtigeren bislang nicht nur die realen Positionen, sondern auch die Maßstäbe besetzt hielten, so sehen sie sich jetzt einer *doppelten Konkurrenz* gegenüber, der um Status und Position und der um die relevanten Maßstäbe.

Was bleibt dann aber von der ganzen Diskussion über geschlechtsspezifische Unterschiede? Gibt es jenseits ihrer ideologischen Funktion solche Unterschiede überhaupt? Wenn ja, sind sie Ergebnis einer bestimmten gesellschaftlichen Organisationsform und damit sozial definiert? Oder gibt es doch noch am Grunde des Geschlechterverhältnisses einen unaufhebbaren Wesensunterschied, wie es inzwischen auch wieder in Teilen der psychotherapeutischen Literatur diskutiert bzw. unterstellt wird? (z. B. Hellinger 1994).

7.1 Geschlecht als Klassifikationsmerkmal und empirisches Merkmal

Diese inzwischen zu einem Glaubenskrieg angewachsene Fragestellung soll hier durch einige Überlegungen dazu abgekühlt werden, worum es sich bei dem Merkmal »Geschlecht« überhaupt handelt. Geschlecht ist ein *bipolares und relationales Merkmal* mit den Ausprägungen männlich/weiblich. Es ist damit Teil jenes fundamentalen Orientierungssystems, mit dem wir die Welt einteilen in relationale Beziehungen (Bourdieu 1982, Müller 1984, Tyrell 1986, König 1990). Dieser Dualismus spielt in der Raumwahrnehmung (oben und unten) eine ebensowichtige Rolle wie in der Einteilung der sozialen (arm und reich) oder mythologischen Welt (Himmel und Hölle). Natürlich ist diese dualistische Sicht nicht unwidersprochen geblieben. Von feministischer Seite ist ihr eine andere »ganzheitliche« Sicht entgegengesetzt worden, die nicht so sehr wie die männliche Sichtweise auf der Konstruktion von Unterschieden beruhe, womit aber letztendlich nur ein neuer Dualismus begründet wurde.

Dies legt die Frage nahe, woraus denn der Drang entsteht, diesen Dualismus aufheben zu wollen? Der relationale Dualismus eines bipolaren Merkmals begründet zwar einen Unterschied, der sich aber von einem neu gewählten Standpunkt aus auflöst (Mann und Frau, Mensch und Tier, belebte und unbelebte Natur). *Das Problem entsteht erst in dem Moment, in dem sich das relationale Merkmal in ein absolutes Merkmal verwandelt. Diese Verwandlung wird bewirkt durch die Verbindung des Dualismus mit den Kategorien von Macht, insbesondere von Herrschaft.* Herrschaftsdenken verwandelt die Verbindung, die in einer Relation angelegt ist, in einen unüberwindbaren Abstand und ein Gefälle. Der Kampf gegen den Dualismus gilt im Kern diesem Herrschaftsgefälle, d. h. der konkreten, historisch gewordenen Form einer dualistischen Organisation von Gesellschaft. Der relative Dualismus von größer und kleiner verwandelt sich in den absoluten und exklusiven Dualismus von groß und klein. Übertragen auf die Geschlechter führt dies zu einer Grenzziehung, die das eine Geschlecht zur Negation des anderen macht. Die Gleichung heißt dann: männlich = nicht-weiblich, weiblich = nicht-männlich! Alles, was dem nicht entspricht, gilt im weiteren als Abweichung. Obwohl der Geschlechterdualismus in dieser alten Form in Auflösung begriffen ist, durchzieht dieses Denken nach wie vor unsere kulturellen Traditionen.

In den letzten Jahrzehnten ist eine Unzahl von empirischen Untersuchungen entstanden, die den Unterschieden zwischen Männern und Frauen nachgegangen sind. Gefunden wurden Unterschiede in fast allen Lebensbereichen, von denen schon eingangs einige aufgeführt wurden. Bis auf wenige Ausnahmen können alle diese Unterschiede bei näherem Hinsehen auf andere Faktoren als das Merkmal Geschlecht zurückgeführt werden, vor allem auf die unterschiedliche Lebensführung von Männern und Frauen in unserer Gesellschaft. Auch das hormonell bedingte größere aggressive Potential bei Männern läßt sich durch kulturelle Regelungen ohne weiteres nivellieren oder sogar in sein Gegenteil verwandeln, wofür die Ethnologie Beispiele gebracht hat. Selbst dieser Rest eines »natürlichen« Unterschiedes erweist sich als kulturell gestaltbar.

Es wird hier also der Standpunkt vertreten, daß die biologischen Unterschiede hinter sozialen Unterschieden zurückstehen bzw. von diesen überformt werden können. *Gleichwohl ist aber die Unterschiedlichkeit von männlichen und weiblichen Lebenswelten im Kern unserer gesellschaftlichen Organisation verankert* (Beck 1990). *Prinzipiell* ist diese variabel, was den ideologischen Charakter der Versuche verdeutlicht, die Geschlechter qua Biologie festzulegen. Aber die reale Unterschiedlichkeit der Lebenswelten könnte sich im konkreten Fall als hartnäckig erweisen. Vor allem entbindet es nicht von der Aufgabe, *heute und jetzt* eine Antwort zu geben, bzw. eine Art zu finden, damit umzugehen.
Die empirische Untersuchung der Geschlechtsunterschiede hat weiterhin ein grundsätzliches Merkmal der Kategorie Geschlecht hervortreten lassen. Werden in solchen Untersuchungen Unterschiede gefunden, so sind dies immer statistische Unterschiede, die Wahrscheinlichkeiten bezeichnen, mit denen Männer bzw. Frauen eine Merkmalsausprägung eher besitzen als das andere Geschlecht. Untersucht werden also relative Ausprägungen von Merkmalen, die in der empirischen Wirklichkeit in bezug auf das jeweilige Merkmal drei Gruppen entstehen lassen: die Männer, die sich darin von den Frauen unterscheiden; die Frauen, die sich darin von den Männern unterscheiden; die Männer und Frauen, die sich darin gleichen.

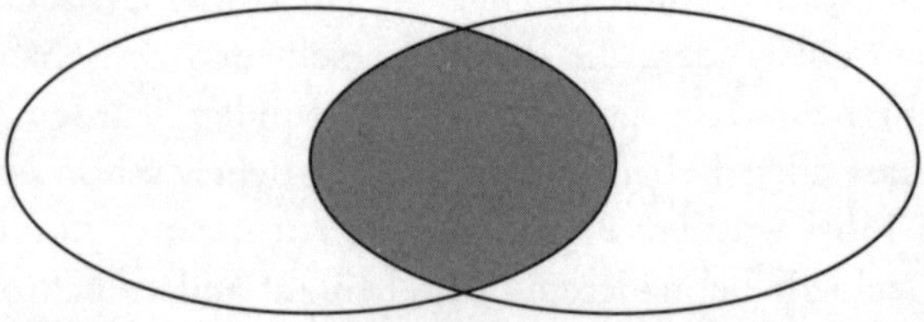

In der Zusammenschau entstehen aus der Vielzahl solcher Unterscheidungen bipolar organisierte Merkmalsprofile. In unserem Alltagsverständnis operieren wir ständig innerhalb solcher Profile, die dazu neigen, sich zu idealtypischen Bildern von »der Frau« und »dem Mann« zu verdichten. *Diese Idealtypen leben geradezu davon, daß sie die Unterschiede betonen und die Gemeinsamkeiten der Schnittmengen negieren.* Diese Schnittmenge ist zudem

wiederum für jede Merkmalsausprägung verschieden. Ein bestimmter Mann bzw. eine bestimmte Frau mag in bezug auf ein Merkmal »typisch« männlich bzw. weiblich sein, in bezug auf ein anderes Merkmal sich nicht vom anderen Geschlecht unterscheiden, in bezug auf ein drittes Merkmal dem Idealtyp des jeweils anderen Geschlecht zugeordnet sein.
Als *Kategorie* ist Geschlecht daher *überdeterminiert*, d. h. durch eine derartige Vielzahl von zugewiesenen Merkmalen charakterisiert, daß sich kein Repräsentant des jeweiligen Geschlechts findet, der auch nur den größeren Teil der idealtypisch unterschiedenen Merkmalsausprägungen aufweist, geschweige denn alle. *Aufgrund dieser Überdeterminiertheit ist das Merkmal Geschlecht sowohl differenzierend wie entdifferenzierend, da es zwischen den Geschlechtern die Unterschiede und innerhalb des jeweiligen Geschlechts die Gemeinsamkeiten betont.*

7.2 Die Produktion von Unterschieden

Diese Feststellung ist keineswegs nur eine theoretische Spielerei, sondern hat in der Alltagspraxis handfeste Auswirkungen. Die Thematisierung von Geschlecht führt nämlich im Fall von Machtauseinandersetzungen zwischen den Geschlechtern dazu, daß diese Überdeterminiertheit sich über die bipolare Differenzierung nach »außen« und die Entdifferenzierung nach »innen« ihre eigene Realität herstellt, und sei es auch nur als handlungsleitende Phantasie. Wie bei allen Konfliktlagen besteht die Tendenz, daß die Schnittmengen, d. h. die Gemeinsamkeiten, zwischen den Unterschieden aufgerieben werden. Es gibt im Extremfall nur ein Entweder-Oder und kein Sowohl-als-auch mehr. Diese entdifferenzierende Wirkung der Kategorie Geschlecht sorgt für die Aufteilung der realen Vielfalt in die zwei Gruppierungen von Männern und Frauen.
In der »Normalität« des Zusammenlebens der Geschlechter führt dies zur Ausbildung von *komplementären Rollenmuster*n, die eine besondere und *fundamentale Form der Rollenspaltung* darstellen. Dies hat dann u. a. zur Folge, daß bestimmte Rollen, einmal vom einen Geschlecht »besetzt«, für das andere Geschlecht nicht mehr

einnehmbar sind. Dies gilt nicht nur für den gesamtgesellschaftlichen Kontext mit seiner Aufspaltung in Beruf und Familie, sondern zeigt sich auch ganz konkret im interaktionellen Geschehen, das uns hier vor allem interessiert. Die neuere Geschlechterforschung schenkt diesem Phänomen, das gerade auch im Kontext von Gruppen wirksam wird, zunehmend mehr Aufmerksamkeit. Für den schulischen Bereich ist z. B. untersucht worden, daß Mädchen in getrennten Klassen häufiger Interesse an technischen und naturwissenschaftlichen Fächern entwickeln als in gemischtgeschlechtlichen, da diese Themenbereiche dort von den Jungen in Beschlag genommen sind. Im familiären Kontext zeigt sich ein ähnliches Phänomen. Die Anwesenheit von gegengeschlechtlichen Geschwistern scheint die Ausbildung von geschlechtsspezifischen Rollen zu verstärken (Langenmayr 1978, 80). D. h. Jungen mit Schwestern bzw. Mädchen mit Brüdern scheinen eine klarer abgehobene geschlechtsspezifische Rollenidentität zu entwickeln.
Bei der Wirkung der in dieser Weise produzierten Unterschiede lassen sich *drei Ebenen* unterscheiden. Einmal gibt es *empirisch feststellbare Unterschiede*, die sich auf unterschiedliche Lebenswelten zurückführen lassen. Zum anderen gibt es aber auch bei den Männern und Frauen, die dieser Unterschiedlichkeit in ihrem Verhalten und Empfinden gar nicht entsprechen, eine *Vorstellung über diese Unterschiedlichkeit*, d. h. ein implizites Wissen darum, inwiefern sie diesen Bildern von Weiblichkeit und Männlichkeit gleichen – oder auch nicht. Wie auch immer jemand seine Geschlechtlichkeit lebt, er oder sie kommt nicht umhin, sich gegenüber diesen kulturellen Normen von Geschlecht zu verhalten, einen Standpunkt einzunehmen. Und drittens bevölkern diese kulturellen Bilder mehr oder weniger bewußt unsere Phantasie in Form von *kollektiven Mythen über Männlichkeit und Weiblichkeit*. Je mehr sich die festen Rollenbilder und zugewiesenen Lebenswelten von Männern und Frauen aufzulösen beginnen und sich Geschlechterschicksale in Wahlbiographien verwandeln (Beck 1990), *nehmen die existentiellen Spannungen zu, die sich aus dem Mit- oder Gegeneinander von (konkret) gelebter Geschlechtlichkeit, normativer und (kollektiv) phantasierter Geschlechtlichkeit ergeben*. Die dadurch ausgelöste Verunsicherung produziert eine verstärkte Suche nach neuen Orientierungen und Eindeutigkeiten.

Zum Teil werden diese tagtäglich von den Medien geliefert. Sie werden aber auch von denen produziert, die sich gegenüber diesen Bildern abzugrenzen versuchen. Die Überhöhung der »großen Mutter« in romantisierenden Bildern vom »ursprünglichen« Matriarchat gehört ebenso dazu wie der »neue« Mann. Eine Geschlechtsidentität zu entwickeln ist Notwendigkeit und Zwang zugleich.

Die Feststellung von wie auch immer gearteten Unterschieden zwischen den Geschlechtern hat daher unausweichlich einen normativen Beigeschmack, sie tendiert dazu, nicht nur etwas über das »Sein«, sondern auch etwas über das »Sollen« auszusagen. Dadurch gerät jede Aussage über »die« Geschlechter in die Gefahr, als normative Setzung verdächtigt zu werden. Oder anders ausgedrückt: *Das Reden über die Geschlechter und die Beschreibung von Unterschieden und Gemeinsamkeiten ist selber wiederum Teil der Problemlage, die es zu beschreiben versucht.* Zudem scheinen die inneren normativen und mythologischen Bilder, in denen unsere Geschlechtsidentität sich ausdrückt, den äußeren Bildern, also der real im heftigen Wandel begriffenen Ausgestaltung der Geschlechterrollen einmal vorauszueilen, ein anderes Mal in einigem Abstand hinterher zu folgen. Diese *Asynchronität von empirischem, normativem und mythologischem Geschlecht macht es zunehmend schwieriger, eine stabile Geschlechtsidentität zu entwickeln, und dies durchaus für beide Geschlechter.* Der Unterschied zwischen Männern und Frauen besteht in dieser Hinsicht wahrscheinlich nur darin, daß bei den Frauen das Aushalten dieser Zerreißprobe mehr Gewinn verspricht als bei den Männern.

7.3 Objektbildung, moralische Entwicklung und Machtorientierung

Auf dem Hintergrund dieser allgemeinen Vorüberlegungen sollen zwei theoretische Gedankengänge und Untersuchungsgebiete vorgestellt werden, die helfen können, einige der Entstehungsbedingungen für geschlechtsspezifische Unterschiede verständlicher zu machen. Bei dem einen Bereich handelt es sich um eine in der psychoanalytischen Tradition stehende *Theorie zur frühen Objektbil-*

dung beim Kind. Der zweite, daran anschließende Gedankengang beschäftigt sich mit den Unterschieden, die sich aus den spezifischen Sozialisationsbedingungen von Mädchen und Jungen für die moralische Entwicklung ergeben können. In beiden Bereichen finden sich relevante Aussagen zum Umgang mit Macht.

Die ersten grundlegenden Determinanten für unsere Auffassung von den Geschlechtern werden in der Familie gelegt. Die Prozesse, die ein Kind in diesem Kontext durchläuft, lassen sich als eine Abfolge von Entwicklungsaufgaben beschreiben (Chodorow 1985, Keller 1986). Umstritten ist hierbei, von welcher Basis diese Entwicklung ausgeht, da die Säuglingsforschung das Bild vom hilflosen Kleinkind zunehmend durch die Vorstellung vom »kompetenten Säugling« (Dornes 1993) ersetzt. Im Zentrum dieser Entwicklungsprozesse steht die allmähliche Herausbildung eines Selbstbewußtseins und damit auch eines Verständnisses der Welt. Die dazu notwendige Unterscheidung von Subjekt und Objekt, von Selbst und anderen, stellt einen ersten Schritt in dieser Entwicklung dar. In den ersten Lebensmonaten erlebt sich das Kind noch weitgehend als primäre Einheit mit seiner Welt. Die äußere Umgebung, die vom Kind weitgehend aus der Mutter besteht, wird als Erweiterung des Selbst erfahren. Erst in einem langsamen Erfahrungsprozeß lernt das Kind zu unterscheiden zwischen Ich und Nicht-Ich, zwischen innen und außen, zwischen Belebtem und Unbelebtem.

Dieser Entwicklungsprozeß ist begleitet von heftigen emotionalen Konflikten, die sich vor allem an der Mutter festmachen. Sie ist sowohl durch die gesellschaftlich vorgegebene Rollenteilung als auch durch die biologisch vorgegebenen Notwendigkeiten von Schwangerschaft und den fundamentalen Versorgungsaufgaben der ersten Lebensmonate ungleich stärker auf das Kind ausgerichtet als der Vater. Wie diese beiden Aspekte sich verteilen und ob einer den Ausschlag gibt, ist zentral für die Beantwortung der Frage, ob es doch einen fundamentalen Unterschied zwischen den Geschlechtern bzw. einen von den »natürlichen« Prozessen quasi vorgegebenen Unterschied gibt.

Die ersten Erfahrungen von Abhängigkeit und Unabhängigkeit, von Autonomie und Bindung macht das Kind in der Regel mit der Mutter. Sie wird in diesem Prozeß aufgeladen mit Gefühlen von

primärer Liebe, aber auch mit der Angst, die mit der Erkenntnis der Getrenntheit einhergeht. Geben und Gewähren sind gleichermaßen Teile dieser frühen Erfahrung wie Vorenthalten und Entbehren. Die Möglichkeit, sich in diesem Prozeß des Erprobens von Welt der verläßlichen Anwesenheit der Mutter sicher zu sein und gleichzeitig auch die ersten Versuche von Eigenständigkeit erfolgreich bewältigen zu können, stellen eine Grundvoraussetzung dar für die Entwicklung eines stabilen Selbstbildes. Diese Entwicklung ist geprägt von einem fortwährenden Ausprobieren von Grenzen, manchmal spielerisch, manchmal kämpferisch. Hier wird die erste Schicht gelegt für den späteren Umgang mit Problemen von Abhängigkeit und Unabhängigkeit, mit Selbstkontrolle und Kontrolle von anderen.
Durch die weitgehende Konzentration der frühen Erziehungsaufgaben auf die Mutter wird diese als erstes imaginiertes Bild von Weiblichkeit in ungleich stärkerem Maß mit den ambivalenten Gefühlen von Trennung und Bindung besetzt als der Vater, dem erst allmählich in dieser Auseinandersetzung des Kindes mit seiner inneren und äußeren Welt eine Rolle zukommt. Seine Rolle bleibt affektneutraler, und er kann im weiteren Entwicklungsverlauf vom Kind emotional mehr mit den positiven Seiten von Ablösungsprozessen, mit Gefühlen von Selbständigkeit und Unabhängigkeit besetzt werden. Hier wäre eine erste Entstehungsbedingung für die unterschiedliche affektive Besetzung der beiden Geschlechter anzusiedeln, die sich gleichermaßen auf Jungen und Mädchen auswirkt.
In den weiteren Entwicklungsschritten, so die Argumentation der um die Frage der Geschlechtsspezifik erweiterten Theorie der frühen Objektbildung (Dinnerstein 1979), *ergibt sich eine fundamental unterschiedliche Aufgabe für Jungen und Mädchen.* Während die Mädchen eine nur teilweise Abwendung von der Mutter vollziehen müssen, da sie ihnen ja als geschlechtliches Vorbild erhalten bleibt, müssen die Jungen eine viel weitergehende Trennung vollziehen, steht ihnen doch die Mutter auch als geschlechtliche Identifikationsfigur nicht mehr zur Verfügung. Die Mädchen zahlen dafür, daß für sie diese Trennung ein geringeres Maß an emotionalen Turbulenzen bedeutet als für die Jungen, den potentiellen Preis, daß ihre Ablösung nie vollständig gelingt und sie Teile der ursprünglichen Abhängigkeit ihr ganzes Leben lang

begleiten. Für die Jungen hingegen bringt diese vollständiger vollzogene Ablösung die Gefahr mit sich, daß ihre Geschlechtsidentität auch später nur um den Preis stärkerer Abgrenzung aufrechtzuerhalten ist. Dies führt dazu, »daß Knaben eher zu einer exzessiven Abgrenzung neigen und Mädchen zu einer unzureichenden« (Keller 1984, S. 95), bzw. bei den *Männern Bindungsangst und -abwehr überwiegt* mit einem entsprechenden Mißtrauen gegen Beziehungen, bei den Frauen Trennungsangst und Angst vor Ausschluß mit einem entsprechenden Mißtrauen gegen Funktionen bzw. formalisierte Beziehungen (Krainz 1991). Den Männern werden weiterhin eher Gefühle von Separatheit zugesprochen gegenüber den Gefühlen von Weltverbundenheit bei den Frauen (Chodrow 1985). Diese angenommene Grundtendenz zur Überbetonung von Unterschieden bei den Männern bzw. zur Tilgung von Unterschieden bei den Frauen wird von Keller (1984) bis hin auf ihre Auswirkungen auf die kognitive Organisation verfolgt. Dann erscheinen die Männer eher analytisch und manipulativ, die Frauen eher ganzheitlich und kontextbezogen. Unschwer lassen sich hierin Haltungen finden, die mit den kulturell vorgegebenen, d. h. normativen Bildern von Männlichkeit und Weiblichkeit zusammenhängen, die den Männern mehr Autonomie und Selbständigkeit, den Frauen eine stärkere Ausrichtung auf Beziehungen zuschreiben.

Einige dieser Gedankengänge sind in den zweiten Theoriestrang eingegangen, dem ich mich nun zuwenden will. Es handelt sich um die *Überlegungen zur moralischen Entwicklung*, die schon im 5. Kapitel vorgestellt wurden und die um einige Überlegungen zur Geschlechtsspezifik erweitert werden sollen. Die ursprünglichen Theorien von Piaget und Kohlberg waren darauf ausgelegt, eben keine spezifisch, sondern eine universell gültige Entwicklung moralischer Kategorien bei Kindern zu beschreiben. Unterschiede, sofern sie gefunden wurden, spielten bei ihnen keine wesentliche Rolle. Piaget z. B. konnte ein unterschiedliches Spielverhalten beobachten. Während die Jungen mit Freude an der Systematik von Spielregeln ausgerichtet waren und die Einhaltung von Regeln einklagten, schienen die Mädchen weniger komplexe Regelsysteme zu benutzen und diese pragmatisch zu handhaben (Döbert 1988, S. 87). Sie waren weniger an den Regeln und mehr am Spielverlauf ausgerichtet. Nach Kohlberg waren Frauen in ihrem moralischen Urteil stärker an konkreten Bezugspersonen und pragmatischem Handeln ausgerichtet, Männer mehr an allgemeinen Regeln. Dieser Unterschied wurde jedoch nicht als alternative Orientierung gedeutet. Vielmehr waren diese beiden Ausrichtungen auf einer Entwicklungsskala verortet, die den Männern bescheinigte, tendenziell auf einer »höheren« Entwicklungsstufe angeordnet zu sein.

Carol Gilligan (1984), eine Schülerin Kohlbergs, kritisierte diese Sichtweise und entwickelte auf dem Hintergrund der Objektbildungstheorie und mit Hilfe eigener Untersuchungen die Idee, daß es im Unterschied zu den behaupteten universellen Moral-Kategorien der herkömmlichen Theorie sehr wohl geschlechtsspezifische Unterschiede gäbe in Form von alternativen moralischen Orientierungen, die sich nicht in einem hierarchischen Entwicklungsmodell einbinden ließen, sondern vielmehr Ausdruck der unterschiedlichen Sozialisation und Lebensbedingungen von Frauen und Männern seien. Sie stellte der *Gerechtigkeitsmoral der Männer* mit ihrer starren Orientierung an Regeln, Gesetzen und Hierarchien und ihrer Betonung von situationsübergreifenden universellen Rechten und absoluten Normen den kontextuellen Relativismus und die *Fürsorgemoral der Frauen* mit ihrer Ausrichtung an Beziehungen und konkreten Handlungskonsequenzen gegenüber.

Unübersehbar ist auch hier wieder, daß Gilligan zwar eine Umbewertung vornahm, allerdings ohne insgesamt den Raum der Möglichkeiten zu verlassen, innerhalb dessen sie unterschiedliche moralische Orientierungen angesiedelt sah, ganz ähnlich wie bei den oben aufgeführten Theorien über frühe Objektbildung. Die Beschreibung von männlichen und weiblichen Eigenschaften bleibt, abgesehen von dieser Umbewertung, in den verschiedenen Theorien bemerkenswert gleich. Entsprechend sind für die Frauen die typischen »Fallen« der Selbstlosigkeit und Selbstaufopferung einer Ethik der Fürsorge genauso verwandt wie die männlichen »Fallen« der Beziehungsignoranz und Rechthaberei der Gerechtigkeitsethik. Die Männer entwickeln eher ein rigides und strafendes Über-Ich, die Frauen ein abhängiges Über-Ich, das weniger losgelöst von seinen Ursprüngen und daher auch später leichter zu

beeinflussen ist. Anders ausgedrückt steht der formalen Moral der Männer mit ihrer für die Öffentlichkeit gedachten »Schönwetter-Rhetorik« (Döbert 1988, S. 92) die interpersonelle Moral der Frauen gegenüber, die stärker auf das Vokabular der Alltagsmoral zurückgreift.
Die Beschreibungen und Wertigkeiten bewegen sich also kontinuierlich zwischen zwei Polen, die tendenziell von den Männern in eine hierarchische, von den Frauen in eine alternative Ordnung gebracht werden. Es liegt zwar nahe, dies in einem Entwicklungsmodell aufzulösen, das ähnlich wie schon bei MacClelland (vgl. 5) die Fähigkeit des flexiblen Wechsels zwischen den Positionen als Ziel ansehen würde. Auf die Geschlechterrollen übertragen bedeutet dies, daß an einem »idealen« Endpunkt der Entwicklung sich die Geschlechter einander annähern würden, indem sie jeweils die abgespaltenen Rollenanteile des anderen Geschlechts integrieren. Der Betonung von Unterschieden eine Nivellierung von Unterschieden entgegenzusetzen, geht an der gesellschaftlichen Realität jedoch insofern vorbei, als sich soziale Konflikte zwischen gesellschaftlichen Gruppen nicht einfach in einem psychologischen Modell auflösen lassen.

Die Parallelen dieser Diskussionen zur Frage der unterschiedlichen Machtorientierung der Geschlechter liegen auf der Hand. Die gesellschaftliche Aufteilung in die Männerwelt Beruf und die Frauenwelt Familie (Beck-Gernsheim 1980), die den Männern die öffentlichen Rollen und Funktionen zuweist und damit die Welt von Wirtschaft und Politik, von Organisationen und Institutionen, von Statuskämpfen und Positionsgerangel, den Frauen die privaten Rollen in familiären Netzwerken mit ihrer Orientierung auf gegenseitige Bindung, auf Fürsorge für andere, gibt den jeweiligen Entstehungshintergrund ab, in dem sich die Unterschiede reproduzieren. Alle beschriebenen Unterschiede können mit dieser gesellschaftlichen Aufteilung in Verbindung gesetzt werden. Die eher *konkret eingegrenzten Rollen* der Männer lassen diese sich mehr an den Regelwerken ihrer formalisierten Umgebung und an allgemeinen Normen orientieren. Die Frauen hingegen bleiben in ihren *diffusen Rollen* stärker situationsbezogen und auf pragmatisches Handeln ausgerichtet.

Zugleich bereiten sich hier schon unterschiedliche Erfahrungen in und mit Gruppen vor. Kulturelle Normen und die Unterschiedlichkeit der jeweiligen Anforderungen in der Ausbildung einer Geschlechtsidentität bei Jungen und Mädchen ergänzen sich auch hier wiederum. Untersuchungen zu Verhaltensunterschieden bei Mädchen und Jungen (Maccoby 1978, Schenk 1979, Hagemann-White 1984) zeigen, daß sich Jungen stärker in größeren Gruppen zusammenschließen, Mädchen eher in Dyaden und Triaden verbleiben. Die Jungen schotten sich in ihren Gruppen stärker ab, neigen eher zu Prügeleien, Wutausbrüchen und dem Aufbau von Dominanzhierarchien und kommen dadurch schneller in Konflikt zur Erwachsenenwelt. Die Mädchen verbleiben eher in kleineren Kontexten und sind im Kontakt zu Erwachsenen weniger problematisch. Sie kommen den Wünschen der Erwachsenen eher nach und verstehen es zugleich auch besser, sie für ihre Zwecke zu nutzen. Im Unterschied zu der ungehemmteren Aggressivität von Jungen entwickeln Mädchen eine Art »prosozialer Aggressivität« (Hagemann-White 1984), indem sie z. B. gegenüber anderen Kindern die Vorschriften der Erwachsenen vertreten und sich dadurch eine Gelegenheit zum Angriff verschaffen.

Prallen diese beiden »Kulturen« im späteren Leben aufeinander, so besteht die Tendenz, daß sich die »Dominanzkultur« der Männer gegen die »Beziehungskultur« der Frauen durchsetzt. Männer unterbrechen Frauen schneller als umgekehrt, nehmen mehr Redezeit in Anspruch und bewerten die Beiträge von anderen Männern höher als die von Frauen (Wagner u. a. 1981), so einige der relevanten Ergebnisse empirischer Untersuchungen. Zugleich sind die Geschlechterrollen in einem rapiden Wandel begriffen. Ließ sich vor 20 Jahren bei Frauen noch eine stärkere Neigung zu konformem Verhalten aufzeigen (Schneider 1985, S. 120 f.), so ist dieser Unterschied heute nivelliert. Schon in den Milgram-Experimenten (1974) schnitten die Frauen nicht besser ab als die Männer. Sie zeigten zwar eine leicht größere Ausrichtung an Autoritäten; zugleich schienen sie einem wesentlich größeren Streß ausgesetzt als die Männer, da ihre Gewissensbisse in der Situation ungleich größer waren, was sich als ein Zeichen für ihre stärkere Ausrichtung an den konkreten Folgen ihres Handelns interpretieren läßt. Männer hingegen konnten besser abspalten und rationalisieren.

Dies wirft die Frage auf, ob sich Männer und Frauen insgesamt in ihren Bewältigungs- und Abwehrstrategien (Mentzos 1993) in belastenden Situationen unterscheiden, wobei anzunehmen ist, daß diese Strategien unmittelbar im Zusammenhang stehen mit entsprechenden Verhaltensstrategien in Konflikten mit Autoritäten, bei Konkurrenz und Rivalität, d. h. beim Aushandeln von Macht. Es ergibt sich folgendes Bild: *Männer neigen stärker zu nach außen gerichteten Abwehrmechanismen, z. B. zu Projektion und Wendung gegen das Objekt, und zur Affektabspaltung. Frauen tendieren mehr zu nach innen gerichteten Abwehrmechanismen, z. B. zur Wendung gegen sich selbst und zum Zurückstecken* (Döbert 1988, Nunner-Winkler 1991).

Es stellt sich die Frage, inwieweit der Wandel der Geschlechterrollen in den letzten 20 Jahren diese Unterschiede nivelliert hat. Ergebnisse, die für eine allmähliche Angleichung von männlichen und weiblichen Verhaltensstandards sprechen, werden auch in der Kritik der Thesen von Carol Gilligan angeführt. In einigen dieser Untersuchungen stellte sich heraus, daß sich Unterschiede weniger auf den Faktor Geschlecht als auf die generelle kulturelle Orientierung zurückführen lassen, ob z. B. ein traditionelles Bild von Weiblichkeit überwiegt (Nunner-Winkler 1991, S. 157). Auswirkungen davon lassen sich in der *Adoleszenzphase* beobachten, *in der besonders mit den sozialen Vorgaben der Geschlechterrolle gekämpft wird.* Die Krise wird um so heftiger, je mehr traditionelle Rollenvorgaben bekämpft werden. Dabei können die Kampf- und Abwehrstrategien des jeweils anderen Geschlechts übernommen werden, d. h., die Frauen kämpfen »heftig« und die Männer werden »gefühlig«. Von einer Integration der gegengeschlechtlichen Anteile kann hierbei nicht automatisch geredet werden. Denn diese Anteile zu integrieren erfordert, das Neue mit dem Alten zusammenzubringen und damit auch den Kampf zu beenden, der notwendig war, um das Alte überhaupt in Frage zu stellen. Wahrscheinlich ebenso häufig wie eine eventuelle Übernahme von Bewältigungsstrategien des anderen Geschlechts kann der adoleszente Kampf gegen die Geschlechterrolle die Form einer Übererfüllung annehmen, bei Mädchen z. B. in der Magersucht, bei Jungen in gewalttätigem und kriminellem Verhalten.

Beide Formen der Revolte gegen die alten Geschlechterrollenbilder hält für die Protagonisten die Gefahr bereit, in der Revolte selbstdestruktiv steckenzubleiben. Dies verdeutlicht, daß Kampf und Gegenabhängigkeit als individuelle Reaktionen notwendige und strukturell vorgegebene Bestandteile von kulturellem Wandel sind. Dieser Wandel produziert heute ein Neben-, In- und Durcheinander von neuen und alten, inneren wie äußeren Bildern über die Geschlechter. Es wird sich zeigen, welche Unterschiede in diesem Wandel Bestand haben und welche sich als veränderlich herausstellen oder sich völlig auflösen. Die Auseinandersetzungen zwischen Männern und Frauen in Gruppen reproduzieren innerhalb dieses speziellen Kontextes die ganze Bandbreite von möglichen Orientierungen, von Altem und Neuem, vom Altem im Neuen. D. h., *Gruppen sind Orte, an denen sich gesellschaftlich vorgegebene Unterschiede und (Macht-)Verhältnisse zwischen den Geschlechtern reproduzieren, diese Reproduktion aber zugleich der Reflexion und damit der potentiellen Veränderung zugänglich gemacht werden kann* (Dorst 1994).

7.4 Geschlechtsrelevante Kontextbedingungen von Gruppen

Gesellschaftliche Machtverhältnisse realisieren sich in konkreten Situationen, die immer schon durch ihre Kontext- bzw. Rahmenbedingungen vorstrukturiert sind, vor allem wenn sie so tief verankert sind wie das Verhältnis zwischen den Geschlechtern. Ein von Machtstrukturen gekennzeichnetes Verhältnis zeichnet sich eben dadurch aus, daß bestimmte Möglichkeiten, Wahlen und Begrenzungen schon festliegen, bevor noch irgend etwas stattgefunden hat. Dies gilt auch für das gruppendynamische Setting, in dem Berufliches und Privates, Öffentliches und Intimes in (geschlechts-) spezifischer Weise aufeinanderprallen. Und bei näherem Hinsehen stellt sich heraus, daß weder die Gruppendynamik als Methode noch ihre jeweiligen Anwendungsfelder geschlechtsneutral sind.
Die Gruppendynamik gehört zu einem breiten Feld von gruppenorientierten Methoden, die zwar schon in den 30er und 40er Jah-

ren vorgedacht, aber erst in den 60er und 70er Jahren eine größere Verbreitung gefunden haben (Rechtien 1990). Maßgeblich beeinflußt von deutschsprachigen Emigranten nach Amerika und England (z. B. Adler, Cohn, Foulkes, Lewin, Moreno), wurden sie vor allem im englischsprachigen Raum entwickelt und kamen über diesen Umweg wieder nach Europa und Deutschland zurück. Die pragmatische Ausrichtung dieser Methoden hängt eng mit der Begegnung mit der angelsächsischen Kultur zusammen, und die Betonung demokratischer Werte ist verankert im Erschrecken vor der Barbarei des 2. Weltkrieges.

Zugleich läßt sich die Entwicklung dieser Methoden mit der allmählichen Veränderung von Geschlechterrollen in Verbindung setzen. Die Aufwertung von Gefühlen und Beziehungen gegenüber Sachaufgaben und formalen Strukturen, der direkte Austausch und Kontakt im interpersonellen Kontext einer Gruppe und die Suche nach »Authentizität« und unverstelltem Ausdruck gegenüber der »Fassadenhaftigkeit« von gesellschaftlichen Rollen sind Ausdruck hiervon. *Die meisten der gruppendynamischen Arbeitsprinzipien sind der traditionellen »weiblichen« Rolle bzw. Welt näher als der »männlichen«* (Königswieser 1981, Dorst 1994), obwohl es sich bei den Gründungsfiguren fast ausschließlich um Männer handelte.

Insofern ließe sich auch sagen, daß diese »weiblichen« Prinzipien von Männern in dem Moment besetzt werden, in dem sie über die konkrete weibliche Welt hinaus von Bedeutung werden. Die Entwicklung und Ausdifferenzierung der Gruppenmethoden hängt insgesamt damit zusammen, daß die traditionellen hierarchisch strukturierten Organisationsformen und Umgangsweisen in einer sich stetig ausdifferenzierenden Gesellschaft nicht mehr angemessen sind. Gefordert ist ein stärkeres Aushandeln von (sozialen) Beziehungen. Sozialer Konsens kann nicht mehr von »oben« verordnet werden, er muß zunehmend in der konkreten Auseinandersetzung hergestellt werden.

Gerade die Gruppendynamik ist im Unterschied zu den therapeutischen Methoden von Anfang an stärker auf die Arbeitswelt als einem »männlichen« Lebensbereich ausgerichtet, in dem aber beginnend mit den 70er Jahren in zunehmendem Maße »weibliche« Qualitäten gebraucht werden. In der spezifischen Handhabung dieser Qualitäten läßt sich die Gruppendynamik zumindest in ihren Anfängen wiederum als »männlich« orientiert bezeichnen. Der konfrontative Stil, in dem mit Beziehungen umgegangen wurde, die Betonung von Autorität und Macht brachten ihr den Ruf einer »harten«, d. h. einer »männlichen« Methode ein. Inzwischen ist die ehemalige Männerdomäne zunehmend mehr von qualifizierten Trainerinnen besetzt worden. Zugleich hat sich die Gruppendynamik in verschiedenen Arbeitsfeldern selber wiederum so stark ausdifferenziert, daß man zwischen einer eher »weiblichen« und einer eher »männlichen« Ausrichtung unterscheiden kann, die in jeweils unterschiedlichen beruflichen Feldern verankert sind – dies ein gutes Beispiel für das Auftauchen des Alten im Neuen.

Die gutbezahlte Arbeit im Wirtschaftsbereich ist nach wie vor mehr eine Domäne der männlichen Trainer, die ihrerseits wiederum vornehmlich mit Männern arbeiten. Trainerinnen stoßen bei Auftraggebern wie Teilnehmern häufig auf »Akzeptanzprobleme«, da eine Frau in der Leitungsrolle alte Bilder der Geschlechterhierarchie durcheinanderbringt. Dies hindert die Frauen allerdings nicht daran, diesen Bereich zunehmend offensiver anzugehen (Helgesen 1991). Sie greifen dabei genau auf die Bilder zurück, die ihnen die Arbeiten z. B. von Gilligan vorgegeben haben, und betreiben mit dem Slogan »Frauen führen anders« die Umwertung der Werte als Teil einer Werbestrategie für die weibliche Rolle mit dem Nachweis ihrer Effizienz in Führungspositionen. Weniger ideologisch ausgerichtete Berichte von den Eroberungszügen von Frauen in männlichen (Macht-)Welten (Stahmer 1994, Rühmkorf 1994) verdeutlichen zugleich die Notwendigkeit für Frauen dazuzulernen, wenn sie in diesen Bereichen nicht nur überleben, sondern auch ohne einen fundamentalen Identitätsverlust die Verhältnisse (mit-)gestalten wollen. Eines der wichtigsten Lernziele ist hierbei sicherlich die *Aufgabe der weiblichen Unschuldsvermutung*, wie sie im alten wie neu gewendeten Bild von Weiblichkeit enthalten ist, d. h. die Aufgabe einer Rollenspaltung, die bei den Männern als Wesenseigenschaften verankert sieht, was ihnen genau wie den Frauen durch Lebenswelt und Rollenvorgaben zugeschrieben wird. Frauen müssen akzeptieren lernen, selber Machtträger in einem nicht in Beziehungen begründeten, sondern

auf Funktionen und Rollen ausgerichteten System zu sein, allerdings ohne die »besseren« Männer zu werden. Die Gegensätzlichkeit dieser Rollenanforderung bringt einen entsprechend hohen Identitätsstreß mit sich.
Von der Arbeitsweise her sind gruppendynamische Veranstaltungen im Wirtschaftsbereich stärker strukturiert und auf den Erwerb von instrumentellen Fähigkeiten ausgerichtet. Die Trennung von beruflichen und privaten Themen wird stärker beachtet. Beide Tendenzen lassen sich nur zum Teil auf rein funktionale Erfordernisse des Berufes zurückführen. Sie sind auch stark mit einer zugrundeliegenden, eher »männlich« orientierten Wertekultur verbunden. Gruppendynamische Arbeitsmethoden sind daher schwerer einführbar, und wenn, dann eher in solchen Varianten, die sich dieser Wertekultur anpassen. Frauen sind unter den Teilnehmern solcher Veranstaltungen deutlich unterrepräsentiert. Ab einer bestimmten Hierarchiestufe brauchen Führungskräfte an solchen Veranstaltungen in der Regel nicht mehr teilnehmen. Die Männer rekrutieren sich daher vorrangig aus der Riege der unteren und mittleren Führungskräfte. Sie sind damit Repräsentanten der »Sandwich-Position«, d. h. Führende und Geführte gleichermaßen. Kampf und Unterordnung stellen komplementäre Strategien dar, die sich diesen Positionen strukturell aufdrängen. Die Fortbildung ist Teil der Karriereplanung, Resultat der Weiterbildungspflicht oder Bringschuld gegenüber dem Arbeitgeber als letzte Maßnahme vor der drohenden Entlassung.
Etwas anders sieht die Situation im Feld der sozialen Berufe aus. Von ihrer Funktion wie ihrer Tradition her sind sie stärker auf weibliche Werte der Fürsorge ausgerichtet. Entsprechend sind diese Berufe zumindest gleich stark, zumeist aber überproportional von Frauen besetzt, wobei sich dies in den hierarchisch höheren Positionen verändert bzw. umkehrt. Führungskräfte sind auch im sozialen Feld zumeist Männer. Da zudem die Wahrscheinlichkeit, an einer gruppendynamischen Veranstaltung teilzunehmen, auch hier mit jedem Aufwärtsschritt auf der Hierarchieleiter sinkt, sind im sozialen Feld Frauen in gruppendynamischen Fortbildungen in der Regel überrepräsentiert.

Als Beispiel sei die Situation in einem der großen Wohlfahrtsverbände aufgeführt, wie sie mir von der Fortbildungsabteilung auf Nachfrage geschildert wurde. Die Institution beschäftigt mehr Frauen als Männer (72% zu 28%), was sich natürlich auch auf die Geschlechterverteilung in Fortbildungen auswirkt. Die Männer sind eher in den technokratisch orientierten Kursen sowie in den Kursen für Leitungskräfte zu finden. In den Führungs- und Managementkursen sind die Frauen daher in der Minderheit (1/3 w – 2/3 m). Bezogen auf ihren geringen Anteil an mittleren und gehobenen Führungspositionen sind sie dort allerdings überrepräsentiert. D. h., Frauen sind im Durchschnitt fortbildungsfreudiger als Männer, was sich als ein Hinweis interpretieren läßt, daß Frauen in Leitungspositionen sich mit einem geringeren Selbstbewußtsein bei gleichzeitig höheren Ansprüchen, eigenen wie fremden, auseinandersetzen müssen.

Auch in den Sozialberufen stellen gruppendynamische Fortbildungen einen Baustein in einer Karrieregestaltung dar, die nach der universitären Ausbildung weitere (Zusatz-)Qualifikationen verlangt. Zum Teil ermöglichen erst die Weiterbildungen einen beruflichen Aufstieg, den die Grundqualifikation alleine nicht erlauben würde. So gesehen können hier Frauen manches nachholen, was ihnen die Sozialisation in Schule und Hochschule eventuell verweigert hat. Zudem sind ihre beruflichen Biographien im Vergleich zu den Männern häufiger von Unterbrechungen gekennzeichnet, vor allem wenn die berufliche Karriere nicht mit einem Verzicht auf Familie und Kinder erkauft wird.
Die Männer in diesen Berufen fühlen sich zwar gleichfalls häufig den fürsorglichen Wertmaßstäben verpflichtet, sind aber zugleich implizit durch die Erfahrung geprägt, daß sie in der beruflichen Prestige-Rangfolge einen niedrigen Platz einnehmen, was u. a. durch die Überzahl von Frauen in ihren Berufen symbolisiert wird. Zum Teil läßt sich dies durch eine Anti-Karriere-Haltung kompensieren, die diese gesellschaftliche Vorgabe zu einem selbstgewählten Lebensstil erhebt. Daraus erwächst manchmal eine Kultur der Vernachlässigung bis hin zu den ersten Anzeichen von »Verwahrlosung«, z. B. in Kleidung und Verhaltensstil.
Das eher distanzierte Verhältnis gegenüber hierarchischen Strukturen, das in den sozialen Berufen bei Männern wie bei Frauen verbreitet ist, läßt sich mit der Erfahrung in Verbindung setzen, in der gesellschaftlichen Hierarchie der Berufe bzw. der Felder, für die sie zuständig sind, einen niedrigen Platz einzunehmen. Die relative Bevorzugung von informellen Beziehungsnetzen gegenüber

formalen Funktionsnetzen ist daher auch hier nur zu einem Teil auf funktionale Erfordernisse zuzurückführen, und darüber hinaus auch Ausdruck einer Wertewelt insgesamt, die sich eher »weiblichen« Werten verpflichtet fühlt. Zusammen mit einer starken Identifizierung mit der Problemlage der Klientel führt dies zu normativ untermauerten Systemen der Selbstausbeutung, wie sie in sozialen Institutionen häufig zu finden sind. Dieser Anspruch des »Dienstes für den anderen« entspricht wiederum weitgehend der »weiblichen« Rollenzuschreibung.
Gleichzeitig wird hier ein *fundamentaler Zusammenhang zwischen Hierarchien und Normen* deutlich. VertreterInnen der Fürsorgemoral mit ihrer Abneigung gegen hierarchische Lösungen bedürfen einer normativen Absicherung ihrer Selbstverpflichtung, um sich gegenüber der Hierarchie behaupten zu können. Überspitzt gesagt wird normativ gelöst, was hierarchisch verwehrt bleibt. Übertragen auf das Verhältnis der Geschlechter, führt dies nochmals zu der These, daß Männer aufgrund ihrer relativen gesellschaftlichen Vormachtstellung in Machtprozessen eher zu hierarchisch orientierten Strategien neigen, die von Kampf und Unterordnung geprägt sind; Frauen neigen aufgrund ihrer nachgeordneten Stellung hingegen eher zu normativen Lösungen, bei denen es um Zugehörigkeit und Ausschluß geht. *Diese hier idealtypisch den Geschlechtern unterschiedlich zugeschriebenen »Lösungen« des Machtproblems wären daher aber gerade eben nicht auf irgendwelche »Wesenszüge« der Geschlechter zurückzuführen, sondern sind Ausdruck von Machtverhältnissen, die den strukturell Unterlegenen die normativen Strategien geradezu aufzudrängen scheinen.* Solche Strategien, z. B. das Einschwören auf gemeinsame Werte, die Betonung gemeinsamer Unterdrückung, die »Moral des Nicht-Verletzens« (Altenkirch 1989, Rommelspacher 1991) und der sich daraus eventuell ergebende Effekt der Solidarisierung, sind trotz ihrer relativ machtloseren Position als Teil eines Machtverhältnisses aufzufassen. So besehen sind Frauen nicht weniger machtorientiert bzw. machtfähig als Männer, wie man es wahlweise – je nach ideologischer Ausrichtung – behaupten kann, sondern in anderer Weise machtorientiert.
Hierbei können die beiden Geschlechter auf die psychodynamischen Mechanismen zurückgreifen, die die jeweiligen Sozialisa-

tionsbedingungen für sie bereitgehalten haben, u. a. aufgrund der beschriebenen unterschiedlichen Rolle von Frauen und Männern in der Familie und bei der Herausbildung einer Geschlechtsidentität. Wie dauerhaft diese Unterschiede und damit auch die unterschiedliche Machtorientierung von Männern und Frauen sind, wird angesichts des Wandels von Geschlechterrollen bald schon wieder neu zu bestimmen sein.

Der spezifische Kontext von Gruppen reproduziert immer beides, alte Machtverhältnisse und neue Umgangsweisen. In diesem Wandel erwachsen für beide Geschlechter Möglichkeiten und die Fallstricke, im Neuen das Alte wiederentstehen zu lassen.

7.5 Männer und Frauen im gruppendynamischen Training

Die Trainingserfahrungen, an denen im folgenden Machtauseinandersetzungen zwischen Männern und Frauen exemplarisch aufgezeigt werden sollen, stammen weitgehend aus dem sozialen Bereich. Dies hängt vorrangig damit zusammen, daß sich bis auf wenige Ausnahmen mein beruflicher Alltag in diesem Bereich abspielt. Diese Lücke kann auch nicht durch entsprechende Berichte aus der Literatur geschlossen werden, da sie nicht vorliegen. Männliche Welten tendieren zumindest nach außen dazu, sich geschlechtsneutral zu geben und geschlechtsspezifische Problemlagen gar nicht als solche anzuerkennen, ein Zeichen dafür, daß in einem Machtverhältnis die unterlegene Position überhaupt erst gesondert wahrgenommen wird, wenn das Machtgefälle sich anfängt zu verringern.

Meine persönliche Entscheidung, weitgehend im Sozialbereich und kaum im Wirtschaftsbereich zu arbeiten, hängt vor allem mit den unterschiedlichen Männlichkeitsbildern zusammen, die in diesen beiden Bereichen gelebt bzw. akzeptiert werden, und nicht mit »ideologischen« Vorbehalten. Meine Ausdrucksmöglichkeiten in der Arbeit selber wie auch im informellen Bereich habe ich in Veranstaltungen für Führungskräfte immer als eingeschränkt erlebt. Zugleich signalisierte ich durch meinen Habitus (z. B. Haarlänge, Kleidung, Körpersprache) unübersehbar meine Zugehörigkeit zu einem bestimmten kulturellen Milieu, in

dem abweichende Männlichkeitsbilder verbreitet sind. Den Preis des ungelebten Lebens, den gerade Männer in mittleren Führungspositionen bezahlen (müssen), schlug mir häufig in einer unterschwellig aggressiven Abwehr entgegen, die in der Gesamtatmosphäre solcher Seminare nur schwer anzusprechen wa, und der die Kollegen – schon aus Überlebensgründen – mit entsprechend »harten« oder »kumpelhaften« Verhaltensstrategien entgegentraten.
Frauen sind in diesen Kursen radikal in der Minderzahl und müssen sich der männlichen Kultur weitgehend anpassen. Es lassen sich daher hier gut die klassischen »weiblichen« Defensivtechniken studieren, z. B. verschiedene Formen der schmeichelnden Unterwerfung unter den Leiter, dessen Schutz sie damit anfordern.

Die Trainingswelt im sozialen Bereich ist im doppelten Sinne stark von Frauen und »weiblichen« Werten geprägt. Es überwiegen gruppendynamische Arbeitsformen, die diesen Werten in der geschilderten Weise verbunden sind, und die Frauen sind in der Regel in der Überzahl. Die Atmosphäre solcher Trainings ist aufgrund dieser »weiblichen« Orientierung bzw. der realen Dominanz der Frauen weniger von offenem Machtgerangel geprägt. Die größere Übung der meisten Frauen im Umgang mit Beziehungskulturen wird hier fruchtbar. Die »Einübung einer neuen Beziehungskultur zwischen den Geschlechtern« (Dorst 1994) entsteht hieraus jedoch keineswegs automatisch. Wie auch in anderen Fällen, wenn eine Minderheitsposition in die Mehrheitsposition kommt, kann dies in der Umkehrung der Verhältnisse eine »verkehrte Welt« produzieren (König 1994), die aber eben in dieser Umkehrung die Verhältnisse zu reproduzieren droht.

Eine länger dauernde Kursreihe wurde von einem Kollegen und mir, also zwei Männern, durchgeführt. Die Gruppe bestand aus 14 Frauen und 4 Männern. Eine rein männliche Leitung und eine Mehrheit von Frauen in der Teilnehmerrolle, das entsprach völlig den Alltagserfahrungen dieser Frauen bezüglich der Hierarchie in ihren Arbeitsstellen und Organisationen. Wir sprachen das Thema von unserer Seite aus an, um die Auswirkungen dieser Konstellation auf die Fortbildung als einen wichtigen Teil unserer gemeinsamen Arbeit von Anfang an thematisierbar zu machen. Zugleich war unser Offensivwerden Ausdruck unserer eigenen Bedrohung angesichts der weiblichen Übermacht. Diese Bedrohung spürten wohl auch die anderen männlichen Teilnehmer, denn sie blieben während dieser Auseinandersetzungen weitgehend außen vor. Auf seiten der Frauen gab es anfänglich eine starke

Tendenz, sie auch noch rauszuschicken nach dem Motto: lieber gar keine Männer unter den Teilnehmern als nur einige wenige.
Im Verlauf der Fortbildung luden wir insgesamt sechs Kolleginnen ein, auch die Supervision wurde ausschließlich von Frauen durchgeführt. Im nachhinein wurde deutlich, daß dies zum einen Ausdruck unseres schlechten Gewissens war, den Frauen aufgrund unserer Zusammenarbeit eine durchgehende weibliche Identifikationsfigur vorenthalten zu haben. Zum anderen hatten wir hierdurch zugleich unsere Position gefestigt, da wir nun nicht nur die einzigen festen Bezugspersonen, sondern auch die einzigen männlichen Trainer im Kurs blieben. Nicht zuletzt mit Hilfe der eingeladenen Kolleginnen wurde dies ein guter Kurs, ich möchte die Erfahrung nicht missen. Die Konstellation zwang TeilnehmerInnen und TrainerInnen von Anfang an in einen existentiell sehr dichten Kontakt. Das Bild der »mutterlosen« Gruppe blieb jedoch in Teilen bis zum Ende erhalten.

Dieses Beispiel verdeutlicht, daß das Geschlechterthema ähnlich ambivalent besetzt ist wie das Autoritätsthema, zumal sich in diesem wie auch in den kommenden Beispielen die beiden Themen überlagern. Hinter dem Mißtrauen gegen das andere Geschlecht steht die Suche nach einer anderen Erfahrung, die sich durch Idealisierungen und Kämpfe, Abhängigkeiten und Fluchten zu einem lebbaren Bild hindurcharbeiten muß, einem Bild also, das die Ambivalenzen nicht auflöst, sondern aushält. Denn die Ambivalenzen auflösen hieße, den Sinn für die gesellschaftlichen Realitäten zu verlieren, die eben auch in den jeweiligen individuellen Erfahrungsgeschichten ihre Spuren hinterlassen haben.

Die Männer-Frauen-Zusammensetzung im Nachfolgekurs war noch extremer, vier Männer – zwanzig Frauen, und wurde diesmal von seiten der Teilnehmerinnen thematisiert. Da die Leitung diesmal bei einem Trainer und einer Trainerin lag, wurde der Konflikt nicht zwischen Teilnehmerinnen und Leitung, sondern unter den Frauen und Männern der Gruppe verhandelt.
Es wurden Phantasien ausgetauscht, warum so wenige Männer anwesend waren. Diese seien sicherlich eher beim Führungskurs oder beim Kurs für Metaplan und Moderationstechniken, aber einem Kurs wie diesem würden sie sich nicht aussetzen. Dieser zum großen Teil berechtigten Vermutung (vgl. Beispiel S. 230 f.) folgten Gewaltphantasien von einer Frau, begleitet von diffusen Schuldvorwürfen gegen Männer, mit der gleichen Tendenz wie beim Vorgängerkurs, die restlichen Männer auch noch rauszuschicken. D. h., die durch die Abwesenheit der Män-

ner aktualisierte Wut über eine bestimmte gesellschaftliche Erfahrung richtete sich im Kurs gegen die anwesenden Männer, obwohl diese sich ja dem Kurs aussetzten.

Den in beiden Kursen aufkommenden Impuls, diese wenigen Männer auch noch wegzuschicken, läßt sich als ein Versuch ansehen, ein Weltbild, in dem die Frauen unten, die Männer oben sind, von Abweichungen zu bereinigen. Dahinter steht die Kränkung, daß die Frauen sich der Gefahr ausgesetzt sehen, den Wert des Kurses nach der Anwesenheit von qualifizierten und sozial potenten Männern zu beurteilen. Die daraus erklärbare Reaktion, die Männer dann lieber zu ignorieren, d. h. die Kränkung, wenn nicht aus der Welt, dann wenigstens aus den Augen zu schaffen, läßt genau jene »verkehrte Welt« entstehen, in der die Frauen eindeutig das Sagen haben, aber eben aus dem Grunde, weil sie »draußen« eindeutig weniger zu sagen haben.

Ausbalanciert wurde diese Reaktion nicht durch die anwesenden Männer, sondern auch wiederum durch eine Gegenbewegung unter den Frauen. Einige von ihnen bedauerten die weitgehende Abwesenheit der Männer, da es vor allem Männer bzw. männliche Vorgesetzte seien, mit denen sie in ihrem beruflichen Alltag Probleme hätten. Sie hätten gerne die Möglichkeit gehabt, im Kurs an diesen Problemen zu arbeiten, was aber nun wohl nur in geringem Umfang ginge.

Bei den Frauen wiederholt sich so die Erfahrung, daß Männer für die offene gleichberechtigte Auseinandersetzung, die nicht durch die Einbettung in hierarchische Rollen abgesichert ist, selten zu erreichen sind. Die wenigen Männer im Kurs – so die nicht unberechtigte Vermutung – können dieses Erfahrungsdefizit nicht auffüllen. In der Gegenbewegung wiederum kann ihnen eine übermäßige Wichtigkeit zukommen, sie werden gehegt und gepflegt und bei einer Gruppenwahl heftig umworben.
In Grundzügen kommt die geschilderte Dynamik in ähnlicher Weise zustande, auch wenn die zahlenmäßige Überlegenheit der Frauen nicht gegeben ist. Das nächste Beispiel stammt aus einem frei ausgeschriebenen gruppendynamischen Training zum Thema »Denken und Fühlen in Gruppen und Organisationen«.

Das Leitungsteam, als Ausdruck gesellschaftlicher Rahmenbedingungen, war nach der klassischen Männer-Frauen-Hierarchie besetzt, zwei Trainer mit vier AusbildungskandidatInnen, und zwar zwei Co-Trainerinnen, sowie jeweils eine Frau und ein Mann als TrainerIn unter Supervision. Gearbeitet wurde in drei parallelen Gruppen über insgesamt zwölf Tage, ergänzt durch plenare Veranstaltungen, Reflexionsgruppen und Intergruppenübungen. Das Männer-Frauen-Verhältnis war mit 18 zu 19 ausgeglichen.

Aus dem komplexen Geschehen eines solchen Trainings soll eine Sequenz herausgegriffen werden, die Bildung von gleichgeschlechtlichen Gruppen in der zweiten Trainingswoche. Der Staffbeschluß für diese Intergruppenübung löste bei den Co- und Supervisions-Trainerinnen gespannte Erwartung und Neugier aus über die Arbeit miteinander – ohne Trainer und ohne Bewertungsdruck. Die Begeisterung bei den Trainern war eher gering, ihre Erwartungen sehr reduziert, z.T. latent abwertend der Männerrunde gegenüber. Entsprechend fielen die beiden parallelen Sitzungen aus.

Bei den Frauen wurde heftig geredet, gestritten und rivalisiert. Die Männer spielten hierbei als Thema kaum eine Rolle. Die freigesetzte Vitalität und Aggressivität belebte und beängstigte gleichermaßen und wirkte sich für einzelne Frauen stark auf den weiteren Trainingsverlauf aus.

Bei den Männern war die Stimmung eher zäh und vorsichtig. Konkurrenz wurde höchstens lustlos zerredet, aber nicht gelebt. Es wurde die Schwierigkeit geäußert, sich im Regelsystem dieser Kursorganisation zurechtzufinden. Der Hinweis eines Trainers, daß es sich vielleicht um eine weiblich dominierte Organisation handele und die Wahl der Waffen wohl schon zugunsten der Frauen entschieden sei, wurde nicht direkt aufgenommen. Es folgte statt dessen ein energiearmes Gespräch, daß es wohl um den Kampf um die Frauen und um die »Ehre« ginge, und endete mit dem latent aggressiven Bild von der »Venusfalle«, Titel eines damals gerade laufenden Films.

Die Männer machten in diesen Großgruppenprozessen eine für sie im öffentlichen gesellschaftlichen Leben eher ungewohnte Erfahrung, nämlich die Bedrohung durch Frauen. Zugleich sorgte die implizite normative Selbstverpflichtung der Männer dafür, daß sie zur Abwehr dieser Bedrohung nicht mehr auf die klassischen Strategien und Männlichkeits-Bilder zurückgreifen konnten, an die sie zudem selbst schon nicht mehr ungebrochen glaubten.

Andererseits sahen sie sich einem Regel- und Wertesystem ausgesetzt, das sie nicht als ihres annehmen konnten bzw. in dem sie sich nicht zurechtzufinden schienen. Selbst die Erkenntnis der Bedrohung durch die Frauen wurde in dieser Situation zum Klischee, um die Kränkung abzuwehren, die das Eingestehen der Schwächegefühle bedeutet hätte. Die Männer blieben in ihrer Selbstabwertung depressiv an diese »weibliche« Organisation gebunden, eine Dynamik, die auf der geschilderten familiären Konstellation basiert (Dinnerstein 1979, Benjamin 1990) und zugleich Geburtsort mancher aggressiver und abwertender männlicher Phantasien und Taten gegenüber Frauen ist. Die rigide Abgrenzung in der klassischen männlichen Rolle schien verwehrt, Alternativen waren (noch) keine sichtbar. Das Dilemma der Männer bestand hier nicht in der Angst vor Nähe, sondern in der Wahl einer adäquaten Abgrenzung.

Das Bild der aktiven und selbstbewußten Frauen und der passiven und sich abwertenden Männer bestätigte sich nochmals am nächsten Tag, als im Plenum die beiden geschlechtshomogenen Gruppen in einem Innenkreis ihre Phantasien äußerten über das Bild der jeweils anderen Gruppe von ihnen. Die Frauen phantasierten also über das Bild, das die Männer über sie haben, und umgekehrt. Diese Übung zielte nicht so sehr auf soziale Wahrnehmungen, sondern auf soziale Bewertungen, die zwar als Wahrnehmungen der anderen phantasiert werden, aber zugleich Ausdruck des eigenen, in diesem Fall kollektiven Selbstwertgefühls sind, das der Kontrastgruppe projektiv als Fremdwahrnehmung zugeschrieben wird. Dieses kollektive Selbstwertgefühl ist bei den Frauen in solchen Kursen sicherlich nicht ungebrochen. Im Vergleich zu den Männern stellt es sich aber zumeist als besser dar, so auch in der beschriebenen Übung in diesem Training.

Im Staff hatte diese Sequenz ähnliche Auswirkungen bei Trainern und Trainerinnen. Die Frauen hatten ihren Zusammenhalt gestärkt, erleichtert durch die Solidarität der gemeinsamen Ausbildungssituation und das dadurch bedingte Fehlen einer formalen Hierarchie, beides ein *Privileg der Unterprivilegierten*. Bei den Männern wurde die Sequenz zum Auslöser einer Autoritätsauseinandersetzung zwischen den Trainern und dem einzigen männlichen Ausbildungskandidaten, in der es im Kern um eine zwischen Extremen schwankende Selbst-(wert)-Einschätzung ging.

So wie das Leitungsteam in seiner Zusammensetzung die gesellschaftliche Hierarchie zwischen Männern und Frauen widergespiegelt hatte, so war er auch jetzt der zentrale Ort innerhalb des Trainings, an dem formale Entscheidungen über TrainerInnen in Ausbildung und über Wünsche von TeilnehmerInnen nach Ausbildungsempfehlungen getroffen wurden, die über das Training hinaus Bedeutung hatten. Er ist damit Repräsentant einer eher männlich dominierten öffentlichen Welt von Statussystemen und Hierarchien. Zugleich werden diese Entscheidungen nach Kriterien getroffen, die einer eher weiblich dominierten privat-intimen bzw. psychologischen Welt entstammen, in der es zentral um das geübte Umgehen mit Gefühlslagen und um differenzierte soziale Wahrnehmung geht.

Die Wertewelt galt auch im formal nicht hierarchisierten Kreis der TeilnehmerInnen, war Ausdruck des Regelsystems, auf das die Männer so irritiert reagierten. Während die Männer sich also schwertaten, die Stärken des »weiblichen« Umgangs für sich zu entdecken, wurden die noch vor etwa zehn Jahren stärker von Männern gezeigten Verhaltensstile wie Rivalität und Konkurrenz hier wirksamer und vor allem lustvoller von Frauen gezeigt bzw. gelebt.

Zugleich wird diese Entwicklung begleitet von einer Bindung und (Selbst-)Abwertung der Männer, an der Frauen über ihre Dominanz in dieser Wertewelt einen starken Anteil haben. Wurden die Männer im beschriebenen Training in dieser Situation offensiver und benannten ihre relative Machtlosigkeit im Training, konnten die Frauen auf die umgekehrten Verhältnisse in der Welt »draußen« verweisen. In dem Aufeinanderprallen von alten und neuen Bildern wurde das *»Da und Dort« gegen das »Hier und Jetzt«* ins Feld führt. Der Emanzipationsdruck der Frauen wurde zu einem Teil des traditionellen Bindungsmodus gegenüber den Männern und damit zu einer Machtstrategie, die das Alte im Neuen reproduziert.

Dies zeigt sich noch in anderer Weise. Im Verhältnis der Geschlechter gibt es, wie in anderen sozialen Beziehungen auch, die von Ungleichheit geprägt sind, auf seiten der Unterlegenen ein »Recht auf Ungerechtigkeit«. Dies ist nicht im moralischen Sinne zu verstehen, sondern ergibt sich aus der Struktur und der Geschichte der Beziehung. Eine Erfahrung von Ungerechtigkeit, der »gerechte Zorn«, birgt die Tendenz, den Blick auf diese Ungerechtigkeit wie mit einem Brennglas zu konzentrieren. Alles andere erscheint sekundär. Manche Frauen erliegen aufgrund dieser Erfahrung der Versuchung eines Gefühls der moralischen Überlegenheit, das zu einer Form der Machtstrategie wird. Bei vielen Männern, auch bei denen, die sich dem Anliegen der Frauen verbunden fühlen, hat dies zu massiven Schuldgefühlen oder offenen Gegenangriffen geführt oder sie verstummen lassen (Barz 1984). Oft bereitet sich dann hinter dieser Stummheit die neue Feindseligkeit vor. Es kleidet sich das alte Spiel von weiblichen Schuldzuweisungen und mehr oder weniger latenter männlicher Aggressivität in ein neues, modernes Gewand. Alt ist es insofern, als es auf familiäre Muster zurückgreift, in denen die Frauen und Mütter sich psychodynamisch als die Durchsetzungsfähigeren erwiesen haben, auch wenn sie soziodynamisch gesehen eher die Unterlegenen sind.

So wie es der Frauenbewegung anfangs vor allem um die Lösung von der Bindung an die Maßstäbe der Männer bzw. der Väter ging, so geht es daher bei den Männern um die Lösung von der Bindung an die Maßstäbe der Frauen bzw. der Mütter. Die Frauenbewegung hat vorgemacht, daß hierfür die Hinwendung zum eigenen Geschlecht von großer Bedeutung ist, eine Bewegung, die allerdings unvollständig bleibt, wenn ihr keine Rückwendung zum anderen Geschlecht nachfolgt, bleibt die Bindung doch noch in der Abwehr bestehen. Die Männer haben hier etwas »nachzuholen«, gesellschaftlich wie häufig auch individuell.

Dies wird allerdings nicht dadurch erleichtert, daß sie die »weibliche« Erfahrung der Selbstverleugnung nachholen, aus der die Frauen sich gerade zu befreien versuchen. Werden die aggressiven Impulse, die in der traditionellen männlichen Rolle angelegt sind, daher verleugnet, wird gleichzeitig die Energie gebunden, die aus diesem Rollenbild hinausführen hilft.

Ein Beispiel dafür, wie diese Energien bei beiden Geschlechtern gebunden bleiben können, entstammt einer Fortbildung aus dem kirchlichen Bereich. Der Umgang mit Machtprozessen ist in diesem Bereich durch die Kombination einer starken Hierarchisierung mit einer ebenso mächtigen Normierung charakterisiert. Die Hierarchie, die zudem mehrheitlich von Männern besetzt ist, repräsentiert das »männliche« Prinzip. Die religiösen Normen von Dienen und Sorgen stellen demgegenüber »weibliche« Prinzipien dar.

Mit einem Kollegen zusammen war ich zu Gast im fünften Kursabschnitt einer sechsteiligen Kursreihe. Die Gruppe bestand aus acht Männern und zwölf Frauen aus dem kirchlichen und sozialen Bereich,

die vor allem in der Behindertenhilfe und in der psychosozialen Versorgung im Krankenhaus arbeiteten. Im Zentrum des 5tägigen Kursabschnittes stand das Thema Organisation.
In assoziativen Bildern charakterisierten die Teilnehmer zu Beginn des Trainings ihre Organisationen. Es ließen sich drei Grundthemen unterscheiden. Eine Gruppe betonte das Durcheinander: die Organisation erschien als Chaos, Puzzle und Sumpf. Eine zweite Gruppe assoziierte Bilder von Federplümos und Gemütlichkeit einerseits, Dunstglocken, an der Arbeit kleben, im Honig ertrinken andererseits. Grundthema dieser Bilder war das Wechselspiel von Schutz und gleichzeitiger Einengung durch die »Mutter Kirche«. Eine dritte Gruppe formulierte die Angst vor Stellenabbau und Arbeitsplatzverlust.
Wir hatten ein eintägiges Planspiel vorbereitet, das die Organisationsdynamik anhand einer fiktiven Einrichtung der Behindertenhilfe simulieren sollte. Es gab zwei generelle, in sich nochmals differenzierte hierarchische Ebenen mit je drei Untergruppierungen. Die untere Ebene bestand aus drei Mitarbeitergruppen. Bei der Gruppenaufteilung bildeten sich davon zwei als reine Frauengruppen. Die Gruppen mußten sich auf eine Leitung einigen. In allen drei Fällen setzte sich eine Frau durch. Die Leitungspositionen der oberen Hierarchieebene (Heimleitung, Vorstand des Trägervereins, Verwaltung) wurden ausschließlich von Männern besetzt, zwei Frauen gingen in die Position einer Stellvertreterin, wobei im dreiköpfigen Vorstand die beiden männlichen Mitglieder der Frau den Vorsitz angetragen hatten, diese aber abgelehnt hatte.
Im Spiel selber wurden die gestalterischen Möglichkeiten einer Leitungsposition von den männlichen Leitern kaum wahrgenommen. Es ging vorrangig um Kontrolle. Die obere Hierarchie verzettelte sich in einen Stellungskrieg zur Absteckung ihres jeweiligen Terrains, eine durchaus wirklichkeitsnahe Simulation der beruflichen Realität. Die Gruppenleiterinnen wiederum versuchten, eine Gegenmacht zu installieren, blieben dabei aber relativ erfolglos, weil sie anfangs innerhalb ihrer Gruppen eher bekämpft als unterstützt wurden. Im weiteren Verlauf des Spiels setzte sich dann zwischen den Mitarbeitergruppen ein durch die Spielvorgabe gesetzter Interessensgegensatz entsolidarisierend durch.
Der Anfang der Auswertung war eher zäh, es wurde viel von Harmonie und wenig von Konflikten geredet. Erst bei einem zweiten Anlauf konnten viele der genannten Aspekte herausgearbeitet werden. Dabei kam eine Vielzahl von verdeckten Machtstrategien auf allen Hierarchieebenen zum Vorschein, was den Ausdruck von der *»Führung aus der zweiten Reihe«* prägte. Die Herausarbeitung der relativen Passivität der Männer in den Leitungspositionen und der Tendenz der Frauen, diesen Leitungspositionen auszuweichen bzw. in die unteren Leitungspositio-

nen zu gehen, brachte die Machtverteilung zwischen Männern und Frauen jedoch nicht in Bewegung. Vor allem die beiden Männer in der Heimleitung reagierten in der Auswertung wie schon im Spiel selbst – mit Erklärungen und mit Aussitzen.

Die zugrundeliegende Gesamtstruktur des Kurses wurde etwas deutlicher, als wir im nächsten Auswertungsschritt auf die Ebene des Kurses wechselten und die TeilnehmerInnen aufforderten, eine Skulptur zu bilden. Sie sollten sich nach ihrer Einschätzung im Raum aufstellen, ob sie im Verlauf dieser Woche selber eher mehr oder eher weniger Führung wahrgenommen hätten. Wieder stellten sich ausschließlich Männer an die Spitze, inklusive der Heimleitung aus dem Spiel, ließen allerdings nach oben viel Platz frei. Diese Männergruppe wurde als Konkurrenzdreieck bezeichnet. Auf einer quer liegenden Mittelachse standen vier Frauen, von denen im Spiel keine eine Leitungsposition eingenommen hatte. Die Mehrheit der Gruppenmitglieder insgesamt und der Frauen im besonderen, darunter alle Leitungspositionen aus dem Spiel, standen am unteren Ende.

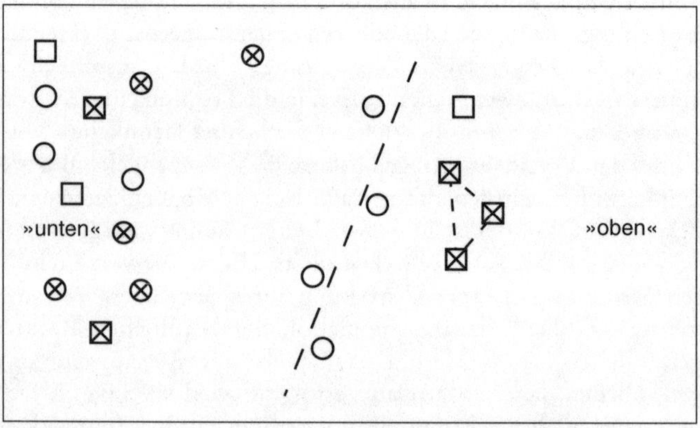

(○ = weiblich, □ = männlich, ⊗ und ⊠ = Leitungsposition)

Auch jetzt wurde in diesem Bild wieder die einseitige Machtverteilung von Männern und Frauen beklagt, eine Veränderung wollte aber keine/r vornehmen. Die Frauen argumentierten, es wäre ja nach ihrer Führung in dieser Woche gefragt gewesen, und so hätten sie sich halt erlebt. Zugleich blieb unwidersprochen, daß sich von den Männern die Mehrheit trotz ihrer Passivität im Planspiel an der Führungsspitze plazierte hatte. Von vielen wurde in der Skulptur als besonders wichtig bezeichnet, den Rücken frei zu haben und die Übersicht zu behalten, eine Entsprechung zum Bild der »Führung aus der zweiten Reihe«.

Jenseits der ungleichen Männer-Frauen-Verteilung symbolisierte die Skulptur vor allem ein Führungsvakuum bzw. eine Machtverhinderung (Leuschner 1993), an der beide Seiten in verteilten Rollen beteiligt waren. Denn die Plazierung in einer solchen Skulptur wird zwar von jedem/r gemäß ihrer/seiner Selbsteinschätzung vorgenommen, im Verlauf des Stellens wird jedoch deutlich, daß diese Einschätzung nur in Relation zur Selbsteinschätzung aller anderen möglich ist. D. h., jeder beeinflußt mit seiner Selbsteinschätzung die Selbsteinschätzung der anderen, weist ihnen damit einen Platz zu, den sie annehmen oder ablehnen können und damit wiederum den Platz des anderen beeinflussen. Deutlich wird dadurch die gegenseitige Abhängigkeit von »Führern« und »Geführten«.

In den folgenden, der Fallarbeit gewidmeten Sitzungen gab es einen starken Sog, dem angstbesetzten Machtthema in intime Beziehungen zu entfliehen. Doch das Konfliktvermeidungssystem war schon zu deutlich geworden. Der Kurs endete in einer eher depressiven Stimmung des Gescheitert-Seins, in der sich das Männer-Frauen-Thema bzw. die gegenseitige Bindung auf fatale Weise mit einer häufig auftretenden psychodynamischen Auswirkung des Organisationsthemas verband, mit Gefühlen von Vereinzelung und Machtlosigkeit. Es ist anzunehmen, daß sich in diesen Gefühlen auch der geringe gesellschaftliche Status der Klientensysteme der Kursmitglieder widerspiegelte.

Die Organisationskultur des Spieles und die Kultur des Kurses, die beide der entsprechenden Kultur des Arbeitsfeldes entsprachen, sorgten dafür, daß Männer und Frauen in ihren traditionellen Rollen und in gegenseitiger Bindung verharrten. Das von allen reproduzierte, aber von niemandem gewollte Herrschaftssystem war in die Anonymität der verinnerlichten Normen abgesunken. Auf die Arbeitsrealität der TeilnehmerInnen übertragen, ließe sich dies als die Ohnmacht gegenüber der sowohl versorgenden als auch kontrollierenden, von Männern regierten »Mutter Kirche« verstehen.

Ein Nachholen und Erproben neuer Möglichkeiten ist in der Regel in der Intimität kleiner Gruppen eher möglich als bei Großgruppenprozessen, die aufgrund ihrer relativen Anonymität und dem damit verbundenen höheren Angstpegel schneller dazu führen, daß auf alte Bilder und Lösungen zurückgegriffen wird. Auseinandersetzungen zwischen Männern und Frauen werden dann schnell entdifferenzierend, d. h. zu einer Auseinandersetzung zwischen Untergruppen, die dazu neigen, die Geschlechterdifferenz zu polarisieren und wenig Bewegungsfreiheit zu erlauben. Als Spiegel gesellschaftlicher Verhältnisse ist diese Entdifferenzierung berechtigt, für die Frauen sogar notwendig, da ihr eine ebenso undifferenzierte ungleiche Verteilung gesellschaftlicher Chancen zugrunde liegt. Auf der psychodynamischen Ebene ist eine solche Entdifferenzierung aber fatal, nicht nur weil sie alle Beteiligten in ihren kollektiven Projektionen und abspaltenden Feindbildern gefangenhält, sondern weil diese Projektionen und Abspaltungen und die sich daraus ergebenden Bindungen im Dienste der gesellschaftlichen Verhältnisse stehen, aus denen diese Ungleichheit erwächst.

Eine besonders starre Polarisierung kann sich ergeben, wenn eine weitgehend geschlechtshomogene Gruppe einer Leitung des anderen Geschlechts gegenübersteht. Der Zusammenhalt der Gruppenmitglieder wird gegen die Leitung gebildet und durch die Vermeidung offener Auseinandersetzungen innerhalb erkauft. Daraus entsteht die Gefahr, den Gewinn an Nähe mit der Installierung eines Normensystems zu bezahlen, das um so schwerer erkennbar und angreifbar wird, je weniger es durch konkrete Personen repräsentiert, sondern durch die implizite Selbstverpflichtung aller aufrechterhalten wird.

Mit einem Kollegen zusammen führte ich in einem vom Arbeitsamt geförderten Kurs zur Ausbildung von Suchtberatern/innen ein gruppendynamisches Training durch. Der Kollege ist zugleich Leiter der Fortbildung in der durchführenden Institution. Es handelte sich um eine Gruppe von zwölf Frauen und einem Mann, die alle zumindest so lange arbeitslos gemeldet gewesen waren, daß sie durch das Arbeitsamt als förderungsfähig anerkannt waren.

Am Nachmittag des ersten Tages kam es zu einer konflikthaften Auseinandersetzung zwischen meinem Kollegen und den TeilnehmerInnen über die Rahmenbedingungen, bei dem ich als Moderator diente. Es wurden einige Abmachungen getroffen, mit denen beide Seiten leben konnten. Ungeachtet dessen, daß die Teilnehmerinnen Unterstützung bekommen hatten, um ihre Interessen einzubringen, wurde am nächsten Tag von einer Teilnehmerin die Tatsache kritisiert, daß zwei Männer in der Leitung seien, »die uns fertigmachen wollen«.

Am dritten Tag ließen wir die TeilnehmerInnen eine Gruppenskulptur nach den Kriterien Nähe und Distanz stellen. Direkt zu Anfang der Übung setzte sich diese Teilnehmerin auf den Boden und verschränkte die Arme vor den Knien. Alle anderen TeilnehmerInnen gruppierten sich links und rechts von ihr, so daß sie eine Gasse bildeten, mit der Protagonistin am einen Ende. Durch diese Sitzposition, die ihre selbstdefinierte Opferhaltung dokumentierte, gelang es ihr, alle anderen in ihren jeweiligen Positionen auf sich auszurichten und zu binden.

Im Verlauf des weiteren Kursgeschehens löste sich diese Bindung immer nur vorübergehend auf. Sie in einen offenen Konflikt mit der Leitung zu überführen, war aus unserer Sicht aufgrund der Abhängigkeitsgefühle, die die zurückliegende Arbeitslosigkeit und die Ausbildungssituation produzierte, nicht möglich. Statt dessen wurde gegenüber der Leitung die Opferhaltung als Defensivtechnik immer dann herausgekehrt und offensiv eingesetzt, wenn sich in der Gruppe jemand bedroht fühlte.

In einem Fall konnte die Leitung in dieses normative System integriert werden. Eine Teilnehmerin hatte sich im Verlauf der Fortbildung immer mehr Extrarechte eingeklagt, ohne daß es jemand aus der Gruppe wagte, sie deswegen anzusprechen, obwohl es zunehmend Irritationen auslöste. Als ich in einem Kursabschnitt diese Konfrontation übernahm, fehlte die Teilnehmerin daraufhin für die weitere Kurswoche. Die restlichen Gruppenmitglieder waren hierdurch keineswegs verschreckt, sondern eher erleichtert, obwohl hier ja (so hätte man es sehen können) jemand »fertiggemacht« worden war. Die Zusammenarbeit von Leitung und TeilnehmerInnen war in dieser Woche besser, als sie vorher und auch nachher jemals war.

Das Beispiel führt, vielleicht in extremer Form, einige grundlegende Mechanismen vor. Schon die ungleiche Geschlechterzusammensetzung des Kurses beinhaltete eine implizite Kränkung, die aber nur um die Gefahr einer Selbstabwertung hätte bewußt werden können. Diese Kränkung war durch den Kontext vorgegeben und nicht in der Interaktion entstanden. Die numerische Vormacht der Frauen wurde zum Zeichen ihrer sozialen Benachteiligung auf dem Arbeitsmarkt bzw. dafür, daß der Kurs für Männer wenig attraktiv zu sein schien. Dies hatte einen durchaus realen Hintergrund. Die Nachfrage nach SuchtberaterInnen hatte sich in den letzten Jahren verringert. Der Konkurrenzdruck von Anbietern solcher Fortbildungen war entsprechend gestiegen und hatte zu Streitigkeiten um die Maßstäbe der Anerkennung der Kurse geführt. Gleichzeitig war kontinuierlich von Kurs zu Kurs der Anteil an Männern insgesamt zurückgegangen.

Nun ist in solchen Kursen die reale Abhängigkeit durch die Arbeitsamtsfinanzierung größer als bei frei ausgeschriebenen Kursen, was die sozialen Rahmenbedingungen in so eindringlicher Weise durchschlagen ließ. Die beiden männlichen Trainer symbolisierten diese Rahmenbedingungen, und aus dieser Rolle wurden sie nicht entlassen. Agiert wurde das normative System von einer Teilnehmerin, die sich aus ihrer persönlichen Geschichte heraus mit der Opferrolle stark identifizierte und die anderen Teilnehmer dem Zwang einer weiblichen Solidarisierung unterwarf, die weitere Entwicklungen und Differenzierungen nur beschränkt zuließ. Es verdeutlicht zugleich den Unterschied zwischen einer normativen Einflußnahme, die sich im Stil des Moralisierens auf allgemeine Begebenheiten bezieht, und einem direkten Führungsanspruch, der als Anspruch deutlich wird und von daher angreifbarer bleibt. Die normative Einflußnahme wird in diesem Fall als ins Offensive gewendete Defensivtechnik einer relativ machtloseren Position erkennbar.

Dies verweist auf die Schattenseite einer fundamentalen Strategie, derer sich benachteiligte Gruppen bedienen können und müssen, wollen sie ihre Lage verändern: die *Solidarisierung*. Grundlage der Solidarisierung sind Entdifferenzierungsprozesse. Unterschiede werden minimiert, um in bezug auf ein gemeinsames Zentrum oder Anliegen hin Kräfte zu bündeln, die sich sonst in der Vereinzelung verstreuen und ihre Möglichkeit der Durchsetzung verlieren würden. Das Einschwören auf das gemeinsame Ziel bedarf aber, will es erfolgreich sein, einer klaren Grenze nach außen. Die Frauenbewegung hat, wie schon andere soziale Bewegungen vor ihr, die Wichtigkeit und die Gefahren dieser grenzziehenden Strategie vorgeführt. Die Solidarisierung wird anfänglich aus einer unterlegenen Position geboren. Um diesen Zusammenhalt aufrechtzuerhalten, muß immer wieder die unterlegene Position beschworen werden, zu deren Überwindung sie ursprünglich angetreten ist. Dies kann zu zwei unterschiedlichen Konsequenzen führen. Überwiegt die Grundstimmung des Kampfes, spaltet sich die Solidargemeinschaft in zwei Lager, von denen die eine Seite glaubt, ihr Ziel erreicht zu haben, die andere Seite auf den weiteren Kampf besteht. Es findet eine Spaltung statt in »Fundamentalisten« und »Reformer«, »Gemäßigte« und »Radikale«. D. h., der Versuch, die

Entdifferenzierung innerhalb der Solidargemeinschaft beizubehalten, führt zu einer Differenzierung bzw. Aufspaltung in Untergruppen.

In der im Beispiel aufgeführten Gruppe war diese Angst vor Spaltung allgegenwärtig. Sie prägte die Auseinandersetzung mit den Leitern, insofern das Eingehen einer Arbeitsbeziehung von einzelnen mit uns schnell unter den Verdacht kam, ein Spaltungsversuch zu sein. Da die Gruppenmitglieder durch die Rahmenbedingungen in einer Art Zwangsgemeinschaft zusammengehalten wurden, stellte die Auseinandersetzung mit uns nur sehr bedingt eine reale Verhaltensalternative dar. Die Spaltungstendenzen wurden vor allem im Subsystem der zwei Supervisionsgruppen agiert, in die der Kurs für die gesamte Dauer aufgeteilt war.

Bei der Solidarisierung aufgrund des Merkmals Geschlecht scheint eine andere Konsequenz häufiger zu sein, das Verharren in der Opferrolle. Bei geschlechtsheterogenen Gruppen kann diese Opferrolle zumeist aktiv nach außen gekehrt und in einen Vorwurf verwandelt werden. In geschlechtshomogenen Gruppen, in denen ein Gegenüber fehlt, tendiert sie dazu, sich depressiv nach innen zu wenden.

7.6 Exkurs zu geschlechtshomogenen Gruppen

Die Unterschiedlichkeit geschlechtsspezifischer Erlebnisweisen und die Produktion dieser Unterschiedlichkeit, vor allem in bezug auf den Umgang mit Macht, werden besonders in geschlechtshomogenen Gruppen deutlich. Da ich für die Arbeit mit reinen Frauengruppen bzw. Männergruppen eine nur geringe eigene Erfahrungsbasis habe, möchte ich zwei Berichte aus der Literatur heranziehen. Beide Berichte wurden von einem Gruppenleiter bzw. einer Gruppenleiterin verfaßt und lassen sich auf mehreren Ebenen verstehen.

1. Sie schildern geschlechtsspezifisches Erleben und Konstruktionen von Wirklichkeit durch die Teilnehmer dieser Gruppen.
2. Sie geben Informationen über die Bewertungen dieses Erlebens aus Teilnehmersicht. Diese Bewertungen in der Form von Ansprüchen an sich selbst lassen sich als Normen der Selbst-

verpflichtung begreifen, über die Geschlecht konstruiert wird, und zwar in beiden Fällen zum Teil in Opposition gegen die gesellschaftlich vorgegebenen Konstruktionen.

3. geben Informationen über die Bewertungen dieses Erlebens und Bewertens durch den Leiter bzw. die Leiterin. Die Unterschiedlichkeit dieser Bewertungen in den Männer- und den Frauengruppen läßt sich wiederum mit der jeweiligen gesellschaftlichen Machtposition der Geschlechter in Zusammenhang bringen bzw. der jeweils unterschiedlichen Forderung von Leiter und Leiterin gegenüber den Gruppenmitgliedern, sich diesen gesellschaftlichen Vorgaben gegenüber zu verhalten.

Frauengruppen

»Auffällig in Frauengruppen ist der hohe Anteil an Negatividentifikation, der gefordert wird. Gemeinsame Schwäche, gemeinsames Kaputtsein, gemeinsame Unterdrückung, gemeinsame Feindbilder. Unterdrückung, Benachteiligung und ohnmächtige Wut ›müssen‹ depressiv oder masochistisch verarbeitet werden. ...
Frauengruppen haben den Anspruch, vieles anders machen zu wollen im Umgang mit der eigenen Emotionalität und Spontaneität, in der Aufteilung der Arbeit, im Umgang mit Organisations- und Autoritätsproblemen.
Die oberste Norm heißt jedoch oft: Gefühligkeit. Von Gefühlen sprechen, das ist authentisch per se, hat seinen Erkenntniswert in sich, vor allen Dingen das Gefühl, wie es mir in einer bestimmten Situation so geht. Hinter scheinauthentischer Offenheit verbirgt sich weiterhin gepflegte Verkümmerung der eigenen Denkfunktionen. Rationale Argumentation, Zweifel und rationale Problemlösungsprogramme vorschlagen, das sind verdächtige weibliche Untugenden. Die Denkschlampigkeit, Argumente und Rationalität durch Gefühle zu ersetzen, hat mich in so manchen Frauengruppen abgestoßen. Die Inflationierung der Subjektivität vermag ebensowenig eine integrale Einheit von Kopf und Bauch herzustellen wie die sog. sachliche Auseinandersetzung. ...
Zwei weitere Problembereiche aus dem Binnenraum von Frauengruppen sind der ungekonnte Umgang mit Organisations- und Autoritätsproblemen.
Nicht selten trifft man in Frauengruppen auf ein hohes Maß an Ignoranz in bezug auf Grundwissen über das Funktionieren (ein mißliebiges Wort) von Klein- und Großgruppen und deren Struktureigenschaften. Erkenntnisse der Sozialpsychologie und Kleingruppenforschung scheinen unbekannt. Experten- und Expertinnenwissen und

-Kompetenz für die Arbeit in und mit Gruppen sind hier wie in der gesamten Alternativbewegung oft suspekt und unerwünscht.
Ablehnung von Regeln und Verfahrensfragen, von Tagesordnungen, von klarer Rollendifferenzierung, Arbeitsteilung und Delegation sind normativ, schließlich entstammen sie der patriarchalischen Kultur und sind damit hinreichend verdächtig, unnötige Einschränkungen der individuellen Handlungsspielräume zu sein.
Alle sollen gleichermaßen beitragen, alle sollen gleichermaßen kompetent sein, alle sollen gleichermaßen beteiligt sein.
Folge: Alles braucht endlos viel Zeit. ...
Noch schwieriger erweisen sich häufig Probleme im Umgang mit Macht und Autorität. Der Wunsch zu verhindern, daß sich sattsam bekannte Machtstrukturen wieder herausbilden, genügt noch nicht, um alternative Führung als Funktion der gesamten Gruppe zu praktizieren.
Frauen mit Bewußtseins- und Erfahrungsvorsprung stellen de facto Eliten dar, die es sogar in reinen Frauengruppen leichter haben, ihre Position zu behaupten, da Rivalität und Konkurrenzverhalten noch verpönter sind, als Macht und Einfluß zu haben. Auch in Frauengruppen gibt es ungekrönte Königinnen. ...
Die Angst vor den Konsequenzen eines persönlichen Angriffs oder dem Infragestellen des Verhaltens einer anderen Frau lähmt weibliche Gruppenmitgliedern die Zunge, bestätigt so als Sich-selbst-erfüllende-Prophezeiung immer wieder das Selbstbild:
›In der Gruppe kann ich das doch nicht sagen, das war schon immer so.‹
Häufige Muster, Autoritätskonflikte zu lösen, sind dann resignatives Verstummen, Wegbleiben oder Abreagieren im vertrauten Gespräch.
Wenn die Machtfrage aufgegriffen wird, dann nicht selten in Form moralischer Bewertung, und moralisch gut ist immer das, was im Sinne der sich selbst erlebenden Schwächeren ist.
Ein beliebtes Abwehrspiel dagegen von Frauen, die in Frauengruppen mächtig sind, besteht darin, den realen Einfluß zu verleugnen in koketten Ausführungen, wie schwach und hilflos frau sich doch fühle, wieviel Angst sie selbst doch habe vor der anstehenden Aufgabe, jemand anders könne das doch genauso gut usw. Und umgekehrt Frauen, die geeignet wären, Führung in bestimmten Situationen zu übernehmen, fürchten sich, daß ihre größere Aktivität als zu männlich gelten könnte. Sie spielen die Bedeutung größeren Sachwissens und ihrer höhereren Kompetenz häufig herab, nutzen ihre Einflußmöglichkeiten nicht, weil sie ›nicht wichtig tun‹ wollen. Wertvolle Anregungen, Hilfen und Steuerungskapazitäten für Gruppenprozesse gehen so den Gruppen und ihrer Entwicklung verloren« (Dorst 1981, S. 216 f.).

Die von der Gruppendynamikerin Brigitte Dorst geschilderten Frauengruppen liegen inzwischen ca. 15 Jahre zurück. Es muß daher einschränkend gesagt werden, daß sich seitdem in diesen Gruppen gerade im Umgang mit Machtprozessen einiges weiterentwickelt hat (Dorst 1990). Da die Darstellung summarisch die Erfahrungen mit solchen Gruppen beschreibt, erscheint die Kritik sehr komprimiert und dadurch »hart«, zumal die im ursprünglichen Artikel zum Ausdruck gebrachte Solidarität mit den Frauen aufgrund der Zitatauswahl nicht deutlich wird. Der Tonfall in der Kritik ließe sich aber auch als Ausdruck davon verstehen, daß die Leiterin sich gegen die beschriebene depressiv-masochistische Umgangsweise abgrenzen muß, deren Verführungskraft gerade aus der Solidaritätsposition mit den Teilnehmerinnen erwächst.

Im geschilderten Erleben tauchen die bekannten Klassifizierungen auf: Bevorzugung von Emotionalität und Beziehung, Ablehnung von Funktionen, Macht, Wissen, Autorität; Wendung gegen sich selbst und Verleugnung von Macht als zentrale Abwehrmechanismen. Das Erleben ist durchdrungen von normativen Selbstverpflichtungen, die aus der unterlegenen Position entstanden sind. Diese Selbstverpflichtungen sind der Preis der Solidarität. Sie halten die Frauen in genau der Position, der sie zu entfliehen versuchen, da die Gegenposition implizit als von Männern besetzt definiert wird. Eine dritte Position ist nur schwer denkbar, da der Raum der Möglichkeiten insgesamt durch die herrschenden Bilder von den Geschlechtern abgesteckt bleibt.

Die Abwesenheit von Männern scheint positiv besetzt zu sein. Sie dienen hauptsächlich als Abgrenzungs- und Projektionsfolie im normativen System. Machtfragen werden nicht in der Auseinandersetzung zwischen einzelnen Personen ausgefochten, sondern durch die Verpflichtung auf Normen entschieden. Machtpositionen bzw. Einflußmöglichkeiten können nicht aufgedeckt und thematisiert und daher auch nicht genutzt werden.

Die Trainerin signalisiert durch ihre Rollenwahl und Rollengestaltung einen anderen Zugang zu Machtprozessen, mit dem sich die Teilnehmerinnen auseinandersetzen müssen. Der Tonfall des Berichts verdeutlicht die Forderung an die Teilnehmerinnen, die Negativdefinitionen zu verlassen, die den Zugang zu den als »nicht-weiblich« definierten Lebenswelten und Verhaltensweisen verbauen.

Männergruppen

»Die Männer vereinheitlichen sich über ihre Ängste, die in ihrem Leben generell eine Rolle spielen und die in der Gruppensituation sofort in den Vordergrund treten. Dabei spielt eine Rolle, daß das Bild, das sie sich vom Männlichen machen, nur schwer mit der Teilnahme an einer solchen Männergruppe in Übereinstimmung zu bringen ist. Während das Moment der Abwesenheit des anderen Geschlechts in Frauengruppen in der ersten Sitzung häufig mit Erleichterung oder gar einer gewissen Euphorie und dem Bewußtsein, positiv herausgehoben zu sein, thematisiert wird ..., so ist hier die Symbolisierung ganz offensichtlich eine andere: Sie sind diejenigen, die keine Frau haben will, sie sind frauenlos, weil sie keine richtigen Männer sind – die Gruppe ist Symbol ihrer Unmännlichkeit« (Brandes 1990a, S. 117).

»Das auffallende Initialschweigen zu Beginn jeder Sitzung vermittelte häufig den Eindruck, als säßen in meiner Gruppe acht Einzelindividuen, die ohne direkte Hilfestellung nicht in Kontakt zueinander kommen könnten. Und auch während der Sitzungen wird die Kommunikation immer wieder durch längere, lastende Schweigephasen unterbrochen, die nicht den Charakter haben, daß sich implizit etwas Neues ankündigt, sondern die den Eindruck vermitteln, als sei das kommunikative Netzwerk zusammengebrochen. ... Ich vermute inzwischen, daß in gemischtgeschlechtlichen Gruppen diese Verknüpfung, insbesondere auch deren Überdauern über die Zeiträume zwischen den Sitzungen, wesentlich über die Frauen in der Gruppe hergestellt wird« (Brandes 1990b, S. 162).

»Inhaltlich konstituierte sich die Gruppe an dem Zusammenhang von Sexualität und Aggression. Die Verallgemeinerung darin, daß sie sich in ihren sexuellen Gefühlen insbesondere gegenüber Frauen (aber auch in der Autoerotik) als aggressiv wahrnehmen, und damit das Aussprechen einer zentralen Seite ihrer Empfindungen, die sie ansonsten sorgsam verbergen, ermöglichte den Gruppenteilnehmern, sich wechselseitig als Männer zu identifizieren und eine spezifisch männliche Matrix auszubilden ...

Dabei wurde manifest, wie die intime Nähe zu Frauen auf seiten der Männer diffuse Ängste hervorruft, die aggressive Phantasien und distanzschaffende Gegenbewegungen provozieren. Die Männer thematisierten ihre starke Abhängigkeit von Frauen besonders in engen, intimen Kontexten und die außerordentliche Bedrohlichkeit, mit der sie diese Abhängigkeit wahrnehmen. Dies schlägt sich in einer erheblichen Ambivalenz der Beziehungen zu Frauen nieder: Einerseits suchen sie die unvermittelte, intime Beziehung zu ihnen, andererseits können sie aus ihrem spezifischen männlichen habituellen Muster einer eher vermittelt-distanzierten Beziehungsbildung in diesem engen, körpernahen Kontext nur wenig Sicherheit gewinnen und nehmen die Frauen hier als entschieden kompetenter und dominanter wahr. Im weiteren Gruppenverlauf wird – teilweise unter Überwindung erheblicher Scham- und Peinlichkeitsgefühle – ausgesprochen, wie sie angesichts dieses Dilemmas entweder in eine infantile Position regredieren und sich passiv den Frauen unterordnen oder schlicht den Rückzug in das zwar ebenfalls als belastend empfundene, aber mit mehr innerer Sicherheit erlebte Alleinsein antreten« (S. 170 f.).

»Die in gemischt-geschlechtlichen Gruppen oftmals zu registrierenden Rangkämpfe zwischen den Männern (und bei einem männlichen Leiter auch in bezug auf diesen) haben in meiner Gruppe nur für einen kurzen Zeitraum eine Rolle gespielt und sind aus der Gruppe selbst problematisiert und ad acta gelegt worden. Diese Überwindung von Konkurrenzbeziehungen untereinander scheint eine Voraussetzung zu sein für die Annäherung an die sensiblen Bereiche der Intimität und Sexualität. Sie ist nur möglich, indem die für traditionelle Männergruppen typische Form der Kommunikation, nämlich die von Protzerei und Übertreibung, durchschritten und in der Auseinandersetzung untereinander abgebaut wird« (S. 172).

»Ein ... Aspekt, an dem sich die Gruppenentwicklung in Richtung auf eine modifizierte männliche Identifikation ablesen läßt, ist der Umgang mit Emotionen, besonders solchen von Enttäuschung und Trauer. ... Dabei bildet die Enttäuschung über das Fehlen eines empathischen Vaters, der als Vorbild hätte dienen können und zugleich verständnisvoll ihre Individualität geachtet hätte, den thematischen Hintergrund dieser Verdichtung ...

Dem entgegen dominierte im Verhältnis zu den Müttern stärker die Aggression. Welche Ursachen liegen dieser unterschiedlichen Gewichtung von Aggression und Trauer im Verhältnis zu den Eltern zugrunde? Vor allem liegt die Annahme nahe, daß Aggression im Verhältnis zur Mutter und Trauer im Verhältnis zum Vater für Männer tatsächlich die kritischen, weil am stärksten tabuisierten Emotionen gegenüber beiden Elternteilen darstellen. Die Aggression, weil diese im körpernahen Umgang mit der Mutter entschieden stärker verdrängt werden muß als im Umgang mit dem Vater, wo die Aggression der Söhne immerhin als männlich und damit unter der gesellschaftlichen Normsetzung dem Umgang unter Männern adäquat gilt. Auf der anderen Seite die Trauer, weil sie unter Männern mit die höchste Tabuisierung erfährt, während sie zum gesellschaftlich ›normalen‹ sinnlichen Erleben der Mütter und des intimen Kontaktes mit ihnen gehört« (Brandes 1990b, S. 173).

Die Schilderungen von Holger Brandes stammen aus analytisch orientierten Männergruppen, woraus sich ihre stärkere Ausrich-

tung auf Selbsterfahrungsinhalte erklärt. Im Gegensatz zu den Frauengruppen wird die Abwesenheit des anderen Geschlechts als verunsichernd erlebt. Während dort der in der traditionellen Rollenteilung den Männern zugeschriebene Teil negativ besetzt wird, sind die entsprechenden »weiblichen« Rollenanteile für die Männer dieser Gruppe durchaus erstrebenswert, wenn auch hochgradig verunsichernd. Dahinter steht die Selbstverpflichtung der Männer, die der traditionellen Männerrolle distanziert gegenüberstehen, sonst würden sie nicht an einer solchen Gruppe teilnehmen. Die traditionelle Rollenspaltung wird als Defiziterfahrung sichtbar, wenn sie nicht mehr durch die Anwesenheit von Frauen kompensiert wird.
Diese Selbstverpflichtung führt bei Teilnehmern wie beim Leiter dazu, Machtphänomene negativ zu belegen. Erst dann kann allerdings die Ohnmacht hinter der Macht thematisiert und ein Erleben formuliert werden, in dem die Schwierigkeit der männlichen Identitätsbildung deutlich wird.
Aufschlußreich ist es, daß die Abwesenheit des jeweils anderen Geschlechts von beiden Seiten anders verarbeitet wird. Die Frauen begrüßen diese Abwesenheit. Zugleich sind sie durch die Abwehr von »männlichen« Machtpositionen, bzw. Eigenschaften und Verhaltensweisen, die damit in Verbindung gebracht werden, in ihrer Selbstdefinition stark an diese Position gebunden. Die Männer verunsichert diese Abwesenheit. Sie sind in stärkerem Maße auf die reale Anwesenheit von Frauen angewiesen, um die Rollenspaltung aufrechtzuerhalten.
D. h., die gesellschaftlich als unterlegen definierte Position der Frauen ist über die Definition von Wertigkeiten an die männliche Position gebunden, von der sie sich als unterlegen definiert fühlt, und dies auch dann, wenn sie sich gegen diese Wertigkeit ausspricht. Die normative Selbstverpflichtung bietet sich als Ausweg aus diesem Dilemma an. Die gesellschaftlich als überlegen definierte Position der Männer ist jedoch auf die reale Anwesenheit der unterlegenen Position angewiesen, um diese Überlegenheit reproduzieren zu können.
Geschlechtshomogene Gruppen können daher sowohl zur Identitätsfindung als auch zur Ausweitung dieser Identität führen. Sie geraten aber in die Gefahr der Dämonisierung von Machtphä-

nomenen, bzw. einer einfachen Umkehrung der Verhältnisse, die, wenn sie wieder aufeinandertreffen, die alten Verhältnisse zu reproduzieren drohen.

7.7 Weibliche und männliche Autorität

Gemessen an der Literaturmenge ist die Frage nach einer eventuellen unterschiedlichen Wirkung von männlicher und weiblicher Autorität bzw. von Männern oder Frauen in der Leitungsfunktion wenig diskutiert. Direkte Beiträge zu diesem Thema finden sich zudem häufiger von Frauen (z. B. Königswieser 1981, Bell 1994, Volmerg 1994; für die Familientherapie: Ebbecke-Nohlen u. a. 1992, Penn u. a. 1992). Die Selbstgewißheit der männlichen Position muß in Frage gestellt werden, damit bestimmte Themen überhaupt in den Blick kommen können. Dies kann z. B. geschehen durch die Konfrontation eines Leiters mit frauendominierten Gruppen (z. B. Rost 1987, Krainz 1991, König 1994) oder umgekehrt durch die Arbeit mit Männergruppen (Brandes 1990a, 1990b).

Auffällig ist hierbei, daß auch in der Reflexion und Kritik der herkömmlichen Geschlechterrollen auf inhaltlich ähnliche Zuschreibungen zurückgegriffen wird wie bei den traditionellen Positionen. Verändert haben sich nur die Wertigkeiten, d. h., die traditionell mit Männlichkeit verbundenen Eigenschaften und Verhaltensstile werden relativiert oder abgewertet, die mit Weiblichkeit assoziierten Eigenschaften und Verhaltensstile aufgewertet. Die relationalen Merkmale von Männlichkeit und Weiblichkeit bleiben aber erhalten. So wird in der gruppendynamischen und gruppenpsychotherapeutischen Diskussion sehr unbefangen auf anthropologisierende Konzepte zurückgegriffen, wie sie vor allem von der Psychoanalyse in vielen Varianten angeboten werden: Animus und Anima, die große, gute oder zerstörerische Mutter, der strenge, bestrafende oder gute Vater.

An diesen Modellen offenbart sich nochmals die Problematik der Geschlechterdiskussion, insofern sie durch ihre Bezeichnungen und Konzepte erst die Wirklichkeit schafft, die sie zu beschreiben versucht. Diese »Wirklichkeit« bleibt auch in den kritischen Ansätzen bipolar strukturiert, wobei sich diese Bipolarität nochmals innerhalb der Kategorien »Mann« und »Frau« fortsetzt in der Unterscheidung von strafend und versorgend, gut und böse. Die Bezeichnungen spiegeln Wirklichkeit wider und konstruieren zugleich diese Wirklichkeit.

Psychodynamisch basieren sie alle auf einem Familienmodell bzw. auf der Übertragung aktuellen Erlebens auf ein solches Modell. Mit dieser Übertragungsannahme wird aber gleichzeitig das Gesellschaftsmodell, auf dem diese familiären Rollen basieren, als etwas anthropologisch gegebenes eingeführt. Daß hierbei implizit Herrschaftsdenken mitübernommen wird (Volmerg 1994), zeigt sich z. B. daran, daß Geschwisterübertragungen auf den Leiter, die weniger hierarchisierend sind, nicht diskutiert werden. Es überwiegt vielmehr die implizite Annahme, daß erst die Elternübertragung für den Leiter und die Leiterin ein Zeichen dafür ist, daß seine bzw. ihre Autorität voll entfaltet ist.

Nun ist dies insofern zutreffend, als diese Wirklichkeitskonstruktion von Leitern wie Teilnehmern geteilt wird. Es gehört zur Grundkompetenz eines Leiters, solche Übertragungen und die dadurch ausgelösten Gegenübertragungen zu erkennen und nicht davor zurückzuschrecken, unabhängig davon, ob diese Übertragungen Arbeitsinhalt werden oder nicht. Dies erfordert, daß die eigene familiäre Konstellation zumindest erkannt und möglichst weitgehend bearbeitet sein sollte. Die eigene Affektlage des Trainers läßt sich nicht methodisch bewältigen, sondern nur in dieser unmittelbaren Auseinandersetzung.

Problematisch ist das familiäre Modell aber insofern, als es Machtprozesse allein auf familiäre Strukturen zurückführt und dabei mit unbefragter Selbstverständlichkeit auf die traditionellen Geschlechterrollen zurückgreift. Es ist daher durchaus möglich, daß Teilnehmer und Leiter in stiller Übereinkunft gemeinsam durch den Rückgriff auf das Eltern-Kinder-Modell die Konfrontation mit Machtprozessen abwehren. Die Leiter sind die »guten« Eltern, die versorgen, die Kinder sind den Eltern dafür »dankbar«. Man läßt sich auf dieses Spiel ein in dem Wissen, daß es zeitlich begrenzt ist und nicht »wirklich« stimmt. Beide Seiten profitieren davon, daß in dieser »Familie« die Machtfrage gelöst wird, indem man irgendwann auseinandergeht.

Schaut man sich die Grundkompetenz von TrainerInnen auf ihre Geschlechtsspezifik an, so findet sich idealerweise eine Kombination von Verhaltensweisen, die typische »männliche« wie »weibliche« Rollenzuschreibungen enthalten: z. B. Standfestigkeit, Belastungsfähigkeit und Isolationstoleranz als »männliche« Eigenschaften, Einfühlung und Achten auf die Gefühlsebene als »weibliche« Eigenschaften. Als besonders geeignet erscheinen »männliche Frauen« und »weibliche Männer« (Königswieser 1981). Im Kontrast zum gesellschaftlichen Umfeld stellt sich die Gruppendynamik aufgrund dieser Übernahme »weiblicher« Werte immer noch eher als »weiblich« dar. Gegenüber vielen therapeutischen Methoden wiederum wirkt die Gruppendynamik eher konfrontativ und damit mehr »männlich«. Auch hier finden sich also die gleichen geschlechtsspezifischen Kontraste wieder. Wird mit dem Familienmodell operiert, so ist dieser Kontrast inhaltlich immer schon vorbestimmt.

Bevor ich näher auf die Wirkung dieses Kontrastes eingehe, möchte ich skizzieren, wie er in strukturell unterschiedlichen Arbeitskonstellationen hergestellt wird. *Fünf Situationen* lassen sich unterscheiden. Ein Trainer oder eine Trainerin arbeiten alleine, sie arbeiten im Paar, oder es arbeiten jeweils zwei Frauen und zwei Männer zusammen.
In großen Trainings mit mehreren Gruppen kann es natürlich umfangreichere Konstellationen geben. Hier spielt vor allem eine Rolle, wie die hierarchischen Unterschiede zwischen Trainern und Co-Trainern geschlechtsspezifisch strukturiert sind (vgl. Beispiel S.236 f.). Wesentlich ist weiterhin für alle Konstellationen die Geschlechterverteilung bei den TeilnehmerInnen und ihre Wechselwirkung mit der jeweiligen Leitungskonstellation. Geschlechtshomogene Gruppen mit einem/r LeiterIn des anderen Geschlechts sind eher selten (Rost 1987). Die zahlreichen denkbaren Variationen werden noch ergänzt durch die spezischen Kontextbedingungen einer Gruppe und die Besonderheiten der jeweiligen TeilnehmerInnen.
Arbeitet *ein Trainer oder eine Trainerin alleine*, so steht den TeilnehmerInnen und dem/der LeiterIn keine direkte Kontrasterfahrung zur Verfügung. Die TeilnehmerInnen müssen sich quasi begnügen mit dem, was sie haben. Dem wird häufig mit einer Ver-

sachlichung des Problems begegnet, d. h., das Thema Geschlecht wird kaum angesprochen. Es kann aber auch Vorstellungen darüber hervorrufen, daß bestimmte Probleme nicht ansprechbar seien, weil man ja mit einem Mann bzw. einer Frau nicht darüber sprechen könne. Wird die eigene Rolle von der Leitung im Hinblick auf die geschlechtsspezifische Wirkung nicht reflektiert, so kann dies zu tatsächlichen Bevorzugungen und Benachteiligungen führen. Bei Machtkämpfen zwischen TeilnehmerInnen kann der Trainer oder die Trainerin in den Verdacht kommen, qua Geschlecht mit einer Seite solidarisch zu sein. Als Gegenbewegung kann dies zu besonderer Strenge mit gleichgeschlechtlichen TeilnehmerInnen führen bzw. zu libidinös aufgeladenen Beziehungen zum anderen Geschlecht, z. B. im Versuch, besonders einfühlend zu sein.

Ausbalanciert wird dies durch die Möglichkeit des Leiters oder der Leiterin, eine große Spannbreite an Eigenschaften und Verhaltensstilen zu zeigen, also sowohl »Vater« wie »Mutter«, konfrontierend und versorgend zu sein. Dies wiederum eröffnet den TeilnehmerInnen die Möglichkeit, das jeweils andere Geschlecht als »vollständiger« zu erleben, da aufgrund des »Mangels« die sonst schnell einsetzende Rollenspaltung erschwert wird.

Falls eine geschlechtliche Zuordnung vorgenommen wird, so wird in Gruppentheorien, vor allem den analytisch orientierten, die Gruppe mit dem »weiblichen« Prinzip gleichgesetzt. Die Gruppe erscheint demnach als diffus, sowohl versorgend als auch verschlingend, identitätsfördernd oder identitätshindernd. Die Symbolik verweist auf die diffuse Rolle der Frau in der Familie und die primäre Bedeutung der Mutter bei der Objektbildung. Zugleich impliziert dies für die männlichen Leiter einer Gruppe (und die männlichen Urheber dieser Theorien), daß sie zusammen mit der Gruppe Vollständigkeit herstellen können, eine Frau in der Leitung also nicht mehr nötig ist. Umgekehrt würde sich bei einer Frau in der Leitung die Weiblichkeit »verdoppeln«, was für die männlichen Teilnehmer besonders bedrohlich erscheinen müßte.

Beides entspricht der gesellschaftlichen Erfahrung, daß Frauen in Leitungspositionen immer noch eher die Ausnahme sind, und würde erklären helfen, warum diese Symbolik in ihren Auswirkungen so wenig systematisch durchgespielt worden ist. Dadurch erscheint sie insgesamt etwas ideologieverdächtig. Zumindest theoretisch ließen sich in diesem Modell verschiedene eher »weibliche« oder »männliche« Prozeßzustände in Gruppen unterscheiden. Oder es ließe sich fragen, ob sich gegenüber einer weiblichen Leitung die Gruppe als männliches Prinzip konstituiert. In bezug auf das Geschehen in Gruppen sind solche Überlegungen weitgehend spekulativ. Da Spekulatives in Gruppentheorien aber ohnehin weit verbreitet ist, stellt sich die Frage, warum es gerade hier ausbleibt. Auf seiten der männlichen Trainer ließe sich dann nämlich ihr Umgang mit Gruppen symbolisch als Umgang mit einer Frau ansehen, was sich bis in die Deutungssprache niederschlägt, die in die Gruppe »eindringt« (Königswieser 1981). Auf der Seite der Trainerinnen würde dann, ganz entgegen der gesellschaftlich zugewiesenen Rolle, eine ungeheure Machtfülle an den Tag treten.

Die symbolischen Zuordnungen der Geschlechter tauchen natürlich erst recht bei der *Arbeit im gemischtgeschlechtlichen Paar* auf. In der Gruppendynamik wird es weitgehend als die »ideale« Arbeitskonstellation angesehen. Unter den Teilnehmern fühlen sich Männer und Frauen gleichermaßen im Leitungspaar repräsentiert bzw. haben ein Identifikationsbild zur Verfügung. Im Sinne des Vorbildhandelns steht ein Paar für die Möglichkeit der gleichberechtigten Zusammenarbeit von Mann und Frau. Auf der Übertragungsebene wird ein vollständiges Bild angeboten.

Allerdings sind solche Idealbilder nicht nur schwer einzulösen, sie tendieren zudem dazu, traditionelle Rollenaufteilungen zu reproduzieren, z. B. indem die Trainerin ausschließlich den versorgenden Teil übernimmt oder zugewiesen bekommt, der Trainer den konfrontierenden Teil. Unterstützt wird dies von den geschlechtsspezifischen Prägungen von Trainern und Trainerinnen, und im Zusammenspiel mit den Gruppenmitgliedern entsteht die traditionelle Rollenspaltung. Daraus entwickelt sich eine feste Rollenzuweisung spätestens dann, wenn die verunsichernde Situation eines Trainings nach gewohnten Verhaltensorientierungen suchen läßt. Dadurch wird gerade die Zusammenarbeit eines Trainers und einer Trainerin in starkem Maße an das Familienmodell angebunden, im positiven wie im negativen Sinne.

Daß diese geschlechtsspezifische Rollenzuweisung durchaus nicht »selbstverständlich« ist, kann oft erst in ihrer Durchbrechung deutlich werden, z. B. bei der Arbeit im gleichgeschlechtlichen Paar, die die traditionelle Rollenaufteilung durcheinanderbringt.

Die Zusammenarbeit von zwei Männern, lange Zeit Ausdruck ihrer Dominanz in der Besetzung von Führungspositionen, ist heute keineswegs mehr unproblematisch. Im Sozialbereich ist es eine stille Forderung, daß Paare gemischtgeschlechtlich besetzt werden. Diese Forderung ist verständlich und berechtigt. Männer waren zudem lange Zeit nicht bereit, geschlechtsspezifische Wirkungen ernst zu nehmen. Zugleich ist die Forderung aber auch Ausdruck der impliziten Annahme einer unüberbrückbaren bipolaren Differenz zwischen den Geschlechtern. Die politische Forderung nach der Gleichbesetzung von Leitungspositionen verbindet sich mit alten geschlechtsspezifischen Zuschreibungen und kann auf diese Weise zur Abwehrstrategie werden. Männer in der Leitung sehen sich dann einer Anklage gegenüber, die aufgrund ihrer angenommenen moralischen Berechtigung keines Nachweises mehr bedarf. Damit dies ein Übergangsphänomen bleibt und nicht zu einer neuen Verfestigung wird, erscheint es mir (als männlichem Trainer) sinnvoll, diesen Klagen auch dann etwas entgegenzusetzen, wenn man die politische Forderung selber teilt.
Die Zusammenarbeit von zwei Frauen in der Leitung galt lange Zeit als problematisch, und dies selbst im Sozialbereich. Als Argument aufgeführt werden hierbei, ähnlich wie bei dem entsprechenden Fall einer rein männlichen Leitung, die Schwierigkeiten für die männlichen Teilnehmer. Und doch scheint das Mißtrauen hier größer zu sein. Zum Teil kann dies auf die Umkehrung gesellschaftlicher Normalität zurückgeführt werden, die diese Konstellation ungewohnt macht. Doch dahinter verbirgt sich auch eine aufschlußreiche Umkehrung der Zuschreibungen. Bei Männern in Leitungspositionen gehört der (patriarchale) Beschützer, der Förderer und Versorger durchaus zum klassischen Rollenrepertoire. Die den Frauen zugeschriebene größere Fürsorglichkeit scheint jedoch potentiell in ihr Gegenteil umzuschlagen, sobald Frauen gegenüber Männern in Machtpositionen gelangen. Der Konkurrentin auf dem gesellschaftlichen Markt der Möglichkeiten werden »schlechte« Motive unterstellt. Der ideologische Charakter dieser Unterstellung liegt auf der Hand.

Zugleich verweist diese Unterstellung implizit auf einen Argumentationszusammenhang, der uns in einem weniger ideologieverdächtigten Kontext begegnet ist, den Objektbildungstheorien.

Auf der gleichen Grundlage argumentiert eine der wenigen Autorinnen, die sich mit der Frage nach der unterschiedlichen Wirkung männlicher und weiblicher Autorität auseinandergesetzt hat. Königswieser (1981) stellt die Frage, ob sich ein Gruppenverlauf mit einer Frau und einem Mann in der Leitung jeweils anders entwickelt. Ihre Argumentation soll hier skizziert werden, denn obwohl ihre Überlegungen sich auf die alleinige Leitung durch eine Frau oder einen Mann beziehen, lassen sich die beschriebenen Phänomene auch in Gruppen beobachten, die von einem Trainer und einer Trainerin zusammen geleitet werden. Sie nehmen dort den Charakter der beschriebenen Rollenspaltung ein.

Königswieser geht vom klassischen Phasenmodell des Gruppenverlaufes nach Bennis (1972, S. 161) aus, bei dem die Auseinandersetzung mit Autorität im Mittelpunkt steht. Es lassen sich idealtypisch die drei Phasen von Dependenz (Abhängigkeit), Counterdependenz (Gegenabhängigkeit) und Interdependenz unterscheiden (vgl. S. 172 f.), die sich auch in der Entwicklungsgeschichte des Kindes wiederfinden. Die Theorie der frühen Objektbildung beschreibt dies als ein Wechselspiel von Dependenz und Counterdependenz, Identifizierung und Abgrenzung. Als ideales Ziel wird in beiden Modellen die Umwandlung der Beziehung von Ungleichheit zu Gleichheit gesehen. Die Idealisierung oder Verdammung von Eltern und Autoritäten, die Aufspaltung von gut und böse wird aufgelöst in einen differenzierten Zugang zur Welt.

Königswieser beschreibt die unterschiedliche Wirkung von männlicher und weiblicher Autorität in diesen Phasen der Gruppenentwicklung. Eine Trainerin löst in der Dependenzphase demnach eine tiefere Regression aus, insofern sie auf die entwicklungsgeschichtlich frühere Abhängigkeit von der Mutter verweist. Dies wird gerade für die männlichen Teilnehmer gefährlich, vor allem bei einer attraktiven Trainerin, die das Risiko durch diese Kombination von Sexualität und Macht »verdoppelt«. Dieser Gefahr können TeilnehmerInnen durch eine geschlechtliche Neutralisierung der Trainerin begegnen oder durch ihre Mystifizierung als gute Mutter. Die im Training gegebene Zurückweisung der Führungserwartungen werden entsprechend von TeilnehmerInnen als harte Kränkung erlebt. Idealisierungen prägen die Abhängigkeitsphase gegenüber einem Trainer. Er soll aus dem Chaos herausführen und den Sinn hinter den unverständlichen Ereignissen vermitteln. Werden diese Erlösungshoffnungen nicht erfüllt, so kann dies in der Counterdependenzphase in aggressive Opposition gegenüber dem Trainer umschlagen.

Die zentrale Argumentationslinie von Königswieser besagt nun, daß dieser Kampf gegen einen Trainer leichter weil ungefährlicher zu führen ist als gegen eine Trainerin. »Auch männliche Autoritäten werden bekämpft, der Vatermord inszeniert, der Sturz des Königs organisiert. Mir scheint jedoch, daß der Kampf gegen einen Mann klarer, einfacher und weniger beängstigend ist als der Kampf gegen eine Frau. Die Counterdependenz gegen Frauen scheint nebulöser, magischer, jenseits des logisch Erklärbaren zu liegen. … Frauenherrschaft ist in unserer Gesellschaft noch beängstigender als Männerherrschaft, und es kostet mehr Energie, die Zusammenhänge zu erkennen und gegen Frauen zu kämpfen« (Königswieser 1981, S. 202 f.).

Mit dem Trainer als dem Repäsentanten gesellschaftlicher Macht kann leichter offen gekämpft werden, zumal die geschlechtsspezifischen Zuschreibungen die Männer als diejenigen erscheinen lassen, die solchen Angriffen eher gewachsen sind. Die Macht der Trainerin muß hingegen stärker ins unbewußte System verwiesen werden, weil sie *fundamentalere Bindungsängste* aktiviert. Dahinter steht die Phantasie, *daß der verlorene Kampf mit dem Trainer zur »Unterordnung«, der verlorene Kampf mit der Trainerin aber zur »Vernichtung« führt.* Die Bearbeitung der Autoritätsproblematik mit einer Trainerin ist nach Königswieser daher schwieriger und, wenn sie gelingt, zugleich differenzierter als bei einem Trainer.

Ich möchte der Analyse von Königswieser weitgehend folgen. Es fällt jedoch auf, daß die Kehrseite des weiblichen Umgangsstils zwar gesehen, aber nur in Randbemerkungen aufgegriffen wird. Wird der Umgangsstil von Frauen als egalitärer, offener und weniger konkurrenzbetont beschrieben, so kann dies sowohl Ausdruck eines differenzierteren Umgangs mit Autorität als auch einer differenzierteren Abwehr sein. Ihren Ausdruck kann diese Abwehr bei Frauen in normativen Systemen der Selbstverpflichtung finden oder in einer *Flucht in die Beziehung*. Ist zudem ein Trainer anwesend, so können Männer wie Frauen der Auseinandersetzung mit der Trainerin durch den Kampf mit dem Trainer ausweichen.

Gerade viele männliche Trainer bieten das Ausweichen in den Kampf durch ihr übermäßiges Betonen der Autoritätsauseinandersetzung fortwährend an. Männliche Macht- und Konkurrenzformen, die sich in dieser Form verselbständigen, wären entsprechend als *Abwehr von Bindungsängsten* zu verstehen. Schaut man nach einer Entsprechung im familiären Kontext, so liegt die positive Funktion der Auseinandersetzung mit dem Vater darin, bei ihm Rückendeckung für die Auseinandersetzung mit der Mutter zu finden. Die Gefahr wiederum besteht darin, daß der Vater die Kinder in ihrem Zorn gegen die Mutter bindet als Ersatz für die bisherige relative Machtlosigkeit im familiären Kontext. Im gesellschaftlichen Bereich und im Bereich des theoretischen Diskurses findet dies seine Entsprechung in einer Art Schuldig-Sprechen der Mütter.
Für Frauen würden die *Idealisierung von Weiblichkeit und die Abwehr von Macht* die entsprechende Funktion erfüllen. In der Situation des Trainings bzw. in der Zusammenarbeit eines Paares entsteht daraus die Gefahr, die Autoritätsauseinandersetzung an den Trainer zu delegieren und damit kollektiv die Auseinandersetzung mit der Autorität der Frau abzuwehren. Als Kehrseite der Dämonisierung des Weiblichen entsteht die in unserer Kultur ebenso geläufige Idealisierung der Frau, beides Ausdruck der Gleichzeitigkeit von sozialer Unterprivilegierung und familiärer Macht.

Eigene Trainingserfahrungen haben mich in dieser Hinsicht zunehmend nachdenklicher gemacht. In meiner eigenen Lernentwicklung als Trainer bin ich maßgeblich von Frauen gefördert worden. Hier ging es vor allem darum, männliche Verhärtungen aufzuweichen. Später brauchte ich männliche Identifikationsobjekte, um mich mit der Angst vor der weiblichen Macht zu konfrontieren und wiederum eine stärker männliche Identität zu erarbeiten.
Im Training hat es einige Jahre gedauert, bis ich bei Teilnehmerinnen Macht- und Konkurrenzkämpfe überhaupt bemerkt habe, verbargen diese sich doch zumeist hinter Beziehungsangeboten. Zwar ist Umgang mit Autorität für mich ein zentraler Inhalt im Training. Ich werde jedoch zunehmend mißtrauisch gegen rituelle Auseinandersetzungen. Ins Blickfeld kommen nun subtilere Mechanismen der sozialen Beeinflussung, von denen dieses ganze Buch zu reden versucht. Ein wesentlicher Teil davon ist die Frage nach der Funktion bzw. dem Zusammenspiel

von männlichen und weiblichen Rollen bei der Herstellung von Herrschaft.
Dieses Zusammenspiel funktioniert auch und gerade auf der Leitungsebene. Insofern reicht mir die übliche Zuschreibung nicht mehr, nach der z. B. Trainer konfrontierender, Trainerinnen stützender seien. Das gilt auch für die Annahme, weiblicher Umgang sei kooperativer, männlicher Umgang konkurrenzbetonter. Meine Aufmerksamkeit richtet sich auf das, was jeweils dadurch abgewehrt wird. Meine eigene Abwehr gegen Intimität spüre ich z. B. in meinem Impuls, den Gruppenmitgliedern ihre idealisierende Phase nicht richtig zu »gönnen«. Die Abwehr der Kolleginnen spüre ich zunehmend in ihrer Schwierigkeit, offene Angriffe auszuhalten, und ihnen nicht durch Verletztsein oder durch Moralisieren zu begegnen, indem z. B. ein bestimmter Umgangsstil eingeklagt wird. Oder sie lassen durch Überfürsorglichkeit erst gar keine Auseinandersetzung aufkommen.
Das Wissen um diese Abwehr habe ich allerdings wiederum der Offenheit im Gespräch mit Kolleginnen zu verdanken, die relativ größer ist als die der Kollegen, die ihre Ohnmachtsgefühle eher mit sich selbst ausmachen. Bei einer Kollegin löste z. B. eine Auseinandersetzung im Staff Vernichtungsängste aus.
Eine Schlüsselszene für mein Verständnis stammt aus einer längerfristigen Fortbildung (vgl. Beispiel S. 235 f.). Ich hatte in diesem Training die Rolle des »Zündlers«. Im letzten Abschnitt wurde von den Frauen angesprochen, daß die Auseinandersetzung mit der Trainerin nicht stattgefunden habe. Es wurde der Vorwurf formuliert, die Trainerin würde Beiträge »abbügeln«, und zwar auch solche, die an mich gerichtet seien. D. h., aus der Sicht der Teilnehmerinnen verhinderte die Trainerin den Zugang zum Trainer. Im Gegensatz zu mir nahm die Kollegin diesen Angriff als sehr aggressiv wahr. Ich wiederum hielt diesen Angriff für einen wichtigen Schritt und unterstützte die Teilnehmerin dahingehend, daß sie diese Wahrnehmung weiter untersuchen sollte. Für die Kollegin erschien dies jedoch als ein Loyalitätsbruch meinerseits und ein Bündnis mit den Teilnehmerinnen gegen sie.
In unserem Nachgespräch wurde deutlich, daß die Sequenz mein Mißtrauen aktiviert hatte, von einer Frau gebunden zu werden, ohne es zu merken, und daß es der »Töchter« bedurfte, um mich darauf aufmerksam zu machen. Bei der Kollegin hatte die Sequenz hingegen Trennungsängste bzw. die Angst vor einem Beziehungsabbruch aktiviert. Während ich glaubte, die »Töchter« in der Auseinandersetzung mit der »Mutter« unterstützen zu müssen, wollte sie von mir Unterstützung gegen die Aggression der »Töchter«.
Der Konflikt vertiefte unser Verständnis der zugrundeliegenden Dynamik und beförderte gleichzeitig die Auseinandersetzung mit den Lei-

tern. Die Trainerfront war aufgebrochen und eine Möglichkeit der Auseinandersetzung zwischen Mann und Frau vorgeführt worden, die trotz der Unterschiedlichkeit in Wahrnehmung und Beurteilung die Zusammenarbeit nicht fundamental gefährdete.

In diesem Sinne macht erst die Einsicht in die Verknüpfung von männlicher und weiblicher Autorität eine differenziertere Auseinandersetzung mit Autorität möglich, die nicht implizit die alte Rollenzuschreibung reproduziert. Erschwert wird dies, wenn sich männliche und weibliche Autorität aufgrund der zugrundeliegenden Rollenspaltung nur noch in ihren je eigenen Welten begegnen. Auch dies spricht dafür, bei Trainern »weibliche« Eigenschaftsprofile, bei Trainerinnen »männliche« Eigenschaftsprofile zu entwickeln. Das Modell gerät jedoch in die Gefahr, der Illusion einer Auflösung der Unterschiede aufzusitzen und sich in den Größenwahn hineinzubegeben, »männlich« und »weiblich« zugleich zu sein. Als Ziel realistischer erscheint mir eine Annäherung ohne Auslöschung der Unterschiede, d. h. durchlässiger zu werden für Differenzierungen und die Neugierde auf das andere, bzw. das Fremde im anderen Geschlecht mit weniger Angst zu besetzen.

Einige Implikationen für die Arbeit in der Gruppe und die Gestaltung der Leitungsrolle möchte ich abschließend noch aufführen. Der Schwerpunkt liegt hierbei auf der männlichen Rolle. Als Trainer gerät man vor allem in von Frauen dominierten Gruppen in die schwierige Situation, von manchen Frauen einen übermäßigen Teil ihres »gerechten Zorns« in Form von projektiven Männerbildern angehängt zu bekommen. In diesem Zorn wird eine *doppelte Anforderung* an die Männer und insbesondere den Trainer deutlich, die es auszubalancieren und auszuhalten gilt. Die Männer sollen Macht abgeben und sich der Auseinandersetzung stellen. Gerade in der Arbeit mit negativ aufgeladenen Bildern von Männlichkeit erfordert dies vom Trainer das Standhalten vor dem entdifferenzierenden Sog der Wut, die in diesen Bildern enthalten ist. Dies gilt auch für die Kehrseite der idealisierenden Liebe, in die sich Wut oder Angst vor Männlichkeit einkleiden kann.
An dieser Wut zu arbeiten ist besonders mit den Frauen schwierig, die eine stark negativ gefärbte Erfahrungsgeschichte mit Männern haben. Sie besitzen in der Regel ein besonders gutes Gefühl für

mögliche Angriffspunkte und Schwächen ihres männlichen Gegenübers, zumal sich jede Projektion einen realen Haken sucht, an den sie sich hängen kann. Diese Frauen greifen andere Teilnehmer oder direkt den Trainer als den mächtigsten Mann in der Gruppe so lange in den unterschiedlichsten Formen an, bis dieser ihr Bild vom Aggressor durch einen Gegenangriff erfüllt und damit ihr negatives Bild bestätigt. Hinter dieser »Zerstörung des guten Objekts« steht als Kehrseite der Wunsch, einen Mann bzw. eine männliche Autorität zu finden, die diesem Bild nicht nachkommt. Solche übergroßen Wünsche sind häufig von Ohnmachtsängsten und -phantasien begleitet, die zu einer heftigen Abwehr führen. Entsprechendes findet sich im Verhältnis von Teilnehmern zur Trainerin (Königswieser 1981). In beiden Konstellationen ist es ein notwendiger Teilschritt, den negativen in einen positiven Bindungsmodus zu verwandeln. Aufgelöst wird die Bindung jedoch erst durch die *Wiedereinführung von Ambivalenz,* die nun nicht mehr eine Aufspaltung in gut und böse erfordert.

Auf seiten der Männer begegnet man im Sozialbereich immer seltener dem Typ des konkurrenzbetonten, des zwanghaft rivalisierenden oder des gefühlsgehemmten Mannes. Häufiger trifft man auf einen Verhaltensstil von *aggressiver Unterwürfigkeit.* Diese Männer gehen, ganz im Unterschied zu vielen Frauen, nicht den Weg der offenen Auseinandersetzung, sondern versuchen sich den Frauen bzw. dem Trainer oder der Trainerin unterzuordnen. Hier besteht gerade für den Trainer die Gefahr, sich diesen Männern zuzuwenden, um ihnen ein männliches Identifikationsobjekt anzubieten, damit aber gegenüber den Kosten-Nutzen-Kalkulationen ihrer Unterwerfungsstrategien blind zu werden. Dieser Typus von Mann badet sich lieber in seinen Schuldgefühlen, anstatt offensiv seine Interessen zu vertreten und damit zu einer eventuellen Schuld zu stehen.

Manche dieser gebundenen, subdominanten Männer sind im alltäglichen Umgang eher weich und umgänglich. Frauen tun sich in Gruppen gerne mit ihnen zusammen. Die Beziehung mit ihnen erscheint leichter, aber zugleich weniger herausfordernd. Offene Konkurrenz und Reibungsfläche bieten diese Männer selten. Oft steht – ähnlich wie bei vielen Frauen – hinter solchen Verhaltensstilen eine Biographie, die durch die reale Abwesenheit des Vaters

oder ein negativ besetztes Vaterbild charakterisiert ist, der Weg zum Vater durch die Mutter versperrt blieb oder der Vater sich der Auseinandersetzung entzogen hat.
Für den Trainer ergibt sich daraus die Forderung nach einer offensiven wie zugleich emotional durchlässigen Haltung, die sich nicht auf eine auswählende Wertediskussion einläßt, welche Form des Männlichen von den Frauen akzeptiert wird, sondern einen Platz für das Männliche einfordert, ob es den Frauen paßt oder nicht. Umgekehrt gilt natürlich das Entsprechende. Erst wenn dieser Platz grundsätzlich gewährt wird, ist eine Verhandlung zwischen gleichrangigen Untergruppen möglich. Denn sonst ginge es um die Frage: Wie muß ich bzw. müssen wir sein, damit die andere Gruppe uns einen Platz und eine Existenzberechtigung einräumt?
Trainer und Trainerin sollten in der Lage sein, in wechselnder Parteilichkeit die jeweiligen Teilgruppen oder Individuen zu unterstützen. Im Sozialbereich scheinen die Männer zur Zeit häufiger diese Unterstützung zu brauchen als die Frauen. Wird sie allerdings im Übermaß gewährt, so wird die vorgeführte Macht des Trainers die Ohnmacht der männlichen Teilnehmer eher zementieren, da sich im Training das Geschlechterthema durchgehend mit dem Autoritätsthema verbindet. So kann die Parteilichkeit im Training kontraindizierte Auswirkungen haben, wenn z. B. die Frauen Unterstützung gegenüber den Männern von der männlichen Autorität, die Männer die Unterstützung gegenüber den Frauen von der weiblichen Autorität bekommen. Es besteht die Gefahr, daß die männliche Unterstützung untergründig die Frauen an die männliche Autorität bindet, die anderen Männer in der Gruppe aber dadurch abwertet, daß für sie im Wettbewerb mit dem mächtigsten Mann der Gruppe keine Frauen »übrig«bleiben. Entsprechendes gilt auch für den umgekehrten Fall der Unterstützung der Männer durch die weibliche Autorität. Die Trainerin hält zum einen die anderen Frauen von den Männern fern. Zum anderen können die Männer in die Rolle von »Mamas Liebling« kommen, was wiederum den Kontakt der Männer untereinander erschwert.
Im gruppendynamischen Training bildet sich insofern beispielhaft eine verbreitete familiäre Erfahrung ab, nach denen die Frauen in den innerfamiliären Beziehungen und die Männer in den außerfamiliären Beziehungen die relative Vormacht haben, wobei beide

Geschlechter ihr jeweiliges Gegenüber aus ihrem Bereich herauszuhalten versuchen. Die Tendenz der Frauen, die Männer wegzuschicken oder durch moralische Anklage zum Verstummen zu bringen bzw. zu binden, ebenso wie die Tendenz der Männer, sich wegzuducken und sich der Auseinandersetzung zu entziehen, verdoppeln diese Erfahrung noch einmal.
Die Frauen erobern sich zwar auf diese Art ein Terrain, greifen dabei aber auf den Bindungsmodus zurück, der sie im gesellschaftlichen Raum an den Rand drängt, und installieren damit genau die Herrschaftsform, der sie zu entfliehen versuchen. Die Männer wiederum stehen vor der Aufgabe, sich dem Bindungsmodus nicht zu unterwerfen, ohne gleichzeitig damit den Herrschaftsaspekt der männlichen Rollenzuweisung zu negieren bzw. in die alten Rollenmuster zurückzufallen.

Die geschilderten Auseinandersetzungen zwischen Männern und Frauen, wie sie sich im gruppendynamischen Training abbilden, lassen die zentralen Aspekte der Machtproblematik nochmals klar hervortreten. Sie geben ein Beispiel für die Herstellung von (Macht-)Unterschieden und eine darauf aufbauende Polarisierung von Untergruppen. Vermittelt über die Problematik der Geschlechtsidentität wird zugleich der Zusammenhang zwischen Gesellschaftsstruktur und psychischer Struktur, d. h. zwischen der sozialen Organisation von Geschlechterrollen und ihrem Fundament im inneren Erleben, deutlich. Auf der Verhaltensebene können Machtstrategien zu Abwehrstrategien werden und umgekehrt. Die fundamentalen Umgangsweisen mit Macht, Hierarchisierung und Normierung finden sich wieder, und die Verschränkung ihrer jeweiligen psychodynamischen und soziodynamischen Grundlagen tritt hervor.
Zugleich verdeutlicht das Verhältnis der Geschlechter, daß die beiden idealtypischen Umgangsweisen mit Macht sich gegenseitig hervorbringen und beeinflussen. Die (Wieder-)Herstellung von Herrschaft ist hier ebenso angelegt wie die Möglichkeiten größerer Selbstbestimmung. Die Abnahme gesellschaftlicher Machtungleichheiten und Prozesse der Machtdiffusion schaffen jedoch nicht weniger, sondern mehr Macht bzw. Regelungsbedarf in bezug auf diese Macht. Ein auf Gleichheit und Selbstbestimmung ausgerichteter Umgang mit Macht ist daher weniger ein erreichbares Ziel als eine dauerhafte Aufgabe.

8. Widersprüchliche Veränderungen

Zum Abschluß soll die Frage nochmals aufgenommen werden, welche Veränderungen sich in der Dynamik von Machtprozessen aufgrund veränderter gesellschaftlicher Kontextbedingungen feststellen lassen, d. h. ob sich am Verhältnis der idealtypischen Grundformen von Macht, Hierarchisierung und Normierung etwas verändert hat und wie sich dies auf den Lernort Gruppe auswirkt.

Traue ich meinen eigenen Erfahrungen und den Erzählungen von Kollegen und Kolleginnen, so ergibt sich ein Bild, das der These von der Zunahme von Machtprozessen erst einmal zu widersprechen scheint. Offene Machtauseinandersetzungen, vor allem zwischen Teilnehmern und Leitung, sind in der Gruppenarbeit und im gruppendynamischen Training eher seltener geworden. Die Auseinandersetzung mit Autorität, die in den Anfängen der Gruppendynamik im Vordergrund stand, wird nur noch verhalten gesucht. Auf beiden Seiten, bei Trainern wie bei Teilnehmern, hat ein Professionalisierungsprozeß stattgefunden. Die Leiter verstehen es besser, mit Lernprozessen umzugehen bzw. sie zu gestalten, und die Teilnehmer nutzen die angebotenen Möglichkeiten für die persönliche und berufliche Weiterentwicklung. Die Arbeit wird damit insgesamt entdramatisiert. Die manchmal destruktive Wirkung emotional hoch aufgeladener Prozesse in früheren gruppendynamischen Veranstaltungen hat einer gemäßigten Emotionalität Platz gemacht.

Fragt man jedoch am Ende von gruppendynamischen Trainings oder auch längerfristigen Fortbildungen nach den Themen, die nur bedingt oder wenig besprochen worden seien, so wird hier häufig das Thema »Macht« genannt. Gemeint ist damit sowohl die Auseinandersetzung untereinander als auch mit den Trainern. Irgendwie scheint man sich stillschweigend auf einen bestimmten gemäßigten Modus des Umgangs geeinigt zu haben. Der Preis hierfür wird zumeist mitbenannt: Das Gefühl, manche Gelegenheit verpaßt zu haben; das Vermeiden von einzelnen Personen und eine gewisse Unverbindlichkeit des Umgangs miteinander; Gefühle der Vereinzelung.

Anders ist dies zumeist in Gruppen, die in irgendeiner Phase ihrer gemeinsamen Arbeit einen heftigen Konflikt miteinander oder mit den Trainern ausgefochten haben. Auch hier sind manche Distanzen nicht verringert, vielleicht durch den Konflikt sogar vergrößert worden. Die Kohäsion der Gruppe als ganzer und das Gefühl der emotionalen Zugehörigkeit sind jedoch in der Regel stärker. D. h., gemeinsam durchlebte Konflikte als Ausdruck von Machtprozessen verstärken den sozialen Zusammenhalt bzw. bringen diesen überhaupt erst hervor (Dubiel 1994). Zugleich ist in Konflikten immer die Möglichkeit enthalten, den sozialen Zusammenhalt zu zerstören, wenn ein Minimalkonsens von Normen und Werten insgesamt bedroht ist.
Diese Bedrohung wird von Teilnehmern häufig gespürt in ihrer Angst, keinen Platz zu finden, nicht akzeptiert zu werden, sich als Person nicht behaupten zu können, bei einem Konflikt den kürzeren zu ziehen. Die eigene Individualität soll gewahrt bleiben, auch um den Preis des Rückzuges. Es wird weniger expressive als vielmehr funktionale Individualität gelebt (Neckel 1991, S. 174 f.), und es wird sehr darauf geachtet, was als akzeptiertes Verhalten gilt. Individualität wird also einerseits hoch bewertet, andererseits vor den Augen der anderen verborgen, würde sie sich doch sonst der Einflußnahme der anderen aussetzen. »Das Ich würde vom Wir geschluckt«, wie es einmal eine Teilnehmerin ausdrückte. Zugleich wird die Präsentation der eigenen Individualität einem hohen Leistungsdruck unterworfen.

8.1 Individualisierung und Machtprozesse

Zur Dynamik solcher Prozesse in der Gruppe ist hier genug gesagt worden. Ich möchte dies abschließend in Verbindung bringen mit einer Zeitdiagnose, wie sie in der Soziologie in den letzten zehn Jahren an Wichtigkeit gewonnen hat, die Rede von der zunehmenden Individualisierung der Lebenslagen (Beck 1986, Elias 1987, Brose, Hillenbrand 1988), auch wenn diese Debatte inzwischen etwas breitgetreten ist (zur Kritik vgl. die Beiträge in Zapf 1991). Im Rückblick betrachtet, entpuppen sich die 60er Jahre, in denen die Gruppendynamik zusammen mit einer Reihe anderer Gruppenmethoden in der Bundesrepublik Fuß faßten, als Startpunkt, von dem aus sich allmählich »eine Art ›Gestaltwandel‹ oder ›kategorialer Wandel‹ im Verhältnis von Individuum und Gesellschaft« (Beck 1986, S. 205) anbahnt, der sich auch im »Mikrokosmos« der Gruppe zeigt.

Der Rede von der zunehmenden Individualisierung liegt ein Denkmodell zugrunde, in dem gesellschaftlicher Wandel im Wechselspiel von Differenzierung und Entdifferenzierung beschrieben wird (Luhmann 1985). Individualisierung ergibt sich aus der ansteigenden Vielfalt von Lebensformen im Zusammenhang sozialer Differenzierung. Personelle Identität bildet sich für immer mehr Menschen zunehmend weniger auf dem Hintergrund einer festgelegten sozialen Position oder der Mitgliedschaft in einer abgegrenzten gesellschaftlichen Teilgruppe heraus, sondern wird zum Teil eines eigenständigen Lebensprogramms, die Normalbiographie wandelt sich zur Wahlbiographie. Dies bedeutet für den einzelnen das Ausbrechen aus festen Lebensbahnen, wie sie ehedem durch Klassen- und Geschlechtszugehörigkeit, durch Anbindung an Familie und regionaler bzw. örtlicher Verwurzelung vorgezeichnet erschienen. In diesem Sinne eröffnet dieser Freisetzungsprozeß bislang ungeahnte neue Möglichkeiten, die Verselbständigung der Jugendkultur und die Frauenbewegung mögen als zwei Beispiele gelten. Damit einher geht ein Wertewandel, in dem die traditionalen Pflichtwerte durch Selbstentfaltungswerte ergänzt und zum Teil ersetzt werden. Die »Psychokultur« ist ein wichtiges Symptom und auch Agens in diesem Wertewandel.

Individualisierung bedeutet jedoch *nicht* einen generellen Rückgang von Steuerungsprozessen, sondern vielmehr die Substitution eines Vergesellschaftungsmodus durch einen anderen, der nun stärker am Individuum ansetzt. D h., die Erweiterung von Handlungsspielräumen geht mit neuen Kontrollmechanismen einher. Die Freisetzung aus traditionalen Bindungen überantwortet das Individuum eben auch dem direkten Zugriff von gesellschaftlichen Institutionen, die über die Kräfte des Marktes, über Geld, die Verrechtlichung ehemals privater Räume, durch Mobilität und Bildung, durch die Medien und nicht zuletzt durch die psychosozialen Methoden ein neues Gerüst von normativen Einbindungen und Standardisierungen aufrichten, die den einzelnen ohne die

Abpufferung durch traditionale (Gruppen-)Einbindungen direkt erreichen. *»Der oder die einzelne wird zur lebensweltlichen Reproduktionseinheit des Sozialen«* (Beck 1986, S. 209, im Original kursiv), zumal z. B. die Familie als der Ort, an dem die Synthese zwischen verschiedenen Lebenslagen bislang (mehr oder weniger erfolgreich) stattfand, diese Aufgabe zunehmend weniger zu erfüllen vermag.

Die Kehrseite der neuen Freiheit liegt in der Entstehung einer neuen Kontrollstruktur. »Die freigesetzten Individuen werden arbeitsmarktabhängig und *deshalb* bildungsabhängig, konsumabhängig, abhängig von sozialrechtlichen Regelungen und Versorgungen, von Verkehrsplanungen, Konsumangeboten, Möglichkeiten und Moden in der medizinischen, psychologischen und pädagogischen Beratung und Betreuung« (Beck 1986, S. 210). Über diese Abhängigkeiten dringt das öffentliche Leben noch in die letzte Nische des Privaten ein.

Die dadurch erfolgende Standardisierung ist um so anonymer, als der einzelne kein konkretes Gegenüber mehr zu verzeichnen hat, mit dem er sich auseinandersetzen könnte. Die normative Einbindung erfolgt weitgehend personenabgelöst, eben über institutionelle Mechanismen, dringt zugleich immer tiefer in die Privatheit des einzelnen ein. Familiale und (sub)kulturelle Einflüsse werden dadurch nicht völlig ersetzt, aber an den Rand gedrängt. Die Rolle des Binnenraumes und damit der vermittelnden Instanzen nimmt ab, die Außensteuerung durch die Umwelt nimmt zu, und zwar als verinnerlichte Außensteuerung. *Wir selber* sind diejenigen, die ihr Leben nach den Maßstäben der institutionellen Karriere organisieren, die bestimmte Konsumgewohnheiten haben und sie für unverzichtbar halten, die sich mit ihren kleinen Fluchten über Wasser halten.

Mit der Zunahme dieser verinnerlichten Außensteuerung wächst zugleich die Krisenanfälligkeit individueller Lebenslagen. Die Kehrseite der neuen Freiheit in erweiterten Bildungschancen, Wahl der Arbeit und des Partners, Organisation der Freizeit ist ein Verlust von traditionellen Sicherheiten, konkret in Form von Arbeitsplatzverlust, Trennungen, Krankheit, und diese Krisen müssen nun zunehmend individuell bewältigt werden. Mit den neuen Möglichkeiten – gleich ob sie wahrgenommen werden können oder nicht – verstärkt sich auch das Diktum der durchgesetzten Marktgesellschaft: Jeder ist seines Glückes Schmied – und wer es nicht zu schmieden weiß, ist selber schuld.

D. h., die Individualisierungsprozesse finden auf drei Ebenen statt: Es gibt die angesprochenen, empirisch feststellbaren Veränderungen der Lebenslagen, z. B. die Pluralisierung der familienbiographischen Muster als einer allmählichen Herauslösung aus historischen Sozialformen; gleichzeitig wird die Frage nach der »Eigenständigkeit« von individuellen Entscheidungen wichtiger; und die Resultate dieser Entscheidungen werden zunehmend mehr individuell zugerechnet.

Machtprozesse spielen in diesem hier nur knapp skizzierten Wandel eine wesentliche Rolle, und zwar eine ebenso doppelgesichtige, wie dies für den Prozeß der Individualisierung beschrieben wurde. Einerseits ist eine deutlich zunehmende Nivellierung von Machtungleichheiten zu verzeichnen, sei es am Arbeitsplatz durch die Ablösung von autokratischen Organisationsprinzipien, sei es im Verhältnis der Geschlechter oder der Generationen. So wie dies für das Verhältnis der Geschlechter gezeigt wurde, bedeutet diese Abnahme von Machtungleichheiten aber eine stetige Zunahme der Notwendigkeit, Macht auszuhandeln – und zwar potentiell in allen Lebensbereichen. Mit der Verknüpfung von privatem und öffentlichem Raum, wie sie von den kulturellen Umbruchbewegungen der 60er Jahre betrieben wurde (das Private ist politisch), werden nun auch ehemalige Nischen dem öffentlichen Diskurs überantwortet und müssen sich nach ihren Maßstäben und Legitimationen befragen lassen. Die Kehrseite der Freisetzung bzw. der Individualisierung ist die Vergesellschaftung des Privaten und Intimen. *Machtprozesse in Form von Hierarchisierung nehmen ab, Machtprozesse in Form von Normierungen nehmen zu.*

Die Machtnivellierung auf der hierarchischen Ebene bringt eine Art »Trickle-Down-Effekt« mit sich. Das Schwinden von traditionalen Sozialformen mit ihren mehr oder weniger funktionierenden hierarchischen Regelsystemen und der Bedeutungsverlust von alltagsweltlichen Selbstverständlichkeiten (z. B. im Verhältnis der Geschlechter) überantworten die Integrationsleistung zunehmend dem einzelnen. Die Reduktion der Komplexität, die eine Machtordnung eben auch bedeutet, muß nun anders hergestellt werden,

und zwar durch ein Aushandeln von Macht bis in den Mikrobereich der Interaktion hinein. Und zugleich kann es sein, daß dieses mühsame individuelle Aushandeln zu nichts anderem führt als zu neuen Standardisierungen, d. h. zu dem, was alle anderen auch ausgehandelt haben, oder gar zu dem, was durch die institutionell vorgeprägten Bilder suggeriert wird.
Verdichtet zum Ausdruck kommt dies in einem Zitat des Pop-Künstlers Andy Warhol, der diese Doppelgesichtigkeit des gesellschaftlichen Wandels in seiner Kunst darstellte, indem er einerseits Alltägliches wie eine Verkaufspackung zur Einmaligkeit eines Kunstwerkes erhob, es quasi »individualisierte«, andererseits die Individualität eines Gesichts, z. B. von Marilyn Monroe oder John F. Kennedy, in seiner seriellen Kunst zum Verschwinden brachte: »Eines Tages wird jeder einfach das denken, was er denken möchte, und dann wird wahrscheinlich jeder dasselbe denken.«
Individualisierungsprozesse und diese Notwendigkeit des Aushandelns von Macht zwingt den einzelnen in eine Dauerreflexion hinein, zu einer Art selbstreferenziellen Behandlung der eigenen Biographie und seiner gesamten Interaktionswelt, und zwar nicht nur im privaten, sondern zunehmend auch im öffentlichen Bereich, z. B. des beruflichen Lebens. Die Dauerreflexion wird zum Reflexionszwang, über den die gesellschaftlichen Normen quasi ungefiltert durch vermittelnde Instanzen in die Individualisierungs- und Selbststeuerungsprozesse hineinsickern. Der Preis dieses Reflexionsanspruches ist eine erhöhte Krisenanfälligkeit.
Im Windschatten dieser neuen Verantwortlichkeit für das eigene Leben und der damit verbundenen Krisenanfälligkeit segeln die psychosozialen Methoden in Fortbildung, Therapie und Beratung. Sie sind selber Resultat des gesellschaftlichen Differenzierungsprozesses und übernehmen Funktionen und Aufgaben, die von traditionalen sozialen Einbindungen und dem Lebensumfeld der Betroffenen nicht mehr im notwendigen Umfang geleistet werden (können), z. B. indem sie Bereiche der Sorge, des Rates oder auch nur des Zuhörens bereitstellen. Ziel bzw. zumindest Wirkung dieser Entlastung ist die Stärkung des einzelnen für das (Über-)Leben in eben jenen individualisierten Lebenslagen, die ihn haben Hilfe suchen lassen.

Damit werden aber zugleich jene Individualisierungsprozesse vorangetrieben, an deren Folgen die psychosozialen Methoden sich abarbeiten und gleichzeitig verdienen. Über diesen Zusammenhang können auch die kulturkritischen Klagen, die von Vertretern der psychosozialen Methoden gerne und häufig angestimmt werden, nicht hinwegtäuschen. Diese Methoden sind unweigerlich alle dem Diktum ausgesetzt, das der scharfzüngige Karl Kraus einmal über die Psychoanalyse gefällt hat: sie sei das Problem, für dessen Lösung sie sich halte.

Als Instanzen professioneller (Selbst-)Reflexion, die zudem auch den Mechanismen des Marktes unterworfen sind, weisen sie dieselbe Doppelgesichtigkeit auf, die für die Individualisierungsprozesse insgesamt als typisch beschrieben wurde. Sie vergrößern das Selbstbestimmungspotential und sind zugleich die Einfallsschleuse für neue Standardisierungen, da das Eindringen von »Sozialtechniken« in das alltagspraktische Handeln dessen ohnehin schon wackelnde Grundlage noch weiter unterhöhlt und durch ihre jeweilige Weltinterpretation ersetzt. So müssen während einer »Fortbildungskarriere« häufig ganze Weltbilder ausgetauscht werden bzw. vom einzelnen jeweils in einem individuellen Weltbild zusammengesetzt werden.

Diesem Dilemma soll hier nun nicht durch eine gleichermaßen kurzsichtige Klage über eine Psychotherapeutisierung der Gesellschaft begegnet werden. Sie führt aber nochmals zurück zu dem im Anfangskapitel aufgestellten Anspruch eines *nicht-normativen Umgangs* mit Gruppen und Machtphänomenen, der hier nochmals seine Sinnhaftigkeit wie auch seine Begrenzung erfährt. Und es wird zugleich deutlich, daß der gesellschaftliche Wandel, der hier als Individualisierung beschrieben wurde, *Normierungsprozesse gegenüber Autoritätswirkungen als das fundamentalere Transportmedium von Macht* erscheinen läßt. Die anfangs beschriebenen Rückzugstendenzen des einzelnen im gruppendynamischen Training und die nur noch sehr gefiltert gelebte Individualität bei einem gleichzeitig hohen Leistungsanspruch lassen sich als Ausdruck dieser Normierungsprozesse verstehen. Gleichzeitig werden Machtprozesse dadurch weniger sichtbar.

Die Möglichkeiten der Gruppendynamik liegen gerade darin, diese Standardisierungs- und Normierungsprozesse im interaktionellen Zusammenhang zu entdecken, sie sichtbar, verstehbar und beeinflußbar zu machen. Der gruppendynamische Umgang mit Autorität bzw. die Gestaltung der Leiterrolle dient nach diesem Verständnis der *Reaktualisierung der Normierungsprozesse* in der konkreten Interaktion, um auf diese Weise den individuellen Wunsch nach Autonomie sowohl dem Leiter als auch der Gruppe gegenüber mit der Ausrichtung auf den sozialen Zusammenhang einer Gruppe als ganzes zu verbinden. Der Trainer ist in diesem Prozeß Autorität, insofern er Orientierung bietet. Er ist jedoch, wie die Vertreter der psychosozialen Methoden insgesamt, ständig in der Gefahr, seine Autoritäts- und Authentizitätsinszenierungen durch Überhöhungen zu verfestigen oder durch die Einnahme einer Expertenrolle zu neutralisieren, so daß er zu einem Teil des Normierungsprozesses wird, anstatt ihn in die Kommunikation zu bringen und dadurch Veränderung und Entwicklung zu ermöglichen.

8.2 Veränderungsprozesse und Übergangsriten

Um den Bogen zum Anfang zu schlagen, möchte ich nochmals den strukturellen Unterschied markieren, der eine methodisch geleitete Gruppe vom weiteren sozialen Kontext abhebt und dadurch vielfältige Veränderungsprozesse möglich macht.
Ich beziehe mich dabei auf einige Gedanken des britischen Ethnologen Viktor Turner (1989), der seine Arbeit der Analyse ritueller Prozesse gewidmet hat. Dabei interessierten ihn vor allem Riten des Übergangs (van Gennep 1986), »die einen Orts-, Zustands-, Positions- oder Altersgruppenwechsel begleiten«. Diesen Übergang teilte er in drei Phasen ein, die Trennungs-, die Schwellen- und die Angliederungsphase. In der ersten Phase geht es um die Loslösung eines einzelnen oder einer Gruppe aus den vorgegebenen Bedingungen der Sozialstruktur. In der darauffolgenden Schwellenphase befindet sich das rituelle Subjekt in dem Stadium der Ambiguität, d. h. in einem Zustand der Uneindeutigkeit, der weder Merkmale des alten noch des neuen Zustandes aufweist. In der Angliederungsphase tritt das Subjekt wieder in einen klar definierten und stabilen Bereich der Sozialstruktur ein, allerdings in einer veränderten Rolle.

In diesem dreiphasigen Schema finden sich die Kategorien wieder, die Kurt Lewin zur Charakterisierung von Lernprozessen benutzte. Lewin sprach von »Unfreezing«, d. h. dem Aufweichen und Konfrontieren von festgefahrenen und eingeübten Verhaltens- und Denkmustern, von »Change« als dem eigentlichen Veränderungsvorgang, in dem es um das Erfahren von neuen Sichtweisen und das Erproben neuer Handlungsmöglichkeiten geht, sowie vom »Refreezing«, bei dem es um die Rücküberführung bzw. die Integration des Neuen ins Alte geht (Lewin 51, S. 228 ff.).
Der Zustand der Ambiguität im Schwellenzustand bzw. die Erfahrung von Neuem, das als solches noch nicht in die alte Struktur eingepaßt ist, entspricht jenem Zustand der Ambivalenz, den ich als sinnvoll und notwendig charakterisiert habe, will sich eine Gruppe bzw. ein Individuum mit Machtfragen auseinandersetzen und neue Antworten finden. Zugleich machen aber die aufgeführten dreiphasigen Modelle deutlich, daß es sich hier um ein Übergangsphänomen handelt, das sich als solches aus einer festen (Macht-)Struktur herauslöst und sich auch wieder in eine solche, leicht veränderte Struktur rückverwandelt.
Dieses Verwandeln und Rückverwandeln läßt sich in jedem Gruppenprozeß studieren. Während das Unfreezing mit Mühe und Widerstand verbunden sein kann, das Changing sich häufig als euphorische Phase darstellt, erscheint das Refreezing oft als Rückschritt und als Rücknahme des Erreichten, z. B. in der Art der beschriebenen Türklinkeneffekte. Dieser Rückschritt ist aber nötige Begleiterscheinung, um die Veränderungen in die alte Struktur integrieren zu können. Dieses zu übersehen, kann nicht nur bei Teilnehmern wie Leitern Enttäuschung hervorrufen, sondern hat der Gruppendynamik und den Gruppenmethoden insgesamt den Vorwurf eingebracht, sich in eine gesellschaftliche Utopie, in die Gegenwelt eines rein auf persönlich-intime Beziehungen aufgebauten Zusammenhalts zurückzuziehen.
Nun haben Entwicklung und Professionalisierung der Gruppenmethoden diese heute naiv anmutenden Vorstellungen eines gesellschaftlichen Wandels durch die Erfahrungen in Gruppen durch eine realistischere Einschätzung ersetzt. Dennoch möchte ich mich einem Gedanken von Turner zuwenden, nach dem man eine Gruppe im hier beschriebenen Sinne tatsächlich als Gegenwelt, als

Anti-Struktur ansehen kann, ohne sie aus dem Zusammenhang der Struktur herauszulösen, gegen die sie sich bildet.
Turner geht davon aus bzw. folgert aus seinen Forschungen, daß man die Existenz zweier Hauptmodelle menschlicher Sozialbeziehungen anzunehmen habe, einem Modell von strukturierten, differenzierten und hierarchisch gegliederten (Macht-)Beziehungen, sowie dem Modell einer undifferenzierten Gemeinschaft (Turner 1989, S. 96), die er »Communitas« nennt. Ohne die Anerkennung einer essentiellen und generellen menschlichen Beziehung hält er Gesellschaft nicht für möglich. Zugleich ist eine solche Communitas nur als Übergang, als Phase denkbar, nicht als Zustand. Die Anti-Struktur der Communitas tendiert aus sich heraus zu Struktur bzw. wird in diese überführt, was er an verschiedenen historischen Beispielen von Gleichheitsbewegungen aufweist.
Zu diesem Zweck unterscheidet er zwischen drei verschiedenen Formen: die existentielle oder spontane Communitas des gelebten Augenblicks; die normative Communitas, die sich aus der existentiellen Communitas entwickelt und ihre Mitglieder der sozialen Kontrolle unterwirft, um den Augenblick in eine dauerhafte Lösung zu überführen; und die ideologische Communitas als ein Etikett für utopische (Gesellschafts-)Modelle, die von der existentiellen Communitas ausgehen (Turner 1989, S. 129). »Beide, die normative wie die ideologische Communitas, gehören bereits dem Bereich der Struktur an. Es ist das Schicksal einer jeden, in der Geschichte spontanen Communitas, sich in einem, von den meisten Menschen als ›Niedergang und Verfall‹ aufgefaßten Prozeß in Struktur und Gesetz zu verwandeln« (ebd.).
Die Arbeit in und mit Gruppen bewegt sich fortwährend auf diesem Schwellenzustand von der Struktur zur Anti-Struktur bzw. im Übergang von der normativ-ideologischen zur spontan-existentiellen Communitas und umgekehrt. Dieses Lernen im Übergang bleibt dabei immer auf die Struktur bezogen, aus der es sich herausgelöst hat, um dadurch überhaupt erst ermöglicht zu werden. Für das Individuum bedeutet dieses Herauslösen aus den Gewißheiten der eigenen kognitiven, emotionalen und verhaltensmäßigen Strukturen Verunsicherung und Anomie im Sinne einer systematischen Entfremdung (Eckert 1983) von den »Ritualen« der Alltagsstruktur. Zugleich bedarf es der Wiederangliederung an diese Struktur.

Gruppen in der hier beschriebenen Art sind aber auch Anti-Struktur in dem Sinne, als sie als Gegenmodell zu einer zunehmenden Individualisierung der Lebenswelten aufgefaßt werden können und dabei gleichzeitig Resultat dieser Entwicklung sind. Denn anders als die von Turner beschriebenen Stammesgesellschaften, in denen die Übergangsphasen des menschlichen Lebenszirkels, Geburt, Pubertät, Heirat und Tod sowie die materielle Reproduktion in einen überschaubaren Rahmen von sozialen Beziehungen und Ordnungsvorstellungen eingebunden sind, konfrontiert die moderne Industriegesellschaft den einzelnen mit der Unübersichtlichkeit einer in mannigfaltige Bereiche zerfallenen Lebenswelt und der Notwendigkeit, dieser eine individuelle Gestaltung abzuringen. Weder kann hierfür auf eine sichere und eindeutige Struktur zurückgegriffen werden, noch ist der einzelne von jeglicher Struktur freigesetzt. Im Gegenteil: Konfrontiert mit den widersprüchlichen Anforderungen von Beruf und Familie, von öffentlichem und privaten Leben, getrieben vom Wunsch nach Autonomie und nach Bindung, nach Regelmäßigkeit und nach Unvorhergesehenem, wird der Schwellenzustand zum Dauerzustand, die Balance zwischen Ablösung und Wiederangliederung wird in einem Zirkel der Dauerreflexion zerrieben. »Besessen von dem Ziel der Selbstverwirklichung reißen (die Menschen) sich selbst aus der Erde heraus, um nachzusehen, ob ihre Wurzeln auch wirklich gesund sind« (Beck 1986, S. 156).

Es wäre daher naiv anzunehmen, daß der zerrissene Zustand der Moderne durch den Rückzug auf eine wie auch immer geartete Communitas zu bewältigen wäre, die sich ohnehin als geplante, und das heißt als normativ-ideologische, Communitas in eben das Dilemma verwandelt, dem man zu entfliehen versuchte, nämlich der Auflösung der widersprüchlichen Anforderungen in eine Richtung hin. Zugleich werden in dieser Situation Orte des Nachdenkens und Nachempfindens, Orte, an denen neues Erleben und (Probe-)Handeln möglich ist, um so notwendiger.

9. Anhang: Übungen

Im Verlauf der Darstellung sind vereinzelt Übungen beschrieben worden. Sie sollen jetzt nochmals zusammenfassend aufgegriffen werden. Allerdings war es nicht meine Absicht, ein weiteres Übungsbuch zu schreiben. Im Vordergrund für die Auswahl der Übungen und die Art ihrer Darstellung steht ihre Relevanz für den Umgang mit Macht.
Der Einsatz von Übungen stellt eine spezifische Form der (Struktur-)Intervention dar. Es wird für einen begrenzten Zeitabschnitt eine Arbeitsform eingeführt, die zwar auf das aktuelle Geschehen bezogen ist, dieses aber in seiner bisherigen Form unterbricht. Einige Bemerkungen zur Problematik von Interventionen seien daher vorausgeschickt.

9.1 Interventionen und Übungen

Interventionen sind, auf eine allgemeine Ebene gebracht, *Eingriffe in soziales Geschehen*, die bewußt auf Beeinflussung bzw. Veränderung dieses Geschehens angelegt sind (zu einer Systematik von Interventionen siehe Voigt, Antons 1987). Insofern sind sie selber *machtorientierte Verhaltensweisen*. Im professionellen Kontext werden damit Handlungen und Handlungsstrategien bezeichnet, die auf einer Diagnose des Geschehens aufbauen, sich dabei bestimmter wissenschaftlicher und zumeist auch alltagsweltlicher Theorien bedienen und dies in ein zielorientiertes Verhalten verwandeln. Interventionen sind in diesem Sinne vorrangig professionelle Handlungsweisen von Gruppenleitern bzw. Trainern. Ihre Professionalität besteht u. a. darin, daß sie die impliziten, unbewußten, latenten Hintergründe, Motive und Bedeutungen ihrer Handlungen in einer Ausbildung kennen- und formen gelernt haben. Erst in der Praxis der Interventionen zeigen sich die wirklichen Grundhaltungen eines Trainers (vgl. 6.2).
Zugleich ist aber davon auszugehen, daß die Wirkung von Verhalten, auch wenn es geplant ist, prinzipiell nicht völlig vorhersehbar und daher letztendlich auch nicht kontrollierbar ist (vgl. 2.8). Ge-

rade diese Offenheit jedes Handelns ermöglicht erst die Veränderung von sozialen Beziehungen und Strukturen, auch von Machtstrukturen. Das Wissen um diese Offenheit schlägt sich wiederum im Umgang mit Interventionen nieder. Intervenieren im Sinne von professionellem Handeln erfordert die Bereitschaft, die Wirkung seines Handelns selbst wieder zum Gegenstand neuer Reflexion zu machen, mit den ursprünglichen Absichten in Verbindung zu setzen und auf diese Weise gegebenenfalls zu einer neuen Intervention zu kommen. Absicht und Wirkung von Interventionen werden also in einem fortlaufenden Rückkoppelungsprozeß reflexiv miteinander verbunden mit der prinzipiellen Bereitschaft, eine einmal eingeschlagene Richtung durch die Praxis, d. h. durch die Wirkung einer Intervention, revidieren zu lassen.
Dies legt es nahe, Interventionen und den Einsatz von Übungen nicht nach den Kriterien richtig – falsch zu beurteilen, sondern als wirksam – unwirksam bzw. angemessen – unangemessen. Professionelles Handeln zeigt sich in einer Vorstellung von Wirksamkeit und Angemessenheit und in dem Wissen, daß erst die Praxis darüber entscheidet. Ein Anzeichen dafür, daß diese Voraussetzung professionellen Handelns verlorenzugehen droht, ist daher das Gefühl, keine Wahl zu haben, bzw. *die Vorstellung, daß es nur einen Weg zum anvisierten Zie*l gebe. Ein solcher Verlust von Handlungsalternativen kann aus der Bedrohung durch die Teilnehmer, aus der Konkurrenz gegenüber Kollegen oder aus einer ungebremsten Größenvorstellung geboren werden. Die Intervention wird zur Verteidigungs- und Machtstrategie.
Die angestrebte Professionalität des Handelns steht in den helfenden Berufen immer in der Gefahr, durch zu große Aktivität die Problemlösungskompetenzen der Klientel zu reduzieren anstatt auszuweiten (Dorst 1981). Für Interventionsverhalten und den Einsatz von Übungen bedeutet dies: »Weniger kann mehr sein«; zu wenig kann allerdings als Verweigerung von Hilfestellungen interpretiert werden und Bindungen verstärken. Andererseits ist der Trainer einem bestimmten Handlungsdruck unterworfen, seine Professionalität sichtbar zu machen und sich dadurch zu legitimieren. Dies geschieht in der gängigen Vorstellung durch Handeln (und nicht durch Nicht-Handeln). Eine Interventionsstrategie

wird sich in dem Dilemma bewegen, durch gezielte Eingriffe Entwicklung ermöglichen zu wollen, ohne sich dabei unersetzbar zu machen. Dieses Grunddilemma ist ausführlich anhand der Rollengestaltung des Trainers geschildert worden. Konsequenzen hat dies nicht nur für das Ausmaß, sondern auch für den Zeitpunkt einer Intervention. Zu frühes und zu häufiges Eingreifen läßt den Gruppenmitgliedern wenig Möglichkeiten, ihre eigenen Kompetenzen einzusetzen.
All dies spricht dafür, gerade im Zusammenhang mit Machtprozessen mit Übungen sparsam umzugehen. Durch ein Heraustreten aus der unmittelbaren Situation ermöglichen sie zwar neue Sichtweisen, zugleich bestätigen sie aber die Macht des Trainers. Ein ritualisierter Einsatz von Übungen verkürzt die Funktion des Trainers zudem auf die Expertenrolle.

Die Gemeinsamkeit aller hier aufgeführten Übungen liegt in ihrer Funktion, den *Gruppenmitgliedern Informationen über sich selbst verfügbar zu machen.* Der Zugang zu Informationen, so die hier vertretene Auffassung, ist eine der zentralen Voraussetzungen für einen bewußten Umgang mit Machtstrukturen. Bei allen hier aufgeführten Übungen handelt es sich um solche, die das Geschehen in der Gruppe selbst zum Gegenstand haben und alle Gruppenmitglieder ansprechen. Dahinter steht die Entscheidung, keine Übungen einzusetzen, die einen vom Gruppengeschehen unabhängigen Schauplatz konstruieren (z. B. Nasa-Übung oder Kohlengesellschaft, vgl. Antons 1992) und damit die Informationen über das aktuelle Geschehen eher an den Rand drängen.
Ich möchte zwei Arten der Informationserhebung unterscheiden:

1. Die Gruppenmitglieder versuchen, ihr Verständnis von relevanten Strukturmerkmalen ihrer Gruppe zu vergrößern, indem sie nach bestimmten Kriterien, die die jeweilige Übung vorgibt, ihre eigene Position und die jeweilige Position der anderen sichtbar machen (Übungen I).
2. Die Gruppenmitglieder schaffen sich den Zugang zu einer Metaposition, indem sie Beobachterpositionen einführen oder sich durch verschiedene Formen der Auswertung Material zur Verfügung stellen, gegenüber dem sie eine solche Position einnehmen können (Übungen II).

Informationserhebung begünstigt in der Regel die Einnahme einer reflexiven Haltung. In einem Training ist die Informationserhebung jedoch immer in den laufenden Prozeß eingebunden. Dieser wird dadurch zwar verlangsamt, vorübergehend gestoppt oder verändert, aber nie aufgehoben. In beiden Gruppen von Übungen finden sich solche, die den Gruppenprozeß eher verlangsamen und die ihn eher beschleunigen können. Welche Wirkung sie entfalten werden, ist nicht ausschließlich in ihnen selbst angelegt, sondern hängt ab von ihrer Einbindung in den Prozeß und von der aktuellen Situation, in der sie eingesetzt werden. Einige der Übungen aus 9.2 sind zur Informationserhebung geradezu darauf angewiesen, daß der Prozeß der Gruppe weiterläuft, um relevantes Material erheben zu können (z. B. Gruppe beobachtet Gruppe). Es findet sich in 9.2 allerdings auch die einzige Übung, die fast immer verlangsamend wirkt, die schriftliche Auswertung.
Diese Einbettung der Informationserhebung in den zu untersuchenden Prozeß würde aus einer traditionellen Forschersicht (Grümer 1974) die Relevanz der Ergebnisse verringern. Nach der hier eingenommenen Sichtweise gibt es aber ohnehin keine vom Geschehen unabhängige Position. Dies gilt in besonderem Maße für den Umgang mit Macht. Ziel der Informationserhebung ist nicht »Objektivität«, sondern es sollen unterschiedliche Sichtweisen verbunden werden, um aus ihrer Vernetzung und Gewichtung eine Vorstellung von der zu untersuchenden Machtstruktur zu entwickeln.
Dem Einsatz einer Übung geht selbst schon eine Diagnose voran, daß zu diesem Zeitpunkt eine bestimmte Übung sinnvoll sei (Fengler 1989). Darauf werde ich bei der Darstellung der einzelnen Übungen verschiedentlich eingehen. Zugleich ist es die Intention der hier ausgewählten Übungen, die Diagnose über den Ist-Zustand zu verbreitern. Diese Diagnose ist aber nicht vom Geschehen abgekoppelt. Ihr Ziel ist es, eine Veränderung vorzubereiten oder einzuleiten. D. h., eine Diagnose führt zu einer bestimmten Form der Intervention, dem Einsatz einer Übung, die wiederum Material für eine weitere Diagnose liefert. *Diagnose und Intervention*, das Heraustreten aus dem Geschehen und der Wiedereintritt, sind in einem Rückkoppelungsprozeß miteinander verbunden.

Aufgrund dieser Ausrichtung der Informationserhebung auf Veränderung möchte ich eine weitere Unterscheidung einführen, die zwischen *»harten« und »weichen« Informationen bzw. Daten.* Harte Daten sind z. B. objektive Merkmale wie Geschlecht und Alter. Weiche Daten sind die Bedeutungen, die diesen harten Daten gegeben werden. Die Besonderheit von Machtstrukturen besteht darin, daß in ihnen weiche zu harten Daten bzw. bei der Verleugnung von Machtstrukturen harte zu weichen Daten gemacht werden.

Ähnliches kann bei der Informationserhebung geschehen. Die Produktion von harten Daten kann Zuschreibungen und Spaltungen verstärken und damit zuspitzend und polarisierend wirken. Gezielt eingesetzt, hat dies die Wirkung einer Konfrontation. Die Produktion von weichen Daten bringt hingegen eingeschliffene Positionen in Bewegung und fördert die Suche nach Alternativen. Zwar hat im Umgang mit Machtstrukturen auch die Konfrontation ihren Platz. Für wesentlicher halte ich allerdings die *Überführung von harten in weiche Informationen* und die Auflösung von festen Gewißheiten. Gerade die Unbestimmtheit der weichen Information läßt sich zur Einleitung von Veränderungen nutzen. In ihr sind sowohl das gerade noch Gewesene als auch das sich erst Abzeichnende enthalten. Beides weist über die Situation hinaus. Entsprechende Überlegungen, welche Form der Information angestrebt wird, sollte daher dem Einsatz von Übungen vorausgehen.

Generell sollte eine Diagnose von Machtstrukturen in einer Gruppe mehrere Ebenen berücksichtigen:

1. Nach welchen Kriterien wird Macht in dieser Gruppe verteilt, zugewiesen oder genommen?
2. Wie bildet sich zu einem bestimmten Zeitpunkt nach diesen Kriterien eine Machtstruktur heraus und wer besetzt darin welche Positionen?
3. Wie beeinflussen sich die Struktur der Gruppe als ganze und die Persönlichkeiten einzelner Gruppenmitglieder? So ist es zwar von der gesamten Figuration einer Gruppe abhängig, welchen Platz ein Individuum jeweils einnehmen wird, dennoch werden bestimmte »harte« (Geschlecht, Alter, beruflicher Status) und »weiche« (Verhaltensstil, Aussehen) Merk-

male die Zuweisung oder Einnahme dieses Platzes mitbestimmen.

4. Wie verändert sich im Verlauf eines Gruppenprozesses diese Machtstruktur, d. h. die Positionen und die zugrundeliegenden Kriterien?

Die Durchführung einer Übung hat Auswirkungen auf die Rollengestaltung des Trainers. Er gibt eine Struktur vor und leitet die Arbeit innerhalb dieser Vorgabe an. Damit tritt er aus dem Geschehen heraus und geht stärker in eine Expertenrolle. Dies wird in dem Moment zu einer Machtstrategie, wenn der Trainer mit einzelnen Teilnehmern verstrickt ist im Kampf um die Frage, wer die Gruppe leitet. Ein Autoritätskonflikt sollte auch als solcher ausgetragen werden in der unmittelbaren Auseinandersetzung zwischen Leiter und Teilnehmern. Versucht ein Leiter in dieser Situation mit der Machtstruktur der Gruppe unter Ausklammerung der eigenen Position zu arbeiten, so wird dies Widerstand hervorrufen oder zu Stellvertreterkämpfen führen. Schwierigkeiten ergeben sich auch, wenn der Leiter selber unmittelbar in den gleichen Zusammenhang eingebunden ist wie die Teilnehmer, also den gleichen Machtstrukturen unterworfen ist wie diese, z. B. Angehöriger der gleichen Firma ist, von seiten des Auftraggebers unter starkem Druck steht. Solche Eigeninteressen werden durch die Einnahme einer Expertenrolle kaschiert und damit ein wesentliches Element der zu untersuchenden Machtstruktur zum Verschwinden gebracht.

9.2 Übungen I: Strukturen und Figurationen

Stellbilder

Eine gute Möglichkeit der Arbeit mit Merkmalen einer Gruppe, die maßgeblichen Einfluß auf die Machtstruktur haben, bietet die Arbeit mit Stellbildern bzw. Tableaus. Sie ist variierbar und kann auf unterschiedliche Situationen und Gruppen angewendet werden. Besonders geeignet ist sie als Eingangsübung, also in neu entstehenden Gruppen. Sie schafft Aufmerksamkeit dafür, daß diese scheinbar unstrukturierte Situation von einer Vielzahl von vorgegebenen Bedingungen sowie von Werten und Wünschen der Teilnehmer vorbestimmt ist. Sie wirkt damit einer einseitigen Psychologisierung und Individualisierung von Problemlagen entgegen. Da es bei dieser Arbeitsform im Kern darum geht, nach bestimmten Kriterien Untergruppen zu bilden, verliert sie bei sehr kleinen Gruppen ihre Prägnanz. Über die Trainingssituation hinaus kann sie auch in Realgruppen wie z. B. größeren Teams eingesetzt werden.

Zwei Varianten lassen sich unterscheiden. Man kann die Kriterien vorgeben oder von den Teilnehmern erarbeiten lassen.

Gebe ich selber Kriterien vor, so wähle ich Merkmale, bei denen es wenig Schwierigkeiten bei der Zuordnung gibt oder die festgelegt sind, wie z. B. Geschlecht. Dieses Festgelegtsein ist Ärgernis und Entlastung in einem, je nachdem, ob ich es bekämpfe oder begrüße.

Als Kriterien lassen sich auch bestimmte Fragen formulieren, die für die jeweilige Gruppe als relevant angesehen werden, z. B.:

- Erfahrung mit Gruppendynamik – ja/nein
- bei Fortbildungen: Selbstzahler – ja/nein
- Teilnahme freiwillig – ja/nein

Weitere Kriterien können ausgewählt werden nach der Bedeutung für den speziellen Teilnehmerkreis. Neben Fragen nach Merkmalen lassen sich auch Fragen nach Werthaltungen oder Wünschen formulieren. Die Formulierung solcher Fragen überlasse ich jedoch den Teilnehmern.

Zu unterscheiden sind die Kriterien zudem danach, ob sie bipolar konstruiert sind wie Geschlecht bzw. mit ja/nein beantwortet

werden können, oder ob es sich eher um ein Kontinuum bzw. eine Rangfolge handelt wie z. B. das Alter. Während bipolare Merkmale neben der Unterscheidung in zwei Untergruppen die Gemeinsamkeit innerhalb der jeweiligen Gruppe schaffen, weisen Rangfolgen jedem einen Platz zu. Dies schafft eine andere Dynamik, die ich anschließend gesondert aufgreife. Will man Rangfolgemerkmale wie Alter dennoch in einem Stellbild verwenden, so lassen sich Untergruppen bilden z. B. nach dem Kriterium jünger/älter als... Um die Verteilung der Kriterien sichtbar zu machen, ordnen sich die Teilnehmer ihrer jeweiligen Untergruppe zu. In der Auswertung bieten sich wiederum zwei Wege an. Als Kennenlernübung kann sie dazu dienen, daß die Teilnehmer über die gemeinsame Zuordnung Kontakt zueinander aufnehmen können, der Austausch also vor allem innerhalb der Gruppe stattfindet. Ich selber nutze sie mehr für den Blick auf das Gesamtsystem und für die gleichzeitige Einführung von Unterschieden und Gemeinsamkeiten. Der Austausch findet also sowohl zwischen wie innerhalb der Gruppen statt und ermöglicht über den Eindruck der quantitativen Verteilung einen ersten Eindruck von Mehrheits- und Minderheitspositionen.
Der jeweiligen Auswahl der Kriterien sollte eine Einschätzung vorausgehen, bei welchen die Teilnehmer zur Auskunft bereit sind und welche sie für sich als relevant ansehen. So könnte es z. B. schwierig sein, am Anfang eines Seminars Informationen über die Freiwilligkeit der Teilnahme zu erfahren. Aber gerade deswegen stellen sie eine wichtige Information dar. Der Widerstand gegen die Beantwortung einer solchen Frage ließe sich wiederum nutzen zur Formulierung einer neuen Frage, z. B.: Wer hält diese Frage für nützlich, wer nicht. Die Fruchtbarkeit der Auswertung hängt ohnehin vom geduldigen und abwartenden Nachfragen ab.
In der zweiten Variante dieser Übung bestimmen die Teilnehmer selber die Kriterien, denen sie für die Zusammensetzung ihrer Gruppe Bedeutung zumessen. Man kann dies in kleinen Untergruppen vorbereiten lassen, wobei es der Leitung unbenommen bleibt, auch von ihrer Seite her Kriterien vorzuschlagen. Ein wesentlicher Vorteil liegt hier darin, daß schon die Auswahl der Kriterien und nicht erst ihre Auswertung Material für die Diagnose liefert. Sind sie z. B. eher auf den beruflichen oder eher auf den privaten Alltag bezogen? Schaffen sie eher verbindliche oder eher

unverbindliche Antwortmöglichkeiten? Sind sie eher vorsichtig oder eher direkt? Es sind dies erste Hinweise auf die sich herausbildende Gruppenkultur. Die Durchführung erfolgt wie in der ersten Variante (für den Einsatz dieser Übung vgl. S. 102 und S. 195).

Rangfolgen

Eine andere Wirkung entfaltet die Bildung von Reihen- bzw. Rangfolgen nach einem Kriterium, das auf einem Kontinuum angeordnet ist. Drei Beispiele möchte ich hierfür geben.
Alter stellt ebenso wie *Geschlecht* ein »objektives« Merkmal dar, das wir uns nicht aussuchen können. Es ist zwar üblich, zwischen biologischem und z. B. psychologischem Alter zu unterscheiden. Dies kann für die Beschreibung einer einzelnen Person eine sinnvolle Unterscheidung sein. Im Kontext einer Gruppe, in der das biologische Alter ein Verhältnis zwischen den einzelnen Teilnehmern konstruiert, bildet sich unabhängig von der Befindlichkeit des einzelnen über die Altersstaffelung ein zentrales Strukturmerkmal ab. Es werden die Randbereiche und das Zentrum sowie relative Abstände markiert. Da das Lebensalter zudem in bestimmte Phasen mit ihren jeweiligen Entwicklungsaufgaben eingeteilt werden kann, werden Abweichungen von »Normalbiographien« deutlich.
Der *berufliche Status*, gemessen nach dem Bildungsabschluß (z. B. Fachhochschule, Universität, Universität mit Zusatzausbildung) oder der beruflichen Position, liegt als Merkmal einer Rangfolge zugrunde, deren Realität in selbsterfahrungsorientierten Gruppen häufig abgewehrt wird, Zeichen für die Psychologisierung von sozialen Problemlagen. So heißt es oft, das Kriterium sei zu formal und sage nichts über die Person aus. Auch könne man es nicht eindeutig in eine Reihenfolge bringen. Dabei ist dieses Merkmal wie kaum ein anderes in unserer Gesellschaft Ausdruck und Ursache sozialer Ungleichheit.
Seniorität, d. h. die Dauer der Zugehörigkeit, bildet eine besondere Form der Rangfolge. Während sich unser Altersrang ohne unser Zutun verändert, berufliche Qualifikationen und Positionen in eingeschränktem Maße verändert werden können, so begründet sich Seniorität alleine auf der an einem Ort zugebrachten Zeit.

Von besonderer Bedeutung ist diese Rangfolge in Realgruppen, also z. B. in Teams oder in Abteilungen. Mancher Konflikt ergibt sich daraus, daß die Seniorität in Konflikt gerät mit anderen Rangfolgen wie der Leitungsstruktur oder der formalen Qualifikation der Gruppenmitglieder. Eine schon langjährig beschäftigte, aber ungelernte Sekretärin eines Teams besitzt nicht nur einen Informationsvorsprung vor den später dazugekommenen Mitgliedern, sie wird sich auch oft (zu Recht) als Trägerin der Geschichte und der Traditionen einer Einrichtung fühlen. Wird dies nicht in irgendeiner Form respektiert, so kann sich zwischen ihr und z. B. dem erst kürzlich eingesetzten neuen Leiter ein kräftezehrender Machtkampf ergeben. Ähnliche Kämpfe können auch zwischen Untergruppen, z. B. zwischen »alten Hasen« und neu hinzugekommenen Mitarbeitern, entstehen. Eine lange Verweildauer in einer Stelle oder Gruppe im Arbeitsfeld kann jedoch auch Zeichen dafür sein, daß alle anderen weitergewandert sind. Sie wird zum Ausdruck von Stagnation oder einem Karriereknick.
Besondere Aufmerksamkeit sollte darauf gerichtet werden, in welcher Form die verschiedenen Merkmale in Wechselwirkung treten, sich ergänzen, verstärken oder abschwächen. Ob z. B. die älteste Teilnehmerin zugleich die mit dem geringsten oder dem höchsten Bildungsabschluß ist, verändert ihr Selbstwertgefühl und ihre Einbindung in die Gesamtstruktur maßgeblich. Ähnliches spielt sich auf der Ebene von Untergruppen ab, wenn z. B. die Männer im Schnitt niedriger qualifiziert sind als die Frauen, beruflich aber die höhere Stellung einnehmen. Ihre Bedeutung gewinnen die einzelnen Merkmale erst in der Gesamtschau, d. h. in der Kombination mit anderen Merkmalen.
Begleite ich eine Gruppe über eine längere Zeit, so setze ich Stellbilder und Bildung von Rangfolgen am Anfang der gemeinsamen Arbeit ein. Komme ich jedoch neu in eine schon bestehende Gruppe hinein, sei es ein Kurs oder eine Realgruppe, so nutze ich beide Methoden zur Informationserhebung. Für eine lange bestehende Gruppe, in der sich die Beziehungen eventuell stark ritualisiert haben, eröffnet dies die Möglichkeit, sich über diese »objektiven« Merkmale quasi von »außen« anzuschauen und eine Entdramatisierung und Veränderung von festgefahrenen Beziehungskonstellationen einzuleiten.

Skulpturen

Eine der interessantesten und vielfältig einsetzbaren Arbeitsmethoden ist das Stellen von Skulpturen (vgl. Beispiel S. 240). Angelehnt an ähnliche Methoden in der systemischen Arbeit mit Familien, lassen sich mit ihrer Hilfe nicht nur diagnostische Bestandsaufnahmen machen, sondern sie leiten in der Regel unmittelbar Veränderungen ein oder zeigen Möglichkeiten und Richtungen für solche Veränderungen auf. Einsetzbar ist diese Arbeitsform nicht in den Anfangsprozessen einer neu entstehenden Gruppe. Ihr Ziel ist es, eine in seinen Grundrissen ausgebildete Beziehungsstruktur sichtbar zu machen. Mehr noch als bei anderen Methoden ist eine Reflexion der Stellung des Leiters vorab sinnvoll. Ebenso sorgfältig sollte der Zeitpunkt dieser Übung überlegt werden. Gut einsetzbar ist sie in Phasen der Stagnation des Gruppenprozesses. Häufig sind dann die unterschiedlichen Kräfte gegenseitig gebunden. Aus Angst vor phantasiertem oder tatsächlichem Machtverlust oder aus Angst, die zugeschriebene Macht zu nutzen, binden sich die Individuen oder verschiedene Untergruppen in einem lähmenden Gleichgewicht. Auch in Situationen, in denen eine Spaltung droht oder der Kampf zwischen Individuen oder Untergruppen überwiegt, läßt sich die Übung einsetzen.

Zwei Variationen lassen sich unterscheiden. Man kann den Mitgliedern einer Gruppe insgesamt vorschlagen, sich im Raum nach ihrer Selbsteinschätzung gemäß bestimmter Kriterien zu stellen, oder man wählt jemanden aus der Gruppe aus, der sein Bild der Gruppe nach diesen Kriterien stellt. Im ersten Fall erscheint die Darstellung »objektiver«, weil sie nicht an eine Person gebunden ist. Durch die unterschiedliche Interpretation der vorgegebenen Kriterien durch jedes einzelne Gruppenmitglied kann die Darstellung jedoch verschwommener werden, im schlechtesten Fall werden eventuelle Ergebnisse in der Diskussion ausschließlich auf diese Interpretationsunterschiede zurückgeführt. Im zweiten Fall wird das Bild im allgemeinen prägnanter, allerdings ist es schwierig, jemanden für diese Aufgabe zu finden. Geeignet ist hierfür ein Teilnehmer, der in der Gruppe ein hohes Ausmaß an Akzeptanz genießt, eventuell in der Position des sozial-emotionalen Führers ist und nicht in aktuelle Machtkämpfe verwickelt ist (z. B. die Betaposition im Sinne von Schindler 1957). Dies sind nach meiner

Einschätzung von Machtkonstellationen in der Regel nicht die Personen, die im Zentrum des Geschehens stehen, sondern eher eine Randposition einnehmen. Bei der Auswahl sollten eventuelle Folgen für den Ausgewählten mitbedacht werden, der sich, seine Einwilligung vorausgesetzt, durch die Veröffentlichung seines Bildes von der Gruppe angreifbar macht.

Sinnvoller als die vom Alltagsverständnis belastete Frage nach der Machtverteilung kann die »weichere« Fragestellung sein, wer in der Gruppe mehr oder weniger Einfluß auf das Geschehen hat. Falls nötig läßt sich die genauere Bedeutung der Kategorien Macht oder Einfluß mit dem Durchführenden aushandeln. Die Offenheit der Kategorie ist durchaus sinnvoll, um Interpretationsspielräume und Veränderungsmöglichkeiten zu eröffnen. Selbst eine subjektive Aufstellung nach den Kriterien Nähe und Distanz bietet noch genug Material zur Untersuchung von Machtkonstellationen.

Das Aufstellen einer Skulptur erfolgt ohne sprachlichen Austausch und sollte genügend Zeit lassen, unterschiedliche Konstellationen auszuprobieren. Es wird ohnehin bald deutlich werden, daß eine »Totalschau«, die für alle »richtig« ist, nicht möglich ist, sondern nur eine ausgewählte Momentaufnahme. Falls jemand die Skulptur aufbaut, sollte er die einzelnen Gruppenmitglieder an ihren Platz führen und sich nicht auf Platzanweisungen beschränken. Zusätzlich zum Ort im Raum kann die Blickregelung (gegebenenfalls Körper-, Arm-, Bein- und Kopfhaltung) vorgegeben werden. Der Durchführende gibt sich zum Schluß selbst einen Platz in der Skulptur.

Während der gesamten Auswertung verbleiben die einzelnen Gruppenmitglieder auf ihren Plätzen. Ich beginne mit einer Runde, in der ich jeden einzelnen in der Skulptur nach seinem Befinden und seiner Hauptorientierung an seinem jeweiligen Platz frage. Sinnvoll ist es, hierbei jeweils die Raumperspektive des Befragten einzunehmen, um ein Gefühl für die Konstellation zu gewinnen, wie sie sich von den individuell unterschiedlichen Standpunkten darbietet. Bei der Frage der Reihenfolge dieser ersten Befragung spielen mehrere Kriterien eine Rolle. Ich fange nicht bei den Positionen an, die von mir als zentral wahrgenommen werden. Ebenso gehe ich nicht in der Reihenfolge vor, in der die einzelnen Gruppenmitglieder stehen, sondern springe im Raum, um auf diese Weise den Blick auf die Figuration als ganze zu lenken.

Erscheint es mir sinnvoll, daß sich die emotionale Wirkung der Skulptur auf eine Person verstärkt, so warte ich mit der Befragung dieser Person ab, so daß die Antworten der anderen Gruppenmitglieder noch Wirkung entfalten können. Erscheint es mir angemessener zu entlasten, so mache ich dies gleich zu Anfang. Z. B. würde ich ein Gruppenmitglied, das durch die Gruppe in eine Außenseiterposition gedrängt erscheint, eher entlasten, jemanden, der sich selbst in eine Außenseiterposition stellt, eher durch Abwarten belasten. Auf jeden Fall werden alle angesprochen. Der Austausch läuft in dieser Phase über den Trainer, direkte Gespräche zwischen den Gruppenmitgliedern werden von mir erst einmal unterbrochen.

Soweit dies nicht schon in den einzelnen Rückmeldungen geschehen ist, geht es in einem zweiten Schritt darum, auf die Figuration als ganzes zu schauen. Gibt es ein »Oben« und »Unten«, ein »Nah« und »Fern«, ein »Zentrum« und eine »Peripherie«? Gibt es rivalisierende Zentren in Untergruppen mit eventuellen Satelliten und Mitläufern? Gibt es Außenseiterpositionen oder Chamäleons, d. h. Positionen, die durch ihre Uneindeutigkeit charakterisiert sind? Läßt sich eventuell ein Symbol oder ein Name für die Form der Skulptur finden? Gehen die Gruppenmitglieder auf die Auswertung ein, kann man den direkten Austausch untereinander eröffnen. Aufgabe des Trainers ist es jetzt, Verbindungen zwischen Personen, Positionen und Themen herzustellen und eventuellen Vermeidungs- und Umgehungsstrategien entgegenzuwirken. Ein Fokus der Aufmerksamkeit sollte während der gesamten Auswertung darauf gerichtet sein, welche offenen und verdeckten Kriterien der Macht bzw. des Einflusses, welche Machtmittel also in der Gruppe von Bedeutung sind.

Man kann die Auswertung an diesem Punkt beenden, die Skulptur auflösen, plenar noch eventuelle Reste ansprechen und sie dann einfach wirken lassen. Produziert die Skulptur bzw. die Auswertung einen großen Veränderungsdruck, so können die ersten Veränderungen direkt eingeleitet bzw. ausprobiert und eventuelle Lösungen gesucht werden, indem z. B. einzelne Gruppenmitglieder neue Positionen einnehmen, um auf diese Weise die potentielle Vielfalt an Konstellationen dem Erleben und Handeln zugänglich zu machen.

Falls die Skulptur von einer Einzelperson gestellt worden ist, sollte man sich dieser zum Schluß der Auswertung nochmals zuwenden, um zweierlei mögliche Entwicklungen anzusprechen. So kann es sein, daß der Durchführende aufgrund seiner jeweiligen Rückmeldung, die er durch die Positionierung jedem einzelnen gegeben hat, oder aufgrund der Führungsposition, die er durch das Stellen der Skulptur vorübergehend eingenommen hat, Gefühle von Wut, Neid oder Kränkung auf sich gezogen hat. Es könnte von einzelnen versucht werden, als unangenehm empfundene Ergebnisse der Skulptur durch eine Personalisierung im nachhinein auf den Durchführenden abzuladen. Hier kann sich nochmals zeigen, ob der Zeitpunkt der Übung und die Wahl des Durchführenden stimmig waren. Falls nötig, gebührt ihm in dieser Situation der Schutz der Leitung, da davon auszugehen ist, daß ein guter Teil der Affekte implizit der Leitung gelten und in dieser Situation auf den leichter angreifbaren Teilnehmer verschoben werden.
Der Blick sollte aber auch auf den Protagonisten selber gerichtet werden, da die Übung unabhängig von eventuellen feindseligen Reaktionen einzelner Gruppenmitglieder auf diesen eine verunsichernde und ängstigende Wirkung haben kann. Ich würde dies die Angst vor der Macht, ihren Möglichkeiten und den befürchteten Konsequenzen nennen. Im Zentrum liegt die Angst vor Beziehungsverlust, was in manchen Gruppen zur Verweigerung von einflußreichen Rollen insgesamt führen kann. Durch die Übung läßt sich verdeutlichen, wie produktiv die vorübergehende Einnahme einer solchen Rolle für die Gruppe als ganze sein kann. Erst dieser Schritt rundet die Übung ab, da deutlich wird, daß nicht nur mit Ohnmacht, sondern auch mit Macht Angst verbunden ist.

Seilübung

Stärker erlebnisintensivierend ist eine Übung, die in genialer Weise die gegenseitige Verknüpfung und Interdependenz aller Mitglieder in einer Gruppe lebendig werden läßt. Sie stammt ursprünglich aus der familientherapeutischen Arbeit von Virginia Satir und ist von einer Kollegin (M. Nellessen) auf die Arbeit mit Gruppen übertragen worden. Man braucht für diese Übung ein langes Seil (pro Teilnehmer mindestens 3 m), wie es zum Klettern und Abseilen benutzt wird. Alle Teilnehmer inklusive der Trainer stellen sich im gleichmäßigen Abstand von mindestens 1 m im Kreis auf, greifen das hinter ihnen liegende Seil, führen es um den Körper herum und knüpfen mit den beiden Schlingen eine Achterschlinge. Nachdem alle auf diese Weise miteinander verknüpft sind, hat die Gruppe bzw. haben die einzelnen Teilnehmer 10-15 Minuten Zeit, sich ohne zu sprechen im Raum zu bewegen. Jeder Teilnehmer kann die Übung durch sein Stopp unterbrechen, z. B. wenn sein Knoten aufgegangen ist oder er sich völlig im Seil verwickelt hat. In einem Training mit zwei Parallelgruppen fungiert jeweils eine Gruppe als Beobachter, die später ihre Rückmeldung gibt.

In der Übung zeigt sich in sehr körperlicher Art eine ganze Palette von Verhaltensweisen, Aktivität und Passivität, Krafteinsatz und Ausweichen, Randpositionen und Zentren, Umgang mit »Bindung«, Autonomiestreben und die Tendenz, sich zu verwickeln, etc. Die Auswirkung jeder dieser Verhaltensweisen auf die anderen verdeutlicht, daß es im Kontext einer Gruppe keine restlos autonome Haltung und Handlung gibt. Einen besonderen Aussagewert bekommt dies dadurch, daß dies auch die Trainer betrifft.

Die Übung braucht ein gewisses Ausmaß an gemeinsamer Erfahrung und angesammelter Energie und ist daher als Eingangsübung wenig geeignet. Aber schon am zweiten, sicherlich am dritten Tag eines Trainings ist sie einsetzbar. Durch die reale »Verknüpfung« so vieler verschiedener Aspekte stellt sie einen Vorgriff dar auf den weiteren Verlauf der gemeinsamen Arbeit. Ist das Training z. B. Teil einer längerfristigen Fortbildung, so wird noch Monate später auf diese Übung Bezug genommen werden.

Soziogramme

Der Einsatz von Soziogrammen in der Arbeit mit Gruppen geht auf J. L. Moreno (1953) zurück, einem der Pioniere der Gruppenpsychotherapie und Begründer des Psychodramas. Die Methode ist in ihren zum Teil sehr komplexen Variationen nicht nur in der Gruppenarbeit, sondern auch in der Forschung einsetzbar. Für die Gruppenarbeit eignen sich die weniger komplexen Variationen. Einige Beispiele möchte ich vorstellen.

Das *Schuhsoziogramm* ist ohne besondere Vorbereitung einsetzbar und erlaubt in kleineren Gruppen bis ca. 12 Personen eine schnelle Informationserhebung. Es wird eine Frage formuliert, z. B. wer hat aus meiner Sicht Einfluß in dieser Gruppe? Jeder kann seine zwei Schuhe als Antworten bei den anderen Gruppenmitgliedern verteilen. Die Antwortmöglichkeiten sind erweiterbar, indem man die Ausrichtung als Aussagemöglichkeit miteinbezieht, z. B.: Zeigt der Schuh mit der Spitze auf die Person – großer Einfluß; zeigt er mit der Ferse – geringer Einfluß. Da nur zwei Schuhe zur Verfügung stehen, ist die mögliche Informationsmenge begrenzt. Dies geht am ehesten zu Lasten von mittleren Positionen, vor allem wenn die Antwortmöglichkeit polar (mehr/weniger) formuliert ist. Das so produzierte Bild ist daher oft überprägnant und läßt die Spitzenreiter besonders hervortreten.

Ein *Liniensoziogramm* ist besonders gut einsetzbar, um Beziehungsnetze sichtbar zu machen. Auf einem großen Blatt markiert jedes Gruppenmitglied seine Position angeordnet in einem Kreis. Als nächstes können bestimmte Beziehungsarten und -qualitäten (z. B. formelle/informelle Kontakte, beruflich/private Kontakte, Nähe/Distanz) durch verschiedenfarbige Linien dargestellt werden, die zwischen den Personen gezogen werden. Es entsteht so ein immer dichter werdendes Netz von Verbindungen. Ab einer bestimmten Komplexität kann dieses Netz im Detail nicht mehr ausgewertet werden, sondern läßt sich nur noch als Gesamtbild behandeln. Welche Beziehungsarten überwiegen? Was sagt das für die Gruppe als ganze aus?

Ein *Soziometrie-Fragebogen* ermöglicht die Erhebung von Informationen in mehreren Dimensionen, z. B.: Wen möchte ich gerne/auf keinen Fall als Chef, als Mitarbeiter, als Mitreisenden im Urlaub, als Mitbewohner etc.? Ein solcher Fragebogen muß vorbereitet sein, und es ist zudem relativ aufwendig, die anfallende Informationsmenge für die gesamte Gruppe sichtbar zu machen. Sie ist daher eher für Einzelrückmeldungen geeignet und nicht so sehr für die Darstellung der Gruppe als ganze. Dies gilt im Prinzip für alle Formen der Informationserhebung durch Fragebögen.

9.3 Übungen II: Kontextveränderung und Kontexterweiterung

Erlebnisweisen und Sichtweisen hängen mit dem Kontext zusammen, in dem sie stattfinden, bzw. mit der Art der Erlebnis- und Beobachterpositionen, die dieser Kontext zur Verfügung stellt. Um einer Gruppe neue Informationen zur Verfügung zu stellen, kann es sinnvoll sein, diesen Kontext zu verändern. Dafür bietet sich eine Reihe von Übungen an, die aufgrund ihrer Struktur eine reflexive Haltung schaffen.

Innenkreis/Außenkreis

Der Kreis als Sitzordnung ist in einer Gruppe Symbol für die Gemeinsamkeit des Kontextes. Durch die Aufteilung in einen Innen- und einen Außenkreis läßt sich dieser Kontext verändern und eine vorübergehende Metaposition einführen. Voraussetzung dafür ist die Aufteilung in zwei Untergruppen. Dies können bestehende Untergruppen sein, sofern sie sichtbar und bekannt sind. Es können aber auch speziell für diesen Zweck gebildete Gruppen sein. Die Teilgruppe im Außenkreis geht in die stumme Beobachterposition, während der Innenkreis aktiv ist. Da es sich bei diesem Innenkreis nur um einen Teil der gesamten Gruppe handelt, läßt sich der gemeinsame Prozeß nicht einfach fortführen. Dies legt es den Mitgliedern des Innenkreises nahe, nicht im bisherigen Prozeßfluß zu verbleiben, sondern über diesen Prozeß zu reden. Hierfür müssen Positionen, die in den Außenkreis gerutscht sind, eventuell in Stellvertreterfunktion mit übernommen werden. Bleibt der Innenkreis jedoch auf der Ebene des Prozesses, so wird dem Außenkreis aufgrund seiner verordneten Handlungsabstinenz ermöglicht, Konfliktlinien quasi von außen zu betrachten. Nach einem Wechsel der Rollen (der Innenkreis wird zum Außenkreis und umgekehrt) können die neugewonnenen Sichtweisen wieder in den gemeinsamen Kontext eingeführt werden.

Gruppe beobachtet Gruppe

In erweiterter Form läßt sich diese Struktur nutzen, wenn zwei Gruppen parallel arbeiten. In diesem Fall ist die beobachtende

Gruppe nicht selber Teil des Prozesses, den sie beobachtet. Der dadurch bedingte Mangel an Informationen über Hintergründe und Vorgeschichte des Geschehens lenkt die Aufmerksamkeit auf die aktuelle Interaktion sowie auf Merkmale, die bei der beobachteten Gruppe schon in die Schicht der Handlungsselbstverständlichkeiten abgesunken sind und in diesem Sinne einen Teil der Gruppenkultur ausmachen, der nicht oder nicht mehr reflektierbar ist. Nach einem Beobachtungszeitraum, der lang genug ist (ca. 45 min), damit die Teilnehmer im Innenkreis aus der Irritation über das Beobachtet-Werden hinaus und in ihren Prozeß hineingehen können, gibt der Außenkreis Rückmeldung und führt dadurch bei der beobachteten Gruppe neue Sichtweisen ein.
Die beobachteten Teilnehmer brauchen auf jeden Fall die Möglichkeit, die Rückmeldungen zu verarbeiten, da diese latente Strukturen und tabuisierte Themen ansprechen und damit bei den Betroffenen heftige Gefühle auslösen können. Kontraindiziert ist diese Übung, falls es starke Rivalitäten zwischen den Gruppen gibt, da dann die Rückmeldungen den Charakter einer Abrechnung bekommen können. Das Einfließen solcher Rivalitäten und Animositäten in die Rückmeldungen läßt sich jedoch nicht völlig vermeiden. Während sich die davon betroffene Gruppe häufig gegen solche Rückmeldungen zusammenschließt, kann dies in der beobachtenden Gruppe zu Konflikten führen. Die Aggressivität solcher Rückmeldungen speist sich aus Konflikten und Gefühlen der Unterlegenheit in der eigenen Gruppe. Wenigstens den anderen kann man es dann »einmal richtig zeigen«.
Wird diese Übung eingesetzt, braucht es genügend Zeit, daß jede Gruppe sowohl einmal in die Beobachterposition als auch in die beobachtete Position kommt, da sonst die Beobachterposition zum Machtvorteil wird und dadurch ihre reflexive Funktion verliert.

Trainer-Wechsel

Eine Kontextveränderung läßt sich auch herbeiführen, indem die herausgehobene Figur des Trainers zwischen Gruppen gewechselt wird. Die Wirkungen sind auf mehreren Ebenen angesiedelt. Zum einen wird eine neue Beobachterperson eingeführt, die ähnlich der vorhergehenden Übung neue Informationen zuführen kann. Da es sich aber gleichzeitig um eine herausgehobene Figur handelt, bekommt zum anderen auch die Klärung des Verhältnisses zum Trainer neue Impulse. So können die Gruppenmitglieder entdecken, daß der »eigene« Trainer schon mehr Teil der Gruppe ist, als sie bislang wahrgenommen haben. Eventuell wird der »Neue« als Eindringling erlebt. Werden dem Besucher-Trainer ähnliche Gefühle entgegengebracht wie dem bisherigen Trainer, so wird die gegenüber der spezifischen Persönlichkeit unabhängige Wirkung der Rolle deutlich. Eingefahrene Konflikte zwischen Gruppe und Trainer kommen dadurch neu in Bewegung.

Der Trainer-Wechsel kann auch für die Trainer wertvolle Rückmeldungen enthalten. Sie bemerken auf einmal ihre Besitz- und Versorgungsansprüche gegenüber der »eigenen« Gruppe. Wird die Gruppe auch »gut genug« und »angemessen« behandelt? Die Erkenntnis, daß die Gruppe auch ohne einen weiter existiert und sogar gut weiterarbeitet, korrigiert die eigenen Größenphantasien. Vom Trainer künstlich aufrechterhaltene Machtunterschiede zwischen ihm und der Gruppe können durch die Ähnlichkeit des Erlebens, daß Konkurrenzgefühle nicht nur zwischen den Gruppen, sondern auch zwischen den Trainern existieren, einer Veränderung zugeführt werden. Gibt es allerdings heftige unausgetragene Konflikte zwischen den Trainern, so sollten diese auch dort geklärt werden. Ein Trainerwechsel bringt dann die Gefahr mit sich, daß die Rivalitäten auf dem Rücken der Gruppe ausgetragen werden, indem man ihr z. B. zeigt, wie ein »richtiger« Trainer arbeitet, Rückmeldungen gibt etc.

Geschlechtshomogene (Verschnitt-)Gruppen

Die vorübergehende, nur einmalige Arbeit in einer Männer- und einer Frauengruppe ermöglicht paradoxerweise eine Kontexterweiterung durch eine Kontextverengung. Die Aufteilung einer Gruppe bzw. die Mischung verschiedener Gruppen nach Geschlecht schafft eine größere Homogenität und stellt insofern eine Verengung dar. Eine Erweiterung kann dies in zweierlei Hinsicht bedeuten. Zum einen kann durch die Abwesenheit die Rolle des anderen Geschlechts deutlicher werden, zum anderen müssen jetzt Rollen, die vorher zwischen den Geschlechtern aufgeteilt bzw. unterschiedlich besetzt waren, innerhalb der Geschlechtsgruppe neu

verteilt werden. Dies betrifft nicht nur die Aufteilung von (handlungsorientierten) Rollen, von Einfluß und Führung, sondern auch die Aufteilung von Gefühlslagen, die im Mit-, Neben- oder Gegeneinander der Geschlechter zugewiesen werden.
Die Erkenntnis, die eine derartige Kontextveränderung mit sich bringt, kann für Männer und Frauen durchaus unterschiedlich sein. In der Regel wird aufgrund eines damit verbundenen Solidarisierungseffektes die Gruppe, die sich unterlegen fühlt, davon mehr profitieren als die andere. Häufiger sind dies die Frauen (vgl. Beispiel S. 234 f.). Daß sich gesellschaftliche Realität und Gruppenrealität jedoch nicht völlig gleichen bzw. decken müssen, ist schon im letzten Kapitel verdeutlicht worden. Sind die Männer in der Lage, ihrerseits Gefühle von Bedrohung, Schwäche und Machtlosigkeit zu artikulieren, so können sie gleichfalls diesen Solidarisierungseffekt für sich nutzen, um bislang abgespaltene Gefühlslagen zu integrieren.
Eine derartige Aufteilung in Untergruppen läßt sich auch nach anderen relevanten Merkmalen vornehmen mit strukturell ähnlichen Wirkungen wie den geschilderten. Sie ist jedoch dann zumeist weniger prägnant, da sie nicht in der Weise mit Identität verbunden ist wie das Merkmal Geschlecht.

Selbstbild/Fremdbild

Während in der vorherigen Anordnung die Aufmerksamkeit der (geschlechtshomogenen) Untergruppen nach innen gerichtet wurde, so läßt sich eine solche Aufteilung auch nutzen, um etwas über die gegenseitigen (Feind-)Bilder und projektiven Besetzungen zu erfahren. In einer direkten Form läßt man die Mitglieder der jeweiligen Gruppen ihre Bilder voneinander austauschen, mit allen Zuschreibungen und Phantasien, die dazugehören. Die Freisetzung von Affekten, die in diesen Bildern gebunden sind, ermöglicht neue Bewegung. Eine zusätzliche Dimension wird sichtbar, wenn man eine Gruppe A über die Bilder phantasieren läßt, von denen sie glaubt, daß die Gruppe B sie über Gruppe A hat. Diese den anderen unterstellten Bilder – teils zutreffend, teils projektiv aufgeladen – liefern nicht nur Informationen über angenommene Fremdbilder von Gruppe B, sondern auch über das Selbstwertgefühl der Gruppe A, das sie Gruppe B als Fremdbild anhängt (vgl. Beispiel S. 238). Projektionen und Abspaltungen können als solche deutlich und durch ihre Verbalisierung einer Veränderung zugeführt werden.

Position in der Geschwisterreihe

Will man die Erfahrungen in der Gruppe mit biographischem Material in Beziehung setzen, so bietet sich hierfür die Frage nach der Geschwisterposition an (Ältester, Mittlerer, Jüngster, Einzelkind). Unabhängig davon, ob man mit Übertragungsphänomenen unmittelbar arbeitet, läßt sich so ein neuer Kontext herstellen, der Unterschiede und Gemeinsamkeiten definiert. So kann es aufschlußreich sein festzustellen, ob Konflikte in der Gruppe eher innerhalb oder eher zwischen diesen Teilgruppen angesiedelt sind.
Mit den jeweiligen Positionen sind zudem idealtypische Rollenzuteilungen verbunden, die sich ganz ähnlich in Gruppen finden und daher dazu genutzt werden können, das Geschehen aus dieser Perspektive zu beschreiben (Bank, Kahn 1990 Toman 1987). Hier einige Beispiele für solche Rollenzuschreibungen: Älteste – Vorkämpfer, Kontrolleure, Mitverantwortliche. Jüngste – haben es leichter gehabt, Clowns, Unterlegene. Mittlere – Vermittler, zwischen den Fronten, geraten leicht in Loyalitätskonflikte. Einzelkind – isoliert, elternfixiert, ansprüchlich. Arbeitet man mit bzw. in solchen Untergruppen, so ist der Austausch innerhalb wie zwischen den Gruppen von gleicher Fruchtbarkeit und Wichtigkeit.

Arbeit mit Bildern

Eine kreative Möglichkeit, assoziatives Material zu erheben, ist die Arbeit mit Bildern. Von den vielfältigen Einsatzmöglichkeiten möchte ich eine aufführen, in der es um die Darstellung der Gruppe als ganze geht. Je nach Gruppengröße werden Untergruppen von ca. vier bis sieben Mitgliedern gebildet, die ca. 45 Minuten Zeit bekommen, in einem gemeinsamen Bild die Gesamtgruppe zu malen. Die Produktion von mindestens zwei bis maximal vier Bildern sorgt für die nötige Vielfalt der Perspektiven. Um eine Verbindung zwischen den Untergruppen herzustellen, wird das Bild unter eine gemeinsames Thema gefaßt. Gut geeignet ist z. B. das Thema »Die Gruppe als Boot«. Aber auch andere Themen sind denkbar, solange sie es ermöglichen, eine Vielzahl von unterschiedlichen Rollen zu definieren, denn ein wichtiger Teil der Aufgabe ist es, jedes Gruppenmitglied gesondert darzustellen. Das Bootsthema erlaubt z. B. die Darstellung einer Vielzahl von Rollen (Kapitän, Steuermann, Ausguck, Passagier, Koch, Schiffsjunge) und kann selbst wieder variiert werden (Dampfer, Segeljacht, Kutter etc.).

Die Auswertung erfolgt in mehreren Schritten. Im ersten Schritt werden die Bilder einzeln aufgehängt, und die jeweils am Malen dieses Bildes nicht Beteiligten können frei assoziieren. Im zweiten Schritt können die Mitglieder der jeweiligen Gruppe ihr eigenes Bild und die Reaktionen darauf kommentieren. In einem dritten Schritt lassen sich die Bilder nochmals als verschiedene Facetten des Erlebens dieser Gruppe besprechen. Die Übung erlaubt einen guten Einblick in das Ausmaß der Rollendifferenzierung zwischen den Teilnehmern, in die Bewertung dieser Rollen und eventuelle Funktionszusammenhänge. Führungsrollen, Außenseiter und Untergruppen werden gut sichtbar. Aussagekräftig ist auch die Darstellung der Trainer. Kommen sie überhaupt vor? Sind sie auf dem Boot oder außerhalb? In welcher Position? Der Gesamteindruck des Bildes bietet Material zur Gruppenatmosphäre (stürmische See, kleines Boot, anonymer Dampfer, leeres Deck etc.). Trotz des spielerischen Charakters der Übung können die Rückmeldungen, die solche Bilder enthalten, bei einzelnen Emotionen hervorrufen, zu deren Bearbeitung in einem anderen Kontext als dem, in dem die Bilder vorgestellt wurden, Zeit zur Verfügung stehen sollte. Die Gefahr der Arbeit mit solchen Bildern liegt darin, daß sie Rollenzuschreibungen verfestigen, d. h. weiche zu harten Daten machen. Sie ist daher kontraindiziert, wenn die Stimmung stark aufgeladen ist und sowohl das Malen selber als auch die assoziative Auswertung dazu genutzt wird, aus der Deckung heraus diese Affekte aufeinander abzuladen.

Darstellung im Spiel

Weniger festschreibend als die Arbeit mit Bildern ist die Darstellung der Gruppensituation, relevanter Themen, der Gruppengestalt oder der Entwicklung der Gruppe im Spiel, bleibt sie doch eine Momentaufnahme, von der nach ihrer Präsentation nichts übrigbleibt als erinnerte Spielszenen. Von der Durchführung ist sie etwas anders strukturiert wie die vorherige Übung. Einer Vorbereitung in Untergruppen folgt die Darstellung in der Gesamtgruppe. Ein gemeinsames Rahmenthema muß nicht, kann aber vorgegeben werden. Schließt man die Sammlung von Assoziationen unmittelbar an die Darstellung an, so sollte sie knapp gehalten werden, da sie sonst zu sehr die folgenden Darstellungen beeinflußt. Entscheidet man sich für den Austausch erst nach allen Darstellungen, wird zwar die Beeinflussung verhindert, die einzelnen Szenen verfließen aber schnell ineinander und es geht Material verloren.

Schriftliche Auswertungen

Die schriftliche Form der Auswertung der gemeinsamen Arbeit erscheint als Form so geläufig, daß über sie nur selten ein Wort verloren wird, obwohl sie in der Arbeit im gruppendynamischen Training eine der am häufigsten gewählten Formen ist. Angesprochen sind hier nicht die diversen Formen der Visualisierung, wie z. B. das Arbeiten mit Metaplan oder das Erstellen von graphisch gut gestalteten Übersichten und Gliederungen. Sie sind in bestimmten Bereichen nützlich. Der Umgang damit kann in anderen Quellen nachgelesen werden. Beide Formen suggerieren aufgrund ihrer hohen Strukturierung mehr Ordnung und mehr scheinbare Eindeutigkeit, als in der Regel vorhanden sind.
Von Interesse ist in diesem Zusammenhang, daß allein durch die Verschriftlichung von Erlebtem die Einnahme einer reflexiven Haltung begünstigt wird. Und sie wirkt nicht so sehr wie die anderen geschilderten Übungen noch während der Durchführung wieder in den Prozeß zurück. Die Verschriftlichung hilft bei der Verlangsamung von Prozessen bzw. unterbricht diese. Eine solche Verlangsamung kann bei starken Konflikten sinnvoll sein, wenn diese dadurch nicht wegstrukturiert werden. Gut paßt die schriftliche Form zur Zwischen- oder Schlußbilanz in der Gruppenarbeit.
Eine *Prozeßanalyse* kann selten auf eine Verschriftlichung verzichten. Um verschiedene Perspektiven zu ermöglichen, aber meist auch aus Gründen der Gruppengröße (vier bis acht), ist eine

Arbeit in Untergruppen sinnvoll. Einige zentrale Fragekategorien möchte ich anführen.

In welchen Arbeitsformen ist gearbeitet worden?

Welche Themen sind behandelt worden?

Wie war die Atmosphäre und wie hat sie sich verändert?

Wie hat sich das Verhältnis zur Leitung gestaltet und verändert?

Welche Themen wurden umgangen bzw. waren tabu?

Das gilt auch für eine *Analyse des Umgangs mit Werten und Normen*. Vier Fragekomplexe möchte ich unterscheiden.

Was gibt es offiziell bzw. inoffiziell für Normen und Werte?

Welche davon sind eher diffus und welche eher klar formuliert?

Wie sind die Reaktionen bei Abweichung und Regelübertretung?

Welche von diesen Werten und Normen sind fest und welche verhandelbar?

Literaturverzeichnis

Adler, Alfred (1966), Menschenkenntnis, Frankfurt.

Adorno, Theodor W. (1970), Minima Moralia. Reflexionen aus dem beschädigten Leben, Frankfurt (zuerst 1959).

Ders. (1973), Studien zum autoritären Charakter, Frankfurt.

Altenkirch, Brigitte (1989), Die Moral des Nicht-Verletzens in Arbeitsbeziehungen von Frauen, in: Christina Thürmer-Rohr (Hg.), Mittäterschaft und Entdeckungslust, Berlin, S. 104–115.

Antoch, Robert F. (1989), Von der Kommunikation zur Kooperation. Studien zur individualpsychologischen Theorie und Praxis, Frankfurt.

Antons, Klaus (1972), Zum sogenannten Autoritätsproblem in gruppendynamischen Laboratorien, in: GP/GD 5, S. 297–307. Auch in Annelise Heigl-Evers, S. 49–57.

Ders. (1992[5]), Praxis der Gruppendynamik, Göttingen.

Arbeitsgruppe Bielefelder Soziologen (1973) (Hg.), Alltagswissen, Interaktion und gesellschaftliche Wirklichkeit, 2 Bde., Hamburg.

Arendt, Hannah (1970), Macht und Gewalt, Frankfurt.

Bachmann, Claus Henning (1981) (Hg.), Kritik der Gruppendynamik. Grenzen und Möglichkeiten sozialen Lernens, Frankfurt.

Bales, Robert F. (1972), Instrumentelle und soziale Rollen in problemlösenden Experimentalgruppen, in: Kunczik, Michael, Führung. Theorien und Ergebnisse, Düsseldorf, S. 199–214 (zuerst 1958).

Bank, Stephen P.; Kahn, Michael D. (1991), Geschwisterbindung, Paderborn.

Barz, Helmut (1984), Männersache. Kritischer Beifall für den Feminismus, Zürich.

Bauman, Zygmunt (1992), Moderne und Ambivalenz. Das Ende der Eindeutigkeit, Hamburg.

Baumgardt, Ursula (1987), König Drosselbart und C. G. Jungs Frauenbild. Kritische Gedanken zu Anima und Animus, Olten/Freiburg i. B.

Dies. (1991), Zwischen Idealisierung und Entwertung. Das Frauen und Männerbild in der Psychologie C. G. Jungs, in: GP/GD H. 3, S. 223–232.

Beck, Dieter (1992), Kooperation und Abgrenzung. Zur Dynamik von Intergruppenbeziehungen in Kooperationssituationen, Wiesbaden.

Beck, Ulrich (1974), Objektivität und Normativität. Die Theorie-Praxis-Debatte in der modernen deutschen und amerikanischen Soziologie, Reinbek.

Ders. (1986), Risikogesellschaft. Auf dem Weg in eine andere Moderne, Frankfurt.

Ders.; Beck-Gernsheim, Elisabeth (1990), Das ganz normale Chaos der Liebe, Frankfurt.

Beck-Gernsheim, Elisabeth (1980), Das halbierte Leben. Männerwelt Beruf – Frauenwelt Familie, Frankfurt.

Dies. (1983), Vom »Dasein für andere« zum Anspruch auf ein »eigenes Leben«. Individualisierungsprozesse im weiblichen Lebenszusammenhang, in: Soziale Welt H. 3, S. 307–340.

Bell, Karin (1994), Frauen in Gruppen: Emanzipation oder Anpassung? in: GP/GD H. 2, S. 115–126.

Benjamin, Jessica (1990), Die Fesseln der Liebe. Psychoanalyse, Feminismus und das Problem der Macht, Basel.

Bennis, Warren G. (1972), Entwicklungsmuster der T-Gruppe, in: L. P. Bradford, J. R. Gibb, K. D. Benne, S. 270–300.

Berger, Peter; Luckmann, Thomas (1966), Die gesellschaftliche Konstruktion der Wirklichkeit, Frankfurt.

Berne, Eric (1972), Spiele der Erwachsenen. Psychologie der menschlichen Beziehungen, Reinbek.

Ders. (1992), Was sagen Sie, nachdem Sie ›Guten Tag‹ gesagt haben? Psychologie des menschlichen Verhaltens, Frankfurt.

Bernsdorf, Wilhelm (Hg.) (1972), Wörterbuch der Soziologie, Bd. 1, Frankfurt, Stichwort Autorität.

Bierhoff, Hans Werner (1986), Personenwahrnehmung. Vom ersten Eindruck zur sozialen Interaktion, Berlin.

Bion, Wilfrid R. (1974), Erfahrungen in Gruppen und andere Schriften, Stuttgart.

Boszormenyi-Nagy, Ivan; Spark, Geraldine M. (1981), Unsichtbare Bindungen. Die Dynamik familiärer Systeme, Stuttgart.

Bourdieu, Pierre (1982), Die feinen Unterschiede. Kritik der gesellschaftlichen Urteilskraft, Frankfurt.

Ders. (1992), Von der Regel zu den Strategien, in: Ders., Rede und Antwort, Frankfurt, S. 79–98.

Bouveresse, Jacques (1993), Was ist eine Regel, in: Gunter Gebauer, Christoph Wulf, Praxis und Ästhetik. Neue Perspektiven im Denken Pierre Bourdieus, Frankfurt, S. 41–57.

Bradford, Leland P.; Gibb, Jack R.; Benne, Kenneth D. (1972), T-Gruppentheorie und Laboratoriumsmethode, Stuttgart.

Brandes, Holger (1990a), Männer unter sich. Darstellung des Verlaufs einer analytischen Männergruppe, in: Ders., Christa Franke, S. 115–154.

Ders. (1990b), Die männliche Matrix. Überlegungen zur männlichen Identität, männlichen Beziehungsformen und therapeutischen Männergruppen, in: Ders., Christa Franke, S. 155–177.

Ders.; Franke, Christa (1990) (Hg.), Geschlechterverhältnisse in Gesellschaft und Therapie, Münster.

Brose, Hans Georg; Hildenbrand, Bruno (1988) (Hg.), Vom Ende des Individuums zur Individualität ohne Ende, Leverkusen.

Brück, Horst (1978), Die Angst des Lehrers vor seinen Schülern, Hamburg.
Bucher, Rue; Strauss, Anselm (1972), Wandlungsprozesse in Professionen, in: Thomas Luckmann; Walter Michael Sprondel (Hg.), Berufssoziologie, Gütersloh, S. 182–197.
Büttner, Christian (1985), Lehrerautorität, in: GP/GD, S. 136–146.
Butler, Judith (1991), Das Unbehagen der Geschlechter, Frankfurt.
Canetti, Elias (1992), Masse und Macht, Frankfurt.
Cecchin, Gianfranco (1988), Zum gegenwärtigen Stand von Hypothisieren, Zirkularität und Neutralität: Eine Einladung zur Neugier, in: FD, Hf. 3, S. 190–203.
Chodorow, Nancy (1985), Das Erbe der Mütter. Psychoanalyse und Soziologie der Geschlechter, München.
Cicourel, Aaron (1973), Basisregeln und normative Regeln im Prozeß des Aushandelns von Status und Rolle, in: Arbeitsgruppe Bielefelder Soziologen, Bd. 1, S. 147–188
Coser, Lewis A. (1965), Theorie sozialer Konflikte, Neuwied (orig. 1956).
Claessens, Dieter (1968), Rolle und Macht, München.
Ders. (1977), Gruppe und Gruppenverbände. Systematische Einführung in die Folgen von Vergesellschaftung, Darmstadt.
Ders. (1980), Das Konkrete und das Abstrakte. Soziologische Skizzen zur Anthropologie, Frankfurt.
Ders. (1983), Die Gruppe unter innerem und äußerem Organisationsdruck, in: Friedhelm Neidhardt, S. 484–496.
Cohen, Stanley; Taylor, Laurie (1977), Ausbruchsversuche. Identität und Widerstand in der modernen Lebenswelt, Frankfurt.
Crozier, Michel; Friedberg, Erhard (1979), Macht und Organisation. Die Zwänge kollektiven Handelns, Königstein.
Däumling, Adolf Martin (1968/1970), Sensitivity Training, in: Oliver König (1997²), S. 18–39.
Ders.; Fengler, Jörg; Nellessen, Lothar; Svensson, Axel (1974), Angewandte Gruppendynamik, Stuttgart.
Dahl, Robert (1957), The Concept of Power, in: Behavioral Science, Bd. 2, S. 201–215.
de Shazer, Steve (1992²), Der Dreh. Überraschende Wendungen und Lösungen in der Kurzzeittherapie, Heidelberg.
Dinnerstein, Dorothy (1979), Das Arrangement der Geschlechter, Stuttgart.
Doebert, Rainer (1988), Männliche Moral – weibliche Moral? in: Uta Gerhard; Yvonne Schütz (Hg.), Frauensituationen. Veränderungen in den letzten 20 Jahren, Frankfurt, S. 81–113.
Doppler, Klaus (1987), Instrumentelle vs. reflexive Gruppendynamik – Eine falsche Dichotomie? Anmerkungen zu einem umstrittenen Thema, in: GD H. 2, S. 133–140.

Ders. (1993), Gruppendynamik und Organisationsentwicklung im Spannungsfeld der Macht – Chancen und Gefährdungen eines handlungsorientierten Ansatzes, in: Oliver König (1997²), S. 287–298.

Dornes, Martin (1993), Der kompetente Säugling. Die präverbale Entwicklung des Menschen, Frankfurt.

Dorst, Brigitte (1981), Das Problem der Qualifikation und der Kompetenz in der Gruppendynamik, in: Oliver König (1997²), S. 301–313.

Dies. (1981b), Frauengruppen – Utopien und Ressentiments im Ghetto oder politische Veränderungskraft? in: GD H. 3, S. 208–220.

Dies. (1990), Analytische Arbeit mit geschlechtshomogenen Gruppen: Arbeit mit Frauengruppen, in: GP/GD H. 3, S. 259–271.

Dies. (1994), Gruppendynamik als Einübung einer neuen Beziehungskultur zwischen den Geschlechtern, in: GD H. 1, S. 39–46.

Dreitzel, Hans Peter (1980), Die gesellschaftlichen Leiden und das Leiden an der Gesellschaft. Vorstudien zu einer Pathologie des Rollenverhaltens, Stuttgart.

Dubiel, Helmut (1994), Ungewißheit und Politik, Frankfurt.

Dux, Günter (1992), Die Spur der Macht im Verhältnis der Geschlechter, Frankfurt.

Ebbecke-Nohlen, Andrea; Schweizer, Jochen (1992), Macht der ›kleine Unterschied‹ einen Unterschied? Eine Diskussion über die Geschlechterperspektive in der systemischen Familientherapie, in: Jochen Schweitzer, S. 206–232.

Eckert, Roland (1983), Sind anomische Prozesse institutionalisierbar? Gedanken zu einigen Voraussetzungen, Funktionen und Folgen von Selbsterfahrungsgruppen, in: Friedhelm Neidhardt, S. 144–155.

Edding, Cornelia (1988a), Die Domestizierung der Gruppendynamik, in: Oliver König (1997²), S. 77–94.

Dies. (1988b), Verkaufte Gefühle. Balanceakte in der Trainerrolle, in: Oliver König (1997²), S. 314–327.

Elias, Norbert (1939), Über den Prozeß der Zivilisation, 2 Bde. Basel.

Ders. (1970), Was ist Soziologie? München.

Ders. (1987), Die Gesellschaft der Individuen, Frankfurt.

Ders. (1990), Engagement und Distanzierung. Arbeiten zur Wissenssoziologie I, Frankfurt.

Ders.; Scotson, John L. (1993), Etablierte und Außenseiter, Frankfurt.

Elteren, Mel van (1990), Gehorsam, Autorität und Ideologie. Die niederländische Debatte über Experimente des Milgram-Typs, in: GD H. 4, S. 419–438.

Erikson, Erik H. (1973), Identität und Lebenszyklus, Frankfurt.

Fengler, Jörg (1975), Verhaltensänderung in Gruppenprozessen. Heidelberg.

Ders. (1981a), Grenzen der Gruppendynamik, in: C. H. Bachmann (Hg.), Kritik der Gruppendynamik, Frankfurt, S. 118–156.

Ders. (1981b), Der sogenannte »Außenseiter«: Drei theoretische Positionen, in: GD H. 2, S. 105–117.

Ders. (1986), Soziologische und sozialpsychologische Gruppenmodelle, in: Hilarion Petzold, R. Frühmann (Hg.), Das Konzept Gruppe in Psychotherapie und psychosozialer Praxis, Paderborn, S. 33–108.

Ders. (1989), Indikation und Kontraindikation für den Einsatz gruppendynamischer Übungen, in: Oliver König (1997[2]), S. 247–262.

Ders. (1991), Helfen macht müde. Zur Analyse und Bewältigung von Burnout und beruflicher Deformation, München.

Ders. (1995), Konkurrenzprozesse in Selbsterfahrungsgruppen, in: GP/GD H. 1, S. 41–60.

Fischer, Hans Rudi; Retzer, Arnold; Schweitzer, Jochen (1992) (Hg.), Das Ende der großen Entwürfe, Frankfurt.

Forgas, Joseph P. (1987), Sozialpsychologie. Eine Einführung in die Psychologie der sozialen Interaktionen, München.

Foucault, Michel (1977), Sexualität und Wahrheit, Bd. 1, Der Wille zum Wissen, Frankfurt.

Ders. (1978), Dispositive der Macht – über Sexualität, Wissen und Wahrheit, Berlin.

Freud, Sigmund (1912/13), Totem und Tabu, n.d.A. Frankfurt 1956.

Ders. (1921), Massenpsychologie und Ich-Analyse, n. d. A. Frankfurt 1976.

Fröhlich, Dieter (1983), Machtprobleme in teilautonomen Arbeitsgruppen, in: Friedhelm Neidhart, S. 532–551.

Fromm, Erich (1936), Theoretische Entwürfe über Autorität und Familie. Sozialpsychologischer Teil, in: Max Horkheimer (Hg.), Studien über Autorität und Familie, Paris, S. 77–135.

Ders. (1980), Die Furcht vor der Freiheit, München.

Ders. (1982), Über den Ungehorsam, München.

Geerts, Clifford (1987), Dichte Beschreibung. Beiträge zum Verstehen kultureller Systeme, Frankfurt.

Geißler, Karlheinz A. (1987), Wer hat an der Uhr gedreht – Ist es wirklich schon so spät? Über instrumentellen und reflexiven Umgang mit der Zeit in gruppendynamischen Veranstaltungen, in: Oliver König (1997[2]), S. 183–196.

Ders. (1991[4]), Anfangssituationen. Was man tun oder besser lassen sollte, Weinheim.

Ders. (1992), Schlußsituationen. Die Suche nach dem guten Ende, Weinheim.

Gennep, Arnold van (1986), Übergangsriten, Frankfurt (zuerst 1909).

Giere, Walter (1981), Der Trainer und die Macht. Ideologiekritische Anmerkungen zum Verständnis und zur Reichweite gruppendynamischer Lernprozesse, in: Claus Hennig Bachmann, S. 157–182.

Gilligan, Carol (1984), Die andere Stimme. Lebenskonflikte und Moral der Frau, München.

Dies. (1991), Moralische Orientierung und moralische Entwicklung, in: Gertrud Nunner-Winkler, S. 79–100.

Glasl, Friedrich (1983), Wie geht Organisationsentwicklung mit Macht in Organisationen um? in: Organisationsentwicklung. Zeitschrift der GOE H. 2, S. 41–71.

Goffman, Erving (1967), Stigma. Über Techniken der Bewältigung sozialer Identität, Frankfurt.

Ders. (1971), Interaktionsrituale. Über das Verhalten in direkter Kommunikation, Frankfurt.

Ders. (1972), Asyle. Über die soziale Situation psychiatrischer Patienten und anderer Insassen, Frankfurt.

Ders. (1991[7]), Wir alle spielen Theater. Die Selbstdarstellung im Alltag, München (New York 1959).

Ders. (1994), Interaktion und Geschlecht, Frankfurt.

Grümer, Karl-Wilhelm (1974), Beobachtung, Stuttgart.

Hagemann-White, Carol (1984), Sozialisation: Weiblich – männlich? Opladen.

Hartmann, Heinz (1964), Funktionale Autorität und kleine Gruppe, in: Ders., Funktionale Autorität, Stuttgart, S. 81–101.

Hausen, Karin (1976), Die Polarisierung der »Geschlechtscharaktere« – Eine Spiegelung der Dissoziation von Erwerbs- und Familienleben, in: Werner Conze (Hg.), Sozialgeschichte der Familie in der Neuzeit Europas, Stuttgart, S. 363–393, wiederabgedruckt in: H. Rosenbaum (1978), (Hg.), Summar: Familie und Gesellschaftsstruktur, Frankfurt.

Heigl-Evers, Annelise (1973) (Hg.), Gruppendynamik, Göttingen.

Helgesen, Sally (1991), Frauen führen anders. Vorteile eines neuen Führungsstils, Frankfurt.

Hellinger, Bert (1994), Ordnungen der Liebe, Heidelberg.

Hochschild, Arlie Russell (1990), Das gekaufte Herz. Zur Kommerzialisierung der Gefühle, Frankfurt.

Hofstätter, Peter (1971), Gruppendynamik. Kritik der Massenpsychologie, Reinbek.

Hollstein, Walter (1988), Nicht Herrscher, aber kräftig. Die Zukunft der Männer, Hamburg.

Homans, George Caspar (1960), Theorie der sozialen Gruppe, Köln und Opladen.

Hopper, Earl; Weymann, Anne (1977), Große Gruppen aus soziologischer Sicht, in: Kreeger, S. 154–185.

Horn, Klaus (1972), Gruppendynamik und der ›subjektive Faktor‹, Frankfurt.

Jacobsen, Edith (1973), Das Selbst und die Welt der Objekte, Frankfurt.

Jahnke, Jürgen (1975), Interpersonelle Wahrnehmung, Stuttgart.

Kast, Verena (1983), Mann und Frau im Märchen. Eine tiefenpsychologische Deutung, Olten.

Keller, Evelyn Fox (1986), Die innere Welt der Subjekte und Objekte, in: Dies., Liebe, Macht und Erkenntnis. Männliche oder weibliche Wissenschaft?, München, S. 73–134.

Kießler, Kerstin; Scholl, Wolfgang (1976), Partizipation und Macht in aufgabenorientierten Gruppen. Ein Feldexperiment zur Theorie der organisatorischen Bedingtheit von Gruppenprozessen, Frankfurt.

Kinsey, Alfred C. u. a. (1964a), Das sexuelle Verhalten des Mannes, Berlin.

Ders. u. a. (1964b), Das sexuelle Verhalten der Frau, Berlin.

Kleiber, Dieter; Rammelspacher, Birgit (1986) (Hg.), Die Zukunft des Helfens, Weinheim.

Klein, Michael (1987), Gruppe als Prozeß sozialer Interaktionen, in: Jan Peters Janssen; Wolfgang Schlucht; Hanno Strang, Handlungskontrolle und soziale Probleme im Sport, betrifft: pychologie und sport, Bd. 18, Köln.

Knigge, Adolph Freiherr von (1790), Über den Umgang mit Menschen, in der Ausgabe der Sammlung Dieterich, Birsfelden-Basel.

König, Oliver (1988), Nähe und Distanz unter Ausbildungsbedingungen, in: GD H. 3, S. 329–338.

Ders. (1990), Nacktheit. Soziale Normierung und Moral, Opladen.

Ders. (1990), Der verordnete Autoritätskonflikt. Ein gruppendynamisches Paradoxon, in: GD H. 4, S. 393–406.

Ders. (1994), Verkehrte Welt. Männer und Frauen im gruppendynamischen Training, in: GD H. 1, S. 25–38.

Ders. (1997²) (Hg.), Gruppendynamik. Theorien, Methoden, Anwendungen, Ausbildung, München.

König, René (1967) (Hg.), Fischerlexikon Soziologie, Frankfurt.

Ders. (1972) (Hg.), Beobachtung und Experiment in der Sozialforschung, Köln.

Ders. (1983), Die analytisch-praktische Doppelbedeutung des Gruppentheorems. Ein Blick in die Hintergründe, in: Friedhelm Neidhardt, S. 36–64

Königswieser, Roswitha (1981), Mutter-Hexe-Trainerin, in: GD H. 3, S. 193–207.

Dies.; Pelikan, Jürgen (1990), Anders – gleich – beides zugleich. Unterschiede und Gemeinsamkeiten in Gruppendynamik und Systemansatz, in: Oliver König (1997²), S. 95–126.

Krämer, Klaus (1987), Autorität, Emanzipation und Kunst, in: GD H. 2, S. 141–158,
Krainz, Ewald E. (1991), Kooperation und Geschlecht, in: GD H. 4, S. 415–441.
Ders. (1993), Die männerbündische Organisation. Zur Bedeutung der Geschlechterdifferenz für die Gruppendynamik, in: Gerhard Schwarz u. a. (Hg.), S. 243–278.
Krause-Burger, Sibylle (1989), Die andere Elite. Deutsche Topmanager im Portrait, Düsseldorf.
Kreeger, Lionel (1977) (Hg.), Die Großgruppe, Stuttgart.
Kruse, Lenelis (1987), Führung ist männlich: Der Geschlechtsrollen-Bias in der psychologischen Forschung, in: GD H. 3, S. 251–268.
Kunczik, Michael (Hg.) (1972), Führung. Theorien und Ergebnisse, Düsseldorf.
Langenmayr, Arnold (1978), Familienkonstellation, Persönlichkeitsentwicklung, Neurosenentstehung, Göttingen.
Lapassade, Georges (1972) Gruppen, Organisationen, Institutionen, Stuttgart.
Laplanche, J.; Pontalis, J.-B. (1972), Das Vokabular der Psychoanalyse, 2 Bde., Frankfurt.
Lewin, Kurt (1948), Die Lösung sozialer Konflikte, Bad Nauheim, auch in: Werkausgabe K. Lewin, Hg. v. Carl Graumann, Stuttgart.
Ders. (1951), Frontiers in Group Dynamics, in: Ders., Field Theory in Social Sciences, New York, S. 188–237.
Lück, Helmut E. (1989), Führungsforschung im Wandel, in: GD H. 1, S. 5–12.
Luckmann, Thomas; Sprondel, Walter Michael (1972) (Hg.), Berufssoziologie, Gütersloh.
Luft, Joe (1991), Einführung in die Gruppendynamik, Stuttgart.
Luhmann, Niklas (1964), Funktionen und Folgen formaler Organisationen, Berlin.
Ders. (1975), Macht, Stuttgart.
Ders. (1985), Soziale Differenzierung. Zur Geschichte einer Idee, Opladen.
MacClelland, David C. (1978), Macht als Motiv: Entwicklungswandel und Ausdrucksformen, Stuttgart.
Maccoby, Eleanor (1979), Die Psychologie der Geschlechter. Implikationen für die Erwachsenenrolle, in: Evelyne Sullerot (Hg.), Die Wirklichkeit der Frau, München, S. 284–306.
Mayntz, Renate (1963), Soziologie der Organisation, Reinbek.
Mentzos, Stavros (1992[10]), Neurotische Konfliktverarbeitung. Einführung in die psychoanalytische Neurosenlehre, Frankfurt.
Michel, Karl Markus; Spengler, Tilman (1982) (Hg.), Kursbuch 70 – Macht, Berlin.

Milgram, Stanley (1974), Das Milgram-Experiment. Zur Gehorsamsbereitschaft gegenüber Autorität, Reinbek.
Mills, Theodore M. (1974), Soziologie der Gruppe, München.
Moeller, Michael Lukas (1981), Anders helfen. Selbsthilfegruppen und Fachleute arbeiten zusammen, Stuttgart.
Montada, Leo (1987²), Entwicklung der Moral, in: Rolf Oerter; Leo Montada, S. 738–766.
Moreno, J. L. (1953), Who shall survive? Foundations of Sociometry, Group Psychotherapy and Sociodrama, New York.
Moscovici, Serge (1984), Das Zeitalter der Massen. Eine historische Abhandlung über die Massenpsychologie, München.
Moser, Tilmann (1973), Lehrjahre auf der Couch. Bruchstücke meiner Psychoanalyse, Frankfurt.
Müller, Klaus E. (1984), Die bessere und die schlechtere Hälfte. Ethnologie des Geschlechterkonfliktes, Frankfurt.
Nau, Ekkehard (1983), Gruppendynamik in Deutschland. Ein Überblick, in: Friedhelm Neidhardt, S. 126–143.
Neckel, Sighard (1991), Status und Scham. Zur symbolischen Reproduktion sozialer Ungleichheit, Frankfurt.
Neidhardt, Friedhelm (1979), Das innere System sozialer Gruppen. Ansätze zur Gruppensoziologie, in: KZfSS H. 4, S. 639–660.
Ders. (1983) (Hg.), Gruppensoziologie. Perspektiven und Materialien, Sonderheft 25 der KZfSS.
Ders. (1983), Themen und Thesen zur Gruppensoziologie, in: Ders., S. 12–34.
Nellessen, Lothar (1987), Der Preis der Konsolidierung, in: Oliver König (1997²), S. 63–76.
Neuberger, Oswald (1984), Führung: Ideologie – Struktur – Verhalten, Stuttgart.
Nunner-Winkler, Gertrud (1991) (Hg.), Weibliche Moral. Die Kontroverse um eine geschlechtsspezifische Ethik, Frankfurt.
Oerter, Rolf; Montada, Leo (1987²), Entwicklungspsychologie, Weinheim.
Pages, Max (1974), Das affektive Leben der Gruppen, Stuttgart.
Penn, Peggy (1983), Zirkuläres Fragen, in: FD H. 3, S. 198–220.
Peukert, Rüdiger (1975), Konformität. Erscheinungsformen, Ursachen, Wirkungen, Stuttgart.
Piaget, Jean (1954), Das moralische Urteil beim Kinde, Zürich.
Popitz, Heinrich (1968), Prozesse der Machtbildung, Tübingen.
Ders. (1986), Phänomene der Macht. Autorität–Herrschaft–Gewalt–Technik, Tübingen.
Portele, Gerhard (1988), Autonomie, Macht, Liebe, Frankfurt.
Pühl, H. (1988), Angst in Gruppen und Organisationen, Frankfurt.

Rechtien, Wolfgang (1990), Zur Geschichte der Angewandten Gruppendynamik, in: Oliver König (1997[2]), S. 43–62.

Ders. (1992), Angewandte Gruppendynamik. Ein Lehrbuch für Studierende und Praktiker, München.

Rice, A. K. (1971), Führung und Gruppe, Stuttgart.

Richter, Horst Eberhard (1972), Die Gruppe. Hoffnung auf einen neuen Weg, sich selbst und andere zu befreien. Psychoanalyse in Kooperation mit Gruppeninitiativen, Reinbek.

Ders. (1974), Lernziel Solidarität, Reinbek.

Riemann, Fritz (1982), Grundformen der Angst, München.

Rittner, Volker (1983), Zur Soziologie körperbetonter sozialer Systeme, in: Friedhelm Neidhardt, S. 233–255.

Rommelspacher, Birgit (1991), Mitmenschlichkeit und Unterwerfung. Zur Ambivalenz der weiblichen Moral, Frankfurt.

Rost, Wolf-Detlef (1987), Als männlicher Leiter in einer Frauengruppe, in: GD H. 1, S. 61–72.

Rühmkorf, Eva (1994), Von der Alibi-Frau zur Quotenfrau. Gedanken zum Verhältnis Frauen/Männer/Macht in der Politik, in: GD H. 1, S. 13–18.

Sader, Manfred (1991[2]a), Psychologie der Gruppe, München.

Ders. (1991b), Anmerkungen zum Stand der Kleingruppenforschung, in: GD H. 3, S. 263–278.

Sandner, Dieter (1978), Psychodynamik in Kleingruppen. Theorie des affektiven Geschehens in Selbsterfahrungs- und Therapiegruppen, München.

Schäfers, Bernhard (1980) (Hg.), Einführung in die Gruppensoziologie, Heidelberg.

Schaeffer-Hegel, Barbara (1984) (Hg.), Frauen und Macht. Der alltägliche Beitrag der Frauen zur Politik des Patriarchats, Berlin.

Schattenhofer, Karl (1992), Selbstorganisation und Gruppe, Entwicklungs- und Steuerungsprozesse in Gruppen, Opladen.

Ders. (o. J.), Die frühe Drohung. Gedanken zu einem machtvollen Interaktionsmuster, unv. Manuskript.

Ders. (1995), Was ist eine Gruppe? Gruppenmodelle aus konstruktivistischer Sicht, in: Oliver König (1997[2]), S. 129–157.

Schenk, Herrad (1979), Geschlechtsrollenwandel und Sexismus. Zur Sozialpsychologie geschlechtsspezifischen Verhaltens, Weinheim.

Schindler, Raoul (1957), Grundprinzipien der Psychodynamik in der Gruppe, in: Psyche H. 5, S. 308–314.

Ders. (1969), Das Verhältnis von Soziometrie und Rangordnungsdynamik, in: GP/GD H. 1, S. 31–37.

Schmidbauer, Wolfgang (1973), Sensitivitätstraining und analytische Gruppendynamik, München.

Ders. (1977), Selbsterfahrung in der Gruppe, München.
Ders. (1983), Helfen als Beruf. Die Ware Nächstenliebe, Reinbek.
Ders. (1987), Die hilflosen Helfer, Reinbek.
Ders. (1992), Wie Gruppen uns verändern. Selbsterfahrung, Therapie und Supervision, München.
Ders. (1993), Die (gruppen)analytische Wahrheit, in: GP/GD H. 3, S. 374–382.
Schmidt, Jochen (1989), Unspezifische Gruppendynamik – Zur Evolution eines Paradigmas, in: GD H.3, S. 297–312.
Ders. (1990), Schwierigkeiten mit der Autorität, in: GD H.4, S. 373–392.
Schulz von Thun, Friedmann (1981), Miteinander Reden. Störungen und Klärungen, Bd. 1, Reinbek.
Smith, Peter B. (1976), Kleingruppen in Organisationen, Stuttgart.
Ders. (1980) (Hg.), Small groups and personal change, London.
Schneider, Hans-Dieter (1978), Sozialpsychologie der Machtbeziehungen, Stuttgart.
Ders. (19852), Kleingruppenforschung, Stuttgart.
Schneider, Werner (1994), Streitende Liebe. Zur Soziologie familialer Konflikte, Opladen.
Schütze, Fritz; Meinefeld, Werner; Springer, Werner; Weymann, Ansgar (1973), Grundlagentheoretische Voraussetzungen methodisch kontrollierten Fremdverstehens, in: Arbeitsgruppe Bielefelder Soziologen, Bd. 2, S. 433–495.
Schwarz, Gerhard; Heintel, Peter; Weyrer, Mathias; Sattler, Helga (1993), Gruppendynamik. Geschichte und Zukunft, Wien.
Schweitzer, Jochen; Retzer, Arnold; Fischer, Hans Rudi (1992) (Hg.), Systemische Praxis und Postmoderne, Frankfurt.
Selvini-Palazzoli, Mara; Boscolo, Luigi; Cecchin, Gianfranco; Prata, Giuliana (1981), Hypothesieren – Zirkularität – Neutralität: Drei Richtlinien für den Leiter der Sitzung, in: FD H. 2, S. 123–139.
Sennett, Richard (1986), Verfall und Ende des öffentlichen Lebens. Die Tyrannei der Intimität, Frankfurt.
Ders. (1985), Autorität, Frankfurt.
Shaked, Josef (1993), Die psychoanalytische Großgruppe – Freudianische und Kleinianische Ansätze, in: GP/GD, S. 4–20.
Sichtermann, Barbara (1987), Konkurrenz belebt auch das Geschlechterverhältnis, in: Dies., Wer ist wie? Über den Unterschied der Geschlechter, Berlin, S. 71–83.
Simon, Fritz B.; Stierlin, Helm (1984), Die Sprache der Familientherapie. Ein Vokabular, Stuttgart.
Slater, Philip (1970), Mikrokosmos. Eine Studie über Gruppendynamik, Frankfurt.
Sofsky, Wolfgang (1982), Die Ordnung sozialer Situationen, Göttingen.

Ders.; Paris, Rainer (1991), Figurationen sozialer Macht. Autorität, Stellvertretung, Koalition, Opladen.

Spandi, Pio (1973), »Feedback« im Sensitivity-Training, in: A. Heigl-Evers, S. 77–92.

Stahmer, Ingrid (1994), Frauen brauchen Macht. Erfahrungen und Reflexionen aus der politischen Praxis, in: GD H. 1, S. 19–24.

Steiner, Claude M. (1986), Macht ohne Ausbeutung. Zur Ökologie zwischenmenschlicher Beziehungen, Paderborn.

Strotzka, Hans (1985), Macht. Ein psychoanalytischer Essay, Wien.

Svensson, Axel (1973), Bemerkungen zum Dependenz-Konzept und zu Interaktionsformen in Gruppen, in: Annelise Heigl-Evers, S. 53–76.

Toman, Walter (1987[4]), Familienkonstellationen. Ihr Einfluß auf den Menschen, München.

Türcke, Christoph (1991), Sexus und Geist. Philosophie im Geschlechterkampf, Frankfurt.

Turner, Victor (1989), Das Ritual. Struktur und Anti-Struktur, Frankfurt.

Tyrell, Hartmann (1983), Zwischen Interaktion und Organisation I: Gruppe als Systemtyp, in: Neidhardt, S. 75–87.

Ders. (1986), Geschlechtliche Differenzierung und Geschlechterklassifikation, in: KZfSS H. 3, S. 450–489.

Vogl, Ann; Sbandi, Pio (1976), Reflektierte und unreflektierte Gruppenarbeit, in: GP/GD 10, S. 1–19.

Voigt, Bert; Antons, Klaus (1987), Systematische Anmerkungen zur Intervention in Gruppen, in: Oliver König (1997[2]), S. 224–246.

Volmerg, Ute (1994), Parteilichkeit ist unvermeidlich. Machtverteilungsmuster zwischen den Geschlechtern, in: GD H. 1, S. 7–12.

Dies.; Jegner, Stella; Rittwagen, Thomas (1991), »Und es bewegt sich doch«. Gruppendynamik und politische Kultur in der Alternativbewegung.

Wagner, Angelika; Stahl, Christa; Schick, Hans-Eberhard (1981), Geschlecht als Statusfaktor in Gruppendiskussionsverhalten von Studentinnen und Studenten – eine empirische Untersuchung, in: Linguistische Berichte H. 71, S. 8–25.

Watzlawick, Paul; Beavin, J. H.; Jackson, D. D. (1969), Menschliche Kommunikation. Formen, Störungen, Paradoxien, Bern.

Ders.; Weakland, John H.; Fisch, Richard (1988[4]), Lösungen. Zur Theorie und Praxis menschlichen Wandels, Bern.

Ders. (19911[9]), Wie wirklich ist die Wirklichkeit? Wahn. Täuschung. Verstehen, München.

Weber, Gunthard (1993) (Hg.), Zweierlei Glück. Die systemische Psychotherapie Bert Hellingers, Heidelberg.

Weber, Max (1964), Wirtschaft und Gesellschaft, Köln.

Weigand, Wolfgang (1988), Autoritätsfurcht und Autoritätsbedürfnisse in Gruppen, in: Allert u. a. (Hg.), Die Zeichen der Zeit erkennen, Münster, S. 154–172.

Weiss, Thomas; Haertel-Weiss, Gabriele (1991), Familientherapie ohne Familie. Kurztherapie mit Einzelpatienten, München.

Whyte, William (1943), Street Corner Society, Chicago.

Yalom, Irvin D. (1992²), Theorie und Praxis der Gruppenpsychotherapie, München.

Zapf, Wolfgang (1991) (Hg.), Die Modernisierung moderner Gesellschaften. Verhandlung des 25. Deutschen Soziologentages in Frankfurt am Main 1990, Frankfurt.

Abkürzungen:
Familiendynamik (FD)
Gruppenpsychotherapie und Gruppendynamik (GP/GD)
Gruppendynamik (GD)
Kölner Zeitschrift für Soziologie und Sozialpsychologie (KZfSS)